컴퓨팅 사고

COMPUTATIONAL THINKING
for The Modern Problem Solver

소프트웨어를 통한 문제해결

COMPUTATIONAL THINKING FOR THE MODERN PROBLEM SOLVER

컴퓨팅 사고

소프트웨어를 통한 문제해결

COMPUTATIONAL THINKING for The Modern Problem Solver

David D. Riley • Kenny A. Hunt 지음

문봉교 • 김응섭 공역

INFINITY BOOKS

국립중앙도서관 출판시도서목록(CIP)

컴퓨팅 사고 / 저자: David D. Riley, Kenny A. Hunt ;
역자: 문봉교, 김웅섭. -- 고양 : INFINITYBOOKS, 2017
p. ; cm

원표제: Computational Thinking for The Modern Problem Solver
영어 원작을 한국어로 번역
ISBN 979-11-85578-27-9 93000 : ₩23000

컴퓨팅[computing]

004.07-KDC6
004.07-DDC23 CIP2017000409

저자 서문

계산적 사고(computational thinking)는 단지 컴퓨터 과학자뿐만 아니라 모든 사람들에게 필수적인 능력이다. 모든 아이들의 분석적인 능력을 키우기 위하여 우리는 읽기, 쓰기, 셈하기 이외에 계산적 사고를 추가해야 한다.

자네트 윙(Jeannette Wing)

컴퓨터과학에서의 일반적인 교육 과정들은 전통적으로 다음의 4가지 주제의 조합에 기반을 두고 있다. (1) 컴퓨터 프로그래밍, (2) 컴퓨터 하드웨어, (3) 컴퓨팅의 사회문제, (4) 컴퓨터 응용 능력이다. 현행 교육에 있어서 필수적인 부분이 되는 사고의 독립적인 주체로서 컴퓨터과학을 다루기에는 그 초점이 초보적인 컴퓨팅 지식을 넘어서기 때문에 계산적 사고는 다른 주제와 다를 수밖에 없다. 과학적인 탐구, 예술적인 창작, 또는 수학에서의 증명이론과 마찬가지로 알고리즘 방식으로 사고하는 것은 아주 중요하며, 계산적 사고는 여전히 다른 학문 분야들과 구별되는 사고의 독특한 형태이다. 소프트웨어 공학의 분석에서 사용되는 도표 기술들은 전략적인 계획을 세우는 데에 효과적이다. 데이터를 디지털화하는 방식은 현재의 그래픽 아트와 음악에 뿌리 깊은 영향을 끼치고 있다. 컴퓨터과학의 모델링 기술들은 사회과학과 비즈니스 분야의 많은 최신 연구에서 필수적이다. 패턴 매칭 기술들은 가장 원시적인 형태의 DNA분석에서도 유용하다. 소프트웨어 요구사항을 표현하는 방법과 컴퓨팅의 한계와 같은 것들을 이해하는 것은 컴퓨터 소프트웨어를 통해 정보를 저장하고, 접근하고, 조작하는 세상에서 살고 일하게 될 모든 사람들에게 필수적이다.

이 책은 계산적 사고의 개념을 고수한다. 일반적으로 이런 내용은 훨씬 고급과정의 컴퓨터 과학 코스에서 가르치기 때문에, 효과적인 사례와 유추를 위하여 특별한 주의를 기울였다. 게다가, 이러한 개념들이 다른 분야에 적용되어 시도될 수 있는 방법을 제시하였고, 컴퓨터과학 전공이 아닌 분야에서 이런 내용들과 관련지어 접근할 수 있도록 모든 노력을 다하였다.

이 책의 주요한 개괄적인 맥락은 기초 컴퓨터과학 개념과 공학적인 주제로 묶어서 구분할 수 있다. 기초 컴퓨터과학 맥락은 추상화, 알고리즘, 논리, 그래프 이론, 소프트웨어의 사회적인 문제, 수치 모델링을 포함한다. 공학적인 맥락은 실행 제어, 문제 해결 전략, 검사, 데이터 부호화, 구성을 포함한다. 모든 장들을 이러한 맥락으로 구성하기보다, 보다 논리적으로 연결된 접근방법을 적용하였다. 예를 들어, 알고리즘 방식의 사고는 문제 해결, 제어 구조, 모델링, 올바름, 계산의 한계, 동시성의 한 부분으로서 최소한 여섯 개의 서로 다른 장들에 통합되었다.

계산적 사고 과목을 가르치는 사람은 누구든지 컴퓨터 프로그래밍과 관련된 내용을 포함시킬 것 같다. 하지만 다양한 깊이의 적절한 범위에 맞는 적합한 프로그래밍 언어들이 많이 있다. 그러므로 이 책에서는 컴퓨터 프로그래밍 교육 자체는 포함하지 않는다. 그러나 변수, 할당, 순차 실행, 선택, 반복, 제어 추상화, 데이터 구성, 심지어 동시성까지 프로그래밍을 위한 기초 개념이 제시된다. 특히, 언어에 독립적인 표기를 사용하여 알고리즘을 표현하는 배려를 하였다.

이러한 접근법으로 이 책의 초기 원고를 사용하여 여러 학기동안 대학생들을 상대로 강의를 하였는데, 여러 명의 관련 교수들과 학생들로부터 상당히 긍정적인 반응을 얻었다.

저자 소개

데이비드 릴리(David Riley)는 35년 넘게 컴퓨터과학 교육에 전념해왔다. 그는 수많은 책의 장들과 연구 논문들을 비롯하여 여덟 권의 컴퓨터과학 교재를 집필하였다. 계산적 사고에 대한 그의 관심은 비전공자들뿐만 아니라 컴퓨터과학 전공자들, 대학원생들 그리고 심지어 1년간 고등학교에서 가르쳤던 셀 수 없을 만큼 많은 경험에 걸쳐있다. 그는 컴퓨터과학 과정의 모든 과목을 가르쳤다. "계산적 사고"라는 이름의 독창성이 풍부한 자네트 윙의 논문과 위스콘신 대학교 라크로스 캠퍼스에서의 윙의 토론은 릴리에게 컴퓨팅 관련 교육의 중요성을 다시 생각하게 하였다. 특히, 그 토론은 컴퓨터과학 주류와 동떨어진 아웃사이더의 학생들에게 관련된 것이었다. 과거 3년 동안 그는 컴퓨터과학을 전공하지 않는 학생들에게 계산적 사고의 여러 주제들을 가르쳤고, 이 책은 이러한 경험에 기반을 두고 있다.

케니 헌트(Kenny Hunt)는 컴퓨터과학과 공학 분야에서 25년 이상의 경험을 가지고 있다. 그의 기술적인 전문성은 연구용 위성의 전자회로 설계에서부터 대규모 클라우드 기반의 웹 어플리케이션까지 광범위한 계산적 스펙트럼에 걸쳐있다. 그는 수많은 연구 논문들의 저자이고 이미지 프로세싱에 대한 책을 출판하였다. 그는 15년이 넘게 학부생과 대학원생들에게 컴퓨터 과학과 소프트웨어 공학을 가르쳤고, 계산적 사고의 교육적인 혜택에 큰 흥미를 갖게 되었다.

역자 서문

지금 세상은 과거의 산업혁명과 정보혁명에 버금가는 커다란 사회 변화에 직면해 있다. 산업의 도처에서는 소프트웨어(SW)를 통한 창조와 혁신이 일상적인 것이 되어가며 경쟁의 법칙을 바꾸고 있다. 즉, 새로운 아이디어가 소프트웨어를 통하여 구현되고 기업의 성장을 주도하게 되면서, 소프트웨어가 개인이나 기업은 물론 국가의 경쟁력이 되는 소프트웨어 중심사회로 진입하고 있다.

소프트웨어 중심사회가 고도화될수록 자동화가 진행되면서 단순 일자리는 줄어들게 되고, 이러한 변화에 적응하지 못한 사람들은 구조적 실업상태에 빠질 수도 있다. 또한, 소프트웨어 역량의 격차로 인해 소득의 양극화는 심화되고 이는 사회적 갈등을 유발하게 될 수도 있다. 따라서 우리 사회는 어떤 직업에서 무슨 일을 하든지 새로운 아이디어를 소프트웨어로 구현할 수 있는 능력을 갖춘 인재를 키워내야만 하는 도전에 직면하게 되었다.

이를 위해 국가차원에서 소프트웨어(SW) 중심대학사업을 진행 중이며, 이 사업을 수행하고 있는 대학의 학생들은 각 전공분야에서 SW를 통해 당면 문제를 해결할 수 있도록 전공별 특성을 반영한 SW 기초교육을 받게 되었다. 앞으로 어떤 전공 분야, 어떤 산업 분야에서도 컴퓨터를 활용하여 문제해결을 할 수 있어야 한다. 즉, 대학에서는 단지 하드웨어와 소프트웨어에 국한되지 않고, 비즈니스 시나리오에 어떻게 컴퓨터 지식을 활용하여 적용할 것인지에 대한 교육이 이루어져야 한다.

현재 국내대학에서는 SW비전공자들을 위한 SW기초교육을 위하여 카네기멜론대학교 컴퓨터공대 학장인 자네트 윙 (Jeannette Wing) 교수가 제안한 계산적 사고(computational thinking)의 개념을 다루는 강좌를 개설하고 있다. 자네트 윙에 따르면 계산적 사고는 21세기에 사는 누구에게나 필요한 기술이며, 읽기, 쓰기, 셈하기와 더불어 반드시 배워야 하는 기술영역이다. 계산적 사고란 컴퓨터과학의 이론과 기술, 도구를 활용하여 실세계의 복잡한 문제를 해결하기 위한 사고체계를 뜻하는데, 컴퓨터를 사용하는 관점에서 문제를 정의하고 해결할 수 있도록 컴퓨팅 기술을 활용한다는 것이 그 핵심이다.

국내에서는 아직까지 <계산적 사고>를 다룬 체계적인 자료가 부족하고, 학생들이 효과적으로 공부할 수 있는 마땅한 책이 없었다. 그러던 차에 David D. Riley와 Kenny A. Hunt가 쓴 "Computational Thinking for the Modern Problem Solver" 원서가 <계산적 사고>에 대한 전체적인 내용을 잘 다루고 있을 뿐만 아니라, SW비전공자들이 이해하기 쉽도록 예를 들어 설명하고 있어서 번역을 하게 되었다. 특히, 실생활의 구체적인 예를 들어가며 어려운 개념을 친근하게 설명하고 있기 때문에 비전공자들도 개념을 이해하는데 많은 도움이 되리라 확신한다.

한편, 학문적인 관점에서 만들어진 <계산적 사고>라는 용어는 영미 문화권에서 보편적으로 사용되고 있지만, 국내에서는 실용적인 관점으로 <컴퓨팅 사고>라는 용어를 주로 사용하고 있다. 따라서 번역의 본문에서는 국내외의 용어를 포괄할 수 있도록 <계산적 사고>와 <컴퓨팅 사고>라는 용어를 문맥에 맞게 혼용해서 사용하고자 한다.

이 책은 교양으로서 <컴퓨팅 사고>를 익히고자 하는 학생들에게 훌륭한 가이드가 될 뿐만 아니라 SW전공자를 위해서도 좋은 입문서가 될 것으로 기대한다. 특히, 4장에서 9장까지의 내용은 파이썬을 통해 프로그래밍을 처음 접하는 학생들에게 체계적인 선수학습을 제공해 줄 수 있으며, 프로그래밍에 입문하는 학생들이 파이썬과 이 책을 동시에 병행하여 학습하는 것도 효과적인 방법이 될 수 있다. 비전공자들을 위한 교양강좌에서는 다소 난이도가 있는 부분(예, 7장, 9장 및 10장, 11장)은 상황에 따라 선택적으로 건너뛰는 것도 가능하다.

이 책의 번역이 순조롭게 진행되도록 도움을 주시고 지원을 해주신 이강우 교수님을 비롯하여 주위의 많은 분들께 감사 드린다. 이 책의 출판을 위해 적극적으로 후원해주신 인피니티북스의 채희만 대표님과 안성일 이사님께 감사의 마음을 전한다.

2017년 1월 1일 남산골 필동에서

문봉교, 김웅섭

추천사

하버드 대학의 컴퓨터과학 입문 과목인 CS50 강좌가 화제다. 이 과목에서는 계산적 사고와 코딩을 배우는데 매 학기에 천 명 이상의 수강생이 몰려서 가장 인기 있는 강좌가 되었다. 한 동안 인기를 누리던 마이클 셀던 교수의 '정의란 무엇인가?'란 강좌를 제치고 지난 10년 동안에 가장 많은 학생이 등록한 과목으로 기록을 갱신했다.

기술 과목이 하버드 대학에서 가장 인기 있는 과목으로 등장한 것이 놀라운 일이다. 그러나 더 놀라운 것은 수강생 다섯 명 중 넷이 컴퓨팅에 관한 사전 지식이 전혀 없는데도 코딩 숙제와 밤샘 개발대회 등으로 구성된 어려운 내용을 잘 따라 간다는 것이다. 왜 하버드 대학생들이 컴퓨터과학 교과목 수강에 열중할까? 비전공자들에게도 계산적 사고와 코딩 과목이 인기를 끄는 이유는 뭘까?

하버드 대학생들은 똑똑하다. 그들은 알고 있다. 모든 학문과 영역에서, 또 장래 어떤 직업을 갖든지 계산적 사고와 코딩 능력이 경쟁력이라는 것을 잘 알고 있다. 이들은 컴퓨터과학을 이해하여야 지금 벌어지고 있는 소프트웨어와 인공지능 중심의 사회변화를 이해할 수 있고, 또 그래야 혁신을 주도해갈 수 있다는 것을 잘 알고 있기 때문에 CS50을 열심히 수강한다. 이러한 현상은 미국을 비롯한 주요 선진국에서 진행되고 있는 사회적 변화의 한 단면이다.

대한민국에서도 알파고 쇼크로 인하여 소프트웨어와 인공지능에 대한 관심이 높아졌다. 2018년부터는 코딩교육이 초 · 중등학교의 정규 교육과정에 포함된다. 대부분의 대학에서는 전공을 불문하고 모든 학생을 대상으로 계산적 사고와 코딩 강좌를 대학 교양과목으로 개설하고자 하고 있다. 학생들의 관심도 높아졌다. 그러나 적절한 수준의 교과서가 없어서 혼란을 겪고 있었다.

이런 차제에 문봉교, 김웅섭 두 교수가 David D. Riley와 Kenny A. Hunt가 저술한 "Computational Thinking for the Modern Problem Solver"를 번역하여 출간하는 것은 매우 시의적절하다고 하겠다. 섬세한 개념의 설명과 번역어의 선택이 쉽지 않다는 것을 잘 알고 있다. 진지하게 고민하시며 번역하신 분들의 노고를 치하 드린다.

이 교과서는 초중고에서 컴퓨터 교육을 제대로 받지 못하고 진학한 비전공 학생들에게는 다소 난이도가 높다는 생각이 든다. 그러나 곧 초 · 중등학교에서의 기초 코딩 교육이 정착하게 되면 이 교과서가 적절한 수준이 되리라 생각한다. 원저자들과 지속적으로 소통하면서 우리 학생들에게 적합한 교과서로 수정 보완해 나가기를 역자들에게 주문한다.

훌륭한 교재를 제공해 주신 원저자와 번역하신 분들께 다시 한번 감사 드린다.

2017년 1월 판교에서

김진형

KAIST 전산학부 명예교수

AIRI(지능정보기술연구원) 원장

전 소프트웨어정책연구소장

차례

COMPUTATIONAL THINKING
for The Modern Problem Solver

CHAPTER 01

계산적 사고

계산적 사고 – 반드시 컴퓨터 과학자가 아닐지라도 보통 사람도 열심히 배워서 사용할 필요가 있는 보편적으로 적용할 수 있는 태도와 기술들을 나타낸다.

– 자네트 윙(카네기멜론대학 교수)

학습목표

- 계산적 사고의 개념에 대한 실질적 정의를 제시한다.
- 데이터에 대한 아날로그 표현과 디지털 표현의 차이를 소개한다.
- 데이터의 표현, 저장, 처리를 위한 예로서 주판을 사용한 기계적인 계산의 유래를 알아본다.
- 현대적인 컴퓨터의 하드웨어와 소프트웨어의 발명에 기여한 역사적인 주요 사건들을 알아본다.
- 내장 프로그램 개념과 소프트웨어 실행 및 데이터 처리에 있어서의 그 역할을 설명한다.
- 현대적인 컴퓨터의 기본 구성과 특징을 소개한다.
- 무어의 법칙과 그 영향을 설명한다.

인간의 발명품 중에서 컴퓨터보다 더 많이 세상을 변화시킨 것이 있을까? 분명히 토론해볼만한 가치가 있는 질문이다. 컴퓨터 없이는 무수히 많은 어려움에 처하게 되는 시대에 우리는 살고 있다. 데스크톱, 랩톱, 태블릿은 예외로 하고, 대부분의 장치들은 그 내부에 내장된 컴퓨터에 의존하고 있다. 예를 들어 미끄럼방지 구동력 제어(TCS), 잠김 방지 제동(ABS), 컴퓨터 보조 주차, 심지어 차량 수리조차 모두 자동차 내부에 있는 컴퓨터와 관련되어 있다. 디지털 카메라는 단지 렌즈가 부착된 컴퓨터일 뿐이고 대부분의 휴대폰들은 실제로는 휴대용 컴퓨터들이다.

1.1 컴퓨터, 어디에나 있는 컴퓨터

컴퓨터는 일상의 거의 모든 면에서 영향을 주고 있다. 컴퓨터에 의존적이었던 초기의 분야는 회계와 공학기술인데, 복잡한 계산을 위해 컴퓨터의 속도와 정확성을 이용하였다. 그 다음으로 작가, 학자, 기자가 문서를 만들고 수정하기 위한 효율적인 수단으로 워드 프로세싱에 의존하기 시작했다. 그래픽 아티스트와 모션 픽쳐 애니메이터도 확실히 컴퓨터에 상당히 의존적이다. 예를 들어 여러분이 아침에 마셨던 우유를 생각해보자. 이 우유는 젖소의 목 주변에 부착된 컴퓨터 칩이 조정하는 배급량대로 젖소에게 유전자 조작 곡물을 먹여서 생산된 것이다. 또한 컴퓨터가 제어하는 로봇이 이 젖소에서 우유를 짜게 되고, 수많은 컴퓨터들이 관여해서 이 우유를 처리하고, 운송하고, 소매를 거치고 난 뒤에 컴퓨터가 제어하는 가정의 냉장고로 이 우유를 가져오게 된다.

컴퓨터는 현재 우리의 재정 문제를 관리하고 있고, 컴퓨터가 제어하는 전투 장비가 점차 증가하고 있고, 우리는 컴퓨터 기반의 소셜 네트워크를 통해 친구들과 더 자주 연락을 하고 있다. 불행히도, 가장 급증하는 형태의 범죄행위도 "컴퓨터 범죄"인 것으로 조사되고 있다.

요점은 컴퓨터가 우리의 일상에 끼치고 있는 무제한의 영향에 대해 실제로 우리는 어떠한 선택도 하지 못하고 있으며, 유일한 선택은 대처하는 방법 뿐이다. 즉, 컴퓨터에 대해 공부하고 그것을 자신의 편의를 위해 사용하거나 또는 컴퓨터 기술을 거부하고 반대하는 길을 선택할 수 있다("luddite"라는 단어는 기술에 대해 무지한 사람에게 붙여지는 말인데, 이 단어가 영어에 포함된 지는 그리 오래되지 않았다).

1.2 컴퓨터, 컴퓨터 과학, 그리고 계산적 사고

컴퓨터 하드웨어와 소프트웨어를 묶어서 하나로 언급할 때 우리는 **컴퓨터**(computer) 또는 **컴퓨터 시스템**(computer system)이라는 용어를 사용한다[1]. 컴퓨터 **하드웨어**(hardware)는 우리가 데스크톱 또는 랩톱 컴퓨터로 간주하는 것을 구성하고 있는 모든 물리적 장치들을 포함한다. 키보드, LCD, 메모리, 디스크 드라이브, CD 및 DVD 드라이브,

1 기술적으로 하드웨어와 소프트웨어를 모두 언급하기 위해서 **컴퓨터 시스템**(computer system) 이라는 용어를 사용하는 것이 더 정확하고, **컴퓨터**(computer)라는 용어는 단지 하드웨어로 그 의미를 제한한다. 그러나 컴퓨터 하드웨어는 소프트웨어가 없으면 거의 가치가 없기 때문에, 단지 하드웨어를 의미하거나 또는 하드웨어와 소프트웨어를 모두 의미하기 위해 "컴퓨터"라는 용어를 사용하는 것이 일반적이다.

마우스 및 트랙 패드, CPU 같은 항목들이 컴퓨터 하드웨어의 전형적인 요소들이다.

하지만 아무리 정교한 컴퓨터라고 할지라도 컴퓨터 소프트웨어가 없다면 그 하드웨어는 실질적인 가치가 없게 된다. **소프트웨어**(software)라는 용어는 컴퓨터 프로그램을 통칭해서 부르는 말이다. 컴퓨터와 다른 기계들과의 가장 중요한 차이는 아마도 명령어를 따르는 컴퓨터의 능력일 것이다. 어떤 작업을 수행하는 명령어들을 **프로그램**(program)이라고 부른다. 또한 소프트웨어나 프로그램이라는 용어 대신에 **코드**(code)라는 말이 사용되기도 한다.

여러분이 컴퓨터를 사용하고 있다면 이미 많은 프로그램들을 접했을 것이다. 여러분이 인터넷에서 검색을 할 때, 크롬(Chrome), 인터넷 익스플로러(Internet Explorer), 파이어폭스(Firefox) 또는 사파리(Safari) 같은 웹 브라우저 프로그램을 사용했을 것이다. 사람들이 컴퓨터를 새로 구입했을 때 처음 하는 일들이 안티바이러스 소프트웨어를 설치하는 것이다. 여러분의 컴퓨터에서 실행되는 어떤 프로그램이 인터넷상의 어딘가에 위치한 또 다른 컴퓨터 상에서 실행되는 프로그램과 연결되어 음악을 내려 받고 이를 재생하려고 할 수도 있다. 컴퓨터 프로그램은 은행의 계정을 관리하는 일에서부터 이 책의 페이지 형식을 만드는 것까지 모든 것을 할 수 있다. 여러분이 어떤 **앱**(app)을 휴대폰으로 내려 받을 때마다, 하나의 프로그램이 바로 설치되어 진다.

대부분의 발명품들은 어떤 특정한 작업을 수행하도록 설계되어 있지만, 컴퓨터는 다양한 작업을 수행할 수 있기 때문에 다른 기계들과는 구별된다. 누군가 특정 프로그램을 만들어내기만 하면, 컴퓨터는 해당 작업을 수행할 수 있게 된다. 컴퓨터 하드웨어를 특정한 목적에 적용되는 수단이 프로그램이기 때문에, 이런 프로그램들은 종종 **애플리케이션**(application)이라고 불린다.

프로그램을 만드는 일을 직업으로 가지는 사람들은 당연히 **프로그래머**(programmer) 또는 **소프트웨어 개발자**(software developer)라고 불린다. 모든 프로그램은 누군가의 요구사항들을 만족하도록 설계되기 때문에, 프로그램은 실제로 하나의 문제를 해결하고 있는 것이다. 이것은 프로그래머가 실제로 일종의 문제 해결사가 된다는 것을 의미한다. 즉, 일상에서 컴퓨터가 점점 중요해짐에 따라 모든 최신의 문제 해결사들 중에서 컴퓨터 프로그래머가 가장 중요하다고 볼 수 있다.

그러면 **컴퓨터 과학**(computer science)은 컴퓨터 하드웨어와 소프트웨어에 대한 이런 토론에 얼마나 잘 들어맞을까? 컴퓨터 과학의 연구는 하드웨어에서부터 소프트웨어, 기초 이론에서부터 사용자 애플리케이션에 이르기까지 컴퓨터에 관련된 모든 문제를 포함한다. 컴퓨터구조와 같은 컴퓨터 과학의 하위분야에서는 전기적인 회로를 설계하는 방법을 연구하는 반면, 소프트웨어공학에서는 문제 분석을 위한 더 좋은 기술들을 검사하고 문제 해결을 위한 프로그램을 설계하고 구현한다. 그래픽스, 로보틱스, 정보보안, 네트워킹, 인공지능 같은 컴퓨터 과학의 일부 하위 학문들은 그 이름이 의미하는 개념들을 연구하고 있다. 컴퓨터 과학의 이러한 모든 주제들과 그 외의 것들은 이 책에서 하나의 의미있는 역할을 하고 있다.

이전의 토론을 통해 이 책의 중심이 되는 주제인 **계산적 사고**(computational thinking)에 다다르게 된다. 계산적 사고를 특징짓는 가장 좋은 방법은 컴퓨터 과학자들이 생각하고 추론하는 방식대로 하는 것이다(그림 1.1).

컴퓨터 과학의 모든 분야를 언급하는 것은 물론 불가능하다. 대신 컴퓨터 과학자와 가장 멀리 떨어져 있는 사람들을 위해서 컴퓨터 과학의 개념, 기술, 방법들을 고려하였는데, 이것은 가장 광범위한 실용성을 가진다. 다른 의미로 이 책은 이런 사람들을 위해서 컴퓨터 과학자들이 어떻게 생각하는지 알아내기 위해서 작성되었다. 이 책의 일부 주제는 컴퓨터에 아주 의존적인 사회에서 단순히 교양있는 사람이 되는데 필수적이다. 일부 개념들은 자신의 분야에서 보다 효과적으로 컴퓨터를 사용할 수 있도록 해준다. 이러한 개념들 중의 많은 것들이 고급 컴퓨터 과학 코스에서 가져온 것들이다. 하지만 컴퓨팅 개념은 어디에서나 사용되는 흔한 것이 되어가고 있다. “멀티태스킹”, “다운로딩”, “플래쉬 메모리” 같은 단어들은 컴퓨터 과학 용어가 어떻게 일상의 대화 속으로 들어갔는지를 보여주고 있다. 많은 분야에서의 컴퓨터 없이는 발견이 가능하지 않았을 것이다. 인간 유전체 염기 서열 분석은 십억 개의 염기쌍으로부터 얻은 수천 개의 유전자들을 처리하는 것을 필요로 한다. 모션 픽쳐는 사실적인 세계의 살아있는 이미지를 생성하기 위해서 외곽선(wire frame) 모델 같은 계산적인 기술에 의존하고 있다. 현대 의학은 로보틱스 덕분에 최소 침습수술(minimal invasiveness)을 할 수 있게 되었다.

십여년 전에 과학계는 가장 첨단의 과학적 발견을 위해서 연구자들이 컴퓨팅 지식을 갖추고 있어야 함을 알게 되었다. 결과적으로 고등교육 기관에서 계산 생물학과 계산 물리학과 같은 새로운 분야는 일반적인 것이 되었다.

그러나 계산적 사고는 과학계를 넘어 아주 유용하다. “인공지능”으로 알려진 컴퓨팅 하위분야는 심리학으로부터 상당한 발견을 이끌었다. 소프트웨어 설계를 위해 사용된 많은 소프트웨어 공학 도구들은 사업 경영 도구만큼 아주 효과적인 것으로 증명되었다. 많은 컴퓨터 프로그램들은 작곡 방법에 혁명을 가져왔고, 건축가는 건물이 지어지기도

전에 컴퓨터 이미지를 사용해서 시각적으로 건물의 여기저기를 돌아다닐 수 있게 되었다. 간단히 말해서, 이전에는 너무 작거나, 너무 크거나, 너무 멀거나, 너무 빠르거나, 너무 복잡했던 것들을 이제는 컴퓨터를 사용해서 연구할 수 있게 되었다. 그러나 훌륭한 목수라면 도구 사용법을 알지 못하면서 그 도구를 사용해서 최상의 것을 얻을 수 없다는 걸 알고 있다.

그림 1.1 계산적 사고(computational thinking)?

1.3 주판에서 기계까지

컴퓨터 하드웨어의 중요한 점은 계산을 수행하는 능력에 있기 때문에, 계산 장치를 살펴봄으로써 현대적인 컴퓨터에 이르게 된 역사 이야기를 시작하고자 한다. 가장 초기의 계산 장치는 확실히 **주판**(abacus)이다. 비록 주판이 메소포타미아 문명시대 이전부터 사용되었다고 할지라도, 주판에 대한 가장 오래된 고고학적 증거는 대략 기원전 15세기로 거슬러 올라가는데, 주판에 대한 가장 오래된 기록은 서기 13세기에 중국에서 만들어진 것으로 알려져 있다.

이 장치의 기본적인 구조는 변형이 되어 왔는데, 우리는 “중국식 주판”으로 알려진 최근까지 가장 일반적으로 사용되고 있는 버전을 살펴볼 것이다(그림 1.2 참고).

주판은 가느다란 축들에 꿰어진 주판알들로 이루어져 있다. 각 축은 중심에서 조금 떨어진 가로막대와 위아래의 끝부분을 통해서 고정되어 있다. 축의 개수는 주판마다 다를 수 있는데, 가로막대는 주판알들을 두 개의 그룹으로 나눈다. 주판을 사용할 때 기억해야할 중요한 점은 모든 주판알들은 될 수 있는 대로 축의 한쪽 끝이나 다른 쪽 끝으로 끝까지 밀어져야 한다는 것이다. 즉, 주판알은 가로막대의 양쪽에서 하나 이상의 여분의 공간(축의 노출 부분)이 생기도록 놓아져서는 안된다.

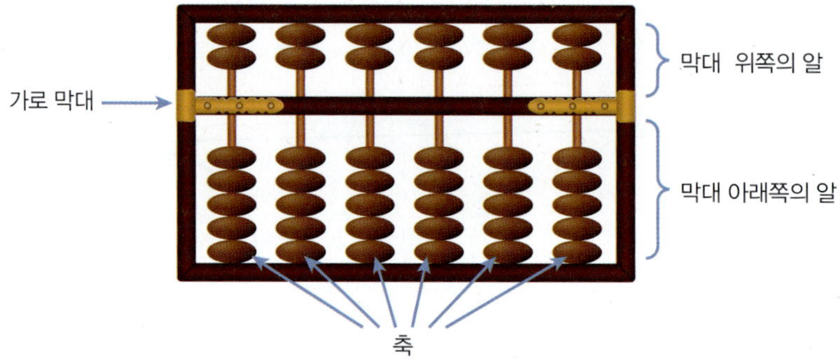

그림 1.2 중국식 주판

주판알들은 오른쪽에서 왼쪽으로 커지는 값을 가진다. 이는 십진수의 숫자나 로마자의 숫자가 오른쪽에서 왼쪽으로 커지는 값을 가지는 것과 비슷하다. 가로막대 아래의 맨 오른쪽 축의 주판알들은 각각 1의 값을 가지기 때문에 1단위의 알들이 된다. 반면 가로막대 위쪽의 맨 오른쪽 축의 알들은 5단위의 알들이 된다. 가로막대 아래의 오른쪽에서 두 번째 축의 알들은 10단위의 알들이 되고 가로막대 위의 알들은 50단위의 알들이 된다. 오른쪽에서 세 번째 축의 가로막대 아래는 100단위의 알이 되고 위쪽은 500단위의 알이 되는 식이다.

가로막대에 닿도록 위 또는 아래로 밀어 넣은 알만이 값을 가지게 된다. 즉, 주판이 4라는 값을 표현하도록 하려면 1단위의 알들 4개를 가로막대에 닿도록 위로 밀어야 하고 다른 알들은 가로막대에서 떨어져 있어야 한다. 그림 1.3은 주판위에 각각 4와 2,639를 나타내도록 한 것이다.

다른 종류의 주판은 각 축에 있는 주판알의 개수가 다를 수 있지만, 중국식 주판은 항상 가로막대 위에 2개의 주판알과 아래에 5개의 주판알을 가진다. 이런 배열을 사용하면 주판에서 여러 가지 방법으로 대부분의 숫자를 나타낼 수 있다. 예를 들어 그림 1.4는 10을 나타내는 3가지 다른 방법을 보여준다.

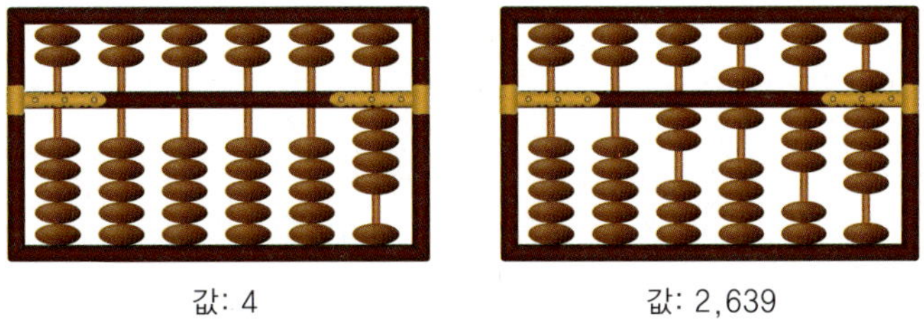

그림 1.3 2개의 주판알 배열과 해당하는 숫자

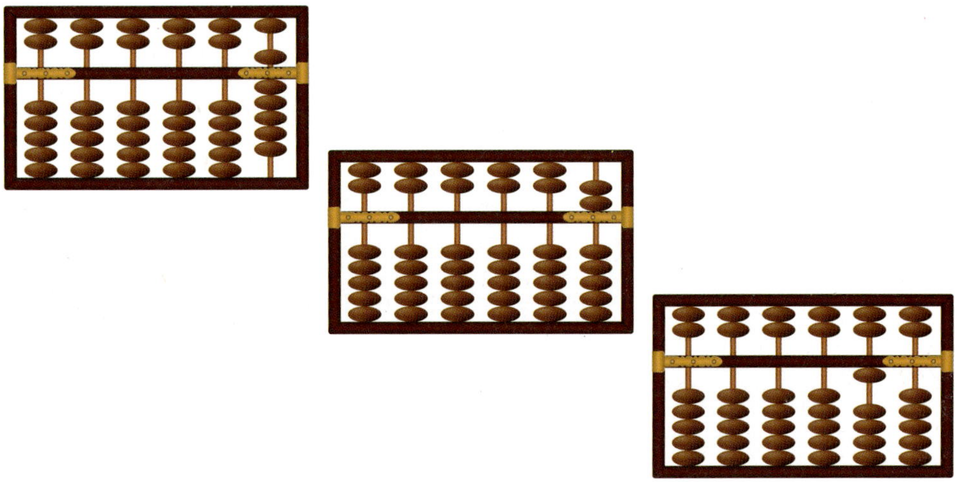

그림 1.4 중국식 주판으로 10을 표현하는 3가지 방법

현대적인 컴퓨터는 주판으로부터 아래의 4가지 개념을 가져왔다.

1. 저장소
2. 표현 방법
3. 계산
4. 사용자 인터페이스

우리는 임의의 유효한 주판알 구성과 관련하여 주판이 숫자 값을 저장하고 있는 것으로 생각할 수 있다. 주판은 주판알들이 제거되지 않는한 동일한 숫자 값을 유지하고 있게 된다. 현대 컴퓨터의 중요한 점은 저장장치이다. 물론, 여러분의 컴퓨터는 주판알을 사용하지도 않고 훨씬 많은 숫자를 저장할 수 있지만, 주판과 여러분의 컴퓨터는 분명히 저장 능력을 가지고 있다.

만일 저장장치가 있다면, 저장할 무언가가 있어야만 한다. 저장된 항목들은 일반적으로 **데이터**(data)라고 불린다. 여러분의 랩톱은 조 단위의 데이터를 저장할 수 있지만 주판은 단지 한 번에 하나의 자료를 저장할 수 있다.

컴퓨터가 주판으로부터 빌려온 두 번째 개념은 **표현**(representation)방법이다. 하나의 시스템에서 처리되고 있는 정보를 나타내려고 할 때마다 표현 방법이 필요하다. 표현 방법으로서 주판은 축 상에 있는 구슬을 사용하여 정수를 저장한다. 주판알들의 위치는 표현방법이 되고 수치적인 값으로 해석될 수 있다. 현대 컴퓨터는 실세계의 정보와 관련된 문제를 해결하기 위해 만들어졌다. 이 정보는 컴퓨터 내부에서 다양한 전자적인 기술을 통하여 데이터로 표현된다. 컴퓨터 메모리내의 전자적인 신호들은 정보를 나타내는 것으로 해석될 수 있다. 2장에서 우리는 컴퓨터가 어떻게 정보를 표현하고 있는지 자세히 논의할 것이다.

주판에서도 나타나는 컴퓨터의 세 번째 속성은 계산을 수행하는 능력이다. 주판과 컴퓨터는 실제로 혼자서는 계산을 수행할 수는 없다. 주판의 경우에 사람이 주판알을 이리저리 밀어야 한다. 덧셈과 뺄셈은 가로 막대 쪽으로 주판알을 추가하거나 빼내거나 함으로써 가능하다. 앞서 언급했듯이 계산을 수행하기 위해서 컴퓨터 하드웨어는 소프트웨어라는 것을 필요로 한다. 사람이 주판에게 산술연산을 수행하도록 했듯이, 소프트웨어는 컴퓨터에게 계산을 수행하도록 한다.

현대 컴퓨터와의 마지막 유사성으로서, 주판은 계산 장치에 대해 알려져 있는 최초의 사용자 인터페이스를 보여준다. **사용자 인터페이스**(user interface)라는 용어는 인간이 기계와 소통하는 방식을 가리킨다. 주판의 경우에 사용자 인터페이스는 축에 꽂혀있는 주판알을 부드럽게 움직이기 위해 손가락과 엄지를 사용하는 것과 주판알의 위치에 따라 표현된 값을 시각적으로 해석하는 것들로 이루어져 있다. 랩톱 컴퓨터에서의 사용자 인터페이스는 훨씬 더 복잡한데, LCD와 함께 키보드와 트랙패드를 사용한다. 대부분의 컴퓨터 상호작용은 아이콘, 버튼, 슬라이더, 팝업 윈도우, 풀다운 메뉴 같은 그래픽 이미지를 조작하는 것과 연관되어 있기 때문에 **그래픽 사용자 인터페이스**(GUI)를 사용한다고 한다.

주판은 현재의 컴퓨터에서 아직까지 사용되고 있는 일부 개념들을 보여주고 있지만, 주판을 설명하기 위해 어느 누구도 "컴퓨터"라는 단어를 사용하지는 않는다. 단지 하나의 정수만을 표현할 수 있는 주판은 충분한 저장소를 가지고 있지 않기 때문에 수행되는 계산의 종류에도 한계가 있을 수밖에 없고 사용자 인터페이스도 다소 투박하다.

주판 이후 수세기동안 인간의 발명품들에 대한 계산 능력을 향상시키려는 노력은 명확히 존재해 왔다. 주목할 만한 하나의 장치는 1617년 발표된 스코틀랜드의 수학자인 **존 네이피어**(Napier, John)의 이름에서 따온 **네이피어의 계산봉**(Napier's bones)이다. 네이피어 계산봉은 직사각형의 막대들로 구성되는데, 각 막대에는 숫자와 줄이 있다. 막대마다 완전히 다른 방식으로 숫자들이 위치하고 있다(그림 1.5). 막대를 배열하는 방식에 따라 곱하기, 나누기, 심지어 제곱근 계산까지 편리하게 계산할 수 있다.

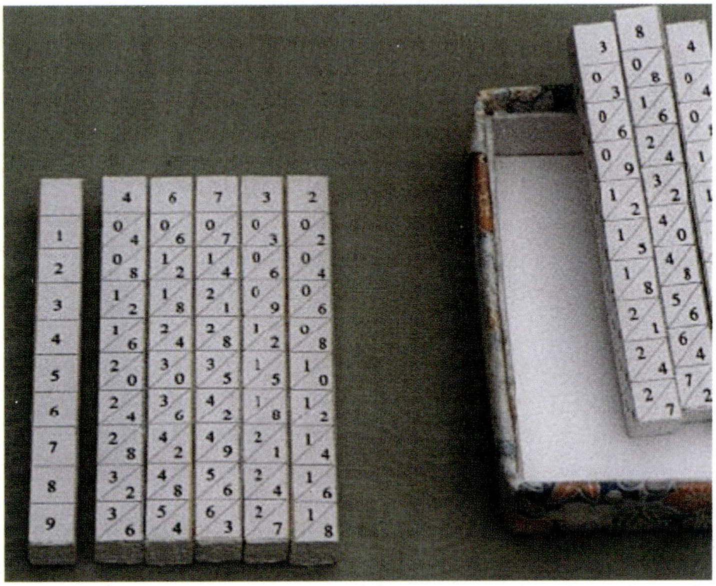

그림 1.5 네이피어의 계산봉(Napier's bones)

명백히 "기계"라고 부를 수 있는 범주로 인간의 발명품이 발전하면서 컴퓨터 하드웨어의 발전은 계산속도와 사용자 인터페이스를 향상시켜 왔다. 역사에서 실제로 거의 동시대에 일어난 몇 개의 발명품들이 있었는데, 첫 번째 계산 기계는 유럽의 여러 나라의 수학자들이 발명하였다. 초기의 기계식 계산기들 중에서 가장 중요한 두 가지는 아마도 1643년 프랑스인 **블레즈 파스칼**(Pascal, Blaise)이 발명한 **파스칼린**(Pascaline)과 1674년 독일의 수학자이자 철학자인 **고트프리트 라이프니츠**(Leibniz, Gottfried)가 발명한 **라이프니츠 계산기**(Leibniz' calculator)일 것이다. 그림 1.6과 그림 1.7은 이러한 기계들의 사진을 보여준다.

파스칼린과 라이프니츠 계산기는 사용자가 회전반과 둥근 핸들을 돌릴 수 있게 함으로써 사용자 인터페이스를 발전시켰다. 이 장치들은 또한 덧셈, 뺄셈, 곱셈, 나눗셈을 수행하는 내부의 회전반, 톱니바퀴, 지렛대를 사용함으로써 인간을 돕는 일을 더 잘 수행하였다. 이 기계들은 또한 계산을 수행할 때의 속도의 중요성을 보여주었다. 아마도 똑똑한 사용자라면 오래 걸리는 계산을 더 빨리 수행하기 위해서 주판이나 네이피어의 계산봉보다 이러한 기계를 사용할 것이다. 계산 속도를 가속시킬 수 있는 기계를 만들려는 시도를 잘 보여주는 초창기의 장치들이다.

그림 1.6 파스칼린(Pascaline)

그림 1.7 라이프니츠 계산기(Leibniz' calculator)

역사에 등장하는 모든 계산 장치가 산술연산을 수행하기 위해서 사용된 것은 아니다. 계산을 위해서 톱니바퀴를 사용한 것으로 알려진 첫 번째 장치는 **안티키테라 메카니즘**(Antikythera mechanism)이다(그림 1.8). 기원전 1세기경의 이 기계는 최소한 30개 이상의 상호 연결된 놋쇠로 이루어진 다양한 차원의 톱니바퀴를 포함하고 있었다. 그 시대의 사람들은 이러한 안티키테라 메카니즘의 회전반을 돌리게 되면 해, 달, 행성의 위치를 정확히 알아낼 수 있다고 믿었다.

어떤 사람들은 안티키테라 메카니즘을 컴퓨터라고 부른다. 그러나 이것은 시간 유지 기계와 관련된 특수한 목적의 계산기로 간주하는 것이 더 정확할 것 같다. 15세기에서 16세기가 지난 후에 안티키테라 메카니즘의 톱니바퀴 기술이 시계 제작 산업과 파스칼라인 같은 초기 계산기에서 다시 나타난 것은 놀랄만하다.

그림 1.8 안티키테라 메카니즘(Antikythera mechanism)의 잔해

1.4 최초의 소프트웨어

1.3절에서 설명한 어떠한 장치도 실제로 프로그램이 가능하지는 않았다. 그렇다, 주판알을 재배열하고 계산봉의 위치를 바꾸거나 회전반과 둥근 핸들을 돌리는 것은 가능하지만, 이것들은 계산을 수행하도록 장치를 설정하는 방법일 뿐이다. 다른 계산을 수행하기 위해서는 이전의 계산 설정을 잃게 된다. 정말로 프로그램이 가능한 장치는 나중에 재사용을 위해 프로그램이 저장될 수 있도록 프로그램이 하드웨어와 분리되어 있어야 한다. 다시 말해 프로그램은 장치에게 실행 방법을 "명령"하고 프로그램마다 다른 결과를 만들어내어야 한다.

프로그램이 가능한 알려진 첫 번째 기계는 계산기가 아니라 천을 짜는 직기였다. 1805년경에 **조셉 마리 자카드**(Jacquard, Joseph-Marie)라는 프랑스의 발명가가 프로그램이 가능한 것으로 알려진 첫 번째 기계를 만들었다. 그림 1.9에 나타낸 **자카드 직기**(Jacquard loom)는 뻿뻿한 종이 카드 두루마기를 프로그램으로 사용했다는 점을 제외하고는 그 시대의 다른 직기와 비슷했다. 이 카드에는 구멍이 뚫려있었다. 이 카드에 뚫려있는 구멍의 위치와 개수를 바꿈으로서 직기는 다른 패턴의 천을 짤 수 있었다. 이 직기는 카드 두루마기를 제거하고 다른 것으로 바꿀 수 있도록 만들어졌다. 이런 식으로 다른 패턴의 천을 짜도록 직기를 프로그램 하였다. 오늘날에도 이런 종류의 천공카드 프로그램은 직물 직기에 여전히 사용되고 있다.

비록 천공카드가 프로그램 가능성을 제시했지만, 직기에서 천을 짜는 것은 컴퓨터가 수행하는 계산과는 상당히 달랐다. 대략 1843년이 되어서야 "컴퓨터 소프트웨어"(또는 최소한 계산 소프트웨어)라는 용어를 사용할 수 있는 첫 번째 사례가 나타났다. **찰스 베비지**(babbages, Charles)라는 영국의 수학자이자 발명가가 역사에 있어서 중요한 이 사건을 만들어 내었다. 베비지는 이미 고급 로그와 삼각법 계산을 할 수 있는 기계식 계산기를 만들었지만, 보다 중요한 발명인 **해석기관**(Analytical Engine)을 만들기 위한 설계에서 프로그램 가능성에 대한 개념을 추가하였다(그림 1.10).

그림 1.9 자카드 직기의 모델

그림 1.10 해석기관(Analytical Engine)의 일부

해석기관은 프로그램을 하드웨어에 입력하고 저장하기 위해서 천공카드 개념을 도입하였다. 하지만 해석기관을 위한 프로그램에서는 현대 컴퓨터에서 프로그램이 지시하는 대로 복잡한 연산을 수행하는 것과 동일한 방법으로 일련의 수학적인 연산을 수행할 수 있었다. 애석하게도 장치의 복잡성 때문에 그 시대의 제조 능력으로는 베비지의 생전에 완벽한 해석기관을 만드는 것은 불가능하였다.

역사에서 해석기관을 언급할 때 주목할 만한 흥미로운 점은 **에이다 러브레이스**(Lovelace, Ada)라는 여자에 관한 것이다(그림 1.11). 러브레이스 백작부인은 유명한 시인인 바이런 경의 딸이었다.

그림 1.11 최초의 컴퓨터 프로그래머에 속했던 찰스 베비지와 에이다 러브레이스

에이다 레브레이스는 찰스 베비지의 작업에 상당한 관심을 가졌고 해석기관을 위한 프로그램을 작성하였던 것으로 알려져 있다. 많은 사람들이 에이다 레브레이스를 최초의 컴퓨터 프로그래머로 부르고 있지만, 동시대에 베비지를 포함하여 여러 사람들이 프로그램을 작성했기 때문에 이는 확인된 바가 없고 사실이 아니다. 그럼에도 불구하고 레브레이스는 분명히 최초의 프로그래머중의 한 사람이다.

1.5 현대적인 컴퓨터란?

현대적인 컴퓨터(modern computer)에 대한 일반적인 정의는 계산 장치가 갖추어야 할 3가지 특징을 필요로 한다.

1. 전용 기계식이 아닌 **전자식**(electronic)이어야 한다.
2. 아날로그가 아닌 **디지털**(digital)이어야 한다.
3. **내장 프로그램 개념**(stored program concept)을 가지고 있어야 한다.

그러고 보면 베비지가 발명한 해석기관도 이러한 3가지 요구사항 모두를 만족하고 있지는 못하고 있다.

이러한 3가지 요구사항 중에서 최소한 한 가지라도 만족하는 최초의 발명품을 찾기 위하여, 우리는 1890년대로 가고자 한다. 미국은 10년마다 인구조사를 하는 오랜 역사를 가지고 있는데, 1880년 인구조사에는 10년전처럼 수작업으로 도표를 작성하였다. 시민의 수를 세고 지역별로 분류하는 이런 과정은 빠른 인구증가율 때문에 점점 어려워졌다. 사실 1880년의 인구조사는 다음 인구조사가 시작되었던 1890년까지 거의 끝마치지 못했다.

허먼 홀러리스(Hollerith, Herman)라는 사람이 미국의 인구조사 도표를 작성하기 위한 계산 기계를 발명했다. 홀러리스의 기계는 1년 이내에 1890년의 인구조사를 끝마쳤다. 홀러리스의 기계는 전기를 사용하여 계산을 수행했다는 것이 더 중요했다. 홀러리스의 도표 작성 기계는 현대적인 컴퓨터를 구분 짓는 모든 특징을 만족하는 최초의 계산기(예, 컴퓨터 같은)로서 당당히 명칭을 붙일 수 있었다. 나중에 홀러리스는 이 장치를 만들어내기 위해 도표작성 기계 회사(Tabulating Machine Company)를 설립하였고 1924년에 IBM이 만들어지면서 합병되었다. IBM은 현재 세계에서 가장 큰 컴퓨터 제조회사중 하나로 존재한다. 홀러리스의 도표작성 기계는 미래의 컴퓨터가 인간의 문제를 해결하는데 도움을 주게 될 것이라는 명백한 확신을 주었다.

최초의 현대적인 컴퓨터에 대한 후보를 결정하기 전에 여전히 언급해야하는 현대적인 컴퓨터의 특징 2가지가 남아 있다. 첫 번째 문제는 현대적인 컴퓨터는 디지털이어야 한다는 것이다. 1930년대 이전의 기계들은 기계적인 톱니바퀴나 전기적인 신호를 사용하여 데이터를 표현하고 저장했다. 일반적으로 톱니바퀴는 무수히 많은 다른 각도로 순환될 수 있다. 유사하게 전기적인 신호도 전압, 전류량, 전기용량, 자기 유도 등에서 무한히 변화한다. 이런 종류의 연속적인 변화를 **아날로그**(analog)라고 한다. 예를 들어, 아날로그 손목시계는 보통 스쳐지나가는 초침을 가지고 있고 무한히 많은 눈금 위치에 놓일 수 있는 분침을 가진다.

아날로그 시스템과 달리 **디지털**(digital) 시스템은 무한한 개수의 가능성이 없고 변화도 연속적이지 않다. 대신에 디지털 시스템에서는 몇 개의 선택들 중에 하나의 값을 가진다. 예를 들어, 디지털 시계에서 시간과 분은 숫자로 표시된다. 분을 나타내는 숫자가 9:30과 9:31 사이의 어떤 것도 표시할 수 없다. 대부분의 자동차 속도계는 차량이 가속함에 따라 점차적으로 회전하는 바늘을 가진 아날로그 방식이다. 그러나 일부 차량은 시간당 미터나 마일을 나타내는 단일 숫자로 현재 속도를 나타내는 디지털 속도계를 가지고 있다.

내장 프로그램 개념을 설명하기 위해서는 현대 컴퓨터에서의 주요 하드웨어 구성을 간략히 살펴보는 것이 필요하다. 그림 1.12는 키보드, 화면표시장치, 시스템으로 구성된 3개의 요소를 가진 단순한 데스크톱 컴퓨터이다. 이러한 3개의 요소들을 통해서 컴퓨터의 4가지 필수적인 부분을 설명할 수 있다. 현대적인 모든 컴퓨터는 다음의 각각에 대해 최소한 하나씩을 가지고 있어야 한다.

1. **입력**(input) 장치
2. **출력**(output) 장치
3. **메모리**(memory)
4. **프로세서**(processor)

그림 1.12 단순한 데스크톱 컴퓨터의 기본 구성

입력장치는 이름이 의미하듯 컴퓨터에 데이터를 입력하는 수단을 제공한다. 그림 1.12에 보이는 입력장치는 키보드이다. 다른 종류의 입력장치로는 컴퓨터 마우스, 트랙 패드, 마이크로폰 등이 있다. 스마트폰과 태블릿 컴퓨터는 입력장치로 LCD의 표면을 사용한다.

출력장치는 컴퓨터가 계산한 결과를 사용자와 공유하기 위한 수단을 제공한다. 개인용 컴퓨터에서 대부분의 출력장치는 컴퓨터 화면표시 장치이다. 다른 출력장치로는 스피커와 프린터가 있다. 입력장치와 함께 출력장치는 사용자 인터페이스를 지원하는 하드웨어를 제공하게 된다.

컴퓨터에 연결되어 있는 일부 장치는 입력장치와 출력장치 둘 다를 제공한다. 예를 들어, 좋아하는 영화를 보기 위해서 DVD 재생기 및 녹화기로부터 데이터(예, 이미지)를 컴퓨터로 입력할 수 있지만, 컴퓨터에 있는 사진모음을 보관할 때에는 동일한 DVD 장치에 기록할 수 있다. "아이 오"라고 발음하는 I/O는 보통 컴퓨터 과학자들이 입력과 출력의 조합을 언급하기 위해 사용하는 용어이다. 디스크 드라이브, 플래쉬 메모리 카드, CD, DVD는 모두 I/O 장치의 예들이다.

입력되는 데이터는 저장되어질 필요가 있다. 그런 저장은 시스템내의 **메모리**(memory)라는 구성요소에서 이루어진다. 인간의 기억 메모리와는 달리 컴퓨터내의 메모리칩은 데이터를 올바로 저장하고 꺼내는데 결코 실패하지 않는다. 2장에서는 컴퓨터 메모리를 측정하는 방법과 데이터가 어떤 형태로 메모리에 저장되는지 더 알아본다.

여러분이 사용자 이름과 비밀번호를 입력하면 컴퓨터는 이 데이터를 자신의 메모리 어디엔가 저장한다. 컴퓨터가 어떤 값을 가지기 위해서 필요한 일은 입력을 **처리**(process)해야 한다는 것이다. 그래서 프로세서(processor)는 컴퓨터의 네 번째 필수적인 요소이다. 17세기의 기계식 계산기처럼, 컴퓨터 프로세서들은 수치 계산을 수행할 수 있지만, 잠재적인 컴퓨터 계산의 범위는 초기 기계들을 훨씬 넘어선다. 게다가 현대의 컴퓨터 프로세서들은 일반적으로 초당 수 조개의 연산을 수행한다.

컴퓨터 메모리와 컴퓨터 프로세서는 I/O장치보다 눈에 잘 보이지 않는다. 일반적으로, 메모리와 프로세서는 대략 1 cm^2정도의 작은 집적회로로 이루어져 있다. 메모리와 프로세서는 그림 1.12의 시스템 구성부분에 각각 위치한다. 그러나 집적회로는 아주 작아서 보다 빽빽하게 밀집해서 배치하는 것이 가능하다. 예를 들어, 랩톱의 메모리와 프로세서는 키보드 바로 아래의 동일한 틀에 위치해 있다. 일부 데스크톱 컴퓨터에서는 프로세서와 메모리가 화면표시장치와 동일한 케이스에 위치한다. 태블릿 컴퓨터와 스마트폰은 모든 4개의 구성요소(입력장치, 출력장치, 메모리, 처리기)가 하나의 칩에 들어 있다.

여러분은 데이터가 컴퓨터 메모리에 저장되어 있고 프로세서에 의해 처리된다는 것을 알고 있다. 하지만, 어떻게 특정한 계산을 수행하도록 프로세서에게 명령을 내리는 것일까? 다시 말해 소프트웨어(프로그램과 명령어)는 어떻게 하드웨어 구성요소와 함께 동작하는 것일까? 해답은 프로세서가 **기계어**(machine instruction)라는 특정 명령을 처리한다는 것이다. 인간의 다른 문화마다 다른 언어를 사용하는 것과 마찬가지로 다른 프로세서마다 다른 기계어를 처리한다.

입력장치를 통해서 컴퓨터에 명령어를 입력할 수 있다. 명령어를 알고 있는 사용자는 키보드를 통해 명령어를 직접 입력하거나 명령어를 입력하기 위해 인터넷으로부터 소프트웨어를 내려 받을 수 있다. 프로그램이 컴퓨터 메모리로 이동하여 적재될 때까지 프로세서는 프로그램을 사용하지 못한다. 이것이 현대적인 컴퓨터의 세 번째이자 마지막 요구사항인 **내장 프로그램 개념**(stored program concept)이다. 요점은 현재의 컴퓨터 메모리는 2가지 목적을 위해 사용된다. (1) 데이터를 저장하고 (2) 데이터를 처리하는 명령어를 저장한다. 저장 프로그램 개념은 또한 컴퓨터가 명령어를 실행시키기 위해서 메모리로부터 프로세서로 명령어를 전송하는 회로를 요구한다. 일반적으로 프로세서는 명령어를 실행시킬 뿐만 아니라 또한 메모리로부터 명령어를 가져오는 것을 제어한다.

1.6 최초의 현대적인 컴퓨터

1.5절에서는 현대적인 컴퓨터를 (1) 전자식, (2) 디지털, (3) 내장 프로그램 개념을 적용한 계산기계로 정의하였다. 본 절에서는 실제로 어떤 발명품이 현대적인 컴퓨터로서의 자격이 있는지를 결정하는 것이 쉽지 않은 이유를 알아본다.

기계식 계산기로부터 전자식 컴퓨터로의 변천은 **미분 해석기**(differential analyzer)로 알려진 기계와 가장 중요하게 관련되어 있다. 미분해석기는 미분방정식을 풀기 위해서 설계된 장치인데, 이 계산기의 기계식 초기 버전은 1800년대 중반까지 거슬러 올라간다. 1912년 전기 동력의 기계식 미분계산기는 영국 군함의 포격에 사용하기 위해서 설계되었다. 1931년 MIT의 버니바 부시(Vannevar Bush)는 커다란 기계식 장치가 아닌 기본적으로 전자식인 미분 해석기를 구축하는 방법에 대한 저널 논문을 발표하였다[1]. 하지만, 전기를 사용했던 초기의 모든 장치들은 아날로그 회로로 구현되었기 때문에 현대적인 컴퓨터는 아니었다.

미분해석기에 대한 이러한 연구에 영향을 받아서, 1946년 펜실베니아 대학의 두 명의 연구자는 - 물리학자인 **존 모클리**(Mauchly, John)와 전기공학자인 **피터 에커트**(Ekert, Peter) - 미국 육군을 위한 ENIAC(Electronic Numerical Integrator and Computer)을 완성하는 프로젝트를 수행하였다. 1947년에 미국 특허국에 에니악(ENIAC)이 "최초의 전자식 컴퓨터"라고 주장하는 특허가 출원되었다. 그림 1.13은 에니악의 사진이다.

그림 1.13 에니악(ENIAC) – 초기의 현대적인 컴퓨터

에니악(ENIAC)은 현대적인 컴퓨터에 대한 초기의 기준을 명백히 만족하고 있다. 디지털이고 전기로 작동하는 계산 장치였다. 에니악의 최초 버전은 실제로 저장 프로그램 개념을 따르지 않았고 이 기능은 나중에 반영되었다. 현재 기준으로 에니악은 물리적으로 방 전체를 차지할 정도로 거대하였다. 회로에는 19,000개의 진공관(그림 1.14 참고)과 1,000개의 계전기가 사용되었다. 진공관은 메모리 장치로 사용될 수도 있지만, 크기가 크고(각각 대략 사람의 엄지 정도의 크기) 현재의 컴퓨터 메모리에 비해 신뢰하기 어려웠다. 계전기는 또한 기계식이고 크기가 큰 전기적인 스위치의 형태이다(휴대폰 크기의 약 반 정도).

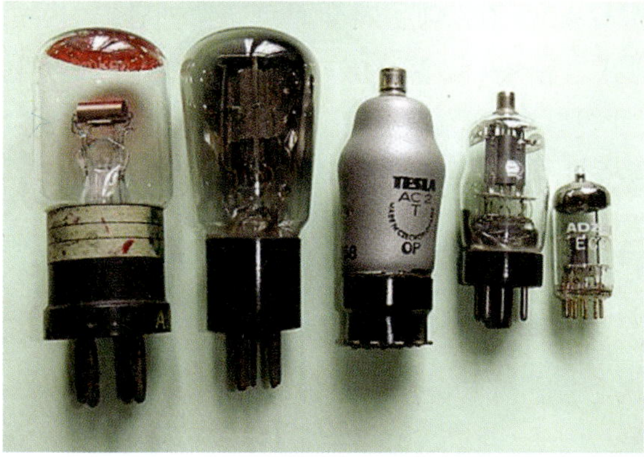

그림 1.14 진공관

ENIAC은 특허출원에도 불구하고 최초의 현대적인 컴퓨터로 간주되지 않았다. 사실 1973년에 미국 특허국은 1943년에 출원된 이 특허를 무효화하였다. 무효화된 주요 이유는 특허권을 완전히 얻지 못했던 일부 초기의 연구가 발견되었기 때문이다.

1937년에서 1938년 사이에 아이오와 주립대의 두 명의 물리학자는 - **존 아타나소프**(Attanasoff, John)와 **척 베리**(Berry, Chuck) - **ABC 컴퓨터**(그림 1.15 참고)라는 기계를 만들었다. 지역신문인 **드 모인 레지스터**(Des Moines Register)가 1941년에 ABC 컴퓨터에 대한 기사를 발간했던 것이 특허 논쟁 중에 발견되었다. 또한 아타나소프는 1940년에 모클리(Mauchly)와 자신의 설계에 대해 의논을 했고 같은 해에 미국 특허국에 방문했다고 주장하였다.

그림 1.15 ABC 컴퓨터

불행히도, ABC 컴퓨터는 저장 프로그램 개념을 사용하지 않았고 범용의 목적으로 프로그램이 가능하지도 않았기 때문에 실제로 최초의 현대적인 컴퓨터로 인정받지 못했다. 단지 연립 선형방정식을 풀기위해 설계되었을 뿐이었다. 아직도 ABC 컴퓨터는 3가지의 중요한 면에서 최초로 인식되고 있다.

1. 프로그램 가능한 최초의 완전 전자식 계산기였다.
2. 전자식 메모리를 최초로 반영했다.
3. 이진수를 최초로 사용했다(2장에서 설명).

콘라드 추제(Zuse, Konrad)라는 독일인 공학자는 최초의 범용 전자식 디지털 컴퓨터를 만든 것으로 공로를 인정받고 있다. 이 컴퓨터는 1945년에 만들어졌고 Z4라는 이름을 가진다. Z4는 또한 세계 최초의 상업적인 디지털 컴퓨터였다. 그러나 Z4도 ABC 컴퓨터처럼 내장 프로그램 개념을 사용하지 않았다. 추제는 또한 플란칼쿨(Plankalkul)이라는 프로그래밍 언어를 만든 것으로 잘 알려져 있다. 이 언어는 유럽의 소프트웨어 개발에서 20년 이상 우위를 점하였고 프로그래밍 언어 계열의 선구자가 되었다.

아마도 다소 덜 알려진 발명품인 SSEM 또는 베이비(Baby)라는 이름의 **맨체스터 소규모 실험기계**(Manchester Small-Scale Experimental Machine)가 "최초의 현대적인 컴퓨터"라는 직함을 가질 수 있을 것 같다. SSEM은 1948년 6월 영국 맨체스터의 빅토리아 대학에서 완성되었으며 저장 프로그램 개념을 사용한 최초의 컴퓨터이다. 그러나 실용적인 컴퓨터가 아니라 다른 하드웨어를 위한 테스트베드의 일부로 구성되었다. 같은 해의 9월에 ENIAC이 저장 프로그램을 사용하도록 변경되었으며 최초의 현대적인 컴퓨터라는 주장이 불거졌다.

어느 발명품이 가장 중요한 것으로 간주되어야 할지에 관계없이 명확한 것은 1930년대 후반과 1940년대를 통해서 세계 도처에서 초기 컴퓨팅 장치를 만들기 위해 진행된 광풍의 연구가 있었다.

몇 년이 지나지 않아서 컴퓨터 과학자들은 기계어 명령어를 사용하는 아주 긴 지루한 작업으로 녹초가 되어갔고, 이는 **고급 프로그래밍 언어**(high-level programming language)의 발명으로 이어졌다. 고급언어는 암호 같은 숫자 형태의 대부분의 기계 명령어 대신에 훨씬 더 영어와 유사한 명령어에 의존하는 언어이다. 현재와 같은 컴퓨터 시스템으로 이끌었던 이러한 혁명은 1950년대 중반까지 컴퓨터 진화의 역사에서 많은 것을 변화시켰다.

1.7 무어의 법칙

현재 컴퓨터 하드웨어에 대해서 논할 때 빼놓고는 얘기할 수 없는 또 하나의 기술적 발견이 있다. 1950년대와 1960년대의 물리학자들 중에서 가장 뛰어난 **잭 킬비**(Kilby, Jack)와 **로버트 노이스**(Noyce, Robert)는 기존의 진공관의 사용을 대체할 더 작고, 더 빠르고, 훨씬 더 신뢰성이 있는 전자공학 기술에 대해 연구하고 있었다.

이 아이디어는 "트랜지스터"라는 수천 개(나중에는 수조 개)의 전자적인 스위치를 실리콘 웨어퍼를 사용하여 단일 칩에 결합시켜 생산하는 것이었다. 이런 장치를 **집적회로**(integrated circuits)라 부르고 실리콘을 집적회로로 만드는 기술을 **반도체 기술**(semi-conductor technology)이라고 한다.

그림 1.16은 집적회로의 사진이다. 중심에 있는 사각형의 후미 영역은 실리콘 웨이퍼인데, 장치의 외부에 있는 금속 다리 핀들과 전선으로 연결되어 있다. 일반적으로 이 다리 핀들을 소켓에 꽂아서 컴퓨터 회로의 나머지 부분과 연결하게 된다. 포장된 전체 용기를 흔히 **칩**(chip)이라고 부른다.

로버트 노이스는 반도체 개발에 관한 업적으로 노벨 물리학상을 받았고, **고든 무어**(Moore, Gordon)와 함께 세계에서 가장 큰 컴퓨터 프로세서 제조회사인 인텔사를 창업했다.

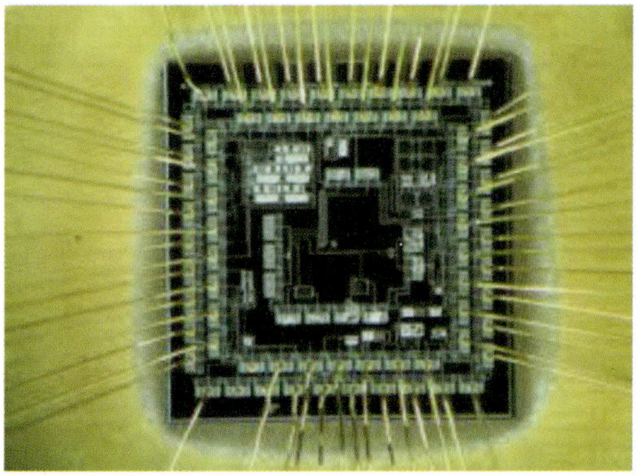

그림 1.16 집적회로

집적회로 덕분에 우리는 1950년대와 1960년대의 커다란 방 크기의 컴퓨터보다 수백만 배 더 빠른 컴퓨터를 서류가방이나 주머니에 넣고 가지고 다닐 수 있게 되었다. 고든 무어는 1965년 그가 발표한 논문에서 이러한 성능 발전 추세를 언급하였다 [2]. 이는 현재 **무어의 법칙**(Moore's law)으로 알려져 유명해진 것으로 집적회로내의 소자의 수가 18개월마다 대략 두 배씩 증가하도록 제조 능력이 향상된다는 예견이었다. 컴퓨터가 어떻게 그렇게 작게 손목시계부터 MP3 재생기까지 무수히 많은 장치에 삽입되었는지를 설명해주는 무어의 법칙은 놀랍게도 40년 넘게 정확히 지켜져 왔다.

수학자와 컴퓨터 과학자들에게 **지수적 증가**(exponential growth)로 알려져 있는 증가율은 고정된 시간마다 두 배가 된다는 것이다. 이 경우에 증가는 2의 지수(또는 멱수)가 된다. 다음은 2를 밑으로 하는 지수적 증가가 어떻게 동작하는지를 보여주는 표이다.

18개월 후	개선 요인 = $2^1 = 2$
3년 후	개선 요인 = $2^2 = 2 \times 2 = 4$
4.5년 후	개선 요인 = $2^3 = 2 \times 2 \times 2 = 8$
6년 후	개선 요인 = $2^4 = 2 \times 2 \times 2 \times 2 = 16$
7.5년 후	개선 요인 = $2^5 = 2 \times 2 \times 2 \times 2 \times 2 = 32$
9년 후	개선 요인 = $2^6 = 2 \times 2 \times 2 \times 2 \times 2 \times 2 = 64$
10.5년 후	개선 요인 = $2^7 = 2 \times 2 \times 2 \times 2 \times 2 \times 2 \times 2 = 128$
12년 후	개선 요인 = $2^8 = 2 \times 2 \times 2 \times 2 \times 2 \times 2 \times 2 \times 2 = 256$
13.5년 후	개선 요인 = $2^9 = 2 \times 2 \times 2 \times 2 \times 2 \times 2 \times 2 \times 2 \times 2 = 512$
15년 후	개선 요인 = $2^{10} = 2 \times 2 \times 2 \times 2 \times 2 \times 2 \times 2 \times 2 \times 2 \times 2 = 1{,}024$

더 많은 소자들이 동일한 집적회로 공간에 밀어 넣어질 때 전류가 흐르는 거리는 더 짧아질 수밖에 없다는 중요한 부가효과가 무어의 법칙에는 존재한다. 이것은 회로가 더 빨라진다는 것을 의미한다. 무어의 법칙의 결과로 컴퓨터의 속도에 있어서 급격한 증가는 현재 당연한 것으로 받아들이고 있다. 사실 수십 년 동안 컴퓨터의 속도는 대략 1.5년마다 2배가 되었다. 이는 대학 신입생이 구입한 컴퓨터가 4.5년 후에는 그 시점에 출시된 컴퓨터보다 성능이 대략 8배 정도 떨어지게 되는 이유를 설명해준다. 또한 무어의 법칙은 15년 만에 컴퓨터의 속도와 용량이 약 1,000배 정도 증가하는 이유를 설명할 수 있게 해준다. 10장에서 무어의 법칙과 미래에 이것이 의미하는 바에 대해 조금 더 살펴본다.

1.8 요약

컴퓨터 과학자들의 사고는 종종 그들이 사용하는 기술들로부터 이루어진다. 이 장에서는 현재 사용되는 컴퓨터 하드웨어와 소프트웨어를 가능하게 만들었던 기본적인 발명품들에 대해서 알아보았다. 과거 50년 동안 컴퓨터와 관련해서 일어났던 가장 중요한 일이 훨씬 더 많은 문제를 해결할 수 있는 컴퓨터의 능력이라는 것은 흥미롭다. 컴퓨터 응용에서 컴퓨터가 더 작고 더 빠르고 더 값싸게 발전한 것은 무어의 법칙의 직접적인 결과이다.

1.9 언제 이 내용을 사용할 것인가?

현대적인 세상에서 컴퓨터가 왜 그렇게 중요하게 되었는지 두 가지 이유를 설명한다. (1) 우리는 컴퓨터를 이용하여 정보를 저장하고 다루는 방법을 개발하였고, (2) 엄청나게 빠른 컴퓨터를 만들어 냈다는 것이다. 컴퓨팅의 역사에서 무어의 법칙은 인간의 다른 어떤 발명품도 대적할 수 없는 속도로 컴퓨터가 변화하는 단계를 설명하고 있다. 어떤 누구도 인간이 전개하는 미래를 정확하게 가늠할 수 없지만, 컴퓨터의 역사를 볼 때 미래에 무슨 일이 생기든 간에 컴퓨터는 중추적인 역할을 할 것이다.

참고문헌

1. Bush, V. "The Differential Analyzer: A New Machine for Solving Differential Equations." *Journal of the Franklin Institute* 212, no.4(1931):447-488.
2. Moore, Gordon E. "Cramming More Components onto Integrated Circuits." *Electronics Magazine*, April 19, 1965, vol.38, no.8, p.4.

주요용어

계산(calculation)

계산적 사고(computational thinking)

고급 프로그래밍 언어(high-level programming language)

고든 무어(Moore, Gordon)

고트프리트 라이프니츠(Leibniz, Gottfried)

그래픽 사용자 인터페이스(graphic user interface: GUI)

기계 명령어(machine instruction)

내장 프로그램 개념(stored program concept)

네이피어의 계산봉(Napier's bones)

데이터(data)

디지털(digital)

로버트 노이스(Noyce, Robert)

맨체스터 소규모 실험기계(Manchester Small-Scale Experimental Machine: SSEM)

메모리(memory)

무어의 법칙(Moore's law)

미분 해석기(differential analyzer)
반도체 기술(semiconductor technology)
블레즈 파스칼(Pascal, Blaise)
사용자 인터페이스(user interface)
소프트웨어(software)
소프트웨어 개발자(software developer)
아이 오(I/O)
안티키테라 장비(Antikythera device)
애플리케이션(application)
앱(app)
에니악(ENIAC)
에이다 러브레이스(Lovelace, Ada)
ABC 컴퓨터(ABC computer)
입력(input)
자카드 직기(Jacquard loom)
잭 킬비(Kilby, Jack)
저장소(storage)
저장 프로그램 개념(stored program concept)
전자 컴퓨터(electronic computer)
조셉-마리 자카드(Jacquard, Joseph-Marie)
존 네이피어(Napier, John)
존 모클리(Mauchly, John)
존 아타나소프(Attanasoff, John)
주판(abacus)
지수적 증가(exponential growth)
Z4 컴퓨터(Z4 Computer)
집적회로(integrated circuit)
찰스 베비지(babbages, Charles)
처리기(processor)
척 베리(Berry, Chuck)
천공카드(punched cards)
출력(output)
칩(chip)
컴퓨터(computer)
컴퓨터 과학(computer science)
컴퓨터 시스템(computer system)
코드(code)
콘라드 추제(Zuse, Konrad)
파스칼린(Pascaline)
표현(representation)
프로그램(program)
프로그램할 수 있는(programmable)
피터 에커트(Ekert, Peter)
하드웨어(hardware)
해석기관(Analytical Engine)
허먼 홀러리스(Hollerith, Herman)
현대 컴퓨터(modern computer)

연습문제

1. 계산 장치가 현대적인 컴퓨터의 기준에 부합하기 위해서 갖추어야 할 3가지 요건은 무엇인가?

2. 컴퓨터 하드웨어와 컴퓨터 소프트웨어 사이의 차이점은 무엇인가?

3. 궁극적으로 다음의 각 발명품들이 최초의 현대적인 컴퓨터가 출현하는데 기여한 중요한 의미를 설명하여라.

a. 주판

b. 해석기관

c. 자카드 직기

d. 미국 인구조사를 자동으로 도표화한 홀러리스 기계

4. 디지털 카메라는 현대적인 컴퓨터의 한 종류이다. 이런 의미에서 다음의 물음에 답하여라.

a. 사용자는 어떤 식으로 디지털 카메라에 입력을 제공하는가?

b. 카메라의 출력 장치는 무엇인가?

c. 카메라에서 메모리의 용도는 무엇인가?

5. 휴대용 음악 재생기는 어떤 의미에서 프로그램이 가능하다고 보는가?

6. 스마트폰과 태블릿 컴퓨터의 GUI 요소들은 어떤 면에서 랩톱이나 데스크톱 컴퓨터와 다른가?

7. 무어의 법칙을 적용하여 현재 사용 중인 컴퓨터를 30년 전의 컴퓨터와 비교해볼 때 그 당시 컴퓨터는 크기가 얼마나 더 컸을 것 같은가?

COMPUTATIONAL THINKING
for The Modern Problem Solver

02 CHAPTER

실세계 정보와 데이터

데이터를 얻기 전에 이론을 세우는 것은 중대한 실수이다.

– 아서 코난 도일(영국 소설가)

학습목표

- 정보와 데이터라는 용어를 정의한다.
- 컴퓨팅 시스템 내에서 데이터가 어떻게 비트열로 부호화되는지 설명한다.
- 데이터 용량에 대한 측정과 어떤 유형의 실세계 정보를 저장하기 위해서 얼마나 많은 용량이 필요한지 정의한다.
- 위치기수법을 설명한다.
- 정수와 실수가 어떻게 부호화될 수 있는지 설명한다.
- 컴퓨터가 부정확해질 수 있다는 것을 보여준다.
- 텍스트, 색상, 그림, 소리와 같은 복잡한 정보가 어떻게 비트열로 부호화될 수 있는지를 설명한다.

컴퓨터 프로그램은 실세계의 정보를 처리해야하기 때문에, 계산적인 문제 해결의 첫 번째 단계는 실세계 정보를 컴퓨터가 처리할 수 있는 데이터로 부호화하는 것이다. 실세계 정보는 여러 군데에서 다양한 형태로 수집되고 있다. 컴퓨터가 이해할 수 있도록 정보를 데이터로 변환하는 것은 많은 도전에 직면하게 된다. 예를 들어, 음성 기록, 17세기 네덜란드 유화, 천연색 페이지의 교재, 또는 심지어 지문같은 것들을 어떻게 컴퓨터에 저장시킬 것인가?

이 장은 대부분의 컴퓨터 시스템에서 사용되는 하부 부호화 시스템에 대해서 설명한다. 이런 부호화 시스템이 영상과 소리 같은 복잡한 유형의 정보를 어떻게 부호화하는지 설명한다. 또한 이 장은 데이터를 보다 간결하고 효율적으로 유지하기 위하여 정보의 부호화를 최소화하는 기술에 대해서 논의한다.

2.1 정보와 데이터

산업혁명은 제조기술에 있어서의 광범위한 변화가 세계의 경제 및 문화 환경에 대한 다방면의 변화를 초래했던 시기였다. 1800년대 후반에 시작된 산업혁명은 유럽에 이어서 미국의 경제를 대규모의 노동력 및 동물 기반의 농업시스템으로부터 기계 기반의 제조 시스템 쪽으로 이동시키기 시작했다. 수로, 도로, 철도의 건설로 인해 상업과 무역이 급속히 팽창했다. 이러한 혁명은 증기와 석탄 그리고 산업적인 용도의 철제 금속 기계의 개발로 인해 가속되었다. 사회 전반을 통하여 보다 복잡한 기술과 장비가 사용됨에 따라 일상생활의 거의 모든 면이 영향을 받게 되었다.

최근 세계 경제 및 문화 환경에 대한 또 다른 엄청난 격변의 시대에 직면하게 되었다. 이러한 격변의 시대의 경제는 주로 산업기반으로부터 디지털 정보의 생성, 획득, 분석에 기반을 둔 경제 쪽으로 옮겨갔다. 이러한 사회 및 경제 풍토는 정보시대로서 알려져 있다. 이 시기는 쉬운 접근과 빠른 전송 그리고 의미 있는 분석에 기반을 둔 대용량의 디지털 데이터에 의해 특징지어질 수 있다. 주로 전자화된 계산과 통신의 진전을 추진력으로해서 정보기반의 경제와 문화로 옮겨갔다. 1970년대 후반에 널리 보급되었던 개인용 컴퓨터가 1990년대 중반에 인터넷의 급속한 발전과 결합되면서 디지털 데이터와 디지털 계산이 문화적 주류로 떠오르게 되었다.

정보(information)와 **데이터**(data)라는 용어는 상당히 중복되는 의미를 가지고 있는데, 이 책에서는 이들 사이의 의미를 명확히 구별하고자 한다. **옥스퍼드 영어 사전**(Oxford English Dictionary – OED)은 **데이터**(data)를 "컴퓨터와 기타 자동장치에 의해서 연산이 수행되는 숫자, 문자 또는 심볼로서 전기적으로 저장되거나 전송될 수 있고 자기 테이프나 천공카드 등에 기록되어 있는 것"으로 정의한다. 또한 OED는 **정보**(information)를 "어떤 특정한 사실, 주제 또는 사건에 대해 전달되는 지식; 알려지거나 회자되는 지식; 지능, 뉴스"로 정의하고 있으며 "정보는 데이터를 처리해서 얻어지는 것"이라는 것을 추가하면서 정보와 데이터를 서로 구별하고 있다. 이 책을 통해서 우리는 실세계에 대한 지식이나 사실을 나타내기 위해 "정보"라는 용어를 사용한다. 반면 정보가 계산 시스템에 의해 다뤄질 수 있도록 정보를 부호화하는 것을 표시하기 위해 "데이터"라는 용어를 사용한다.

정보와 데이터를 구별하는 다음의 예를 고려해보자. 여러분의 신용카드번호 정보는 카드 뒷면에 저장될 때 데이터로 전환된다. 이 정보를 부호화하려면 자기 띠, 1차원 바코드, 2차원 바코드, 심지어 라디오 주파수 신원증명(RFID) 칩에 식각된 패턴의 형태를 취한다. 여러분의 이름이 컴퓨터 시스템에 저장될 때에도 데이터로 전환되는 한편의 정보가 된다. 부호화는 디지털 회로에 저장되는 전하 또는 신원 증명 배지의 뒤에 있는 1차원 또는 2차원 바코드가 될 수도 있다. "계산적인 사고는 모든 사람을 위한 것"이라는 개념도 부호화를 통해서 데이터로 전환될 수 있는 한편의 정보이다. 예를 들어, 그림 2.1은 이러한 문구의 2차원 부호화를 보여준다.

그림 2.1 "계산적인 사고는 모든 사람을 위한 것"이라는 문구의 2차원 부호화

2.2 정보를 데이터로 전환하기

정보시대에 우리가 직면한 문제 중의 하나는 실세계 정보를 데이터로 바꾸는 것이다. 모나리자와 같은 그림이 어떻게 컴퓨터에 저장될 수 있을까? 런던 필하모닉 오케스트라의 관현악 공연이 어떻게 컴퓨터에 저장되고 전 세계로 방송될 수 있을까? 음성메일 시스템에서 여러분의 목소리가 어떻게 데이터로 기록될 수 있을까? 또는 여러분의 스마트폰 비밀번호가 어떻게 시스템내의 디지털 데이터로 저장될 수 있을까?

먼저 **연속적인**(continuous)과 **이산적인**(discrete) 두 가지의 다른 유형의 데이터가 있다는 것을 주목하게 된다. 개별적인 자료가 무한개의 가능한 값을 가질 수 있다면 데이터는 연속적이지만, 유한개의 가능한 값을 가진다면 이산적이다. 연속적인 데이터는 보통 물리적인 또는 실세계를 포함하는 측정값과 관련이 있지만, 이산적인 데이터는 보통 셀 수 있는 것과 관련이 있다.

한 가지 예로서 오렌지의 무게를 측정하는 것을 생각해보자. 오렌지의 무게가 정확히 200 그램일 수도 있지만, 이것은 또한 229.3 그램, 또는 229.31533 그램, 심지어 229.31533480185993 그램이 될 수도 있다. 즉, 오렌지의 무게는 무한개의 가능한 값으로 나타낼 수 있기 때문에 연속적인 데이터의 예가 된다. 한편, 여러분의 친구들에게 생물학적 부모 중에서 아직 몇 명이 생존하고 있는지 질문해보자. 아마도 답변은 0, 1, 또는 2 가 된다. 어떤 사람도 두 명 이상의 생물학적 부모를 가지고 있지 않기 때문에 2이상의 수는 가능하지 않고 부모의 수가 분수 형태의 숫자를 가질 수 없다는 건 명확하다. 생존하는 부모의 수는 단지 유한개의 값을 나타내기 때문에 이산적인 데이터의 예가 된다.

전자공학에서 신호는 **아날로그**(analog)이거나 **디지털**(digital)이다. 아날로그 신호는 연속적인 데이터를 부호화한 것이고 디지털 신호는 이산적인 데이터를 부호화한 것이다. 초기 전자공학에서 시스템들은 아날로그 신호를 처리했지만 현대적인 컴퓨팅 시스템들은 거의 모두 디지털 전자공학을 사용한다. 일반적으로 디지털 시스템이 아날로그 시스템보다 더 선호되는 이유는 디지털 시스템에서는 처리해야할 가능한 값들이 유한개로 정해져있기 때문이다.

디지털 시스템에서 가장 작은 데이터 단위는 **이진수**(binary digit) 또는 **비트**(bit)로 알려져 있다. 어떤 시점에서도 비트는 ON 또는 OFF라는 2개의 가능한 값들 중에 하나를 가진다. 여러분은 비트를 재빨리 충전하고 방전할 수 있는 엄청나게 작은 건전지로 간주할 수 있다. 충전이 되었을 때 비트는 ON이 되고 방전이 되었을 때 비트는 OFF가 된다. 수학적으로 말하자면, 비트는 보통 OFF일 때 0으로 표시하고 ON일 때 1로 표시한다. 어떤 비트가 ON인지 OFF인지 결정하는 것은 간단하다. 예를 들어, 전구가 켜져 있는지 또는 전기 울타리가 꺼져 있는지 알아내는 것이 얼마나 쉬운지를 생각해보라. 이 책의 나머지 부분에서 우리는 OFF상태를 0으로 ON상태를 1로 표시할 것이다.

그림 2.2 2개의 비트열로 표현할 수 있는 4가지 패턴은 00, 01, 10, 11이다.

여러분은 컴퓨팅 시스템이 모든 정보를 일련의 비트들로 부호화한다는 것을 알고 놀랐을지도 모르겠다. 그림, 소리, 책, 비디오는 비트들의 긴 수열로 부호화된다. 일련의 비트들은 일반적으로 **비트열**(bit string)이라고 한다. 비트열에서의 비트들은 0과 1의 다양한 값을 가질 수 있기 때문에 비트열은 아주 많은 수의 다른 패턴들을 나타낼 수 있다. 단일 비트(예, 길이가 1인 비트열)에 대하여, 비트열이 어떤 시점에서 나타낼 수 있는 패턴에는 오직 2가지가 있다. 해당 비트는 0 또는 1이다. 그러나 2개의 전구로 되어 있는 비트열을 생각해보자. 이 비트열은 얼마나 많은 다른 패턴들을 나타낼 수 있을까? 이 패턴들 중 2개는 아주 명확하다. 즉, 두 개의 전구가 모두 0이거나 모두 1인 경우이다. 2개의 다른 패턴도 쉽게 알 수 있다. 첫 번째 전구가 0이고 두 번째 전구가 1인 경우와 첫 번째 전구가 1이고 두 번째 전구가 0인 경우이다. 이러한 4개의 패턴들은 그림 2.2에 나타내었는데, 단일 비트를 묘사하기 위해 전구를 사용하였다.

이제 더 긴 비트열들을 생각해보자. 길이가 3인 비트열은 어떤 시점에 얼마나 많은 다른 패턴들을 나타낼 수 있을까? 하나의 비트가 비트열의 첫 번째 비트로 추가된다면 이전 패턴들의 두 배가 된다는 것을 쉽게 알 수 있다. 첫 번째 비트가 0이면 나머지 비트들은 4개의 패턴을 나타낼 수 있다. 반대로 첫 번째 비트가 1이면 나머지 비트들은 4개의 패턴을 가질 수 있다. 결국 어떤 시점에서 길이가 3인 비트열은 8개의 패턴을 나타낼 수 있다. 그림 2.3에 이러한 패턴들을 나타내었다.

그림 2.3 3비트의 비트열은 8개의 패턴들을 나타낸다.

비트열에 비트가 추가될 때마다 비트들이 나타낼 수 있는 패턴들의 수는 2배가 된다. 이것으로부터 비트열이 얼마나 많은 패턴을 나타낼 수 있는지에 대한 질문에 아주 유용한 일반화에 이르게 된다. 좀 더 자세히 말하자면, 길이가 N인 비트열이 나타낼 수 있는 패턴의 수는 2^N이다. 그림 2.4는 이러한 패턴에 대한 통찰력을 보여준다.

일부 정보를 임의로 특정한 비트 패턴과 연관시킴으로써 실세계의 정보를 데이터로 부호화할 수 있다. 예를 들어, 길이가 3인 비트열로 빨강색을 패턴 100, 녹색을 패턴 010, 파랑색을 패턴 001로 관련시킬 수 있다. 또 다른 예로서 문자, 숫자, 구두점을 포함하여 키보드상의 모든 기호를 부호화하는 경우를 생각해보자. 우리는 모든 가능한 키보드 기호의 목록을 만든 다음에 각각의 기호를 유일한 비트열 패턴으로 연관시킬 것이다. 예를 들어 문자 A를 8자리 비트열 01000001로 연관시키고 마침표는 8자리 비트열 00101110으로 연관시킬 것이다.

비트열의 길이	패턴의 개수
1	$2^1 = 2$
2	$2^2 = 4$
3	$2^3 = 8$
4	$2^4 = 16$
5	$2^5 = 32$
6	$2^6 = 256$
N	2^N

그림 2.4 비트열이 생성하는 패턴의 수

2.3 데이터 용량

데이터를 부호화 하려면 어떤 정보를 저장하기 위해서 얼마나 많은 비트들이 필요한지 알아야한다. 예를 들어, 키보드상의 기호를 저장할 때 하나의 기호를 저장하기 위해서 필요한 비트수가 얼마인지 알아야한다. 키보드상의 하나의 기호를 부호화할 때 8자리 비트열이 아닌 3자리 비트열 또는 4자리 비트열을 사용하는 것이 가능한가?

다음 시나리오를 고려해보자. 모든 키보드 기호의 목록이 주어져 있고 또한 3자리 비트열이 주어져있다. 여러분이 할 일은 목록에 있는 기호 각각에 대하여 유일한 비트열을 생성하는 것이다. 기호 "A"를 비트열 000으로 부호화하는 것으로 시작한다. 알파벳순으로 부호화를 해나가면 "B"는 001, "C"는 010, "D"는 011, "E"는 100, "F"는 101, "G"는 110, "H"는 111로 부호화를 정할 수 있다. 이제 키보드의 나머지 기호들을 부호화하기 위해서 남아있는 패턴이 없게 되고 따라서 여러분은 하나의 키보드에 있는 기호들을 부호화하기에 3자리 비트열은 충분하지 않다는 것을 깨닫게 된다.

일반적으로 어떤 정보를 저장하기 위해서 필요한 비트들의 수는 그 정보가 가질 수 있는 값의 수에 비례한다. 일주일에는 7일이 있고 3자리 비트열로 부호화하면 8개의 비트 패턴을 사용할 수 있다. 1년에는 12개의 달이 있고 4자리 비트열로 부호화하면 16개의 패턴을 사용할 수 있다. 그러므로 어떤 정보가 가질 수 있는 값의 집합이 작을수록 더 짧은 비트열로 부호화할 수 있는 반면, 정보의 내용이 더 커질수록 부호화를 위해서 더 긴 비트열이 필요하다. 그림 2.5는 어떤 유형의 정보를 부호화하기 위해서 필요한 비트들의 수가 해당 유형과 관련된 값의 개수와 어떤 관련이 있는지 보여준다.

정보 유형	값의 개수	비트수
동전 던지기	2	1
요일	7	3
월	12	4
일	31	5
키보드 기호	~ 104	7
1년 날짜	365	9

그림 2.5 다양한 유형의 정보를 저장하기 위해서 필요한 대략적인 비트수

컴퓨팅 시스템의 데이터 용량(data capacity)은 시스템이 부호화할 수 있는 정보의 양이다. 데이터 용량은 시스템이 사용할 수 있는 비트의 수와 직접 관련이 있기 때문에 데이터 용량은 단순히 비트수를 세는 것이 된다. 데이터 용량은 보통 직접적으로 비트수를 세는 것이 아니라 바이트라는 측정 단위에 기반을 둔다. 바이트(byte)는 8자리 비트열이다. 그러므로 단일 바이트는 2^8 또는 256개의 유일한 패턴들을 저장할 수 있다.

데이터 용량을 위한 또 하나의 측정 단위는 **워드**(word)인데, 이것은 컴퓨팅 시스템의 하드웨어에 기반을 둔 데이터 용량 단위이다. 워드는 처리기에 의해서 단일 항목으로 처리되는 고정된 길이의 비트열이다. 하나의 워드를 구성하는 비트수는 컴퓨팅 시스템마다 다르지만 일반적으로 8의 배수가 된다. 여러분은 아마도 32비트 프로세서 또는 64비트 시스템에 대해서 들어봤을 것 같다. 이 문장은 특정 컴퓨팅 시스템의 워드 길이를 설명하는 것이다. 워드 길이는 보통 8, 16, 32, 64로 되어있다.

매우 큰 데이터 용량을 측정하기 위해서 단일 바이트를 나타내는 기호 B에다 접두사를 붙여서 배율 승수를 나타낸다. 컴퓨팅 업계에서는 데이터 용량을 위한 측정 단위로 킬로바이트(kilobyte), 메가바이트(megabyte), 기가바이트(gigabyte) 같은 용어를 사용하고 해당 기호로서 각각 KB, MB, GB를 사용한다. 그림 2.6은 가장 일반적인 접두사와 2

의 멱승과 근사적인 십진수 값으로서 해당 의미를 나타내고 있다.

단위	기호	2의 거듭제곱	십진수
킬로(Kilo)	K	2^{10}	$\sim 10^3$
메가(Mega)	M	2^{20}	$\sim 10^6$
기가(Giga)	G	2^{30}	$\sim 10^9$
테라(Tera)	T	2^{40}	$\sim 10^{12}$
페타(Peta)	P	2^{50}	$\sim 10^{15}$

그림 2.6 데이터 용량 단위

컴퓨팅 시스템은 방대한 서로 다른 유형들의 정보를 저장하기 위해 사용된다. 디지털 음악 연주기는 오디오 녹음의 방대한 라이브러리를 작성하고, 저장하고, 연주할 수 있다. 휴대폰은 고화질의 비디오 스트림을 저장하고 보여줄 수 있다. 반면 다른 시스템들은 일기예보 또는 최신의 과학지식을 위한 대용량의 과학 데이터를 수집하고 분석할 수 있다. 정보 내용의 풍부함은 유형에 따라 변하기 때문에 다양한 형태의 정보가 필요로 하는 데이터 용량은 달라지게 된다. 그림 2.7은 유형별 정보를 저장하기 위해서 얼마나 많은 데이터 용량이 필요한지 보여준다.

정보의 유형	데이터 용량(바이트)
키보드 기호(문자)	1 B
10 페이지 문서	40 KB
5분짜리 MP3 음성 녹음	5 MB
고해상도 디지털 사진	5 MB
CD 오디오 디스크	800 MB
DVD	8.5 GB
위키피디아 전체	6 TB*

* 위키피디아의 전체 웹사이트의 내용을 다운로드 받을 수 있는데, 이 교재가 작성되는 시점에 내용 데이터는 대략 6TB 정도임.

그림 2.7 유형별 정보를 저장하기 위해서 필요한 메모리의 양

2.4 데이터 유형과 데이터 부호화

모든 디지털 데이터는 일련의 비트들로 부호화되고 정보는 이러한 비트들이 나타내는 다양한 패턴들과 연관된다고 언급해 왔다. 이 절에서는 특정한 유형의 정보가 어떻게 부호화되는지에 대해 더 깊이 통찰하고 컴퓨팅 시스템의 내부 동작의 일부를 설명하고자 한다. 우리는 숫자들이 어떻게 부호화되는지에 대한 논의를 시작으로 해서 색상, 그림, 소리가 어떻게 부호화될 수 있는지에 대한 간략한 개요를 제공한다.

2.4.1 숫자들

2.4.1.1 기수법

기수법(numeral system)은 기록된 형태로 수를 표현하는 방법이다. 예를 들어, 그림 2.8에 나타낸 3개의 수를 고려해보자. **계수표시**(tally markings)라는 기수법을 사용하여 이러한 표시를 해석한다면, 이것은 정수 1, 2, 3에 해당한다. 계수표시에서 정수는 수의 각 단위에 대하여 하나의 계수를 표시함으로서 표현된다. 틱-택-톡(tic-tac-toc) 게임에서 점수를 매길 때 또는 감옥에서 보낸 날을 셀 때 계수표시법을 사용한다.

로마기수법(Roman numeral system)을 사용하여 이런 표시를 해석하더라도, 이것들은 역시 정수 1, 2, 3에 해당한다. 로마 기수법은 정수를 표현하기 위해서 잘 정의된 규칙이 있지만, 모든 규칙을 아는 것과 큰 수를 이해하는 것이 어렵기 때문에 이러한 시스템은 요즘 널리 사용되지 않는다.

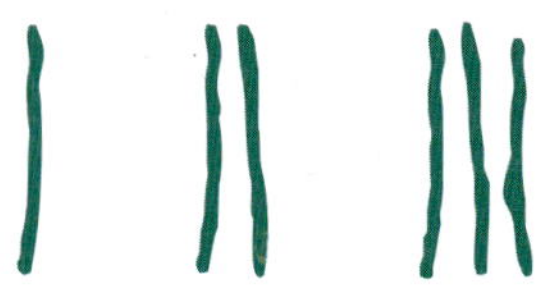

그림 2.8 3개의 숫자들

십진기수법(decimal numeral system)을 사용하여 이런 표시를 해석한다면, 이것들은 정수 1, 11, 111에 해당한다. 로마기수법의 규칙은 다소 복잡하지만, 십진기수법의 규칙은 큰 수를 해석할 때도 아주 단순하다. 십진기수법은 밑이 10인 위치기수법이다.

이진기수법(binary numeral system)을 사용하여 그림 2.8의 표시를 해석한다면, 이것들은 정수 1, 3, 7에 해당한다. 이진법은 각 숫자의 위치는 2의 멱승을 표시하고 값은 배수를 나타내는데 일련의 숫자에 의해서 정수가 결정되는 위치기수법이란 점에서 십진법과 아주 유사하다. 십진법과 이진법의 유일한 실제의 차이는 십진법은 밑을 10으로 하는 기법이고 이진법은 밑을 2로 하는 기법이라는 것이다.

물론 이러한 다른 기수법은 일단 수가 더 커지면 다르게 보이기 시작한다. 그림 2.9는 이러한 4개의 기수법(계수표시법, 로마기수법, 십진기수법, 이진기수법)들 각각에서 정수 5가 어떻게 표현되는지 보여준다.

계수표시법에서 모든 계수 표시들은 동일한 하나의 의미를 가진다. 특정한 계수에 의해 표현된 수는 단순히 모든 계수표시들의 합이다. 그러나 위치기수법에서 산술적인 정수의 각 자리 숫자는 어디에 위치하느냐에 따라서 다른 의미를 가지게 된다. 예를 들어 십진수 323을 적용해보자. 이 정수에서 첫 번째 숫자는 300을 의미하고 마지막 숫자는 3을 의미한다.

그림 2.9 숫자 5에 대한 4가지 표현

2.4.1.2 위치기수법

위치기수법(positional numerical system)에서는 먼저 특정 기수법에 얼마나 많은 숫자가 존재하는지 나타내는 **밑**(base)을 명시해야하는데, 이는 **기수**(radix)라고도 불린다. 예를 들어 십진기수법은 0부터 9까지 10개의 숫자를 사용하기 때문에 밑은 10이다. 위치기수법에서 가장 작은 숫자는 항상 0이 되고 가장 큰 숫자는 항상 밑보다 1이 작다. 우리가 수에 대해서 논할 때 아마도 10개의 손가락을 사용하기 때문에, 10진법은 사람들이 사용하는 가장 일반적인 방법이다. 그러나 10진법이 인간이 가장 일반적으로 사용되는 방법일지라도 컴퓨팅에서는 이진기수법이 가장 일반적으로 사용하는 방법이다. 이름이 암시하듯 이진법은 두 개의 숫자를 사용한다. 디지털 회로는 단지 두 개의 숫자로 구성된 수로서 손쉽게 설계될 수 있기 때문에 이진시스템은 디지털 전자공학에 아주 적합하다. 표준 위치기수법은 사용하는 밑이 서로 다를 뿐이다.

1보다 큰 임의의 양의 정수가 위치기수법의 밑으로 사용될 수 있다. 무한개의 밑이 존재하기 때문에 무한개의 위치기수법이 존재하게 된다. 그럼에도 불구하고, 일반적으로 사용되는 기수법은 그림 2.10에 나타낸 것과 같이 단지 소수이다. 10보다 큰 밑을 가지는 기수법에서는 숫자를 위해 사용하는 기호가 십진법에서 사용하는 기호이외에 다른 문자를 포함하는 것을 주목할 필요가 있다. 예를 들어 십육진법을 보면, 10을 나타내기 위해 기호 A를, 11을 나타내기 위해 기호 B를 사용하고, 계속해서 15를 나타내기 위해 기호 F를 사용한다.

기수법	밑	숫자
이진(Binary)	2	0,1
팔진(Octal)	8	0,1,2,3,4,5,6,7
십진(Decimal)	10	0,1,2,3,4,5,6,7,8,9
십육진(Hexadecimal)	16	0,1,2,3,4,5,6,7,8,9,A,B,C,D,E,F

그림 2.10 일반적인 위치기수법

위치기수법에서 어떤 값은 일련의 숫자들로 표현되는데 이 숫자 열에서 각각의 숫자의 위치는 밑의 거듭제곱과 연관되고 그 숫자는 밑에 대해 승수가 된다. 각 숫자의 위치는 오른쪽부터 제로(0)로 시작해서 열거되는데 숫자가 오른쪽에서 왼쪽으로 이동하면서 증가하게 된다. 그러므로 가장 오른쪽 숫자는 항상 위치 0이 되고 왼쪽으로 다음 숫자가 위치 1이 되는 식이다.

십진수 925를 해석하는 방법을 보여주는 그림 2.11의 예를 고려해 보자. 이 수에 대하여 숫자 5는 위치 0에, 숫자 2는 위치 1에, 숫자 9는 위치 2에 있는 것을 보게 된다. 기수는 10으로 가정되었으므로 위치는 10의 거듭제곱을 나타낸다. 숫자 5가 10^0의 승수이고, 숫자 2가 10^1의 승수이고, 숫자 9가 10^2의 승수가 됨을 알 수 있다. 즉, 수 925는 $(9 \times 10^2) + (2 \times 10^1) + (5 \times 10^0)$가 되고 0번째 거듭제곱으로 나타낸 임의의 양의 정수는 1이 되기 때문에 이것은 $(9 \times 100) + (2 \times 10) + (5 \times 1)$로 나타낼 수 있다.

정수	→	9	2	5	밑 → 10
위치	→	2	1	0	
밑의 거듭제곱	→	10^2	10^1	10^0	
의미	→	$9 \times 10^2 + 2 \times 10^1 + 5 \times 10^0$			

그림 2.11 십진기수법을 사용한 예

10의 가장 일반적인 거듭제곱에 대한 이름을 사용해서 우리는 십진수를 보다 쉽게 나타내고 있다. 그림 2.12에 이러한 이름들을 나타내었다. 구골(googol)은 10의 100번째 거듭제곱을 나타내는데 구글(Google)이 운영하는 인터넷 검색엔진과 유사한 이름이다.

명칭	값
십(ten)	10^1
백(Hundred)	10^2
천(Thousand)	10^3
백만(Million)	10^6
십억(Billion)	10^9
일조(Trillion)	10^{12}
구골(Googol)	10^{100}

그림 2.12 10의 다양한 거듭제곱에 붙여진 일반적인 이름

사람들은 수를 쓸 때 거의 항상 십진기수법을 사용하므로 보통 밑이 10이라고 가정한다. 그러나 기수가 명확하지 않을 경우에 첨자표기를 사용하여 밑을 표현하는 것이 도움이 된다. 예를 들어 101_{10}에서 첨자는 이 수가 십진수로 표현되어 있다는 것을 나타내고, 101_{16}은 밑이 16으로 표현된 수이고, 101_2은 이진수로 표현된 수가 된다. 이러한 수들은 동일한 수를 표현하는 다른 방법을 나타내는 것이 아니고 다른 수를 표현한 것임을 주의해야 한다. 계산적으로 사고하는 사람들은 종종 다른 밑을 사용해서 표현된 수를 사용하기 때문에 우리는 첨자 표기를 사용해서 기수를 명확히 할 것이다. 첨자 없이 어떤 수를 표기할 때마다 우리는 이 수가 십진기수법으로 표현되었다고 가정한다.

정수	→	1	0	1	밑	→	10
위치	→	2	1	0			
밑의 거듭제곱	→	10^2	10^1	10^0			

의미 → $1 \times 10^2 + 0 \times 10^1 + 1 \times 10^0$

그림 2.13 101_{10}의 해석

예를 들어 그림 2.13과 그림 2.14에서 각각 나타낸 두 개의 수인 101_{10}와 101_2를 고려해보자. 101_{10}은 일백일이라는 값을 가지고 101_2은 다른 값을 가진다.

기수가 2이기 때문에 우리는 이 수가 $(1 \times 2^2) + (0 \times 2^1) + (1 \times 2^0)$를 의미하는 것으로 이해하게 되고 십진수로 이 수는 $4 + 0 + 1$ 또는 5가 된다.

정수	→	1	0	1	밑 → 2
위치	→	2	1	0	
밑의 거듭제곱	→	2^2	2^1	2^0	
의미	→	$1 \times 2^2 + 0 \times 2^1 + 1 \times 2^0$			

그림 2.14 5_{10}와 일치하는 101_2의 해석

2.4.1.3 이진 비트열로 정수표현

컴퓨팅 시스템은 이진 비트열로 정수를 표현한다. 이진법은 단지 두 개의 값만 가지고 있고 단일 비트는 단일 이진수를 저장하기에 충분한 데이터 용량을 가지기 때문에 이진법은 컴퓨터에 꼭 들어맞는 선택이다. 비트열의 패턴들이 밑이 2인 이진기수법으로 표현된 정수와 바로 일치한다고 가정하면, 정수가 저장되는 방법을 이해하는 것은 간단하다. 그림 2.15는 선택한 숫자 값에 대한 비트 패턴들과 해당 숫자 값을 보여준다.

하나의 8비트열은 2^8개의 유일한 패턴만 나타낼 수 있기 때문에 8비트열로는 단지 256개의 수들을 표현할 수 있다. 이것은 8비트의 이진수로 부호화될 수 있는 가장 큰 수는 $2^8 - 1$ 또는 255임을 암시한다. 이는 길이 N인 임의의 비트열은 0부터 $2^N - 1$까지의 수로 부호화할 수 있음을 일반화할 수 있다.

비트열	숫자값	비트열	숫자값
00000000	0	00000100	4
00000001	1	...	...
00000010	2	11111110	254
00000011	3	11111111	255

그림 2.15 이진 비트열의 이해

2.4.1.4 이진 비트열로 실수표현

일련의 비트들로서 정수를 표현할 수 있다고 하더라도 2.31 또는 2.125 또는 심지어 3.1415926 같은 실수를 표현하는 것도 가능할까? 위치가 -1에서 시작하고 소수의 거리만큼 감소하도록 위치기수법의 의미를 소수의 오른쪽으로 확장해보자. 예를 들어, 밑을 10으로 할 때 1.625는 $(1 \times 10^0) + (6 \times 10^{-1}) + (2 \times 10^{-2}) + (5 \times 10^{-3})$를 의

미한다. 이제 소수 위치를 결정할 수 있다고 가정을 하면 실수를 이진 비트열로 표현할 수 있다. 예를 들어 1.101_2의 의미를 고려해보자.

$$
\begin{aligned}
1.101_2 &= 1 \times 2^0 + 1 \times 2^{-1} + 0 \times 2^{-2} + 1 \times 2^{-3} \\
&= 1 \times 1 + 1 \times \frac{1}{2} + 0 \times \frac{1}{4} + 1 \times \frac{1}{8} \\
&= 1 + \frac{1}{2} + \frac{1}{8} \\
&= 1.625
\end{aligned}
$$

2.4.1.5 오류의 원인이 되는 정밀도

실수를 부호화할 때 발생하는 한 가지 어려운 점은 아주 작은 수를 표현할 때도 소수의 오른쪽에는 임의의 개수의 숫자들이 나올 수 있다는 것이다. 예를 들어, 1/3을 실수로 표현한다면 0.3333333333333333333333을 써야하지만 완벽하게 정확한 표현을 위해 필요한 만큼 많은 숫자를 쓰는 것이 불가능하다는 것을 곧 깨닫게 된다. 대부분의 실수는 앞서 설명했던 부호화 기법으로는 정확히 부호화할 수 없기 때문에 근사값으로 표현된다. 그러므로 컴퓨터 응용프로그램들은 일반적으로 반올림 오류가 발생하고 이로 인해 극도로 정밀한 컴퓨터라도 종종 부정확한 결과를 나타낸다. **정밀도**(precision)는 저장된 숫자의 정확성에 대한 측정이다. 정밀도는 보통 사용할 수 있는 비트들의 수로 측정된다. 어떤 실수를 저장하기 위해 16비트를 사용한다면, 우리는 그 컴퓨터는 최대 16비트까지 정확하다거나 또는 16비트 정밀도를 사용한다고 한다.

2.4.1.6 오류의 원인이 되는 언더플로우와 오버플로우

언더플로우(underflow)와 **오버플로우**(overflow)로 인해서 컴퓨팅 시스템에서 또 다른 종류의 오류가 발생할 수 있다. 8비트 이진 비트열은 단지 0부터 255까지의 값만 가질 수 있다는 걸 떠올려 보자. 오버플로우가 발생하는 한 가지 예는 컴퓨터에게 255에 1을 더하고 그 결과를 8비트 이진 비트열에 저장하라는 명령을 내릴 경우이다. 물론, 결과는 256이어야 하지만 256은 8비트 이진 비트열로 부호화될 수 없기 때문에 많은 컴퓨팅 시스템에서 오류가 발생할 것이고, 실제로 그 결과 값은 한도를 초과하여 0이 된다. 일반적으로 컴퓨터 명령어가 계산한 결과가 사용가능한 비트수로 부호화하기에 너무 큰 값을 가질 때 오버플로우가 발생한다. 컴퓨터 명령어가 계산한 결과가 사용가능한 비트수로 부호화하기에 양에 있어서 너무 작은 값(예, 거의 0에 가까운)을 가질 때 언더플로우가 발생한다.

2.4.2 텍스트 문자

컴퓨팅 시스템에 저장된 모든 데이터는 비트열로 부호화된다. 그렇다면 여러분은 한 무리의 비트들이 어떻게 텍스트처럼 보이도록 만들어지는지 의아해 할 수도 있다. 심지어 현재 여러분이 읽고 있는 문장조차 이진 형태로 저장되었다가 여러분에게 보여줄 때 텍스트로 표현된다. 여러분이 읽고 있는 텍스트는 또한 다른 크기와 두께를 가진 다양한 폰트를 가지고 있다.

첫째, 컴퓨터 화면이나 텍스트 페이지에 텍스트 문자가 그려질 때 텍스트 문자는 실제로 단지 하나의 그림이라는 것을 이해하는 것이 중요하다. 그림 2.16은 문자 Q가 다양한 폰트들로 표현된다는 것을 나타냄으로써 텍스트가 가지는 그림의 특성을 보여주고 있다. 비록 문자 Q를 나타내기 위해 사용된 그림들이 각각 다르지만 그럼에도 불구하고 각 그림은 동일한 문자 Q를 나타내고 있다.

텍스트 문자는 보통 이 장의 앞에서 설명했던 부호화 방법을 사용하여 정수로 부호화된다. 각 정수는 문자가 컴퓨터 화면이나 페이지에 그려질 때 사용되는 해당 이미지와 임의로 연관되어 있다. 정수와 텍스트 문자 사이의 연관은 문자 부호 기법으로 알려져 있다. 가장 일반적인 문자 부호 기법은 그림 2.17에 나타낸 ASCII 표인데, 영어 문자와 정수사이의 연관을 정의하고 있다. ASCII 표에서 정수 65는 대문자 A와 연관되어 있고 정수 97은 소문자 a와 연관되어 있다. 정수 38은 앰퍼샌드(&) 기호, 정수 126은 틸드(~) 기호와 연관되어 있다. 영어는 비교적 적은 문자들을 가지기 때문에 ASCII 표는 단지 128개의 항목을 가진다. 일본어 또는 중국어 같은 다른 언어는 수천 개의 문자들을 사용하기 때문에 연관표는 훨씬 더 크다.

그림 2.16 5개의 다양한 폰트들로 나타나는 문자 Q

ASCII 표에 있는 일부 텍스트 문자는 실제로 그림으로 나타나지 않고 텍스트 편집기나 텍스트 처리기에서 사용하는 하나의 명령이 된다. 이러한 문자들은 그릴 수 없기 때문에 출력할 수 없는 문자로 알려져 있다. 예를 들어 백스페이스 키는 출력할 수가 없는데, 여러분이 백스페이스 키를 누르면 어떤 것도 볼 수 없고, 대신에 백스페이스 키를 누를 때마다 텍스트 처리기가 어떤 기능을 실행할 것으로 기대하게 된다. 출력할 수 없는 문자는 그림 2.17에서 해당 셀이 비어있는 것을 볼 수 있다.

게다가 텍스트 문자들과 연관되어 있는 이미지들은 특정 폰트나 서체에 의존하고 있다. 많은 폰트들이 동일한 기본 기호들을 사용하지만, 다양한 방법(예, Serif, Sans Serif, Boldface, Italics, Helvetica, Times, 등등)으로 그림 문자를 그린다. 텍스트를 처리하는 응용프로그램들은 보통 텍스트 문자와 폰트를 연관시켜야 하지만, 이러한 연관은 우리의 논의의 범위를 벗어난다.

<table>
<tr><td>0</td><td>1</td><td>2</td><td>3</td><td>4</td><td>5</td><td>6</td><td>7</td><td>8</td><td>9</td><td>10</td><td>11</td><td>12</td><td>13</td><td>14</td><td>15</td><td>16</td><td>17</td><td>18</td><td>19</td></tr>
<tr><td>20</td><td>21</td><td>22</td><td>23</td><td>24</td><td>25</td><td>26</td><td>27</td><td>28</td><td>29</td><td>30</td><td>31</td><td>32</td><td>! 33</td><td>" 34</td><td># 35</td><td>$ 36</td><td>% 37</td><td>& 38</td><td>’ 39</td></tr>
<tr><td>(40</td><td>) 41</td><td>* 42</td><td>+ 43</td><td>, 44</td><td>- 45</td><td>. 46</td><td>/ 47</td><td>0 48</td><td>1 49</td><td>2 50</td><td>3 51</td><td>4 52</td><td>5 53</td><td>6 54</td><td>7 55</td><td>8 56</td><td>9 57</td><td>: 58</td><td>; 59</td></tr>
<tr><td>< 60</td><td>= 61</td><td>> 62</td><td>? 63</td><td>@ 64</td><td>A 65</td><td>B 66</td><td>C 67</td><td>D 68</td><td>E 69</td><td>F 70</td><td>G 71</td><td>H 72</td><td>I 73</td><td>J 74</td><td>K 75</td><td>L 76</td><td>M 77</td><td>N 78</td><td>O 79</td></tr>
<tr><td>P 80</td><td>Q 81</td><td>R 82</td><td>S 83</td><td>T 84</td><td>U 85</td><td>V 86</td><td>W 87</td><td>X 88</td><td>Y 89</td><td>Z 90</td><td>[91</td><td>\ 92</td><td>] 93</td><td>^ 94</td><td>_ 95</td><td>` 96</td><td>a 97</td><td>b 98</td><td>c 99</td></tr>
<tr><td>d 100</td><td>e 101</td><td>f 102</td><td>g 103</td><td>h 104</td><td>i 105</td><td>j 106</td><td>k 107</td><td>l 108</td><td>m 109</td><td>n 110</td><td>o 111</td><td>p 112</td><td>q 113</td><td>r 114</td><td>s 115</td><td>t 116</td><td>u 117</td><td>v 118</td><td>w 119</td></tr>
<tr><td>x 120</td><td>y 121</td><td>z 122</td><td>{ 123</td><td>| 124</td><td>} 125</td><td>~ 126</td><td>127</td><td>128</td><td>129</td><td>130</td><td>131</td><td>132</td><td>133</td><td>134</td><td>135</td><td>136</td><td>137</td><td>138</td><td>139</td></tr>
</table>

그림 2.17 정수와 텍스트 문자사이의 연관을 나타내는 ASCII 표

2.4.3 색상

인간의 눈은 **추상체**(cones)라고 불리는 세 가지 유형의 생체 감광장치들을 통해 색상을 인식한다. 각 추상체는 대략 빨강색, 녹색, 파랑색의 빛에 해당되는 세 개의 파장중의 하나에 맞춰진다. 모든 추상체에 대한 개별적인 반응들이 결합되어 시야의 한 지점에서 단일 색상을 인식하게 된다. 이러한 생체 시스템의 의도는 색상이 본질적으로 3차원적이라는 것을 말해준다.

RGB 색상 모델은 이미지 처리 시스템에서 색상을 표현하는 가장 일반적인 방법이다. RGB 모델은 빨강색(R), 녹색(G), 파랑색(B)을 주요 색상으로 사용하여 각각의 양을

다르게 배합하여 어떠한 색상도 만들어 낼 수 있다. 하나의 예로서 방출하는 빛의 강도를 선택할 수 있는 슬라이더를 가진 회중전등을 고려해보자. 슬라이더를 0으로 맞추면 회중전등은 완전히 꺼지고 전혀 빛이 나오지 않고, 반면 슬라이더를 최대치인 255에 맞추면 회중전등이 방출할 수 있는 만큼 많은 빛을 내보낸다. 이제 이러한 3개의 회중전등을 고려해보자. 첫 번째는 단순히 빨강색을 방출하고, 두 번째는 오로지 녹색을 방출하고, 세 번째는 순전히 파랑색을 방출한다. 3개의 회중전등 모두가 흰색 벽의 동일한 지점을 비춘다면, 3개의 회중전등의 슬라이더의 값을 다르게 조정함으로써 벽의 표면에 어떤 색상도 투사시킬 수 있다. 모든 슬라이더를 0으로 맞추면 벽 위에 검정색이 투사되고, 모든 슬라이더를 255로 맞추면 벽 위에 흰색이 투사된다. 모든 슬라이더를 128로 맞추면 노색이 투사된다.

컴퓨팅 시스템에서 **색상**(color)은 보통 0에서 255사이의 값을 가지는 3개의 정수로 부호화된다. 게다가 각 값은 256개의 값들 중 하나이기 때문에 각 값을 부호화하기 위해서는 길이 8의 비트열이면 충분하다. 즉, 3개의 값이 있고 각 값은 8비트로 부호화되기 때문에 단일 색상은 길이 24의 비트열로 부호화된다는 것을 의미한다. 그림 2.18은 빨강색, 녹색, 노란색(빨강색과 녹색의 배합)의 3개의 색상이 컴퓨팅 시스템에서 일반적으로 24비트로 부호화되는 것을 보여준다.

Color	Name	Bits red green blue	Decimal
	red	111111110000000000000000	(255,0,0)
	green	000000001111111100000000	(0,255,0)
	yellow	111111111111111100000000	(255,255,0)

그림 2.18 이진 비트열로 색상을 부호화하는 일반적인 방법

2.4.4 그림

디지털 영상에 대한 가장 일반적인 부호화는 색상을 2차원 격자로 부호화하는 것이다. 격자의 각 요소는 **픽셀**(pixel - 이 용어는 picture element의 약자임)이라고 부르는데 단일 색상으로 이루어진 영상의 매우 작은 사각형의 영역을 나타낸다. 적당한 거리에서 픽셀들의 격자를 보면 전체적으로는 자연스런 색상의 부드러운 영상으로 보이는 반면 개별 픽셀은 화질이 떨어져 보인다.

이미지는 일반적으로 일련의 픽셀들로 부호화되는데, 각 픽셀은 단일 색상에 해당된다. 색상은 보통 24 비트열로 부호화되기 때문에 디지털 영상을 부호화하기 위해서 필요한 전체 비트수는 영상에 포함되는 픽셀들의 수의 24배 정도가 된다. 영상의 너비와 높이 같은 유용한 정보를 저장하기 위해서 약간의 여분의 비트들이 또한 필요하다. 이러한 여분의 정보를 헤더(header)라고 하는데, 픽셀 데이터와 비교해서 이 헤더는 아주 작은 비트수로 부호화될 수 있기 때문에 더 이상 고려하지 않는다.

고해상도의 비디오는 최대 1920개의 열과 1080개의 행까지 총 1920 × 1080 또는 2,073,000개의 픽셀을 가지는 개별적인 영상을 사용한다. 이러한 픽셀들의 각각은 길이 24의 비트열로 부호화되기 때문에 이 영상은 길이 1920 × 1080 × 24 또는 49,766,400개의 비트들로 이루어진 비트열로 부호화될 수 있다. 또 다른 방법으로 데이터 용량의 측정단위를 바이트로 사용하면, 이 영상은 1920 × 1080 × 3 또는 6,220,800개의 바이트 혹은 대략 6 메가바이트를 사용해서 부호화될 수 있다. 10 메가 픽셀 정도의 해상도를 가지는 디지털 카메라가 영상을 촬영하면 이 영상은 30 메가바이트로 부호화될 수 있다.

그림은 때때로 많은 색상을 포함하지 않는다. 예를 들어 흑백 영상은 단지 두 개의 색상을 사용하는데 각각의 색상을 위해 고유한 무채색의 회색을 사용하는 회색음영 영상은 최대로 256개의 색상을 사용한다. 천연색 영상은 일반적으로 색상별로 24 비트를 사용하지만, 다른 유형의 영상들은 가능한 색상수가 훨씬 더 적기 때문에 색상별로 24 비트보다 적은 비트수를 사용한다. 무채색의 회색 영상은 단지 256개의 색상을 사용하기 때문에 8비트를 사용해서 무채색의 회색 색상을 부호화할 수 있고, 흑백 영상에는 단지 두 가지 색상이 있기 때문에 단일 비트로 이 색상을 부호화할 수 있다.

그림 2.19는 8개의 열과 8개의 행으로 된 총 64개의 픽셀을 가지는 흑백 영상을 보여준다. 단지 두 개의 색상이 있기 때문에 단일 비트를 사용해서 하나의 색상을 부호화한다. 이 그림에서 흰색은 0으로 표시하고 검정색은 1로 표시한다. 이 비트들이 영상을 부호화하기 위해 사용될 때 해당 비트들은 그림 2.19에 도식화한대로 2차원 구조로 구성되지 않고 단일 선형 단위로 기억장소에 배열된다. 더 자세하게는, 이 영상 픽셀은 비트열 0011110001000010101001011000000110100101100110010100001000111100 으로 부호화될 수 있다.

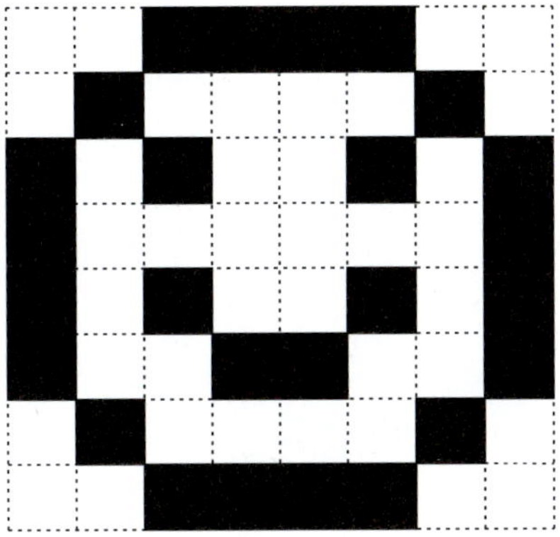

0	0	1	1	1	1	0	0
0	1	0	0	0	0	1	0
1	0	1	0	0	1	0	1
1	0	0	0	0	0	0	1
1	0	1	0	0	1	0	1
1	0	0	1	1	0	0	1
0	1	0	0	0	0	1	0
0	0	1	1	1	1	0	0

그림 2.19 흑백 영상은 오른쪽에 나타낸 비트들로 부호화될 수 있다.

2.4.5 소리

현재 디지털 음성은 소리를 녹음하고 처리하고 배포할 때 거의 독점적으로 사용된다. 온라인 음악 상점들은 수십만 시간의 디지털 소리를 가지고 있다. DVD 영화의 사운드 트랙과 음성은 디지털로 부호화되고 휴대폰에서 여러분의 목소리는 디지털로 부호화되어 상대방에게 전달된다.

소리(sound)는 공기를 통해 전파되는 파형에 의해 만들어지는 물리적인 현상이다. 소리 파형을 아날로그 전기 신호로 변환하기 위해 마이크로폰이 사용되는데, 이어서 아날로그 신호가 샘플링 되어 디지털 부호가 생성된다. 샘플링은 변화하는 신호의 세기를 일정한 간격으로 측정해서 기록하는 과정이다. 이런 식으로 음파는 일련의 숫자 값으로 변환된다.

주파수(frequency)는 음파가 변화하는 비율이며 헤르츠 단위로 측정된다. **헤르츠**(hertz)는 Hz로 표시되는데 초당 바뀌는 사이클의 개수로 정의된다. 느린 비율로 변화하는 음파는 낮은 음높이로 감지되는 반면 높은 비율로 변화하는 음파는 더 높은 음높이로 감지된다. 사람은 평균적으로 20 Hz에서 약 20,000 Hz 또는 20 kHz 까지 음파를 들을 수 있다.

그림 2.20은 일정한 시간 간격으로 음파의 세기가 샘플링이 되어 일련의 샘플들을 얻는 방법을 보여준다. 명확하지는 않지만 이 예에서 음파는 대략 4 Hz 정도의 주파수를 가지기 때문에 신호를 적절히 기록하려면 적어도 초당 8번 정도의 샘플이 만들어져야 한다. 실제 샘플링 비율은 10 Hz 또는 초당 10번이다. 즉, 0.1초마다 음파의 세기가 측정

되고 기록된다. 결과적으로 디지털 소리는 그림 2.20의 오른쪽에 나타낸 일련의 측정값들로 표현된다. 샘플링 비율이 더 높을수록 아날로그 신호의 더 정확한 부호화가 이루어지는 것은 분명하다.

해리 나이키스트(Harry Nyquist)와 클로드 섀넌(Claude Shannon)의 이름에서 따온 **나이키스트-섀넌 샘플링 이론**(Nyquist-Shannon sampling theorem)에 따르면 샘플링 비율은 측정된 신호의 가장 높은 주파수보다 최소 두 배가 되어야 한다. 이 이론은 인간의 전체 가청 주파수인 20Hz에서 20,000Hz 범위에 걸치는 음파를 기록할 때 적어도 40 kHz의 샘플링 비율이 필요하다는 것을 암시한다. 이 사실은 컴팩트 디스크(CD)가 44.1 kHz로 샘플링이 이루어지고, 디지털 오디오 테이프(DAT)가 48 kHz로 샘플링이 되고, 디지털 비디오 디스크(DVD)에서는 96 kHz의 샘플링 비율이 사용되는 이유를 설명해준다.

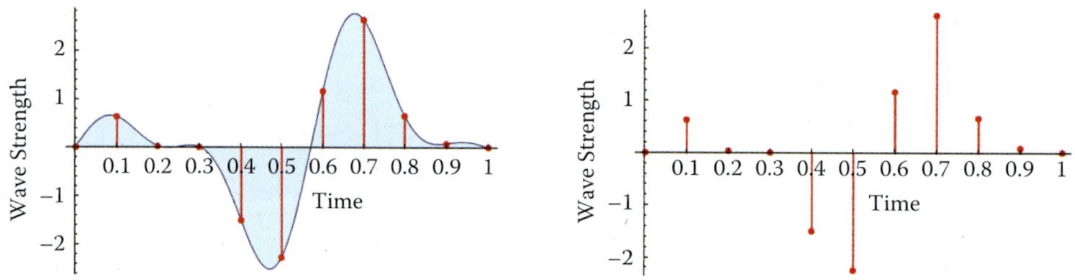

그림 2.20 오른쪽의 일련의 좌표위치를 얻기 위해 음파는 초당 10번 샘플링이 된다.

디지털 오디오 테이프에 기록하기 위해서 48kHz의 비율로 샘플링이 된 5분 길이의 음악을 고려해 보자. 이 음악을 부호화하기 위해서 필요한 샘플들의 수를 결정하려면 음악은 300초 동안 지속되고 초당 48,000개의 샘플들이 만들어진다는 것에 주목해야 한다. 그리하여 이 음악은 일련의 48000×5×60개 또는 14,400,000개의 샘플들로 부호화될 것이다. 예를 들어, 하나의 단일 샘플은 8비트열로 부호화된다고 가정한다. 이것은 이 음악이 14,400,000 바이트 또는 약 14 MB로 부호화될 수 있다는 것을 의미한다. 물론 단일 샘플을 부호화하기 위해 필요한 비트수가 8보다 크다면 이 음악을 부호화하기 위해 필요한 바이트의 수는 변하게 된다. 예를 들어, CD는 각 샘플에 대하여 16비트를 사용하고 DVD 작업은 샘플당 24비트를 필요로 한다.

2.5 데이터 압축

이전의 절은 실세계의 정보를 디지털 데이터로 변환하는 기술을 설명하였고 부호화를 위해 사용된 비트들의 수를 최소화하려는 시도는 하지 않았다. **데이터 압축**(Data Compression)은 단순한 부호화를 위해 필요한 비트수보다 더 적은 비트수를 사용하여 실세계 정보를 부호화하기 위해 사용되는 기술이다. 본 절에서 우리는 데이터 압축이 왜 유용한지와 정보를 부호화하기 위해 필요한 비트수를 얼마나 줄일 수 있는지를 간략히 설명할 것이다.

하드 디스크 공간 같은 자원의 소비나 또는 인터넷으로 파일을 전송하는데 걸리는 시간을 줄일 수 있기 때문에 데이터 압축은 종종 매우 유용하다. 예를 들어, 크기가 10 MB인 디지털 영상이 1 MB의 크기로 압축될 수 있다면, 압축된 영상은 압축되지 않은 영상보다 10배 더 빨리 인터넷을 통해 전송될 수 있다. 또한, 200 GB의 영상 데이터를 차지하는 사진 앨범이 20 GB로 압축될 수 있다면 사진 앨범을 저장하기 위해서 새로운 하드 디스크를 구매할 필요가 없게 된다.

그러나 컴퓨터에서 압축되지 않은 파일을 읽어 들여서 일부 비트들을 제거하기 위해서는 많은 계산 작업이 필요하기 때문에 데이터 압축을 사용하기 위해서는 비용이 든다. 또한, 파일이 압축된 형태로 저장될 때 컴퓨터가 압축을 해제하는데 추가적인 처리를 위한 시간이 걸리게 된다. 계산 작업을 수행하기 위해서도 또한 시간이 걸리고 종종 압축의 장점보다 그 비용이 더 들게 된다. 예를 들어, 비디오 압축을 수행하기 위해서는 시간이 많이 걸리고 실시간 스트리밍을 위해서 충분히 빨리 압축을 수행하려면 특별한 하드웨어가 필요하기도 하다.

예로써, 상당히 복잡한 스포츠인 미식축구를 고려해보자. 11명의 선수들로 구성된 두 개의 팀이 상대방의 엔드존(역주: end zone-골라인과 엔드라인 사이의 구역)으로 공을 옮겨놓으려고 경쟁한다. 이 경기는 여러 명의 선수들로 구성되는데, 팀의 모든 선수는 경기에서 각자 무엇을 해야 할지를 알고 있어야 한다. 팀들은 종종 상대팀이 반응하는 것보다 더 빨리 경기를 수행함으로써 점수를 얻으려고 시도한다. 문제는 매번 경기마다 블로킹 기법, 스냅 횟수, 러닝 백(running back)들의 위치, 경기 자체의 성격과 방향 같은 것들을 설명해야하기 때문에 하나의 플레이를 완전히 전달하기 위해서는 많은 설명이 필요하다는 것이다. 예를 들어, 전체 경기는 "스냅 횟수는 3이다. 오른쪽으로 존블러킹(zone-blocking)을 사용할 것이다. 풀백(fullback)은 오른쪽으로 배치해야하고, 하프백(halfback)은 왼쪽으로 움직일 것이고, 쿼터백(quarterback)은 오른쪽으로 공을 패스할 것이다"와 같이 묘사될 수 있다.

완전한 문장으로 경기를 완전히 설명함으로써 경기의 판정을 결정하는 것은 너무나 시간 소모적이어서 효율적인 경기 운영이 어렵다는 것이다. 결과적으로 팀들은 훨씬 더 적은 말을 사용해서 동일한 정보를 전달하는 방법을 개발하였다. 단순해진 경기 판정 기법은 단일 경기를 전달하기 위해서 4개의 숫자를 사용한다. 첫 번째 숫자는 스냅횟수를 나타내고 두 번째는 블러킹 기법을, 세 번째는 백(backs)의 움직임과 정렬을, 네 번째는 경기 자체의 성격을 설명한다. 예를 들어, 경기 3518은 3개의 스냅횟수, 5개의 오른쪽 존블러킹, 1명의 풀백이 오른쪽으로 맞추고 하프백은 왼쪽으로 이동했고, 8개의 쿼터백이 오른쪽으로 공을 패스했다. 이런 압축 기술을 위해서 선수들은 이 숫자들이 실제로 무엇을 의미하는지를 암기하고 배워야 하지만 경기가 시작되기 전에 이러한 비용을 치르게 된다. 경기판정이 빠르게 전달되고 해석될 수 있을 때 경기 중에 좋은 결과를 얻게 된다.

데이터 압축에서 중심이 되는 명백한 의도는 부호화 기법에서 불필요한 비트들이 제거되어야 한다는 것이다. 이것이 명백한 개념이긴 하지만, 불필요한 비트들을 발견하고 제거하는 것은 종종 아주 어려운 작업이며, 문자, 영상 또는 음성 등등 압축되고 있는 정보의 유형에 따라 크게 달라진다.

2.5.1 실행 길이 부호화

실행 길이 부호화(Run-length encoding)는 영상과 텍스트를 위해서 사용할 수 있는 가장 단순한 형태의 압축기술 중의 하나이다. 우리는 각 픽셀을 개별적으로 기록하기 보다는 다중 픽셀들을 단일 값으로서 부호화하기 위해서 실행 길이 부호화가 사용되는 방법을 설명할 것이다. 예를 들어, 각 픽셀이 0(검정색을 나타내는) 또는 1(흰색을 나타내는)인 단일 비트로서 부호화되는 이진 영상을 고려한다. 이 영상에서 하나의 열은 32개의 픽셀들의 열을 포함하게 된다.

11111111110001111111111111111111

이 열은 10개의 흰색 다음에 3개의 검정색이 뒤따르고 이어서 19개의 흰색이 나오는 3개의 실행을 포함한다. 데이터가 흰색 실행으로 시작한다고 가정하면 이 정보는 3바이트의 열인 10, 3, 19로 부호화될 수 있다. 가공되지 않은 원시 표현은 32비트의 메모리를 사용하는 반면, 각각의 실행을 저장하기 위해서 8비트가 사용된다고 가정하면 실행 길이 부호화는 단지 24비트의 메모리를 사용한다.

그림 2.21은 이진 영상 데이터를 압축하기 위해서 실행 길이 부호화가 어떻게 사용될 수 있는지에 대한 완전한 예를 보여준다. 하트 영상은 18개의 열과 14개의 행을 가진다. 단일 픽셀을 부호화하기 위해 단일 비트가 사용되는 원시 부호화에서는 18×14 또는 252 비트가 필요하다.

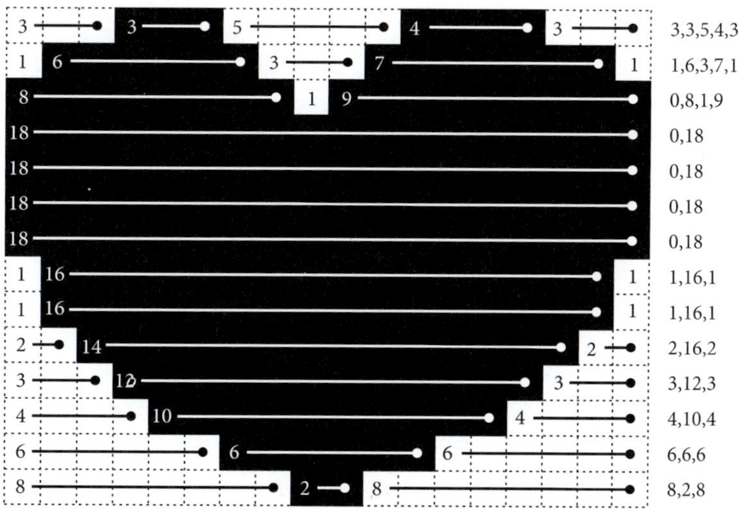

그림 2.21 흑백 영상은 오른쪽에 나타낸 숫자들로 부호화된다.

행에서의 각 실행의 길이를 기록함으로써 각 행을 부호화하는 실행 길이 부호화에서는 훨씬 적은 비트수를 사용한다. 예를 들어 첫 번째 행에서 3개의 흰색 픽셀로 시작하고 3개의 검정색 픽셀 등등이 뒤이어 나오기 때문에 첫 번째 행은 5개의 숫자인 3, 3, 5, 4, 3로 부호화된다. 전체 영상에서 실행의 총 개수를 계산해보면 총 43개의 실행이 있음을 알게 된다. 가장 긴 실행이 18이기 때문에 5비트를 사용하여 각 실행을 부호화할 수 있음을 알게 된다. 그러므로 이 영상을 실행 길이로 부호화하기 위해서 필요한 비트의 총 개수는 전체 43 × 5 또는 215 비트에 대해서 실행당 5 비트씩 43개의 실행이 된다.

예를 들어 행 3에서 행 7까지의 일부 실행들은 길이 제로의 실행으로 시작한다. 이것은 실행 길이 압축을 해제할 때 흰색 또는 검정색 실행으로 시작한다는 가정 때문이다. 이 예에서 가정은 각 행은 흰색 픽셀들의 실행으로 시작하는 것이다. 이러한 행들의 시작에는 흰색 픽셀들이 없기 때문에 이러한 실행은 길이 제로로 부호화한다. 실행 길이 데이터의 압축을 풀 때 영상에 얼마나 많은 열과 행이 있는지 또한 알아야 한다. 이러한 두 개의 정보는 영상 헤더에 저장되어야 한다.

압축 기법은 **손실 있는**(lossy)과 **무손실**(lossless)로 분류될 수 있다. 무손실 압축 기법은 원본 데이터의 정확한 표현을 부호화하는 반면, 손실 있는 압축 기법은 근사적인 표현을 부호화한다. 손실 있는 압축의 중심 원리는 더 적은 비트를 사용하기 위해서 별로 중요하지 않은 정보들을 구별해서 단순히 폐기한다. 이러한 압축 기법은 실세계 정보를 처리할 때 실제로 손실되기 때문에 손실 있는 것으로 알려져 있다.

일반적으로 사용되는 영상 파일에는 수백 가지의 형태가 있다. 인터넷에서 영상을 표시하기 위해 가장 많이 사용되는 것들 중에서 PNG, JPEG, GIF 형식들이 있다. 영상 파일 유형은 일반적으로 영상 파일의 전체 크기를 줄이기 위해서 압축 기법을 사용한다. PNG 영상 형식은 전체 파일의 크기를 줄이기 위해서 무손실 압축을 사용하는 반면 JPEG과 GIF는 전형적으로 손실 있는 압축을 사용한다. JPEG과 GIF 파일 형식에서 무손실 압축을 위한 제한된 지원을 하고 있지만 인터넷상의 거의 모든 JPEG과 GIF 영상은 손실 있는 기법을 사용하여 압축되어진다.

제임스 맥닐 휘슬러(James McNeill Whistler)[1]가 그린 유명한 그림의 디지털화된 영상인 그림 2.22는 손실 있는 압축과 무손실 압축사이의 차이를 보여주고 있다. 디지털 영상은 513개의 열과 668개의 행으로 이루어져 있고 픽셀당 24비트를 사용하여 압축되지 않은 형태로 저장된다. 그러므로 압축되지 않은 영상은 513×668×24 또는 8,224,416 비트가 필요하다. JPEG 압축은 55,384 비트에 대한 메모리가 필요하지만 영상의 질을 상당히 떨어뜨린다. PNG 압축은 영상의 품질을 떨어뜨리지 않고 필요한 메모리를 5,668,304 까지 줄일 수 있다. JPEG은 훨씬 높은 품질을 제공하도록 조정할 수 있지만 압축효율에 있어서 해당하는 손실이 생긴다.

음악을 듣거나 음성을 녹음할 때 어떤 음파는 다른 것들보다 덜 중요하다는 것을 인지함으로써 소리 정보도 또한 압축될 수 있다. 예를 들어, MP3 표준은 더 적은 비트를 사용하여 소리를 부호화하기 위해서 더 높은 주파수의 음파(또는 그 일부)를 폐기한다.

압축되지 않은 영상
8,224,416 비트

JPEG(손실있는):
55384 비트

PNG(무손실):
5,668,304 비트

그림 2.22 손실있는 영상 압축과 무손실 영상압축

2.6 요약

실세계에 대한 정보를 처리하기 위해서 컴퓨터가 사용된다면 이 정보는 먼저 계산 가능한 형태로 변환되어야 한다. 이 장에서는 숫자, 텍스트, 영상, 소리 같은 여러 가지 유형의 실세계 정보가 어떻게 계산 가능한 형태로 변환될 수 있는지에 대한 개요를 제시하였다. 모든 계산 가능한 데이터를 부호화하기 위해 비트열들이 사용된다. 비트열의 길이는 정보의 양을 가늠하는 측정이 되는데, 비트열이 만들어내는 각각의 고유한 패턴이 실세계 정보의 일부에 해당하도록 비트열을 유지할 수 있다.

참고문헌

1. Wikipedia, http://en.wikipedia.org/wiki/Symphony_in_White,_No._1:_The_White_Girl(accessed January 2013).

주요용어

기수(radix)
기수법(numeral system)
나이키스트-섀넌 샘플링 이론(Nyquist-Shannon sampling theorem)
데이터(data)
데이터 압축(data compression)
데이터 용량(data capacity)
디지털(digital)
로마 부호(Roman numeral)
무손실(lossless)
밑(base)
바이트(byte)
비트(bit)
비트열(bit string)
색상(color)
소리(sound)
손실있는(lossy)
실행 길이 부호화(run-length encoding)
십진 부호(decimal numeral)
아날로그(analog)
아스키표(ASCII table)
RGB(RGB)
언더플로우(underflow)
연속적인(continuous)
오버플로우(overflow)
워드(word)
위치기수법(positional numeral system)
이산적인(discrete)
이진 숫자(binary digit)
이진 부호(binary numeral)
정밀도(precision)
정보(information)
집계표시(tally marking)
픽셀(pixel)
추상체(cones)
헤르츠(hertz)

연습문제

1. 이름과 성의 머리글자를 취해서 적어라. 이것들은 머리글자이므로 대문자 이어야 한다. 이러한 두 개의 머리글자를 저장하기 위해서 컴퓨터가 사용할 가능성이 가장 높은 16비트를 적어라(힌트: 부호화는 ASCII표에 주어져 있다).

2. 다음은 어떤 텍스트가 부호화된 것인가?(힌트: 부호화는 ASCII표에 주어져 있다)

a. 00110010001010110011001100111101001101 01

b. 01000010011010010111010001110011

c. 001111000011001100110011

3. 다음의 시스템을 사용하여 숫자 4를 적어라.

a. 계수 표시 숫자 시스템

b. 로마 숫자 시스템

c. 이진 시스템

4. 다음의 이진수들 각각에 대하여 동일한 10진수(밑이 10)를 적어라.

a. 10011

b. 11000

c. 10010

d. 00000

e. 11111

5. 나열된 각각의 양에 대하여, 연속적인 양인지 이산적인 양인지 나타내어라.

a. 한 주의 요일

b. 벌새의 비행속도

c. 완두콩 꼬투리에 들어있는 완두콩의 개수

d. 졸업식 연설의 길이

e. 한권의 책에 포함된 장의 개수

f. 한권의 책에 포함된 쉼표의 개수

g. 책의 무게

h. 책의 수명

6. 다음 항목의 각각의 쌍에 대하여, 표현하는데 더 많은 비트가 필요할 것 같은 가능성이 가장 큰 항목에 동그라미를 그려 넣어라.

a. 최신 디지털 카메라로 촬영한 단일 JPEG 영상 또는 책 피터 레빗(Peter Rabbit)

b. 교재의 한 페이지 또는 하나의 팝송

c. 디지털 카메라로 촬영하여 JPEG으로 저장된 칼라 영상 또는 윌리엄 셰익스피어 전집(사용한 카메라의 JPEG 영상의 평균 크기를 확인하거나 또는 각 JPEG 영상은 1.5 MB를 차지한다고 가정한다).

7. 일련의 5비트는 얼마나 많은 고유한 패턴을 만들어 내는가?

8. 일련의 N비트는 얼마나 많은 고유한 패턴을 만들어 내는가?

9. 나열된 각각의 양에 대하여, 컴퓨팅 시스템에 데이터로 저장하기 위하여 필요로 하는 비트의 수를 제시하여라.

a. 달(월)

b. 수업의 등급. 이 등급은 A, B, C, D, F 또는 I(미완료) 중의 하나이어야 한다.

c. MPAA(역주: Motion Picture Association of America－미국 영화 협회)의 영화 등급. MPAA는 다음의 G, PG, PG－13, R, NC－17 중의 하나로 등급을 부여한다.

d. MP3 앨범에서 한 곡의 트랙수. 하나의 MP3 앨범에 넣을 수 있는 트랙의 수는 100개 이다.

e. 일년의 날짜수. 1년은 365일이다(366일인 윤년을 제외하고). 예를 들어, 1월 1일은 항상 1번째 날짜인 반면, 12월 31일은 윤년이 아닐 경우 365번째 날짜이고 윤년의 경우엔 366번째 날짜가 된다.

f. DNA 서열의 하나의 핵산염기. 이 예에서는 아데닌(A), 구아닌(G), 시토신(C), 티민(T)의 단지 4개의 핵산염기가 있다.

10. 디지털 오디오 테이프에 녹음하기 위해서는 24 kHz의 비율로 샘플링이 되는 2분 길이의 노래를 고려해보자. 단일 샘플은 8비트열로 부호화된다고 가정한다. 압축을 하지 않고 이 노래를 저장하기 위해서는 얼마나 많은 비트들이 필요한가?

11. 9열 12행의 픽셀들로 이루어진 흑백 그림을 고려하자. 이 그림은 다음의 실행 길이 부호화를 사용하여 부호화되어 있는데 슬래쉬(/)는 행의 끝을 나타낸다. 이 그림을 그려라.

0,8/1,3,4/2,2/2,2/2,2/2,2,3,1/2,6/2,2,3,1/2,2/2,2/2,2/2,2/2,2/1,4

12. 다음의 흑백 그림을 고려하자. 이 그림에 대한 실행 길이 부호화를 제시하여라.

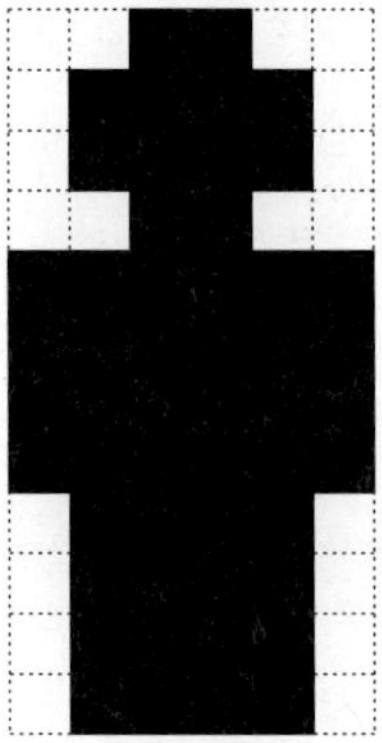

03 CHAPTER

논리

논리는 사고의 해부학이다.

– 존 로크 (영국 철학자)

학습목표

- 올바르고 이성적인 사고를 위해서 논리가 필요하며 유용하다는 것을 이해한다.
- 자연 언어의 논리가 어떻게 기호로 표현되는지 설명한다.
- 논리값과 논리 연산자 AND, OR, NOT, IMPLIES를 정의한다.
- 진리표, 항진 및 모순을 정의한다.
- 다양한 실세계 문제들을 해결하기 위하여 논리가 적용되는 방법을 설명한다.

시간이 지남에 따라 여러분의 삶은 개인의 운명의 경로를 정하는 일상적인 결정들로 가득 차 있게 된다. 이러한 결정들 중에서 많은 것들이 누구와 결혼할 것인지, 어떤 직업 경로를 가져야할 것인지, 무엇을 먹어야 할 것인지, 어떻게 수입을 가장 잘 관리할 것인지, 또는 어떤 정치적인 명분을 지지해야할 것인지에 대해서 중요한 선택을 하는 것을 포함한다. 인생에서 여러분이 하게 되는 모든 결정은 우주의 본질과 아마도 인생 자체의 의미에 대한 어떤 믿음에 기반을 두고 있다. 우리가 거짓된 믿음을 받아들이면, 그러한 믿음에 기반을 둔 결정은 최상의 경우에는 잘못된 방향으로 가게 되고 최악의 경우에는 파멸적이 된다는 것은 명백하다. 비록 우리의 믿음 체계가 단지 참인 믿음들만 포함하고 있다고 하더라도, 우리는 여전히 그러한 믿음에 대해서 비논리적 또는 대충의 추론을 통하여 결정을 하게 되고, 다시 잘못된 방향이나 또는 잠재적으로 파멸적인 선택을 하는 것으로 끝나게 된다.

이 장에서 우리는 논리가 모든 올바르고 이성적인 사고를 위한 기초로서 역할을 하고 있다는 것을 알게 될 것이다. 사고의 어떤 패턴들은 진실에 이르는 길을 만드는 반면에 다른 패턴들은 불가피하게 거짓에 이르게 될 것이라는 것을 발견하게 될 것이다. 우리는 또한 이러한 사고의 패턴들이 컴퓨터가 이해하고 처리할 수 있는 방식으로 표현될 수 있다는 것을 이해하게 될 것이다. 마지막으로 우리는 사고의 이러한 패턴들이 어디에나 널리 스며들어 있고 광범위한 실세계 문제들을 해결하기 위하여 사용될 수 있다는 것을 증명할 것이다.

3.1 논리란 무엇인가?

여러분은 많은 수학자들과 철학자들이 인간의 추론을 논리 시스템으로 정의했다는 얘기를 듣는다면 놀라게 될 것이다. 가장 넓은 의미에서 **논리**(logic)는 추론하는 올바른 방법과 올바르지 않은 방법들을 다루고 있다. 논리는 올바르지 않은 사고와 올바른 사고 사이의 차이점을 알려주는 방법을 제공하기 때문에 **올바른 사고의 과학**(science of correct thinking)으로서 정의될 수 있다. 논리에 대한 연구는 두 개의 범주로 나뉠 수 있는데, 귀납적 논리와 연역적 논리이다.

귀납적 논리(inductive logic)는 일련의 관찰 또는 경험으로 시작하는 추론의 한 형태인데, 이런 관찰 또는 경험으로부터 어느 정도의 확실성을 가지고 결론이 도출될 수 있다. 귀납적 추론의 예로써 인생에서 방울양배추(brussels sprouts)를 단지 두 번만 먹어본 시나리오를 고려해보자. 불행히도, 여러분이 방울양배추를 먹은 후 몇 시간이 안 되어서 육체적으로 병이 났기 때문에, 여러분은 방울양배추에 알레르기가 있다고 결론을 짓게 된다. 비록 "I am allergic to brussels sprouts"라는 결론이 추론할만한 것이라고 할지라도, 합리적으로 도달될 수 있는 유일한 결론은 아니기 때문에 확신할 수 없다. 아마도 여러분은 방울양배추를 먹기 직전에 우연히 전염성의 바이러스에 노출되었고 이 바이러스가 여러분의 질병의 실제 원인이었을 수도 있다. 귀납적 시스템에서 도출된 결론은 필연적으로 불확실하고, 결론이 기반을 두고 있는 경험들의 횟수와 직접적으로 관련되어 있다. 예를 들어, 여러분이 방울양배추를 3번 이상 먹었고 각 경우마다 육체적으로 병이 났었다면 "I am allergic to brussels sprouts"라는 결론의 확실성이 증가될 것이다.

대조적으로, **연역적 논리**(deductive logic)는 확실하다고 생각되는 것은 절대적으로 참이라는 가정으로부터 시작하는데, 확실하다고 생각되는 것으로부터 다른 사실들도 또한 절대적으로 참임이 틀림없다고 생각하는 것이다. 가정이 참이라고 한다면 연역적 논리 하에서 도출된 어떠한 결론도 절대적이고 반박할 수 없는 확실한 참이 된다. 예를 들어, 여러분은 모든 인간은 죽게 되고 아리스토텔레스는 인간이라고 가정한다. 이러한 두 개의 가정으로부터 여러분은 아리스토텔레스는 죽는다고 절대적인 확실성을 가지고 연역적으로 추론하게 된다.

아리스토텔레스는 기원전 350년경에 살았던 고대 그리스의 철학자이다. 아리스토텔레스는 일련의 가정들로부터 올바른 결론을 이끌어내기 위하여 따라야만 하는 연역법의 논리 규칙을 설명하였다. 아리스토텔레스의 논리는 **전제**(premises)를 만들기 위하여 인간의 언어를 사용하는 연역적인 시스템인데, 확실한 논리 규칙들이 지켜진다면 이러한 전제로부터 **결론**(conclusion)이 연역적으로 추론될 수 있다. 전제는 참이라고 가정되는 그리고 결론의 정당함을 증명하기 위하여 사용되는 하나의 진술이다. **결론**(conclusion)은 전제로부터 논리적으로 따라가야만 하는 참인 진술이다. 보다 자세히 얘기하자면, 아리스토텔레스는 두 개의 전제와 이러한 두 개의 전제가 실제로 참이라면 논리적으로 따라야만 하는 참인 결론을 포함하는 논리적인 주장으로서 **삼단논법**(syllogism)을 설명하였다. 예로서 다음의 삼단논법을 고려해보자.

- 전제: 계산적 사고는 모든 학생들에게 유익하다.
- 전제: 제미마 판스워스(Jemimah Farnsworth)는 학생이다.
- 결론: 계산적 사고는 제미마 판스워스에게 유익하다.

기호 논리(symbolic logic)는 아리스토텔레스 논리의 현대적인 확장인데, 여기서 기호는 인간의 언어로부터 도출된 문구라기보다 진실에 대한 진술을 표현하기 위해서 사용된다. 또한 논리 접속사로 알려진 논리 연산자는 논리적 사고를 표현하기 위해서 사용된다. **부울 논리**(boolean logic)는 1850년경에 조지 부울(George Boole)이라는 수학자에 의해 만들어진 기호 논리 시스템이다. 현대의 컴퓨팅 시스템은 올바르고 신뢰할만한 결과를 생성하기 위하여 부울 논리의 규칙에 크게 의존하고 있다. 다음 절은 부울 논리의 구성요소들을 설명하고 부울 논리가 컴퓨팅 시스템에 의해서 어떻게 이해되고 처리될 수 있는지를 보여준다.

3.2 부울 논리

명제는 부울 논리의 기본 단위를 형성한다. **명제**(proposition)는 참 또는 거짓이 될 수 있는 진술이다. 또 다른 방식으로 서술하지면, 명제는 참 또는 거짓의 값을 가지는 진술이다. 예를 들어 다음의 참인 진술을 고려해보자.

"Mount Everest is the tallest mountain in the world."

에베레스트 산이 세상에서 가장 높은 산이라는 것이 사실이라고 얘기하는 것은 상식이기 때문에, 우리는 이 진술이 진리의 표현이 되는 명제라는 것을 안다. 비록 일부 명제들이 참의 값을 가지고 있을지라도, 명제들은 또한 거짓의 값을 가질 수 있다는 것을 이해하는 것은 매우 중요하다. 예를 들어, 다음의 진술을 고려해 보자.

"The Mississippi is the longest river in the world."

나일(Nile) 강이 세상에서 가장 긴 강이기 때문에 미시시피 강이 세상에서 가장 긴 강이라는 진술은 거짓인 진술이다. 그러나 문장이 단순히 거짓이기 때문에 그 문장이 명제가 아니라는 것을 의미하지는 않는다. 사실, 반대의 결론이 유효하다. 그 문장이 거짓의 값을 가지기 때문에 정확히 명제임이 증명된다. 즉, 이 문장의 값은 거짓이다.

일부 문장들은 진리값을 가지지 않으므로 전혀 명제가 아니다. 예를 들어 다음의 문장을 고려해보자.

"Brush your teeth"

"How tall is Mount Everest?"

첫 번째 문장은 권위있는 말투로 쓰인 명령이기 때문에 진리값이 없다. 예를 들어 우리는 "Brush your teeth"가 참이라고 의미심장하게 말할 수 없다. 두 번째 문장은 질문이기 때문에 진리값을 가지지 않는다. 즉, "How tall is Mount Everest?"가 거짓이라고 의미심장하게 말할 수 없다.

부울 논리에서는 참과 거짓 단지 두 개의 값들이 있다. 이러한 두 개의 값들은 **논리값**(logical values) 또는 **진리값**(truth values)으로 알려져 있다. 부울 논리는 불확실성이나 확률을 고려하지 않는다. 명제는 아마도 참 또는 아마도 거짓이 될 수 없다. 어떤 명제도 동시에 참과 거짓 양쪽다가 될 수 없다. 논리 시스템에서 단지 두 개의 진리값들이 존재한다는 개념은 **배중률**(law of the excluded middle)이라고 불린다.

명제는 **기본**(simple) 또는 **합성**(compound) 둘 중의 하나가 될 수 있다. **기본 명제**(simple proposition)는 부분들로 쪼개질 수 없는 것이다. **합성 명제**(compound proposition)는 기본 명제들을 논리 연산자로 알려진 논리 접속사로 결합시킴으로써 만들어진다. and, or, implies, not이라는 단어로 가장 잘 설명되는 4개의 기초적인 논리 연산자들이 있다. 예를 들어 합성 명제를 만들기 위해서 and 연산자로 연결된 다음의 두 개의 기본 명제들을 고려해 보자.

기본: "I am hungry."

기본: "I am cold."

합성: "I am hungry and I am cold."

이 합성 명제는 "I am hungry and I am cold."라는 진술이 참 또는 거짓이기 때문에 진리값을 가지는 진술이다. 부울 논리는 (1) 기본 명제들을 약어로 사용하고 (2) 4개의 논리 접속사들 각각을 명확히 정의함으로써 길이가 긴 명제들을 구체적이고 명확히 표현하도록 한다.

논리 표현을 보다 구체적이고 읽기 쉽도록 만들기 위해서 기본 명제들은 종종 약어로 사용되거나 명칭이 붙는다. 이 명칭은 전체 명제에 대한 약어로 사용되고 단순화하기 위해서 항상 단일 대문자로 주어진다. 예를 들어 우리는 "I am hungry."라는 명제에 대한 약어로서 문자 P를 사용한다. 이 책을 통하여, 우리는 등호 기호(=)를 특정한 명제에 대해 사용된 약어를 가리키기 위하여 사용할 것이다. 다음은 명제를 약어로 사용하는 예들이다.

P = "I am hungry."

Q = "I am cold."

S = "Mount Everest is the tallest mountain in the world."

그러면 우리는 기존의 명제들을 연결하기 위하여 논리 연산자를 사용함으로써 새로운 명제를 만들어낼 수 있다. 앞서 언급한 약어가 주어진다면 우리는 다음에 표시된 대로 "I am hungry and I am cold."라는 명제를 만들 수 있다.

P and Q

3.2.1 제대로 된 명제 작성하기

명제가 의미를 가지기 위해서는 **잘 작성**(well formed)되어야만 한다. 명제를 작성할 때, 의미 있는 명제를 구성하기 위하여 특정 규칙들이 정확히 지켜져야만 한다. 이러한 규칙들이 지켜지지 않으면, 명제인 것처럼 보이지만 실제로는 단지 명칭과 연산자들이 의미 없이 뒤섞인 것이 작성되어진다.

아마도 여러분은 루이스 캐럴이 쓴 유명한 시 "재버워키(Jabberwocky)"에 친숙할 것이다. 이 시는 영시처럼 보이고 들리지만 실제로는 단지 일련의 무의미한 음절(글로 썼을 때)과 아름다운 가락의 소리(말로 했을 때)일 뿐이다. 시작 절은 바로 다음에 주어진다.

Twas bryllyg, and slythy toves[1]
Did gyre and gymble in ye wabe:
All mimsy were ye borogoves;
And ye mome raths outgrabe.

1 slythy tove 그림은 캐럴의 이상한 나라의 엘리스 원판에 있는 존 테니얼의 삽화로부터 도출되었다.

비록 "재버워키(Jabberwocky)"가 의미 있는 시인 것 같지만 무의미하다. 이 문구는 잘 정의된 단어들로 구성되어 있지 않고 일반적인 문법 규칙이 지켜지지 않고 있기 때문에 실제의 어떠한 의미는 없다. 시적인 문장이 문법과 철자에 대한 규칙을 따라야만 하는 것처럼, 잘 작성된 논리 명제는 또한 특정한 규칙을 따라야만 한다. 이러한 규칙들은 명제가 의미를 가지고 있고 단순히 무의미한 뒤범벅이 아니라는 것을 보증하게 된다. 잘 작성된 명제를 위한 문법적인 규칙은 다음에 열거되어 있다.

규칙 1 – 다음의 각각은 기본 명제이다.

a. 어떤 단일 문자
b. 참
c. 거짓

규칙 2 – 박스(□)가 명제(기본 또는 합성)를 나타낸다고 하자. 각 박스가 어떤 명제라고 가정하면, 다음의 각각은 또한 명제이다.

a. □ and □
b. □ or □
c. □ implies □
d. □ ≡ □
e. not □
f. (□)

이러한 규칙들은 모든 명제들이 가지고 있어야만 하는 문법적인 구조의 패턴들을 확립하고 있다. 규칙 2의 몇 가지 부분들은 단순 명제들을 더 큰 전체로 결합하기 위해 논리 연산자를 사용함으로써 복합 명제를 만드는 방법을 자세히 보여준다. 이러한 규칙들을 명심하고서 아래에 열거된 문자, 연산자, 괄호를 고려해보자.

P and not (Q or R)

우리는 당연히 "P and not (Q or R)"이 잘 작성된 명제(그러므로 의미 있는 명제)인지 또는 단순히 문자들과 단어들을 무의미하게 섞어놓은 것인지 궁금해 할 수 있다. 이 예에 대하여, 우리는 잘 작성된 명제가 지켜야하는 2개의 문법 규칙을 주의 깊게 적용함으로써 이러한 표현이 잘 작성되었다는 것을 증명할 수 있다. 우리의 추론 과정은 전체 명제내의 가장 단순한 하부 구조로부터 전체를 처리하기 위한 보다 복잡한 명제로 옮겨갈 것이다.

단계 1 – 우리는 먼저 대문자 P, Q, R에다 규칙 1a를 적용할 수 있다. 우리는 증명에서 이 규칙들 중의 하나를 적용함으로써, 명제로 증명이 되었던 원문의 일부를 나타내기 위하여 박스 기호 □를 사용할 것이다. 전체 표현이 잘 작성된 명제임을 증명하기 위하여 우리는 전체 표현이 하나의 단일 박스로 축소될 수 있음을 보여야 한다.

단계 2 – 규칙 1a을 문자 P, Q, R의 각각에 적용함으로써, 우리는 다음에서 볼 수 있듯이 이 표현을 다시 작성할 수 있다. 우리는 이 표현의 일부가 명제로 증명되었다는 것을 보이기 위하여 규칙들 중의 하나가 적용되었다는 것을 나타낼 목적으로 오른쪽 화살표(→)를 사용한다. 우리는 이 명제가 무엇을 **의미**(mean)하는지가 아니라 단순히 이 명제가 **올바르게 작성**(properly written)되었는지를 결정하려고 한 것이라는 것을 주목하자.

P and not (Q or R) → □ and not (□ or □)

단계 3 – 우리는 이제 이 표현의 어떤 나머지 부분들에 어느 규칙들이 더 적용될 수 있는지를 알아야만 한다. 우리의 증명에서 이 시점에, 적용될 수 있는 단지 하나의 단일 규칙만 있게 된다. 규칙 2b는 "□ or □"는 명제이기 때문에 우리는 표현 "□ or □"을 하나의 박스로 교체할 수 있다는 것을 언급하고 있다.

□ and not (□ or □) → □ and not (□)

단계 4 – 우리는 이 표현의 어떤 나머지 부분들에 적용하기 위하여 그 이상의 규칙들을 찾는 것을 계속해야만 한다. 다시, 적용될 수 있는 단지 하나의 단일 규칙만 있게 된다. 규칙 2f는 "(□)"는 명제이기 때문에 우리는 표현 "(□)"을 하나의 박스로 교체할 수 있다는 것을 언급하고 있다.

□ and not (□) → □ and not □

단계 5 – "not □"는 규칙 2e에 의해 정의된 명제이기 때문에 우리는 이제 "not □"을 하나의 박스로 교체할 수 있다는 것을 주목한다.

□ and not □ → □ and □

단계 6 – 마지막으로, 우리의 증명을 완료하기 위하여 규칙 2a가 적용될 수 있다는 것이 명확해야만 한다. 우리는 다음의 결과를 얻기 위하여 "□ and □"을 하나의 박스로 교체할 수 있다.

□ and □ → □

이 시점에서 우리는 원문의 표현을 무너뜨려서 하나의 단일 박스로 만들었다. 이것은 문자, 단어, 괄호로 이루어진 원문 조합은 사실 잘 작성되었고 의미 있는 명제라는 것을 보여준다. 증명을 구성할 때, 우리는 구문을 박스로 대체하기 위하여 규칙들 중의 하나를 적용할 때마다, 우리는 더 큰 전체의 더 작은 부분인 하나의 명제를 발견하게 된다. 그림 3.1은 우리의 증명이 어떻게 서로 중첩된 일련의 박스들로서 도출될 수 있는지를 보여준다.

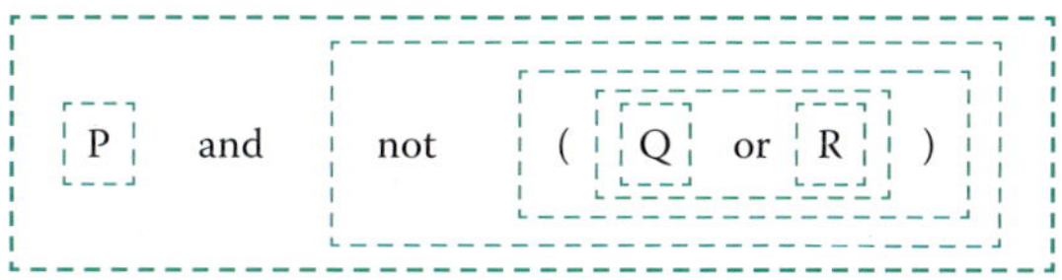

그림 3.1 각 점선 박스는 전체의 구성요소인 부분 명제에 해당하기 때문에 부울 명제 "P and not (Q or R)"은 잘 작성된 것으로 증명된다.

문자들과 연산자들의 일부 조합은 의미 있는 부울 명제인 것처럼 보이지만 실제로는 단지 기호들의 의미 없는 뒤범벅이다. 예를 들어, 다음의 표현을 고려해보자.

P not Q

우리가 이 표현의 구성요소를 대체하기 위해서 규칙 사용을 위한 동일한 과정을 적용한다면, 우리는 이 표현이 잘 작성되지 않았다는 것을 궁극적으로 증명할 수 있다.

단계 1 – 우리는 먼저 규칙 1이 문자 P와 Q에 적용될 수 있다는 것을 알게 된다.

P not Q → □ not □

단계 2 – 그다음 우리는 규칙 2d가 "not □"에 적용될 수 있다는 것을 알게 된다. "not □"을 하나의 박스로 대체하면 다음의 결과를 내놓게 된다.

□ not □ → □□

단계 3 – 이 시점에서 우리가 □□을 단일 박스로 축소하도록 해줄 어떠한 규칙도 없기 때문에 우리는 "P not Q"는 명제가 아니라는 결론을 내리게 된다.

구문 "P not Q"는 실제로 단일 명제라기보다 두 개의 독립된 명제들의 나열이다. 비록 독립적으로 간주되었을 때 2개의 명제들 각각이 의미가 있을지라도, 그 명제들의나열 자체가 진리값을 가지지는 않는다. 우리는 이 약어를 명제적 진술로 확장함으로써 "P not Q"의 무의미한 본질을 설명할 수 있다. 예를 들어, 우리가 P를 "I am hungry"에 대한 약어로 그리고 Q를 "I am cold"에 대한 약어로 이해한다면, 우리는 "P not Q"라는 표현을 "I am hungry I am not cold" 쯤으로 이해하게 된다. 영어의 문법 규칙이 이러한 두 개의 명제들 사이에 세미콜론이나 아마 마침표를 기입하도록 요구하는 것처럼, 부울 논리에서는 두 개의 명제를 연결하는 "and" 같은 논리 접속사가 나타나길 기대한다. 접속사가 없기 때문에, 결과 구문은 무의미하다. 두 개의 명제를 "and" 같은 논리 접속사로 연결하게 되면 의미 있는 명제 "I am hungry and I am cold"가 생기게 된다.

3.2.2 명제 판별하기

우리가 명제를 판별할 때 그 목적은 명제가 잘 작성되었음을 확인하는 것이 아니라 그보다는 명제의 진리값을 결정하는 것이다. 예를 들어 다음의 기본 명제를 고려해 보자.

P = "I am hungry."

Q = "I am cold."

우리가 다음에 주어진 복합 명제의 진리값을 판별해야 한다면, 그 해답을 결정하기 위하여 우리는 매우 주의 깊게 특정 논리 규칙들을 적용해야만 한다.

P and Q

복합 명제 "P and Q"의 진리값은 각각 P와 Q의 진리값에 의존한다. 아마도 나는 스시, 칠면조, 과일 샐러드, 그리고 유기농 비트로 이루어진 아주 푸짐한 저녁식사를 막 끝마쳤을 수도 있다. 이 경우에 우리는 "I am hungry"라는 기본 명제가 거짓이기 때문에 "I am hungry and I am cold."라는 진술이 거짓이라고 이해하게 된다. 마찬가지로, 혹은

나는 몹시 더운 여름의 오후 동안에 해변에서 휴식을 취하고 있을 수도 있다. 이 경우에 우리는 "I am cold"라는 기본 명제가 거짓이기 때문에 "I am hungry and I am cold"라는 진술이 거짓이라고 이해하게 된다. 부울 논리에서 기본 명제들은 이들을 포함하는 어떠한 복합 명제의 진리값에도 영향을 미치는 변수가 된다.

비록 "P and Q"와 같은 명제의 진리값을 결정하는 것이 지나치게 어렵지는 않지만, 더 복잡한 명제들은 판별하기 위해서는 신중하게 생각해야한다. 다음의 두 개의 명제들은 이를 판별하기 위해서 상당한 노력이 필요로 할 만큼 논리 표현이 충분히 복잡할 수 있다는 것을 보여준다.

not P or not Q and R

not P or Q and R or (P and Q)

운이 좋게도 주의 깊게 따라간다면 부울 논리는 어떠한 복합 명제의 진리값도 결정할 수 있는 판별 규칙을 정의하고 있다. 이러한 판별 규칙들은 논리 연산자 and, or, implies, not을 이해하는 것과 기본적인 관련이 있게 된다.

연산자(operator)는 입력을 받고, 입력 값들을 처리하고, 단일 출력값을 만들어내는 기계 같은 것이다. 연산자의 애리티(arity)는 연산자에 대한 입력의 개수이다. 연산자들 각각은 또한 연산자의 근원적인 기능을 설명하는 기술적인 이름을 가진다. 그림 3.2는 논리 연산자들 각각에 대한 애리티와 기술적인 이름을 나타낸다. 애리티가 2인 연산자들은 **이항 연산자**(binary operator)라고 하고 애리티가 1인 연산자는 **단항 연산자**(unary operator)라고 한다. 논리 연산자에 의해 생성된 진리값은 단지 입력값들에 의존한다.

연산자	기술적인 이름	애리티	사용 예
and	논리곱	2 (이항)	P and Q
or	논리합	2 (이항)	P or Q
implies	함축	2 (이항)	P implies Q
≡	동치	2 (이항)	P≡Q
not	논리적 부정	1 (단항)	not P

그림 3.2 논리 연산자

3.2.2.1 논리곱(Conjunction: AND)

이항 연산자에 대하여 단지 두 개의 입력이 있고 이러한 두 개의 입력들 각각은 단지 두 가지 가능한 값을 가지기 때문에 연산자가 다루어야하는 경우는 단지 4가지이다. 각 이항 연산자들은 4가지 입력 조건들 각각에 대하여 연산자가 생성하는 진리값에 이름을 붙임으로서 완전히 설명될 수 있다. 예를 들어 논리곱에 대한 다음의 정의를 고려해보자.

1. 거짓과 거짓의 논리곱은 거짓이다.
2. 참과 거짓의 논리곱은 거짓이다.
3. 거짓과 참의 논리곱은 거짓이다.
4. 참과 참의 논리곱은 참이다.

이것이 연산자를 정의하는 완전히 합리적인 방식이라고 할지라도, 이 정의는 필요이상의 단어가 있다. 논리 연산자들은 보통 간결하게 **진리표**(truth table)로 정의된다. 진리표의 각 행은 입력들의 하나의 조합에 해당되고, 마지막 열을 제외한 모든 열은 연산자에 대한 입력값들이 되는데, 마지막 열은 입력 조합에 대한 진리값을 나타낸다.

예를 들어, 논리곱의 평범한 정의를 그림 3.3.에 나타낸 진리표로 변환하는 것을 고려해보자. P와 Q의 4가지의 조합이 있기 때문에, 표에는 4개의 행이 있게 된다. 2개의 변수가 있기 때문에, 표는 3개의 열을 가지게 된다. 첫 번째 2개의 열은 첫 번째와 두 번째 입력을 가리키고, 반면 마지막 열은 2개의 입력들에 대한 논리곱에 의해 생성된 진리값을 나타낸다.

논리곱은 양쪽 입력 모두가 참일 때만 참값을 내어준다. 우리가 말을 할 때 비공식적으로 **그리고**(and)라는 용어를 사용하는 방식을 밀접하게 따르고 있기 때문에 이 결과는 직관적이다.

논리곱		
P	Q	P and Q
거짓	거짓	거짓
거짓	참	거짓
참	거짓	거짓
참	참	참

그림 3.3 논리곱에 대한 진리표

우리는 직관적으로 "I am hungry"라는 진술이 참이고 "I am cold"도 또한 참일 때만 "I am hungry and I am cold"라는 진술을 참으로 이해한다. 그 외의 모든 경우에서 우리는 "I am hungry and I am cold"이 거짓이라고 이해한다.

3.2.2.2 논리합(Disjunction: OR)

하지만 **또는**(or)이라는 단어의 비공식적인 사용이 이 단어가 공식적으로 정의된 방식과 밀접하게 연결되어있지 않기 때문에 논리합은 직관적이지 않다. 우리는 종종 2가지 상호배제 가능성을 가장하고 이러한 2가지 가능성 중에서 어느 것이 실제로 일어났는지 물어볼 수 있다. 예를 들어, 우리는 친구에게 "Did you watch television or did you eat dinner?"라고 물어본다. 친구들이 우리에게 이러한 2가지 행위들 중에 어느 것이 실제로 일어났는지를 말해주기를 기대하고, 그들이 "I did both" 또는 "I did neither"를 답하기를 기대하지 않는다. 우리는 그들이 "Yes. I did watch television or eat dinner."라고 답하는 걸 듣는다면 훨씬 더 놀라게 된다. 그러나 여러분이 논리적으로 가정했던 이 문제에 대한 올바른 답변은 긍정(yes) 또는 부정(no) 둘 중의 하나일 것이다. 친구가 2가지 행위 중의 하나 또는 둘 다를 하였다면 답변은 긍정이 될 것이다. 친구가 텔레비전을 보지도 않았고 저녁을 먹지도 않았고 단지 공원에서 조깅을 했다면 답변은 부정(no)이 될 것이다. 논리합은 그림 3.4의 진리표에 의해서 공식적으로 정의된다.

입력들 중 어느 하나가 참이면 우리는 결과를 참으로 정의한다는 것을 주목하자. 다른 방식으로 말한다면 논리합은 입력들 중 양쪽다가 거짓일 때만 거짓을 내어준다. 이러한 정의가 주어진다면, 내가 배가 고프지도 않고 춥지도 않을 때만 이제 우리는 "I am hungry or I am cold"라는 진술을 거짓으로 이해한다. 예를 들어, 내가 배도 고프고 춥기도 하다면, "I am hungry or I am cold"라는 진술은 참의 값을 가지는 것으로 이해된다.

논리합		
P	Q	P or Q
거짓	거짓	거짓
거짓	참	참
참	거짓	참
참	참	참

그림 3.4 논리합에 대한 진리표

3.2.2.3 함축(Implication: IMPLIES)

논리 함축은 아마 숙지하기에 가장 도전적인 연산자이다. 이 연산자는 하나가 참이면, 논리적 필연성에 의해서 일부 다른 것들도 또한 참이어야만 한다는 개념을 가지고 있다. 예를 들어 "my car battery is dead"라는 명제가 참의 값을 가지면, 이것은 "my car won't start"라는 명제 역시 참이어야만 한다는 것을 의미한다. 부울 논리에서 우리는 "my car battery is dead implies my car won't start."고 말한다. 우리는 이것을 비공식적으로 "whenever my car battery is dead, my car won't start."이라는 말로 표현한다.

물론 일반적으로 "P implies Q"라고 적는 경우에 우리는 기본 명제를 표현하기 위하여 약어를 사용하는데, P는 "My car battery is dead"라는 명제의 약어이고 Q는 "My car won't start"의 약어이다. 논리 함축을 정의하는 진리표는 그림 3.5에 주어져 있다.

논리 함축은 인간의 올바른 추리력을 정확하게 표현하는 특성을 가지고 있기 때문에 아주 중요한 연산자이다. 불행히도 논리 함축은 아마도 논리 연산자들 중에서 가장 불완전하게 이해되고 있다. 그러므로 우리는 다음 단락에서 논리 함축의 몇 가지 중요한 특성들을 설명한다.

함축		
P	Q	P implies Q
거짓	거짓	참
거짓	참	참
참	거짓	거짓
참	참	참

그림 3.5 논리 함축에 대한 진리표

"P implies Q"라는 명제에서 우리는 P를 **전건**(antecedent)이라는 이름으로 부르고 Q를 **후건**(consequent)이라고 부른다. 다음의 2개의 기본 명제와 약어들을 고려해보자.

P = "My car battery is dead."

Q = "My car won't start."

기본 명제 P를 후건 Q에 대한 전건으로 하는 다음의 합성 명제를 고려해 보자.

P implies Q

이 합성 명제는 참 또는 거짓의 값을 가지는데, 이 명제의 값은 2개의 기본 명제인 P와 Q의 값에 의존적이다. 우리는 진리표의 맨 아래로부터 시작해서 표의 맨 위까지 우리의 방식으로 동작하는 4개의 가능한 입력들의 각 조합을 주의 깊게 고려할 것이다.

1. **P는 참이고 Q는 참이다.** 우리가 "my car battery is dead"임을 관찰하고 또한 "my car won't start."임을 관찰하는 상황을 고려해보자. 이러한 관찰 하에서는 차량 밧데리가 다 떨어져서 자동차의 시동이 걸리지 않을 것 같기 때문에 "P implies Q"임을 주장하는 것이 논리적으로 모순이 없다. 이런 시나리오에서 우리는 "True implies True"는 논리적으로 관찰된 사실과 일치하기 때문에 참값을 가진다고 이해한다.

2. **P는 참이고 Q는 거짓이다.** 우리는 이제 차량 밧데리는 다 떨어졌고 자동차는 시동이 걸리는 것(Q가 거짓이기 때문에)을 관찰한다. 그러므로 "P implies Q"라는 명제는 차량 밧데리가 다 떨어질 때마다 자동차는 시동이 걸린다고 주장하고 있기 때문에 이 명제는 거짓이어야만 한다. 이 시나리오에서 우리는 "P implies Q"이 관찰된 사실과 논리적으로 일치하지 않는다고 이해한다. 그러므로 "True implies False"는 밧데리가 다 떨어질 때마다 자동차는 시동이 걸린다는 올바르지 않은 명제를 표현하고 있기 때문에 거짓의 값을 가진다.

3. **P는 거짓이고 Q는 참이다.** 전건이 거짓일 때 후건과 관련하여 논리적으로 도출될 수 있는 결론은 없게 된다. 이 경우에, "P implies Q"라는 진술은 판명되지 않았기 때문에 참의 값을 가진다. 예를 들어 "my car battery is not dead"와 "my car won't start"라는 관찰은 "whenever my car battery is dead, my car won't start."라는 진술과 모순되지는 않는다. 아마도 자동차는 차량 밧데리와 관련이 없는 어떤 이유로 시동이 걸리지 않을 수도 있다. 아마도 점화 플러그가 오염되었거나 연료 탱크가 비었을 수도 있다. 관찰된 상황과 "My car battery is dead implies my car won't start"라는 진술사이에 어떤 논리적인 모순이 없기 때문에 우리는 "False implies True"는 참이라고 이해한다.

4. **P는 거짓이고 Q는 거짓이다.** 전건이 거짓이기 때문에 우리는 "False implies False"는 참이라고 이해한다. 이러한 상황에서 우리는 "my car battery is not dead"임을 관찰하고 또한 "my car will start."임을 관찰한다. 우리가 관찰한 것과 "My car battery is dead implies my car won't start."라는 명제 사이에 어떠한 논리적인 모순이 없기 때문에 이 함축이 참이라는 것은 명백해야만 한다.

우리는 "P implies Q"의 역(converse)을 "Q implies P"로 정의한다. 명제의 역은 본질

적으로 논리적인 반대이다. 함축의 특성중의 하나는 함축이 참이면 그 역은 참이 아니라는 것이다. 예를 들어 "my car battery is dead implies that my car won't start"이 참이면, 우리는 "my car won't start implies that my car battery is dead "이라고 논리적으로 결론을 내릴 수 없다. 내 자동차가 시동이 걸리지 않는 많은 이유들이 있고 이러한 이유들 중의 단지 하나가 차량 밧데리가 다 떨어진 것이다. "Humphrey is a dog implies Humphrey is a mammal."이라는 함축을 고려해보자. "Humphrey is a mammal"이 "Humphrey is a dog"을 의미하지는 않기 때문에 그 역이 필연적으로 참이 아니라는 것은 명확하다. 비록 험프리(Humphrey)가 개라고 할지라도, 험프리는 또한 고양이, 사자, 고래 또는 심지어 사람이 될 수 있다.

3.2.2.4 동치(≡)

변수 P와 Q가 동일한 진리값을 가지면 동치라고 한다. 논리 동치에 대한 진리표는 그림 3.6에 주어져있다.

동치		
P	Q	P ≡ Q
거짓	거짓	참
거짓	참	거짓
참	거짓	거짓
참	참	참

그림 3.6 논리 동치에 대한 진리표

3.2.2.5 논리적 부정(Logical Negation: NOT)

논리적 부정은 유일한 단항 연산자이다. 이 연산자는 무언가가 참이 아니면 거짓이어야만 하고 무언가가 거짓이 아니라면 참이어야만 한다는 명백한 사고를 표현한다. 논리적 부정에 대한 진리표는 그림 3.7에 나타내었다.

부정	
P	not P
거짓	참
참	거짓

그림 3.7 논리적 부정에 대한 진리표

3.2.2.6 합성 명제(Compound Propositions)

우리가 명제를 **판별**(evaluate)할 때 목적은 명제의 진리값을 결정하는 것이다. 명제가 단지 단일 연산자를 포함하고 있다면, 해답을 얻기 위하여 우리는 진리표의 하나의 행을 단순히 참조할 수 있다. P=거짓, Q=참인 상황에 대하여 다음의 명제에 대한 판별을 고려해보자.

```
P or Q
```

우리는 논리합 진리표를 세밀히 살펴보고, P=거짓, Q=참에 해당하는 행을 찾고서, "P or Q"의 머리말을 가진 열에서 진리값을 읽음으로써 "P or Q"의 값을 판별할 수 있다.

하나 이상의 연산자를 포함하는 명제를 판별하기 위해서, 우리는 동일한 과정을 적용할 수 있지만, 명제에 있는 모든 연산자에 대해서 한번만 적용되어야 한다. 예를 들어, P=참, Q=거짓, R=참인 상황에 대하여 다음의 명제를 고려해보자.

```
P and (Q or R)
```

우리는 먼저 하위명제 "(Q or R)"을 따로 모으기 위하여 괄호가 사용됨을 주목한다. 이런 이유로, 우리는 먼저 Q=거짓, R=참에 대하여 "(Q or R)"을 판별하기 위하여 논리합 표를 사용한다. 논리합에 대한 진리표는 왼쪽 값이 거짓이고 오른쪽 값이 참이면, "Q or R"는 참의 값을 가짐을 나타내고 있다.

일단 우리가 "(Q or R)"을 참으로 판별했다면, 우리는 이 하위명제를 값으로 대체하고 판별 과정을 계속할 수 있다. 우리는 이제 다음의 명제를 가지게 된다.

```
P and True
```

이제 단일 논리 연산자가 있게 되고 우리는 왼쪽 값이 참이고 오른쪽 값이 참인 경우에 해당하는 값을 찾기 위하여 논리곱에 대한 진리표를 사용함으로써 판별을 완료하게 된다. 우리는 그 값이 참이 됨을 주목한다. 즉, "True and (False or True)"의 진리값은 참이다.

하나 이상의 논리 연산자를 포함하는 명제를 판별할 때, 여러분은 보통 왼쪽부터 오른쪽으로 진행해야 한다. 이러한 일반적인 규칙에 대한 유일한 예외는 일부 다른 순서로 요소들을 따로 모으기 위하여 괄호가 사용될 때이다. 예를 들어, P=참, Q=참, R=거짓인 상황에 대하여 다음의 명제를 고려해보자.

P and Q implies R

이 명제에는 2개의 연산자가 있고 이 연산자들은 왼쪽에서 오른쪽으로 판별되어야 한다. 첫 번째 단계는 P=참, Q=참에 대하여 하위 명제 "P and Q"를 판별하는 것이다. 우리는 "True and True"는 참이 됨을 알게 된다. 우리는 이제 R=참에 대하여 "True implies R"의 표현을 판별한다. 우리는 "True implies True"는 참의 값을 가지기 때문에 전체 명제 "P and Q implies R"은 참의 값을 가짐을 알게 된다.

우리는 연산자를 따로 모으기 위하여 괄호를 사용할 수 있고 이는 연산자가 판별되어야하는 순서에 영향을 미친다. 예를 들어, P=참, Q=참, R=거짓인 상황에 대하여 다음에 나타낸 연산자들의 다른 묶음을 고려해 보자.

P and (Q implies R)

함축 연산자가 괄호안에 있기 때문에, 우리는 이 연산자를 먼저 판별해야만 한다. 이 경우에 우리는 " True implies False"는 거짓의 값을 가짐을 발견한다. 그러면 우리는 명제 "P and False"에서 논리곱 연산자를 판별하거나 또는 P=참이기 때문에 "True and False"을 판별하게 되는데, 이는 거짓의 값을 내어준다. 이 예로부터 우리는 연산자의 다른 묶음에 따라 명제의 의미가 변경될 수 있음을 알게 된다.

진리표는 어떠한 논리 명제의 의미를 표현하기 위하여 사용될 수 있다. 어떤 명제에 대하여 진리표를 만들기 위하여 여러분은 다음을 수행해야 한다.

1. 명제에서 나타나는 각각의 논리 변수(약어)의 목록을 만들어라. 명제에서 하나의 변수가 한번 이상 나온다고 할지라도 목록에는 단지 한번만 포함되도록 해야 한다.

2. 목록에 있는 모든 변수에 대하여 진리표에서 하나의 열을 만들어라. 열의 머리말은 변수 자체이어야 한다.

3. 마지막 열의 머리말을 위해서는 전체 명제를 적어야 한다.

4. 목록에 N개의 변수들이 있다면, 2^N개의 행을 만들어야만 한다. 각각의 행은 N개의 변수들에 대한 값들의 유일한 조합을 나타낸다.

5. 각각의 행에 대하여, 명제의 값을 결정하고 그 값을 마지막 열에 놓아두어라.

예를 들어, 다음의 명제를 고려해 보자.

P and not (Q or R)

우리는 먼저 명제에 열거된 논리 변수들의 목록을 만듦으로써 진리표를 작성한다. 논리 변수 P, Q 그리고 R은 단지 나타나는 변수들이고 우리의 목록은 단지 이러한 3개의 변수를 포함한다. 우리는 이제 이러한 변수들 각각에 대하여 하나의 열을 가지는 진리표를 작성한다. 게다가, 마지막 열은 전체 명제에 해당한다. 3개의 변수들이 있기 때문에, 우리는 이제 2^3 또는 8개의 행을 작성하는데, 각 행은 P, Q, 그리고 R이라는 변수들에 대한 값들의 유일한 조합에 해당한다. 그림 3.8에 이 표를 나타내었다.

P	Q	R	P and not (Q or R)
거짓	거짓	거짓	
거짓	거짓	참	
거짓	참	거짓	
거짓	참	참	
참	거짓	거짓	
참	거짓	참	
참	참	거짓	
참	참	참	

그림 3.8 논리 명제에 대한 진리표

이 행들을 약간 구식으로 배열하는 것이 바람직하다. 이 예에서, 여러분은 맨 오른쪽 열은 참과 거짓이 반복적으로 번갈아가며 나타나는 것을 주목해야한다. 왼쪽 다음 열은 2개의 거짓 값들 다음에 2개의 참 값들이 나오는 패턴이 번갈아 나타난다. 왼쪽 다음 열은 이전 열의 빈도수의 반의 비율로 번갈아 나온다.

도전과제는 P, Q, R 각각의 가능한 조합에 대하여 명제 "P and not (Q or R)"의 값이 나타나도록 표를 완성하는 것이다. 이러한 값들을 결정하기 위하여 전체 명제의 값을 결정하기 위하여 판별되어야만 하는 논리 연산자들 각각에 대한 열들을 임시로 포함하는 것이 편리하다. 이러한 하위 부분들은 연산자가 판별되어질 순서에 따라 배열되어야 한다. 그림 3.9는 그와 같은 표의 예를 보여준다.

P	Q	R	(Q or R)	not (Q or R)	P and not (Q or R)
거짓	거짓	거짓	거짓	참	거짓
거짓	거짓	참	참	거짓	거짓
거짓	참	거짓	참	거짓	거짓
거짓	참	참	참	거짓	거짓
참	거짓	거짓	거짓	참	참
참	거짓	참	참	거짓	거짓
참	참	거짓	참	거짓	거짓
참	참	참	참	거짓	거짓

그림 3.9 진리표를 생성하는 과정

명제는 3개의 논리 연산자들을 포함하기 때문에 변수들의 오른쪽에 3개의 열들이 있다. 이 열들 중에서 논리합과 부정에 해당하는 2개의 열은 임시이고 최종적으로 표의 일부분으로 유지되지 않을 것이다. 마지막 열은 논리곱의 연산자에 의해 생성되고 논리곱 연산자는 명제의 값을 생성하고 판별하는 마지막 연산자이기 때문에 이 열은 유지될 것이다. 임시 열들을 제거하면 그림 3.10의 진리표가 나온다.

P	Q	R	P and not (Q or R)
거짓	거짓	거짓	거짓
거짓	거짓	참	거짓
거짓	참	거짓	거짓
거짓	참	참	거짓
참	거짓	거짓	참
참	거짓	참	거짓
참	참	거짓	거짓
참	참	참	거짓

그림 3.10 명제 "P and not (Q or R)"에 대한 최종 진리표

3.2.2.7 논리적 동치(Logical Equivalence)

두 개의 명제가 동일한 진리표를 가지면 **동치**(equivalent)라고 한다. 예를 들어 다음의 2개의 명제를 고려해보자.

not (P and Q)

(not P) or (not Q)

이 명제들 각각에 대한 진리표는 그림 3.11에 작성되어 있다.

이러한 2개의 표들은 동일하기 때문에, 우리는 명제 "not (P and Q)"는 명제 "(not P) or (not Q)"와 동치이다. 2개의 명제가 동치일 때, 이들은 동일한 의미를 가지기 때문에 서로 바꿀 수 있다.

P	Q	not (P and Q)
거짓	거짓	참
거짓	참	참
참	거짓	참
참	참	거짓

P	Q	(not P) or (not Q)
거짓	거짓	참
거짓	참	참
참	거짓	참
참	참	거짓

그림 3.11 두 개의 다른 명제가 동일한 진리표를 가진다. 그러므로 이러한 두 개의 명제들은 동치라고 한다.

3.2.2.8 항진과 모순(Tautologies and Contradictions)

입력에 관계없이 참의 값을 가지는 명제는 **항진**(tautology)이라고 한다. 모든 입력에 대하여 거짓의 값을 가지는 명제는 **모순**(contradiction)이라고 한다. 항진은 항상 참이기 때문에, 항진은 자명한 어떤 것을 표현하는 단순히 지루한 방식으로 이해될 수 있다. 물론 모순은 여러분이 아무리 쳐다보더라도 논리적으로 항상 근거가 없는 진술로 이해될 수 있다. 명제를 작성할 때 항진과 모순은 피해야하며, 이와 같은 진술은 어떤 종류의 추론 도출 라인도 표현하지 못하기 때문에 인간의 정상적인 대화에서도 또한 피해야 한다. 다음 명제는 항진과 모순에 대한 예들을 보여준다.

항진: P or not P

모순: P and not P

항진은 정치적인 토론과 설득에서 종종 사용된다. 예를 들어, "If you elect me to be

president then I will serve as the elected president."라는 진술을 고려해보자. 이 진술은 단순히 속이 뻔히 들여다보이는 장황한 진술이다. 논리적인 명제로 표현하면, 이 진술은 "P implies P"로 단순화되는데, 이것은 진리표를 만듦으로써 쉽게 항진이라고 증명될 수 있다.

우리는 친구들(또는 심지어 선생님)이 말이 안 되는 무언가를 말하고 있다고 생각할 때, 우리는 종종 그들이 모순된 진술을 하고 있다고 생각한다. 계산적 사고 수업에서의 두 명의 학생들 사이의 다음의 대화를 고려해보자.

> **매튜**: 새로 설치한 인터넷 연결이 엄청 빠르더라. 나 밤새도록 HD 영화를 보았거든.
>
> **수잔**: 너, 계산적 사고 과제는 끝냈니?
>
> **매튜**: 아니, 새로 설치한 인터넷이 너무 느려 터져서 과제의 한 페이지도 내려받지 못했어.

우리는 매튜가 모순을 말하고 있기 때문에 말이 안 된다고 직관적으로 이해한다. 이 모순의 원천은 하나씩 그리고 동시에 인터넷 연결이 "엄청 빠르다"와 "느려 터졌다"고 하는 그의 진술이다. 우리는 이 모순을 "P and not P"라는 모순 명제로 표현할 수 있는데, P는 "My Internet connection is fast"라는 진술의 약어이다. 인간의 추론의 라인이 모순을 드러내고 있다고 증명된다면, 추론 라인이 논리적으로 결함이 있다는 것이 확실하다. 명확한 추론은 한 명제가 동시에 거짓과 참 둘 다가 될 수 없다는 것을 요구 한다. 이러한 요구사항은 **무모순의 법칙**(law of noncontradiction)으로 알려져 있다.

3.3 명제 논리의 응용

비록 여러분이 물리학자, 수학자, 회계사가 그들의 일상적인 직업에서 형식논리를 사용한다고 예상했을지라도, 훨씬 더 넓은 범위의 학문분야에서 또한 명제 논리가 보편적으로 사용된다는 것을 발견하고 놀랄 것이다. 이 절에서 우리는 인터넷을 검색하는 사람들, 전기 공학자, 데이터베이스 설계자 그리고 심지어 그래픽 예술가들에 의해서 어떻게 명제 논리가 사용되는지를 설명할 것이다.

3.3.1 검색 질의

웹 검색 엔진은 월드 와이드 웹(World Wide Web) 상에서 정보를 검색하는 소프트웨어 시스템이다. 검색 엔진은 웹 페이지를 내려 받고 웹 페이지에 나타나는 단어와 문구를 기록함으로써 동작하게 된다. 사용자가 "논리"라는 주제에 대한 정보를 어디에서 찾을 수 있을지 알고자 할 때마다, 그들은 "논리"라는 단어를 입력할 수 있고 검색 엔진은 "논리"라는 단어를 포함하는 모든 웹 페이지의 목록을 돌려준다.

검색 질의(search query)는 사용자가 찾고자 하는 정보를 설명하는 문구이다. 많은 검색 질의들은 "장미", "논리", 또는 "오리너구리" 같은 단일 단어이다. 비록 단일 단어 질의가 때때로 효과적일지라도, 이런 질의는 단어가 모호하거나 또는 많은 다른 맥락으로 자주 사용되기 때문에 종종 올바른 형태의 정보를 제공하지 못한다.

여러분이 "People"이라는 이름의 식료품점이 있는 도시에 살고 있는 상황을 고려해 보자. 여러분은 가게의 전화번호와 운영시간을 찾기 위하여 검색 엔진을 사용하고 싶어한다. 여러분은 검색 질의로서 "People"이라는 용어를 당연히 사용하지만 이 질의는 쓸모 있는 결과를 제공하지 못한다는 것을 알게 된다. 이 책을 쓰고 있을 때, 인기 절정의 검색 엔진은 People Magazine 웹사이트, 야후의 사람들 검색 페이지, "People Bank"의 웹사이트, "People"이란 제목의 위키피디아 기사, "Peoples"이란 이름의 밴드에 대한 위키피디아 기사, 그리고 "People of Walmart"에 대한 웹 페이지에 대한 링크 같은 결과를 알려주었다.

단순한 단일 단어 질의는 종종 유용한 결과를 제공하기에 충분히 구체적이지 않다. 그러므로 대부분의 검색 엔진들은 여러분이 보다 구체적인 검색 질의를 만들 수 있도록 허용하고 있는데, 이 질의를 통해 보다 유용한 방법으로 질의의 초점을 정밀하게 한다. AND, OR, NOT의 부울 연산자들은 검색 질의를 정밀하게 만들기 위해서 일반적으로 사용되는 하나의 기술이다.

3.3.1.1 검색 질의에서의 논리곱

기본적으로 하나 이상의 단어를 사용하는 모든 검색 질의는 논리곱을 사용한다. 즉, 검색 질의 결과는 질의에 있는 모든 용어나 또는 문구를 포함하는 웹페이지를 돌려준다. 예를 들어, 한나 가르시아(Hannah Garcia)라는 고등학교 동창생에 대한 정보를 검색하는 것을 고려해보자. 여러분은 먼저 검색 질의로 "Hannah"를 사용하지만, 질의 결과는 모든 종류의 한나와 관련된 웹페이지로 넘쳐나게 된다. 이것들 중 어느 것도 여러분의 고등학교 친구였던 "Hannah Garcia"와 관련이 없다. 여러분은 2개 단어 질의인 "Hannah Garcia"를 사용해서 검색을 정밀하게 한다. 검색 엔진은 이 질의를 2개의 단어의 논리곱으로 이해한다. 즉, 검색엔진은 이 질의가 "Hannah AND Garcia"를 의미하는 것으로 이해한다. 검색엔진이 결과로 돌려주는 페이지는 단지 단어 "Hannah"와 단어 "Garcia" 둘 다를 포함하는 웹페이지들이다.

3.3.1.2 검색 질의에서의 논리합

불행히도 여러분은 여전히 고등학교 동창인 한나 가르시아와 관련된 어떤 웹 페이지도 찾을 수 없다. 여러분의 검색 결과를 향상시키는 방법에 대하여 생각을 하면서, 여러분은 그녀가 메이슨(Mason)이라는 성을 가진 누군가와 결혼을 했다는 것을 기억해낸다. 여러분은 비록 그녀가 어떤 사업 맥락에서는 아직도 가르시아라는 성을 사용한다고 할지라도, 그 대신 그녀는 메이슨이라는 성을 사용할 것이라는 걸 깨닫게 된다. 그러므로 그녀의 성이 가르시아 또는 메이슨 둘 중의 하나인 가능성을 나타내는 검색 질의를 만들어 보게 된다. 여러분은 처음엔 검색 질의로 "Hannah Garcia Mason"이 적절할 것으로 생각하지만, 검색엔진은 이 질의를 "Hannah AND Garcia AND Mason을 포함하는 모든 웹페이지를 찾아라."를 의미하는 것으로 해석함에 따라, 3개의 모든 단어를 포함하는 페이지만 결과로 돌려주기 때문에 이 검색 질의는 지나치게 범위가 좁아진다.

약간의 학습을 한 후에 여러분은 대안을 제시하기 위해서 검색엔진이 OR 연산자를 사용한다는 것을 발견하게 된다. 이 경우에 대안은 "Garcia" OR "Mason"이다. 그러므로 여러분은 검색 질의로 "Hannah AND (Garcia OR Mason)"를 만들게 된다. 이 질의는 성이 둘 다가 아니라 가르시아 또는 메이슨 중의 하나만 포함하는 웹페이지를 찾으려는 여러분의 의도를 올바르게 나타낸다.

3.3.1.3 검색 질의에서의 부정

아마도 검색 질의 "Hannah AND (Garcia OR Mason)"는 잘 알려진 축구선수와 관련된 많은 웹페이지를 결과로 돌려준다. 여러분은 고등학교 동창생이 축구선수가 아님을 확신하기 때문에 축구선수와 관련된 페이지가 나타나지 않도록 검색 질의를 만들려고 한다.

검색엔진은 어떤 단어를 포함하는 페이지를 배제하기 위해서 NOT 연산자를 사용한다. 그러므로 여러분은 검색 질의로 "Hannah AND (Garcia OR Mason) AND NOT soccer"를 만들게 된다. 이 질의는 "soccer"라는 단어를 포함하는 어느 웹페이지도 나타나지 못하게 막으면서, "Hannah"와 "Garcia"라는 단어들이나 또는 "Hannah"와 "Mason"라는 단어들 중에서 한쪽을 포함하는 모든 페이지를 발견하게 된다.

부정은 일부 검색엔진에서 배제되어야하는 단어 바로 앞에다 대쉬(-)를 붙여 표현된다. 이 경우에, 검색 질의 “Hannah AND (Garcia OR Mason) AND NOT soccer”는 “Hannah AND (Garcia OR Mason) AND −soccer”로 표현된다. 또한, 대부분의 검색엔진에서 논리 연산자들은 모두 대문자로 입력되어야 한다는 것을 주목하여라. 이 단어가 소문자로 입력된다면, 검색엔진은, 예를 들어, AND를 연산자로 해석하기보다, 아마도 “and”라는 단어와 관련된 모든 웹페이지를 결과로 돌려줄 것이다.

3.3.2 디지털 논리

디지털 회로는 컴퓨팅 시스템의 물리적인 구성요소이다. 디지털 회로는 컴퓨터의 많은 다른 연산들 중에서 덧셈과 곱셈 같은 산술연산을 수행하도록 해주는 전자 시스템이다. 일반적으로 이런 회로는 다양한 방법으로 논리 게이트들을 결합함으로써 구성된다. **논리 게이트**(logic gate)는 부울 연산자를 구현하는 전자 장치이다. 즉, 논리 게이트는 입력들을 받아들이고 구현되는 연산자에 해당하는 단일 출력을 만들어낸다.

그림 3.12는 부울 연산자 AND와 OR를 구현하는 2개의 전기 회로를 보여준다. 각각의 경우 건전지는 전구와 2개의 스위치에 연결된다. AND 회로에서 전구에 불을 켜기 위해서 양쪽 스위치 둘 다가 닫혀야만 한다는 것을 바로 알 수 있다. OR회로에서는 스위치들 중의 어느 하나가 닫히게 되면 전구는 밝혀지게 될 것이다.

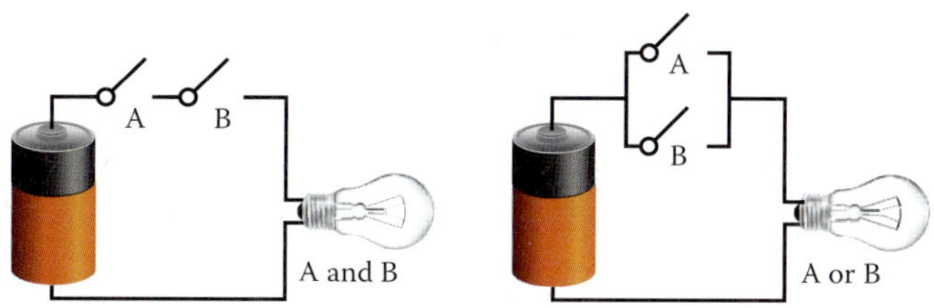

그림 3.12 스위치들이 논리 입력을 나타내고 전구의 상태가 출력을 표시하는 전기 회로

논리 게이트는 보통 트랜지스터를 스위치로 사용함으로써 구현된다. 디지털 논리의 측면에서, 건전지는 전압 레벨 1의 전원으로 간주될 수 있다. 스위치들은 출력장치에 전체 전력을 제공하든지 또는 전력을 차단하기 때문에, 회로에는 단지 2개의 신호 레벨만 존재한다. 이러한 2개의 신호는 보통 전력이 없음을 나타내는 0 또는 거짓 그리고 전체 전력에 해당하는 1 또는 참으로 표시된다. 이러한 논리 게이트는 보통 그림 3.13의 기호 형태를 사용해서 그림으로 도식화된다.

기본 명제는 이러한 논리 게이트들 중의 하나로 표현될 수 있는 반면, 합성 명제는 이러한 기본 논리 게이트들의 조합으로서 표현될 수 있다. 그러므로 디지털 회로는 합성 부울 명제와 동치이다. 다음의 합성 술어를 구현하기 위해서 논리 게이트를 사용하는 것을 고려해보자.

P and not (Q or R)

"or" 연산자는 괄호로 둘러 싸여 있기 때문에, 표현식에서 이 부분이 먼저 수행된다. 이것은 논리회로의 신호 경로에서 "or" 게이트가 먼저 동작하다는 것을 의미한다. 결과 표현식 (Q or R)은 역으로 뒤집히고 마침내 그림 3.14에 나타난 결과가 나오도록 "and" 게이트로 입력된다.

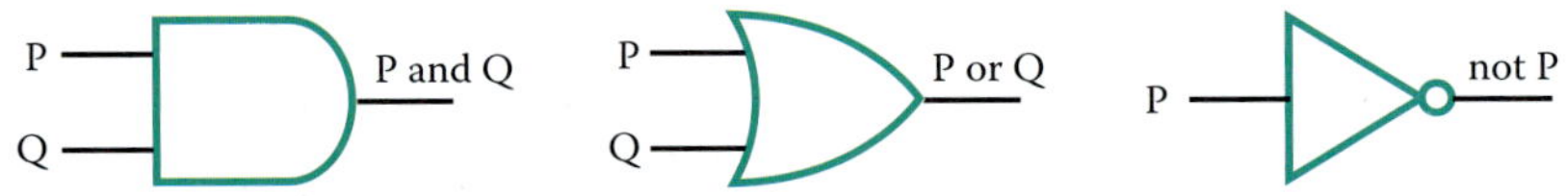

그림 3.13 부울 논리 게이트 AND, OR 및 NOT에 대한 회로 표기

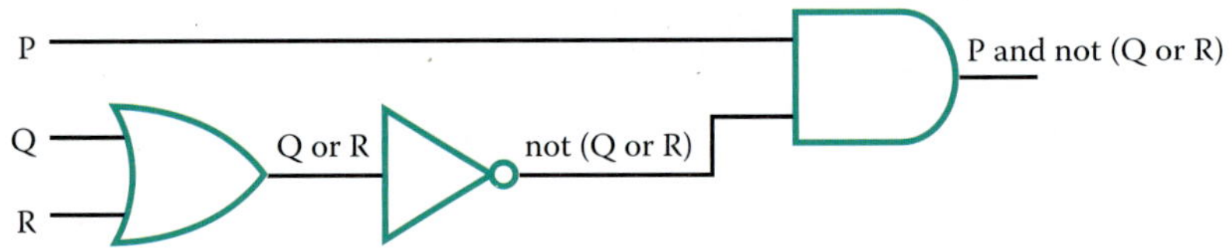

그림 3.14 술어 "P and not (Q or R)"을 구현하기 위해서 논리 게이트 사용하기

전자 회로를 설계할 때, 우리는 가능한 한 적은 수의 게이트들을 사용하는 걸 더 선호한다. 각 게이트는 시스템의 비용을 증가시키기 때문에, 논리 게이트의 수를 최소화하는 것이 결과적으로 덜 비싼 시스템이 된다. 또한, 더 적은 수의 게이트에서는 디지털 신호가 많은 게이트들을 거쳐서 지나갈 필요가 없기 때문에, 종종 회로가 더 빠르다는 것을 의미한다. 디지털 회로는 부울 명제들의 표현식이기 때문에, 복잡한 디지털 회로를 설계하고 분석하기 위해서 부울 대수를 사용하는 것은 자연스럽다.

기본 논리 회로의 마지막 하나의 예는 2개의 입력에 대한 동치 확인을 수행하는 회로이다. 그림 3.15는 P=Q가 될 때마다 참의 출력을 가지고, 그렇지 않으면 출력은 거짓이 된다. 이 회로는 (a) P와 Q 양쪽 다 참일 때만 또는 (b) P와 Q 양쪽 다 거짓일 때만 P는 Q 와 동일하다는 개념을 부호화하고 있다.

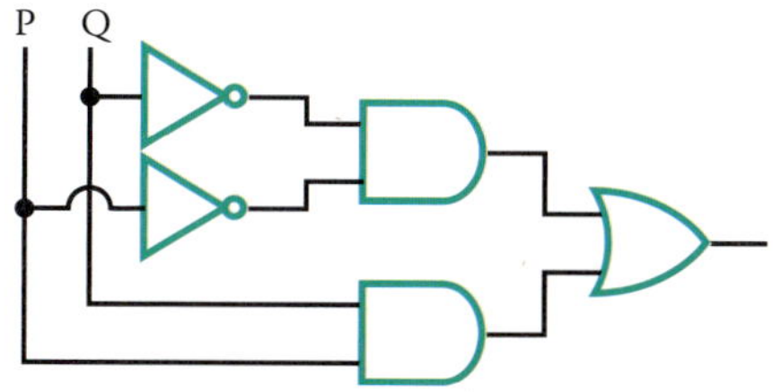

그림 3.15 동치회로. P와 Q가 동치일 때만 출력이 1(참)이다.

3.3.3 영상 합성

그래픽 디자이너는 교재, 브로슈어, 영화 그리고 웹 콘텐츠 같은 것에 대해 영상과 폰트를 가지고 그래픽을 만들어내는 일을 하는 전문가이다. 디자이너의 일에서 핵심적인 책무는 강력한 방식으로 시각 정보를 표현하는 것이기 때문에, 그래픽 디자이너는 디지털 이미지를 만들고 편집하는데 매우 능숙하다. 그래픽 디자이너가 날마다 사용하는 많은 중요한 편집 기능은 형식 논리에 대한 직접적인 응용이다.

디지털 영상(digital images)은 픽셀이라는 작고 채색된 칸들로 이루어진 격자로 간주될 수 있는데, 충분한 거리를 두고 보았을 때 고품질의 그림을 만들어내기 위해 이 픽셀들은 함께 섞이게 된다. **이진 영상**(binary images)은 단지 흰색 또는 검정색 픽셀들로 이루어진 디지털 영상이다. 비록 이진 영상이 색채가 풍부하지는 않지만, 그럼에도 불구하고 많은 양의 정보와 시각적인 자세함을 전달할 수 있다. 예를 들어, **모나리자**(Mona Lisa)로부터 도출된 이진 영상을 나타내는 그림 3.16의 영상을 고려해보자.

그림 3.16 모나리자(Mona Lisa)의 이진영상

이진영상에는 단지 2개의 색상만 있고 단지 2개의 논리 값들만 때문에, 우리는 하나의 색상을 하나의 논리 값과 연관지울 수 있다. 이러한 논의를 위하여 우리는 검정색을 참의 논리값과 흰색을 거짓의 논리값과 연관을 지울 것이다. 이제 우리는 논리 연산자 AND, OR, IMPLIES, EQUALS 그리고 NOT을 사용하여 색상에 논리 연산을 적용할 수 있다. 논리값들은 색상과 연관 지어져 있기 때문에, 이 연산자에 대한 진리표는 그림 3.17에 나타낸 것과 같이 검정색과 흰색을 사용하여 표현될 수 있다.

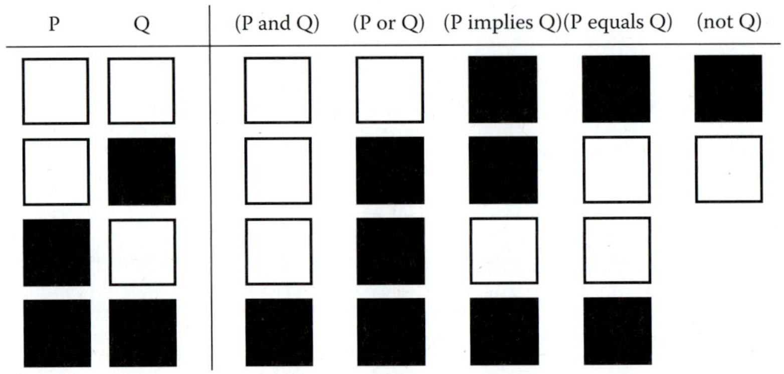

그림 3.17 색상을 사용한 진리표

그래픽 소프트웨어 시스템은 단순한 형상을 결합함으로써 복잡한 형상과 그림을 구성하는 능력을 예술가에게 가져다준다. **디지털 합성**(digital compositing)은 보다 복잡한 영상을 만들어내기 위하여 2개의 형상이나 영상을 결합하는 과정이다. 일부 합성 기술은 명제 논리의 직접적인 응용이 되는데, 진리값들의 위치에 색상들이 사용된다.

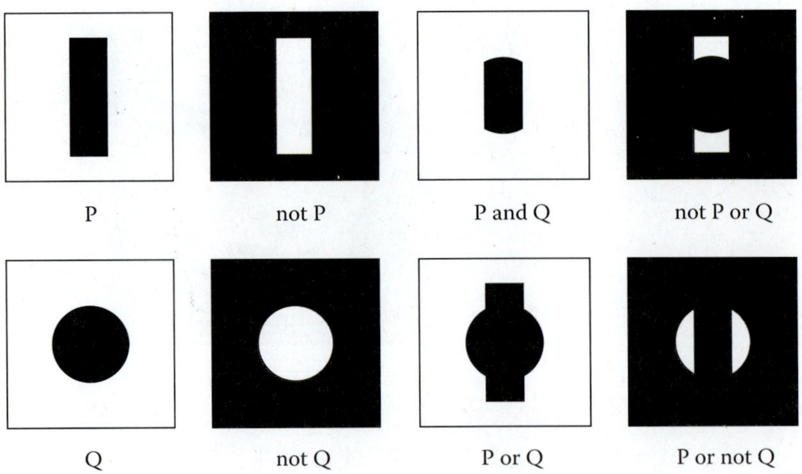

그림 3.18 논리 연산자를 사용한 영상 합성

P와 Q가 이진영상이라고 가정한다면, 우리는 논리 변수 P와 Q를 포함하는 명제를 작성함으로써 합성영상을 만들어낼 수 있다. 이러한 합성영상은 합성되어지는 영상의 모든 픽셀에 일부 논리 연산자를 적용함으로써 구성된다. 그림 3.18은 이러한 기술의 예를 보여준다. 영상 P와 Q는 다양한 다른 이진 영상들을 구성하기 위한 술어로서 합성되고 표현될 수 있다.

3.3.4 데이터베이스 질의

데이터베이스(databases)는 엄청난 양의 데이터를 효율적으로 저장하기 위해서 설계된 소프트웨어 시스템인데, 데이터베이스에 있는 데이터 조각들을 아주 빨리 찾아서 검색할 수 있게 된다. 대부분의 데이터베이스들은 테이블에 정보를 저장하는데, 테이블의 각 행은 단일 **레코드**(record)에 속하는 데이터 집합을 포함한다. 테이블의 각 열은 필드(field)를 정의하고 테이블의 모든 셀은 하나의 데이터 레코드에 대해 하나의 필드를 포함한다.

데이터베이스 시스템은 거의 모든 소프트웨어 시스템의 필수불가결한 구성 요소이고 거의 모든 직업에서 사용된다. 예를 들어, 비행 금지 명단(No Fly List)은 상업용 항공기에 탑승이 허용되지 않는 개인들에 대한 거대한 데이터베이스이고, 수신거부 목록(National Do Not Call Registry)은 텔레마케터가 졸라대기 위해 전화하지 못하도록 방지하는 개인들의 이름을 포함하는 데이터베이스이고, 성범죄자 목록(National Sex Offender Registry)은 유죄 판결을 받은 성범죄자의 위치를 추적하기 위해서 법집행에 의해 사용되고, 모든 은행과 금융기관은 고객과 계정에 대한 데이터베이스를 유지하고, 위키피디아는 기사에 대한 데이터베이스를 유지하고, 생물학자는 DNA 서열에 대한 커다란 데이터베이스를 유지하고, 정치인은 등록한 유권자들의 대규모 데이터베이스를 유지하게 된다.

어떤 정치적인 목적을 위해 기금을 마련하길 원하는 정치적 로비스트의 경우를 고려해보자. 로비스트는 기부자와 같은 한정된 집단에 자신의 모든 자금조달 노력을 집중하길 원하고 과거에 유사한 기부를 했었던 개인들의 데이터베이스에 대한 접근권한을 가지게 된다.

데이터베이스의 구조는 그림 3.19에 주어져있다. 6개의 열이 있기 때문에 우리는 각 레코드가 6개의 필드로 구성되어 있다고 이해한다. 이러한 필드들은 이름(First), 성(Last), 나이(Age), 금액(Amount), 주(State), 정당(Party)으로 이름이 붙여져 있다.

7개의 행들이 있기 때문에 우리는 테이블이 7개의 레코드를 포함하고 있다고 이해한다. 이 경우에, 각 레코드는 개인의 이름, 기부금액, 거주하는 주, 정당소속을 포함한다. 정당은 민주당에 대해서는 D로, 공화당에 대해서는 R, 보수시민단체인 티파티에 대해서는 T, 무소속에 대해서는 I로 표시한다.

아마도 로비스트들은 최소한 $500의 유사한 기부를 했었던 개인들에게 부탁하길 원할 것이다. 잠재적인 기부자 목록은 데이터베이스에 있는 일부 개인 기부자들을 선택함으로써 만들어질 수 있다. 이 경우에, 로비스트들은 금액(Amount)이라고 표시된 열을 세밀하게 검사하고 금액 열에서 최소한 500의 값을 가지는 행들을 선택함으로써 이러한 목록을 만들 것이다. 우리의 소박한 예에서는 단지 7개의 레코드만 있기 때문에, 잠재적인 기부자들의 목록을 만드는 것은 쉽게 이루어지지만, 대부분의 실세계 데이터베이스들은 수백만 개의 레코드를 포함하고 있다. 대부분의 실세계 데이터베이스에 있는 엄청난 크기의 데이터에서 흥미 있는 데이터를 추출해서 분석하기 위해서는 복잡한 소프트웨어를 필요로 한다.

기부 테이블(Donor Table)					
이름(First)	성(Last)	나이(Age)	금액(Amount)	주(State)	정당(Party)
윌리엄	쉘	61	1,300	WI	D
리사	도우	19	125	WY	T
헬렌	로비	35	1,200	CA	R
레지	그린	33	800	NY	R
하비	레비레지	41	500	NY	I
로빈	라운드	32	200	NY	D
제니퍼	디찰리	38	650	WI	D

그림 3.19 관계형 데이터베이스 테이블

운이 좋게도, 데이터베이스는 잘 작성된 질의에 반응해서 레코드를 효율적으로 찾을 수 있도록 설계되었다. 비록 웹 검색과 다소 유사하지만, 데이터베이스 질의는 보다 명확한 구조를 요구하고 있고 일반적으로 SQL로 알려진 언어로 작성되는데, 이는 **구조적 질의 언어**(Structured Query Language)의 약어이다. 하나의 선택문(select statement)을 내보냄으로써 데이터베이스에 있는 레코드들을 찾는다. 선택문의 일반적인 형태는 다음과 같이 주어진다.

SELECT *field1*, *field2*, ..., *fieldN* FROM *table* WHERE *criteria*

여기서 이탤릭체의 구성요소들은 어떤 데이터가 인출되는지를 제어하는 자세한 내용을 표현한다. 적어도 $500를 기여했던 기부자들의 이름을 선택하기 위해서 SQL 질의를 작성하는 것을 고려해보자. 우리는 단지 개인들의 이름에만 관심이 있기 때문에, 이름(First)과 성(Last) 필드만을 선택한다. 우리는 기부 테이블로부터 데이터를 선택할 것이고 어느 구성요소를 선택할지를 결정하는 기준(criteria)은 Amount >= 500으로 표현된다. 올바른 SQL 질의는 다음과 같이 주어진다.

SELECT First, Last FROM Donor WHERE Amount >= 500

이 선택문의 기준(criteria)은 로비스트들에게 흥미있는 레코드들만 찾아서 인출하는 기본 논리 술어부이다. 이 선택문의 결과는 5명의 기부자들의 목록이 되는데, 윌리엄 쉘, 헬렌 로비, 레지 그린, 하비 레비레지, 제니퍼 디잘리이다. 하지만 로비스트들이 구체적인 로비 대상으로 40세 이하이고 과거에 최소한 $500를 기부했던 기부자들만을 원하는 시나리오를 고려해보자. 이는 보다 복잡한 기준(criteria)을 필요로 하는데, 이 기준은 합성 논리 술어부로서 표현되며 3명의 기부자들인 목록을 만들어내는데, 이들은 헬렌 로비, 레지 그린, 제니퍼 디찰리이다.

SELECT First, Last FROM Donor WHERE Amount >= 500 AND Age < 40

아마도 로비스트들은 구체적인 로비대상으로 나이 또는 과거 기부에 관계없이 해안가에 있는 뉴욕주 또는 켈리포니아주에 살고 있는 기부자들만을 원할 수도 있다. 올바른 SQL 질의는 다음과 같이 표현된다.

SELECT First, Last FROM Donor WHERE State = 'NY' OR State = 'CA'

NY와 CA라는 용어는 이 구성요소들을 단순한 텍스트 요소들과 구별하기 위하여 인용부호로 둘러싸여야만 한다는 것을 주목하자. 이 질의는 4명의 기부자들의 목록을 만들어내는데, 이들은 헬렌 로비, 레지 그린, 하비 레비레지, 로빈 라운드이다.

우리의 마지막 예로서, 뉴욕주 또는 켈리포니아주에 살고 있는, 과거에 최소한 $500를 기부했던, 40세 이하의 모든 기부자들을 찾는 SQL 질의를 고려해보자. 이 테이블은 단지 2명의 해당 기부자들만을 포함하는데, 이들은 헬렌 로비와 레지 그린이다. 이 목록을 생성하는 SQL 질의는 다음과 같이 주어진다.

```
SELECT First, Last FROM Donor WHERE Age < 40 AND Amount >= 500
AND (State = 'NY' OR State = 'CA')
```

데이터베이스 질의를 논리 술어로 정확하게 표현하는 능력은 대용량의 구조화된 데이터를 가지고 일하는 사람에겐 누구든지 절대적으로 필요한 기술이다.

3.3.5 소프트웨어 요구사항

고객이 소프트웨어 엔지니어를 고용해서 소프트웨어를 작성하게 할 때, 이 일의 첫 번째이자 종종 가장 어려운 측면은 소프트웨어가 무엇을 해야 하는지 가능한 한 명확히 정의하는 것이다. 하나의 소프트웨어가 무엇을 해야 하는지를 정의하는 과정은 **요구 공학**(requirements engineering)으로 알려져 있다. 일반적으로 소프트웨어 엔지니어는 고객과 일련의 미팅 계획을 짜게 되고 작성중인 소프트웨어에 관심이 있는 모든 사람들과 이야기 하느라 몇 시간을 보내게 된다. 소프트웨어 엔지니어는 시스템의 모든 측면에 대한 하나의 공통적인 이해를 얻기 위하여, 이러한 미팅에서 논의된 모든 것들에 대한 모든 자세한 내용들이 기록되었고 정확히 정의되었음을 확신할 것이다.

요구공학의 최종결과는 **소프트웨어 요구 문서**(software requirements document)로 알려진 문서가 된다. 이 문서는 실제로 소프트웨어가 작성된다면 무엇을 해야 하는지에 대한 아주 명확한 정의이다. 소프트웨어 요구 문서는 종종 고객과 소프트웨어 엔지니어 사이의 정식계약의 역할을 하게 되는데, 그러므로 소프트웨어 요구 문서가 그 소프트웨어가 무엇을 해야 하는지에 대한 명확한 정의라는 것에 고객과 소프트웨어 엔지니어 양쪽 다 모두 동의해야만 한다. 이것은 또한 고객(종종 비전문의 개인 또는 회사)과 엔지니어 양쪽 다가 완전히 이해할 수 있는 그런 방식으로 소프트웨어 요구 문서가 작성되어야 한다는 것을 요구한다.

논리 명제는 종종 커다란 소프트웨어 프로젝트의 중요한 기능들을 정의하기 위해서 사용된다. 예를 들어, 자그마한 4층짜리 사무실 건물의 승강기 시스템을 제어하기 위한 소프트웨어를 만들기 위하여 소프트웨어 엔지니어를 고용한 회사 고객을 고려해보자. 승강기는 앞문과 뒷문의 두 개의 문을 가지고 있다. 앞문은 단지 처음 두 개의 층에서만 사용할 수 있고 뒷문은 맨 위쪽 두 개의 층에서만 사용할 수 있다. 소프트웨어 엔지니어인 저메인(Germaine)과 회사의 주요 담당자인 아디티(Aditi) 사이의 면접회의는 다음의 대화같이 될 것 같다.

저메인: “문열림“ 버튼이 눌려졌을 때 무슨 일이 일어나야 하나요?

아디티: 문이 열려야 합니다.

저메인: 앞문 또는 뒷문 아니면 양쪽문 둘다?

아디티: 승강기가 1층 또는 2층에 있다면 앞문이 열려야 합니다. 그렇지 않으면 뒷문이 열려야 합니다.

저메인: “문열림”과 “문닫힘” 버튼들이 동시에 눌려졌을 때 어떻게 해야 하나요?

아디티: 음. 그건 생각해보지 못했는데요. 내 추측으론 아무런 일도 일어나지 않아야 해요.

저메인: 승강기가 두 개의 층들 사이를 움직이고 있을 때 “문열림” 버튼이 눌려지면 어떻게 해야 하나요?

아디티: 아무 일도 일어나지 않아야 해요.

저메인: 응급요원이 수동으로 열쇠를 꼽고 소프트웨어 제어 시스템의 동작을 무효화하면 어떻게 되나요? 이 경우에 “문열림” 버튼이 눌려지면 무슨 일이 일어나야 하나요?

저메인: 음. 그거 좋은 질문이네요.

여러 번 논의를 한 후에, 저메인은 설계 명세서에 승강기의 “문열림”기능을 포함하게 될 것이다. 이 기능은 “문열림” 버튼이 눌려졌을 때 무슨 일이 일어나야 하는지를 아주 명확하게 정의하는 많은 논리 술어들을 필요로 할 것이다. 이 상관관계는 다음의 방법으로 설명될 수 있다.

명세서: 승강기는 “문열림” 버튼과 응급요원의 사용을 위한 키구멍 둘 다를 포함한다. 다음의 명세는 “문열림” 버튼이 눌려졌을 때 제어 소프트웨어가 무엇을 해야 하는지를 정의한다.

- (FLOOR=1 OR FLOOR=2) AND (NOT MOVING) AND BUTTON_PUSHED IMPLIES FRONT_DOOR_OPENS
- (FLOOR=3 OR FLOOR=4) AND (NOT MOVING) AND BUTTON_PUSHED IMPLIES REAR_DOOR_OPENS

- (EMERGENCY_KEY_INSERTED AND BUTTON_PUSHED) IMPLIES (FRONT_DOOR_OPENS AND REAR_DOOR_OPENS)
- 그 외의 경우에 시스템은 아무것도 하지 않는다.

올바로 동작하지 않는다면 심각한 해를 끼칠 수도 있는 소프트웨어 시스템은 **안전중심 시스템**(safety-critical systems)이라고 알려져 있으며 아주 명확한 수학을 사용하여 명시된다. 인공심장을 제어하는 소프트웨어, 인슐린 펌프, 의료 CT 스캐너, 국가 항공 교통 관제 시스템, 대형 상업 제트 여객기의 자동 조정 소프트웨어, 원자력 발전소의 제어는 모두 안전중심 시스템으로 알려져 있다. **정형 기법** (formal methods)은 안전중심 소프트웨어 시스템의 명세와 개발을 위한 수학적으로 정밀한 기술들의 집합이다. 비록 대부분의 소프트웨어 시스템이 수학적 형식론과 비수학적 서술을 혼합해서 명시된다고 할지라도, 시스템이 중요할수록 명세는 더 정형적이어야만 한다.

주요용어

검색엔진 (search query)
결론 (conclusion)
구조적 질의 언어 (structured query language)
귀납적 논리 (inductive logic)
기본 명제 (simple proposition)
기호논리 (symbolic logic)
논리 (logic)
논리값 (logical values)
논리 게이트 (logic gate)
논리곱 (conjunction)
논리곱 연산자 (and)
논리합 (disjunction)
논리합 연산자 (or)
단항 연산자 (unary operators)
데이터베이스 (database)
동치 (equivalence)
디지털 합성 (digital compositing)
디지털 영상 (digital image)
레코드 (record)
명제 (proposition)
모순 (contradiction)
무모순의 법칙(law of noncontradiction)
배중률(law of the excluded middle)
부울 논리 (Boolean logic)
부정 (negation)
부정 연산자 (not)
삼단논법 (syllogism)
소프트웨어 요구 문서 (software requirements documents)
SQL(structured query language)
역 (converse)
연산자 (operator)
연역적 논리 (deductive logic)
요구공학 (requirement engineering)
이진 영상 (binary image)
이진 연산자 (binary operator)
잘 작성된 명제 (well-formed propositions)
전건 (antecedent)
전제 (premise)
진리값 (truth values)

진리표 (truth table)
판별 (evaluate)
필드 (field)
함축 (implication)
함축 연산자 (implies)
합성 명제 (compound proposition)
항진 (tautology)
후건 (consequent)

연습문제

1. 두 개의 논리값에 이름을 붙여라.

2. 각 항목에 대하여, 해당 항목이 잘 작성된 명제인지 판정하여라.

a. P NOT Q

b. NOT P OR Q

c. NOT P NOT Q

d. P AND NOT Q

e. P AND OR Q

f. NOT P AND NOT Q

3. (P IMPLIES Q)와 동치인 잘 작성된 명제를 제시하여라.

4. 다음 명제 각각에 대하여 진리표를 제시하여라.

a. P AND (Q IMPLIES R)

b. (P OR Q) AND R

c. P OR (Q AND R)

d. NOT (P AND (Q OR R))

5. 흥미 있는 결과를 만들어내기 위하여 실질적인 방법으로 논리곱, 논리합, 부정을 사용하는 흥미 있는 웹 질의를 제시하여라.

6. 다음의 명제들 각각에 대한 디지털 회로를 그려라.
   a. (P OR Q) AND R
   b. P OR (Q AND R)
   c. NOT (P AND (Q OR R))
7. (P IMPLIES Q)인 명제에 대한 디지털 회로를 그려라.

8. 다음의 데이터베이스 테이블을 고려해보자. 이것은 지역 매사냥 클럽에서 회원들을 검색하기 위해서 사용하는 데이터베이스이다. 지불(Paid) 열은 개인별로 올해 회비를 지불했는지를 나타낸다. 성(Gender) 열은 가입 서명을 했지만 아직 성별 정보를 제공하지 않은 회원들에 대하여 U를 기입하고 있다. 다음의 기준들 각각에 대하여, 원하는 결과를 얻기 위하여 이 장에서 주어진 예들을 따르는 SQL 질의를 적어라.
   a. 모든 여자 회원들의 성과 이름
   b. 회비를 납부한 회원들의 e메일 주소
   c. 회비를 납부하지 않은 21세 미만의 회원들의 e메일 주소
   d. 남자이거나 또는 성별이 알려지지 않은 모든 회원들의 성과 이름
   e. 성별이 알려지지 않은 회비를 지불하는 모든 회원들의 e메일 주소

회원 테이블(Member Table)					
이름(First)	성(Last)	e메일(e-Mail)	지불 (Paid)	성(Gender)	나이(Age)
제이슨	린	jlin@ctmail.com	Y	M	32
한나	플린	fly@ctmail.edu	N	F	19
조딘	애쉬	ash@ct.com	Y	U	59
레지날드	홀트	reholt@ct.edu	Y	M	31
소피아	그레이스	sophia@ct.edu	Y	F	29
엘라	피터스	ellap@ct2.edu	N	F	23
다코타	플린	dfly@ctmail.edu	N	U	19
애론	맥그리거	amg@ctmail.edu	Y	M	59

CHAPTER 04

문제 해결

나는 매우 똑똑한 것은 아니다. 단지 문제를 해결하는데 더 많은 시간을 사용할 뿐이다.

– 알버트 아인쉬타인(이론 물리학자)

학습목표

- 문제를 잘 해결하기 위한 출발점으로서 문제 정의를 살펴보도록 한다.
- 알고리즘적 문제 정의의 핵심인 기능 요구사항들을 탐구한다.
- 소프트웨어 개발에 적용되는, 원인-결과 분석, 연역적 추론, 귀납적 추론과 같은, 논리 추론 방법론들을 알아본다.
- 프로그래밍이라는 것은 알고 있는 패턴에 자주 의존하는 활동이라는 것과 제어 흐름의 다섯 가지 패턴은 순차화, 선택, 반복, 제어 추상화, 병렬처리 라는 것을 이해한다.
- 계산적인 문제에서 알고리즘의 역할을 이해하고 여러 형태의 알고리즘을 탐색한다.
- 개요작성하기와 하향식 설계에 유용하게 쓰이는, 문제 해결의 핵심 전략인, 분할정복 방법을 알아본다.
- 이진 탐색의 대안이 되는 선형 탐색과 같이 데이터 분해의 대안이 되는 방법론들의 영향을 생각해보자.
- 제어 추상화와 데이터 추상화를 위한 클래스 다이어그램, 문제정의 추상화를 위한 쓰임새 다이어그램과 같은, 컴퓨터과학에 중요하게 사용되는 여러 형태의 추상화 기법들를 탐색해보자.

컴퓨터 과학자들은 현대의 문제 해결사라고 불린다. 따라서 컴퓨터 과학자들의 문제해결 기술과 기법들을 이해하지 않고서는 계산적 사고를 이해하는 것이 불가능하다. 물론, 반드시 컴퓨터를 가지고 문제 해결을 해야 하는 것도 아니고 문제 해결에 컴퓨터가 필수적인 것도 아니다. 하지만 컴퓨터 과학자들에게 익숙한 문제 해결 기법들은 자연스럽게 컴퓨터 외적인 다양한 문제 해결에 유용하게 쓰일 수 있다.

컴퓨터 과학자들이 문제를 해결하는 모든 방식들을 다 숙지하는 것은 불가능하다. 하지만 컴퓨터 과학자들이 문제해결에 주로 사용하는 최신 방식을 아래의 네 가지 전략으로 정리할 수 있다.

1. **문제정의**(problem definition)
2. **논리추론**(logical reasoning)
3. **문제분해**(Decomposition)
4. **추상화**(Abstraction)

컴퓨터를 사용한 문제 해결에서 위의 네 가지 전략은 매우 쓸모가 있으며, 각각의 전략들은 컴퓨터 과학뿐만 아니라 다양한 분야에 응용되고 있다.

4.1 문제정의

과학 문제의 탐구는 가설을 설정함으로부터 시작되듯이, 소프트웨어 개발은 세심한 **문제 정의**(problem definition)로부터 시작된다. 문제 정의는 해당 소프트웨어가 어떤 작업들을 수행할지를 기술하는 것이다. 문제 정의는 또한 소프트웨어 개발자들의 개발 목표로 작용하기도 한다. 개발 목표가 없다면 응용 프로그램을 통하여 문제가 해결되는지 아닌지, 그리고 응용프로그램이 제대로 동작하는지 아닌지 말할 수 없을 것이다.

소프트웨어 공학자들은 소프트웨어를 개발하는 과정을 적어도 세 가지의 주요 단계로 구분하고 있다.

1. 분석
2. 설계
3. 구현

뒤에서 두 단계는 문제 해결법을 만드는 과정을 포함하고 있으나, **분석**(Analysis)은 전적으로 문제 정의에 관한 것이다. 어떤 측면에서 보면 분석 단계는 소프트웨어 개발 과정에서 가장 중요한 단계로 인식되고 있다. 왜냐하면, 숙련된 소프트웨어 공학자들은 모두 알고 있듯이, 성공적인 설계와 구현은 충분한 분석이 이루어진 이후에야 가능하기 때문이다.

문제 정의 과정에는 컴퓨터 과학자들 이외의 다양한 사람들의 참여가 수반된다. 소프트웨어를 발주하고 구매를 담당하는 사람들[이러한 사람들을 소프트웨어공학 용어로

고객(customer)이라고 한다]은 문제 정의들을 개발자들에게 의도하는 바를 전달하기 위하여 분석 과정에 참여하여야 한다. 실제로 문제 정의는 고객과 소프트웨어 개발자 간의 법적 계약내용의 핵심부분을 차지한다.

적절하게 작성된 컴퓨터 소프트웨어 문제 정의는 기본적으로 **요구사항**(requirements)을 나열함으로 구성된다. 이름이 의미하듯이, 하나의 요구사항은 소프트웨어의 필수적인 요소 하나를 서술하고 있다. 요구사항들은 두 가지 종류로 나뉘어 진다. (1) 소프트웨어가 수행해야 하는 작업들을 정의하는 **기능적 요구사항**(functional requirements), (2) 소프트웨어에 관련된 다른 특성이나 제약조건들을 정의하는 **비기능적 요구사항**(nonfunctional requirements). 비기능적 요구사항은 소프트웨어 신뢰성, 안전성, 보안, 성능, 배포, 고객지원과 같은 부분에 대한 기대치를 담고 있다. 비기능적 요구사항은 실제로 유용하게 사용되고 있지만 이 책에서는 기능적 요구사항에 초점을 맞추고 있다. 왜냐하면 우리가 일반적으로 생각하는 소프트웨어 문제 정의는 기능적 요구사항에 초점을 맞추고 있기 때문이다.

기능적 요구사항의 예로서, 비디오를 재생하는 컴퓨터 응용 프로그램을 생각해보자. 이러한 응용 프로그램의 이름을 **비디오 플레이어**(Video Player)라고 하자. 또한 이 응용 프로그램은 음량을 조절하는 버튼과 비디오를 재생/정지하는 버튼을 가지고 있다. 그림 4.1은 이 비디오 플레이어에 대한 기능적 요구사항을 보이고 있다. 기능적 요구사항은 V1에서 V4로 번호가 매겨져 있으며, 각각의 기능적 요구사항은 오른쪽에 보이는 버튼에 대한 시스템 동작방법으로 구성되어 있다.

잘 작성된 기능적 요구사항은 반드시

- 분명하고
- 일관성있고
- 완전하여야 한다.

분명한 요구사항이란 모든 고객, 사용자, 개발자 모두에게 쉽게 똑같이 이해될 수 있는 요구사항을 말한다. 분명한 요구사항은 내용이 모호하지 않고 정확하게 작성될 필요가 있다. 일반적으로 좋은 요구사항은 논리적 명제로 전환될 수 있어야 한다. 예를 들면 요구사항 V2의 "비디오가 재생을 마친 상태라면, 이 버튼은 아무 동작도 하지 않는다."는 수식 **F implies N**의 표현식으로 전환될 수 있어야 한다. 여기서 F는 비디오 재생을 마친 상태를 말하며 N은 재생버튼이 아무 동작도 하지 않음을 말한다.

일련번호: *V1*

이름: *재생*

행동: 재생 버튼(오른 쪽 그림)을 클릭하면 비디오 재생을 시작한다. 비디오가 임시정지된 경우에는, 비디오 재생을 하게 되면 임시정지된 지점부터 재생을 시작된다. 만약 비디오가 처음부터 재생을 시작한다면, 새로운 컴퓨터 윈도우 창이 떠서 그 창에서 비디오 재생이 시작된다. 비디오가 재생이 되고 있는 상태에는 임시정지/재생 버튼은 임시정지 버튼으로 동작하며 임시정지 버튼 이미지를 화면에 보여준다.

일련번호: *V2*

이름: *임시정지*

행동: 임시정지 버튼(오른 쪽 그림)을 클릭하면 지금 재생중인 지점에서 재생을 임시정지한다. 비디오가 재생을 마친 상태라면, 이 버튼은 아무 동작도 하지 않는다. 임시정지 버튼을 클릭하게 되면 임시정지/재생 버튼은 재생 버튼으로 동작하게 되며 재생 버튼 이미지를 화면에 보여준다.

일련번호: *V3*

이름: *음량 증가*

행동: 현재 소리의 크기가 최대 80 dB 레벨이하라면 음량 증가 버튼을 클릭하게 되면 소리의 크기가 5 dB 씩 증가한다. 만약 현재 소리의 크기가 80 dB라면 아무 행동도 하지 않는다.

일련번호: *V4*

이름: *음량 감소*

행동: 현재 소리의 크기가 조용한 상태(0 dB 레벨)이상이라면 음량 감소 버튼을 클릭하게 되면 소리의 크기가 5 dB 씩 감소한다. 만약 현재 소리의 크기가 조용한 상태라면 아무 행동도 하지 않는다.

그림 4.1 비디오 플레이어 응용 프로그램의 기능적 요구사항 일부

요구사항이 분명하게 작성되어야 한다는 측면에서, 기능적 요구사항은 일관성이 있어야 한다. 일관성있는 요구사항은 다른 요구사항들과 모순되지 않는 요구사항을 말한다. 예를 들어, "비디오가 재생되어 비디오 끝까지 재생이 되었을 때, 비디오 플레이어는 바로 처음부터 재생을 시작하고 재생/임시정지 버튼은 재생 버튼으로 동작한다"라는 요구사항을 다섯 번째 요구사항에 추가하는 경우를 생각해보자. 이 경우 이 요구사항은 비디오가 재생중인 경우 재생/임시정지 버튼은 임시정지 버튼으로 동작한다고 규정하고 있는 V1의 요구사항과 모순된다. 따라서 이 요구사항은 V1과 일관성이 없는 요구사항이 된다.

일련번호: *V5*

이름: *프로그램 실행*

동작: 비디오 재생 프로그램은 사용자가 비디오 파일을 더블 클릭하게 되면 자동적으로 실행된다. 프로그램이 실행되면, 가로방향으로 이미지를 보여주는 제어 패널을 담고 있는 윈도우를 화면에 띄운다. 제어 패널은 사용자가 응용 프로그램을 중지할 때 까지 윈도우에 위치한다. 만약 프로그램이 실행중이라면, 다른 비디오 파일을 더블 클릭하는 것은 무시된다.

일련번호: *V6*

이름: *프로그램 중지*

동작: 비디오 재생 응용 프로그램이 실행 중일 때, 사용자는 비디오가 보여주는 영역을 더블 클릭할 수 있다. 이 때 프로그램은 팝업 윈도우를 띄우는데 이 팝업 윈도우는 **중지**, **계속**의 두 개의 버튼을 가진다. 만약 사용자가 **중지** 버튼을 클릭하게 되면 응용 프로그램은 실행을 중지한다. 만약 사용자가 **계속** 버튼을 클릭하게 되면 비디오 재생은 계속된다.

그림 4.2 비디오 재생 소프트웨어를 시작하고 정지하는 것에 대한 기능적 요구사항

좋은 기능적 요구사항의 세 번째 속성인 완전성은 아마도 가장 파악하기 어려운 속성이다. 소프트웨어의 모든 사용 시나리오가 고려되고 있으며, 사용 시나리오 모두가 최소 하나 이상의 요구사항에서 기술되고 있는지를 확신하기 위해서는 세심한 요구사항

검토가 필요하다. 완전한 요구사항 작성을 위해서는 두가지 필수 시나리오를 작성해야 하는데, 어떻게 응용 프로그램을 시작할 것이며 어떻게 종료할 것인가에 대한 것이다. 그림 4.1은 이러한 상황을 고려하지 못하였으며 따라서 불완전한 요구사항으로 생각될 수 있다. 그림 4.2에서 불완전한 부분을 만회하기 위하여 두 개의 기능적 요구사항을 추가하였다.

완전성이 결여된 기능적 요구사항이 되는 또 다른 상황은 요구사항들에 모든 가능한 사용 시나리오를 반영하지 못한 경우에 발생한다. 요구사항이 완전성을 가지고 있는가를 판단하기 위한 좋은 방법 중의 하나는 **상태-활동 테이블**(state-activity table)을 만드는 것이다. 상태-활동 테이블은 모든 가능한 사용자 동작에 대한 응용 소프트웨어의 모든 가능한 상태를 나열하는 테이블을 말한다. 그림 4.3은 비디오 플레이어에 대한 상태-활동 테이블을 나타낸다.

소프트웨어 상태

사용자 행동

	프로그램 미실행	비디오 임시정지	비디오 재생	비디오 재생 끝남
재생 클릭		V1		
임시정지 클릭			V2	V2
음량증가 클릭		V3	V3	V3
음량감소 클릭		V4	V4	V4
비디오 파일 더블클릭	V5	V5	V5	V5
윈도우창 더블클릭		V6	V6	V6

그림 4.3 비디오 재생 응용 프로그램의 상태-활동 테이블

상태-활동 테이블의 각 행은 사용자가 할 수 있는 동작들을 나타낸다. 사용자는 네 개의 버튼(재생, 임시정지, 음량 증가, 음량 감소)을 클릭할 수 있다. 나머지 두 동작은 비디오 파일 아이콘을 더블 클릭하거나 또는 활성화된 비디오 재생 창을 더블 클릭하는 것이다.

상태-활성 테이블의 각 열은 응용 소프트웨어의 잠재적인 상태를 나타낸다. 그림 4.3의 테이블은 네 가지 상태를 규정하고 있다: (1) 비디오 플레이어가 실행되지 않은 상태,

(2) 비디오 플레이어가 실행되고는 있으나 임시정지인 상태, (3) 비디오 플레이어가 재생되고 있는 상태, (4) 비디오가 재생되고 있으나 비디오의 마지막까지 도달한 상태.

상태-활성 테이블은 발생할 수 없는 상태를 기술하기도 한다. 그림 4.3의 테이블에서 일어날 수 없는 상태를 담고 있는 셀(cell)들은 회색으로 표시되고 있다. 예를 들면, 비디오 플레이어의 제어 패널은 응용 소프트웨어가 실행되기 전에는 사용자에게 보이지 않는다. 따라서, 소프트웨어가 프로그램 미실행 상태에 있는 상황에서는, 사용자가 제어 패널에 있는 버튼을 클릭하는 것은 불가능하다. 나머지 일어날 수 없는 상태들은 제어 패널이 동작하는 방식 때문에 생긴다. 기능적 요구사항 V1에서는, 비디오가 재생 중이고 임시정지 버튼이 활성화되어 있을 때에는 재생버튼을 클릭할 수 없도록 규정하고 있다. 마찬가지로, 요구사항 V2는 임시정지 버튼을 클릭하는 경우 제어 패널이 재생버튼을 활성화하도록 규정하고 있어 임시정지 버튼을 다시 클릭하는 것을 불가능하게 만들고 있다.

만약 상태-활성 테이블에서 있을 수 없는 상태를 기술하는 셀들을 모두 파악한다면, 나머지 다른 셀들은 모두 하나 이상의 기능 요구사항에 의해 정의되어야 한다. 그림 4.3은 테이블의 각 셀에 대응하는 요구사항 항목번호를 기술한 것이다. 요구사항 V6는 비디오가 재생중인 경우, 임시 정지 중인 경우, 재생이 끝난 경우의 각 상태에 대하여 사용자가 비디오 디스플레이 화면을 더블 클릭할 경우 발생하는 상황을 정의한 것이라고 말할 수 있다.

완전한 기능 요구사항을 나타내는 상태-활성 테이블은 불가능한 상태에 대한 테이블 셀을 제외한 나머지 모든 셀에서 기능적 요구사항을 포함하고 있게 된다. 그림 4.3은 테이블의 우측 상단의 셀이 비어 있기 때문에 비디오 플레이어 소프트웨어의 요구사항이 불완전하다는 것을 알 수 있다. 불완전한 이유는 비디오가 끝까지 재생된 직 후 사용자가 재생 버튼을 클릭했을 때 발생하는 상황을 요구사항에서 기술하지 않았기 때문이다(사용자는 비디오 재생이 끝났을 경우에 임시정지 버튼을 클릭할 수 있으며, 요구사항 V2는 이러한 경우 제어 패널이 재생 버튼을 활성화하도록 기술하고 있다). 아마도 재생 버튼은 비디오를 재시작할 수 있을 것이며, 아마도 응용 소프트웨어가 다시 실행되도록 할 수 있을 것이며, 아마도 재생버튼을 다시 클릭할 경우 아무 일도 발생하지 않도록 할 수 있을 것이다. 핵심은 비디오 플레이어 기능적 요구사항이 완전해질 수 있고, 원하는 기능을 충분히 서술할 수 있도록 기능적 요구사항을 변경해야 할 필요가 있다는 것이다.

4.2 논리적 추론

컴퓨터 과학자들이 사용하는 네 가지의 주요 문제해결 전략 중에서 두 번째 것은 **논리적 추론**(logical reasoning)이다. 우리는 2장에서 컴퓨터 메모리의 단일 비트가 참 · 거짓으로 표현되기 때문에, 컴퓨팅 연산과 논리가 밀접한 관련이 있음을 발견하였다. 하지만 논리가 컴퓨터 하드웨어와 명확하게 연결되어 있다는 것 이상으로, 논리적 추론은 컴퓨터에서 유용하게 사용된다. 사실 논리는 소프트웨어 개발 중의 문제 해결 과정에 중요한 역할을 한다.

4.1절에서 설명했다시피, 잘 정의된 문제 정의의 기능적 요구사항은 논리적 진술의 영어문장 형태로 존재한다. **if ... then**과 같은 영어 문장은 **implied** 연산자를 써서 논리적 진술로 전환된다.

기능적 요구사항과 소프트웨어 문제해결 초기단계에서 논리가 필수적으로 쓰이듯이, 소프트웨어 개발 종료시점에도 필연적으로 사용된다. 실질적으로 모든 컴퓨터 소프트웨어는 일정 형태의 논리 명령어들에 의존하고 있다. 왜냐하면 컴퓨터 프로그램은 실행중에 선택이란걸 하기 때문이다. 온라인 웹사이트를 관리하는 프로그램은 언제 사용자에게 금액을 청구할지를 선택한다. 디지털 카메라의 프로그램은 사진을 찍을 때 셔터의 노출 시간을 어느 정도로 할지를 선택한다. 휴대용 뮤직 플레이어의 제어 프로그램은 다음에 어떤 노래를 재생할지 선택한다. 이러한 각각의 선택은 컴퓨터 명령어를 통해서 구현되는데, 이 컴퓨터 명령어들은 논리의 컴퓨터 프로그램적인 모습이다. 대부분의 프로그래밍 언어는 선택의 목적을 위해 IF 명령어를 사용한다:

- IF 사용자가 구매확정 버튼을 누르면, THEN 금액 청구 프로세스가 시작된다.
- IF 카메라 센서가 적절한 노출 값을 감지하면, THEN 카메라 센서를 닫는다.
- IF 어느 노래의 재생이 끝나면, THEN 재생목록에서 다음 노래를 재생한다.

IF 명령어는, 컴퓨터 프로그래머들을 논리적으로 생각하게 만들고, 컴퓨터 프로그램을 **원인-결과 관계**(cause-effect relationship)들의 복잡한 집합으로 생각하도록 만든다. 원인-결과 관계는 프로그램이 작업(**결과**)을 수행하게 하는 논리적인 조건(**원인**)으로 구성된다. 그림 4.4는 컴퓨터 프로그램에서 흔히 사용되는 네 가지 원인-결과 관계들을 보이고 있다. 대부분의 컴퓨터 프로그래밍 작업은 이러한 종류의 원인-결과 관계들을 인식하고 이들을 컴퓨터 명령어로 바꾸는 것이다.

원인	결과
사용자 이름과 패스워드가 입력됨	사용자의 이름과 패스워드가 유효한지 확인
사용자는 윈도우의 닫기 버튼을 클릭	화면에서 윈도우 화면이 사라짐
노트북 컴퓨터 배터리가 10% 미만으로 남음	배터리가 얼마 안남았다는 경고화면을 띄움
인터넷에서 새 메일이 옴	사용자에게 알람 벨을 울림

그림 4.4 일반적인 프로그램의 원인-결과 관계

특정 상황에 일반적인 규칙을 적용시키는 방법은 **연역적 추리**(deductive reasoning)라고 알려져 있다. 이러한 종류의 논리적 추리방법은 셜록 홈즈라는 대탐정에 대한 얘기를 다루는 코난 도일경의 추리 소설을 통해 유명해졌다. 다음은 4개의 표시[1]라는 소설에서 발췌한 것이다. 여기서, 셜록 홈즈는 닥터 왓슨에게 왓슨이 최근에 우체국에 간 적이 있었다는 것을 추리한 것에 대해서 설명하고 있다.

"아주 간단해", 그[홈즈]는 놀랍게도 껄껄 웃으며 말했다. "너무 간단해서 설명하는 것이 불필요할 지경이지. 약간의 관찰과 추리만이 필요할 뿐이었지. 관찰해본 결과 여러분의 발등에는 약간 붉은 색의 흙이 묻어 있었어. 시모어 거리의 사무실 바로 건너편 길은 공사 때문에 파헤쳐져 흙으로 덮여 있었기에 그 길을 지나다닐 때 흙이 묻는 것을 피할 수 없지. 내가 알기로는 그곳의 흙이 빨간 색을 띄고 있거든. 그래서 관찰을 통해서 상당 부분을, 나머지는 추리를 통해 알게 되었지."

이 일례에서 홈스는 왓슨이 우체국을 다녀온 것을 다음과 같은 규칙을 사용해서 추론한다: (1) 맨땅을 걸을 경우 구두에 흙이 묻는다. (2) 다른 발생할 수 있는 가능성들을 제거함으로써 남은 한가지 가능성이 진실이라는 것을 알게 된다. 홈즈는 이러한 규칙들을 특정 사건에 적용시켰으며, 이것은 현대의 과학 범죄 수사 전문가들이 사용하는 방법과 같다.

추론은 때때로 수학적 공리, 법, 또는 이론을 특정 문제에 적용할 때 사용되기도 한다. 예를 들면, 빗변이 C이고 양변이 A, B인 피타고라스의 정리 $A^2 + B^2 = C^2$ 가 적용되는 직각삼각형을 생각해 보자. 피타고라스의 정리에 의해 우리는 직각 삼각형의 빗변이 아닌 두 변의 길이가 각각 12피트이고 16피트일 때 빗변의 길이는 20 피트라는 것을 추론할 수 있다. $12^2 + 16^2 = 400 = 20^2$ 이기 때문에 추론을 통해 우리는 빗변의 길이가 20 피트라고 결론지을 수 있다.

컴퓨터 과학자들은 여러 가지 용도로 추론을 사용한다. 예를 들면, 알고리즘의 일반적인 규칙은 특정 문제를 해결하기 위해서 어떤 작업은 그 다음 작업보다 먼저 실행되어야 한다는 것이다. 작업들이 선후관계를 가지고 진행되는 것을 작업의 **순차화**(sequential)라고 부른다. 소프트웨어 개발자는 메일을 보내는 소프트웨어를 만드는 것과 같은 문제를 해결할 때, 알고있는 지식들을 적용하여 메일을 보내는데 필요한 작업들의 순서를 정한다. 메일을 보내는 작업을 수행하기 위해서는 먼저 메일 수신자를 정하는 작업이 선행되어야 한다. 알고리즘이 유효하려면 반드시 이러한 작업들의 순서를 분명하게 해야 한다..

예를 들면, 정수 변수인 itemCost와 priceWithTax를 고려해 볼 때, 알고리즘은 다음 세 개의 명령어의 선후관계를 순서화함으로 구성된다.

```
priceWithTax ← 0
itemCost ← 100
priceWithTax ← itemCost + itemCost *.055
```

위의 세 개의 명령어를 순서적으로 실행하면 즉, 위에서부터 아래까지 한번에 하나씩 실행하면, priceWithTax 변수는 105.5라는 값을 가지게 된다. 그러나, 위의 세 개의 명령어의 위치를 바꾸면 알고리즘이 바뀌게 된다. 예를 들면, 위와 동일한 명령어들을 사용한 아래 알고리즘을 생각해보자.

```
itemCost ← 100
priceWithTax ← itemCost + itemCost *.055
priceWithTax ← 0
```

두 번째 알고리즘이 실행되면 priceWithTax에 저장되는 결과값은 0이 된다. 이러한 결과값의 차이점을 통해 명령어들의 간단한 순서마저도 매우 중요함을 알 수 있다.

때때로 컴퓨터 과학자에 의해 사용되는 "규칙"은 **패턴**(pattern)과 같은 모습으로 구성된다. 두 개의 변수의 내용을 서로 교환하는 문제를 생각해보자. 그림 4.5는 두 변수 varA와 varB의 내용을 temp라는 세 번째 변수를 사용하여 서로 교환하는 알고리즘의 패턴을 보여주고 있다.

패턴을 어떻게 하나의 규칙으로서 사용하는지를 보이기 위해, 두 개의 변수 myDog와

yourDog라는 변수가 있다고 가정해보자. 또한 myDog는 “Fido”라는 이름을 가지고 있고 yourDog는 “Rover”라는 이름을 가지고 있다고 가정해 보자. 여기서 우리는 두 변수의 내용을 서로 바꾸어 서로 상대방의 이름을 저장하도록 만들려 한다. 우리는 이때 일반 규칙으로 그림 4.5의 패턴을 사용하여 변수 이름들을 치환함으로써 정확한 알고리즘을 추론할 수 있다(myDog는 varA로, yourDog는 varB로 치환한다). 이러한 치환은 다음과 같은 알고리즘을 생성한다.

```
temp ← varA
varA ← varB
varB ← temp
```

그림 4.5 교환 패턴

```
temp ← myDog
myDog ← yourDog
yourDog ← temp
```

아마도 여러분들은 패턴이 중요하지 않다고 생각할 수 있다. 만약 프로그래머들이 교환 패턴을 알지 못하고 myDog와 yourDog의 값을 서로 교환하는데 아래의 알고리즘이 문제없이 동작한다고 잘못 생각한다면 어떤 일이 발생할지 생각해보자.

```
myDog ← yourDog
yourDog ← myDog
```

두 개의 값을 서로 교환하는 문제는 알고리즘 패턴 중의 한 예를 보여준다. 소프트웨어 실행의 또 다른 더 일반적인 패턴 중의 하나로서 **반복**(repetition)을 들 수 있다. 반복은 특정 작업이 반복적으로 실행될 필요가 있을 때 사용되는 패턴이다. 컴퓨터가 가장 잘 하는 것이 지루한 작업을 반복적으로 계속 수행하는 것이므로, 반복은 컴퓨터 프로그램 실행에서 가장 흔하게 발생한다. 소프트웨어 개발자는 특정 작업이 다섯 번 반복되는 패턴을 알아 차리고, 농구팀을 고르거나 포커게임을 하는데 이 패턴을 적용할 수 있다.

패턴은 프로그램을 실행시키는 형태로만 사용되지는 않는다. 패턴은 소프트웨어를 성공적으로 테스트하기 위해, 소프트웨어 보안 성능을 향상시키기 위해, 또는 소프트웨어의 성능을 차별화하기 위해서도 사용된다. 사실 이 책은 2장에서 논리 패턴을 포함한 기본적인 컴퓨팅 계산 패턴을 이해하는 데 상당한 부분을 할애하여 설명하고 있다.

추론에 대한 다른 접근 방식은 추론을 특수화의 하나의 형태로 생각하는 것이다. 우리는 특정 문제를 해결하기 위하여 일반화된 규칙, 이론, 또는 패턴을 사용하여 추론한다. 추론은 일반적인 규칙에서 특수한 특성을 유도하는데 사용된다. 반대로, 컴퓨터 과학자들은 특수한 규칙에서 일반적인 규칙을 유도하는데 추론을 사용하기도 하는데 이러한 형태의 추론을 **귀납적 추론**(inductive reasoning)이라고 한다.

귀납적 추론은 일반적인 규칙들을 인지하면서 행해진다. 예를 들면, 많은 소프트웨어들은 하나의 알고리즘을 아래의 세가지 요소들로 나누자는 아이디어에 의해 설계되고 있다.

1. 사용자와 통신하는 소프트웨어
2. 데이터를 읽고 저장하는 소프트웨어
3. 사용자 입력과 저장된 데이터를 기반으로 계산을 하는 소프트웨어

이러한 패턴은 **3단 소프트웨어 구조**(3-tiered software architecture)라는 이름으로 널리 사용되고 있다. 우리는 어떻게 이 패턴을 알게 되었는가? 이 패턴은 많은 성공적인 소프트웨어 솔루션들을 날카롭게 관찰함으로써 파악된 것이다.

그렇다면 왜 3단 소프트웨어 구조에 대하여 생각하는 것이 중요한가? 그 답은 현대 컴퓨터 하드웨어 구조에 대한 문제와 부분적으로 관련이 있다. 여러분이 소셜 네트워킹 사이트에 있는 개인정보를 변경하는 것과 같은 작업에 대해 생각해보자. 우선 여러분은 컴퓨터를 사용하고 있어야 하고(1단), 소셜 네트워크 회사에 있는 서버에 있는 데이터가 변경되어야 한다(3단). 또한 서버를 운영하는 회사는 성능 향상 등의 이유로 여러 컴퓨터에 데이터베이스를 분산하여 데이터를 저장한다(2단). 따라서 여러분의 소셜 네트워킹 페이지를 처리하는데에 세 개 이상의 서로 다른 종류의 컴퓨터가 관여되므로, 소프트웨어를 3개의 부분 또는 3단으로 구성하는 것이 적절할 수 있다.

컴퓨터 과학에 사용되는 패턴에 대한 지식은 컴퓨터 과학자들에게만 중요한 것은 아니다. 예를 들면, 3단 구조에 대해 아는 것은, 응용 프로그램의 성능이 세 개의 서로 다른 시스템의 성능에 의해 좌우된다는 것을 이해하는데에 도움을 준다. 이 세 개의 시스템 중에 어느 하나가 병목현상을 유도하고 있다면 전체 시스템의 성능에도 병목현상을 일으키게 된다. 또한 3단 구조는 데이터 보호에도 중요한 역할을 하기도 한다.

4.3 분해: 소프트웨어 설계

소프트웨어 기술자들이 앞 절에서 설명한 원인-결과 관계를 찾는데 시간을 소모할 때, 컴퓨터 과학자들은 다른 종류의 문제해결 전략을 사용하기도 한다. 그것은 문제를 개별적인 관계들로 분해하는 것이다.

분해 기법은 때때로 **분할정복**(divide and conquer) 전략이라고 불린다. 분할정복은 그림 4.6에서 보이듯이 하나의 문제를 여러 개의 부분 문제로 분해하고 각 부분 문제들을 개별적으로 해결하는 접근 방법이다. 때때로 부분 문제들은 하나의 독립 문제로 간주될 수 있으며 이러한 각각의 독립 문제들에 대해 분할정복을 반복적으로 적용하기도 한다.

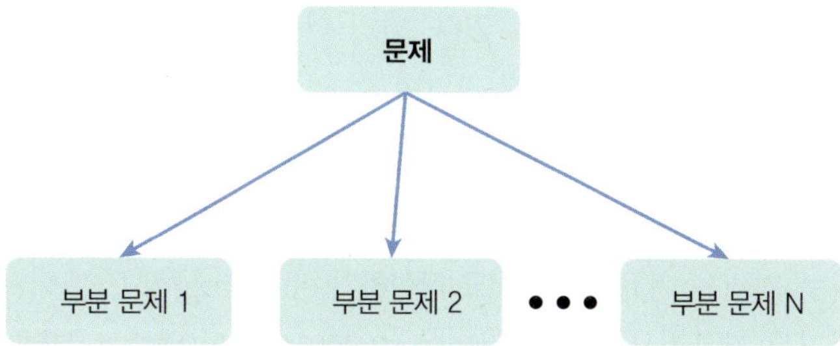

그림 4.6 분할정복은 문제를 여러 부분 문제들로 나누는 것을 의미한다.

분할정복의 예로서, 그림 4.7에서 보이는 피자를 만드는 문제를 생각해보자. 피자를 만드는 문제는 6개의 부분으로 나뉠 수 있는데, (1) 빵 반죽(도우: dough) 만들기, (2) 소스 만들어 뿌리기, (3) 치즈 뿌리기, (4) 토핑 얹기, (5) 굽기, (6) 조각으로 자르기로 나뉠 수 있다. 분할정복 전략은 이러한 6개의 부분 문제들로 나누면서 시작되고 각 부분 문제를 개별적으로 해결하여 본 문제를 해결하는 전략이다.

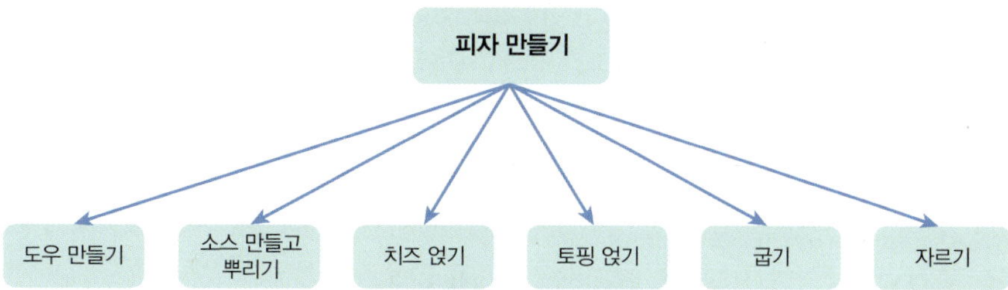

그림 4.7 피자를 만드는 문제를 분해하기

분할정복은 컴퓨터 과학자들이 발견한 전략은 아니다. 분할정복은 이솝 우화의 막대 다발 이야기에도 등장한다. 이솝우화의 막대 다발은 기원전 600년 고대 그리스 시대의 이야기인데, 아들에게 교훈을 주는 아버지의 이야기를 다루고 있다. 아버지는 아들들에게 끈으로 묶여 있는 큰 막대 다발을 주고 막대 다발을 부러뜨릴 것을 요구한다. 아들들이 막대 다발이 너무 단단해서 부러뜨릴 수 없다는 것을 알게 되었을 때, 아버지는 아들들에게 막대 다발을 풀고 막대를 하나씩 부러뜨려야 한다는 것을 알려준다. 이 이야기의 교훈은, 대형 문제를 더 작은 문제들로 분해한 후 작은 문제를 해결함으로써 대형 문제를 해결할 수 있는 분할정복 기법을 사용한다면, 세상의 많은 문제들을 쉽게 해결할 수 있다는 것이다.

분할정복의 지혜를 사용한 추론 기법의 일부는 조지 밀러 [2]라는 심리학자가 1956년에 쓴 논문에서 설명되고 있다. 밀러 연구의 핵심은 인간의 뇌는 추론 능력이 제한되어 있으며, 인간이 생각할 때 기억할 수 있는 항목의 수는 보통 7±2개 정도로 제한된다는 것이다. 이는 실제로 많은 문제들이 간단한 형태의 부분 문제로 나눌 수 없다면 인간의 두뇌로 해결하기에 너무 복잡하다는 것을 의미한다.

작문 기법을 가르칠 때, **개요 작성하기**(outlining)라는 분해가 자주 사용된다. 개요 작성하기는 기본적으로 전체 작업을 주요 아이디어 위주로 분해하여 정리하는 것이다. 마치 큰 문제를 작은 문제로 분해하듯이 주요 아이디어는 세부 항목으로 나뉠 수 있다. 개요 작성하기에서는 더 이상 세부적으로 나눌 수 없을 때까지 세부항목으로 진행된다.

I. 주 아이디어
- A. 아이디어 I의 세부항목
  - 1. I.A의 세부항목
  - 2. I.A의 세부항목
- B. 아이디어 I의 세부항목
  - 1. I.B의 세부항목
  - 2. I.B의 세부항목
  - 3. I.B의 세부항목
    - a) I.B.3의 세부항목
    - b) I.B.3의 세부항목

II. 주 아이디어
- A. 아이디어 II의 세부항목
- B. 아이디어 II의 세부항목

III. 주 아이디어

그림 4.8 표준 개요 작성하기 양식

개요 작성하기의 목차구성에서 주요 아이디어는 일반적으로 로마 숫자로 항목을 정리하고, 첫 번째 단계의 세부 항목은 대문자로, 두 번째 단계의 세부 항목은 숫자로, 세 번째 단계의 세부 항목은 소문자로 정리한다. 그림 4.8은 이러한 구조를 나타낸다.

4.1절에서 소프트웨어는 분석, 설계, 구현의 세 기본 활동을 통해서 완성되고 있음을 설명하고 있다. 이전에 설명했다시피, 분석은 문제정의 단계를 말한다. 구현은 최종 소프트웨어를 만드는 과정을 말한다. **설계**(design)는 설명하기가 다소 어려운데, 문제정의 단계에서 정리된 소프트웨어 요구사항 명세서에 기술된 내용을 실제로 구현하는데 수반되는 (소프트웨어 최종코드 작성과정을 제외한) 모든 개발 과정들을 통틀어 말한다. 설계과정 단계에서 때때로 프로그램 일부를 만들기도 하며, 때때로 다이어그램과 같은 도표를 만들기도 한다. 설계의 목적은 주로 최종 코드로 변환이 가능한 알고리즘을 생성하는 것이다.

알고리즘은 특정 작업을 수행하기 위한 명령어들의 모음으로 정의된다. 컴퓨터 프로그램은 분명히 알고리즘이지만 모든 알고리즘이 컴퓨터에 의해 실행될 수 있는 것은 아니다. 예를 들면, 쿠키 요리법을 생각해보자. 여러분이 좋아하는 쿠키의 요리법을 인터넷에서 찾는다면, 많은 알고리즘을 찾을 수 있을 것이다. 제대로 된 쿠키 요리법(알고리즘)은 재료를 어떻게 반죽하고 구워야 하는지에 대해 명확한 명령어들로 구성되어 있을 것이다. 세발 자전거를 조립하는 사용설명서도 알고리즘의 또 다른 예로 볼 수 있다. 조립 작업을 위한 사용설명서는 그림과 설명문을 통해 필요한 명령어들을 제공하고 있다. 쿠키 요리법이나 세발 자전거 조립법은 컴퓨터에서 직접적으로 실행될 수는 없다. 그러나 이들은 유효한 알고리즘이며, 필요한 작업을 말로 설명하거나 도표를 사용하고 있다는 점에서 충분한 가치를 가진다.

소프트웨어 공학자들이 사용하는 설계 기법 중에 **하향식 설계**(top-down design)라는 기법이 있다. 하향식 설계는 문제의 요약을 통해 분명하지 않은 명령어들을 명확하게 다듬어 표현하는 방법이다. 예를 들자면, 그림 4.9에서 나오는 비포장 도로용 자동차의 외형을 그리는 알고리즘을 생각해보자.

하향식 설계는 주어진 문제를 약간의 명령어 만을 가지고 알고리즘으로 세밀하게 표현하는(분해하는) 것이다. 하향식 설계에서 최상위 단계의 명령어들은 필연적으로 매우 모호하게 표현된다. 비포장 도로용 차량 설계 문제에 대하여 최상위 단계는 아래의 다섯개의 명령어를 가지는 알고리즘과 같이 표현될 수 있다.

1. 녹색 그릴을 그린다.
2. 그릴 바로 밑에 범퍼를 그린다.
3. 그릴과 범퍼 아래에 타이어를 그린다.
4. 그릴 바로 위에 앞유리를 그린다.
5. 앞유리의 위에 두 개의 보조등을 그린다.

그림 4.9 비포장 도로용 차량

하향식 설계의 두 번째 단계는 최상위 단계의 각 명령어들을 확장하여 상세한 내용을 포함하도록 하는 것이다. 비포장 도로용 자동차의 예에서, 그릴을 더 상세하게 그리기 위해서 헤드라이트와 그릴 앞면이 포함되도록 그릴을 그려야 한다. 마찬가지로, 타이어, 앞유리, 보조등에 대한 명령어들도 모두 더 상세하게 기술한다. 그림 4.10은 하향식 설계의 두 번째 단계의 알고리즘을 보여준다.

하향식 설계는 개요 작성하기에서의 작업과 매우 유사함을 알 수 있다. 상위 단계에서의 명령어들은 하위 단계에서 좀더 상세하게 기술된다. 여기서 우리는 알고리즘에서의 각 명령어와 세부 기술 내용과의 관계를 보여주기 위하여, 개요 작성하기에서의 일반적인 항목번호 매기기 양식과 다르게 하였다. 예를 들면, 명령어 1의 내용은 1.1에서 1.4까지의 4개의 세부 항목으로 확장된다.

하향식 설계에서 모든 명령어가 반드시 다음 수준의 상세 명령어로 확장되는 것은 아니다. 설계자가 일부 또는 전체 명령어들이 더 상세하게 설명될 필요가 있다고 판단될 때에만 명령어를 상세하게 확장한다. 비포장 도로의 예를 들면, 그림 4.11에서 볼 수 있듯이 상세 수준을 한 단계 더 높이는 것이 알고리즘을 더 쓸모 있게 보이게 한다.

1. **녹색 그림을 그린다.**
   1.1. 녹색 그림의 배경을 그린다.
   1.2. 좌측 헤드라이트를 그린다.
   1.3. 그림 앞면에 4 개의 동일한 모양과 크기의 검정색 직사각형을 그린다.
   1.4. 우측 헤드라이트를 그린다.
2. **그림 바로 밑에 범퍼를 그린다.**
3. **그림과 범퍼 아래에 타이어를 그린다.**
   3.1. 그림과 범퍼의 좌측부분에서 조금 튀어나오게 좌측 타이어(검정색 직사각형)를 그린다.
   3.2. 좌측 타이어의 바깥쪽에 반달모양의 후드캡을 그린다.
   3.2. 그림과 범퍼의 우측부분에서 조금 튀어나오게 우측 타이어(검정색 직사각형)를 그린다.
   3.2. 우측 타이어의 바깥쪽에 반달모양의 후드캡을 그린다.
4. **그림 바로 위에 앞유리를 그린다.**
   4.1. 앞유리창 테두리에 회색 직사각형을 그린다.
   4.2. 앞유리창 중앙에 흰색 직사각형을 그린다.
5. **앞유리의 위에 두 개의 보조등을 그린다.**
   5.1. 좌측 보조등을 그린다.
   5.2. 우측 보조등을 그린다.

그림 4.10 비포장 도로용 자동차를 그리는 두 번째 단계의 알고리즘

하향식 설계만이 분해를 사용하는 유일한 설계 기법은 아니다. 오늘날 소프트웨어 공학자들이 사용하는 또 다른 방식의 설계기법 중에 **연속 프로토타이핑**(successive prototyping)이 있다. 프로토타입(prototype)이란 어떤 물체의 대략적인 모습을 말한다. 예를 들면, 자동차 회사들은 신차를 실제로 생산하기 훨씬 전에 플라스틱이나 진흙으로 신차의 모형을 미리 만든다. 이 모형(프로토타입)은 자동차 회사들이 자동차 생산 이전에 고객들의 의견을 미리 조사하는데 사용되며, 심지어는 신차의 공기역학에 대한 테스트를 하기 위해 사용되기도 한다.

컴퓨터 프로그램에서의 프로토타입은 전체 중 일부 기능만이 완성되어 있는 소프트웨어를 말한다. 일반적으로 프로토타입은 문제정의 과정에서 만들어진 요구사항 중에서 전체가 아닌 일부만이 수행되도록 만들어진다. 예를 들면, 프로토타입은 응용 프로그램의 윈도우 화면을 적절한 수준으로 보여줄 수 있지만, 프로토타입에 해당하는 기능을 구현하지 않아서 막상 화면의 버튼을 클릭하면 아무 일도 발생하지 않는다.

1. **녹색 그릴을 그린다.**
    1.1. 녹색 그릴의 배경을 그린다.
    1.2. 좌측 헤드라이트를 그린다.
        1.2.1. 좌측 헤드라이트의 테두리로서 검은 색 점선을 그린다.
        1.2.2. 검은 색 테두리 안에 흰색 점을 가운데 그린다.
        1.2.3. 헤드라이트 보호개용으로 세 개의 같은 모양의 직사각형을 그린다.
    1.3. 그릴 앞면에 네 개의 동일한 모양과 크기의 검정색 직사각형을 그린다.
    1.4. 우측 헤드라이트를 그린다.
        1.4.1. 좌측 헤드라이트의 테두리로서 검은 색 점선을 그린다.
        1.4.2. 검은 색 테두리 안에 흰색 점을 가운데 그린다.
        1.4.3. 헤드라이트 보호개용으로 세 개의 같은 모양의 직사각형을 그린다.
2. **그릴 바로 밑에 범퍼를 그린다.**
3. **그릴과 범퍼 아래에 타이어를 그린다.**
    3.1. 그릴과 범퍼의 좌측부분에서 조금 튀어나오게 좌측 타이어(검정색 직사각형)를 그린다.
    3.2. 좌측 타이어의 바깥쪽에 반달모양의 후드캡을 그린다.
    3.3. 그릴과 범퍼의 우측부분에서 조금 튀어나오게 우측 타이어(검정색 직사각형)를 그린다.
    3.4. 우측 타이어의 바깥쪽에 반달모양의 후드캡을 그린다.
4. **그릴 바로 위에 앞유리를 그린다.**
    4.1. 앞유리창 테두리에 회색 직사각형을 그린다.
    4.2. 앞유리창 중앙에 흰색 직사격형을 그린다.
5. **앞유리의 위에 두 개의 보조등을 그린다.**
    5.1. 좌측 보조등을 그린다.
        5.1.1. 좌측 보조등의 테두리로 검은 색 사각형을 보조등 외부에 그린다.
        5.1.2. 검은 색 테두리 안의 가운데에 노란 색 사각형을 그린다.
        5.1.3. 노란 색 사각형 가운데에 "HI"라는 단어를 쓴다.
        5.1.4. 보조등 아래에 작은 검은 사각형을 그린다.
    5.2 우측 보조등을 그린다.
        5.2.1. 우측 보조등의 테두리로 검은 색 사각형을 보조등 외부에 그린다.
        5.2.2. 검은 색 테두리 안의 가운데에 노란 색 사각형을 그린다.
        5.2.3. 노란 색 사각형 가운데에 "MOM"라는 단어를 쓴다.
        5.2.4. 보조등 아래에 작은 검은 사각형을 그린다.

그림 4.11 비포장 도로용 차량을 그리는 최종 단계 알고리즘

연속 프로토타입에 의한 설계는 최종적인 프로그램을 만들 때까지 독립된 프로토타입을 계속 만드는 것이다. 초기 단계의 프로토타입은 일부 기능만을 제공하는 형태로 만

들고, 후반 단계의 프로토타입은 프로그램 완성단계에 거의 가까운 형태로 만들게 된다. 신차 설계에서의 첫 번째 프로토타입이 스케치의 형태로 제공된다면, 다음 단계의 프로토타입은 진흙 모델로 제공되며, 후반에는 컨셉카의 형태로 프로토타입을 제공될 수 있다.

연속 프로토타이핑의 예를 위해 Sal이라는 사람의 서핑보드 가게(Sal's Surfboard Shop: SSS)를 생각해 볼 수 있는데, 여기서 Sal은 서핑보드 제품을 파는 온라인 쇼핑몰을 만들어 사업을 확장하려고 한다고 가정해보자. 이때 SSS의 온라인 쇼핑몰 웹페이지는 그림 4.12에 나오는 것과 같은 모습이 될 수 있다.

그림 4.12 SSS 온라인 쇼핑몰의 초기 웹 페이지

첫 번째 프로토타입에서 우리는 초기 웹페이지의 모든 링크가 모두 작동하지 않는다고 가정할 수 있다. 이때 모든 링크가 작동하지 않는다고 해도 이 프로토타입은 Sal이라는 사람이 홈페이지의 외관과 느낌을 점검할 수 있으며, 제시된 웹페이지와 다른 색상, 이미지, 링크를 요구할 수 있다는 점에서 충분한 유용성을 가진다. 홈페이지 디자이너는 Sal의 요구를 반영하여 첫 번째 프로토타입과 유사한 두 번째 프로토타입을 만들 수 있다.

프로토타입의 설계는 아래의 단계와 같이 적절하게 구성되어 진행될 수 있다.

프로토타입 1 – 초기 웹 페이지(그림 4.12)

프로토타입 2 – 프로토타입 1에 Sal이 요구한 내용을 추가한 웹페이지

프로토타입 3 – 프로토타입 2에 장바구니를 추가한 웹페이지(바구니에 물건을 담는 기능은 아직 구현안함)

프로토타입 4 – 프로토타입 3에 장바구니에 물품을 추가하고 장바구니의 내용을 확인할 수 있는 기능을 추가한 웹페이지

프로토타입 5 – 프로토타입 4에 안전결제 기능을 추가한 웹페이지

프로토타입 6 – 프로토타입 5에 검색기능과 고객상담 기능을 추가한 웹페이지

프로토타입 6의 경우 요구되는 기능을 모두 제공하도록 설계될 수 있다. 이 경우 이 프로토타입은 충분한 테스트 과정을 거쳐 최종 제품으로 고객에게 인계될 수 있다.

연속 프로토타이핑은, 전체 요구사항 중 일부에 초점을 맞춰 프로토타입을 만들기 때문에, 분해의 한 형태로 생각될 수 있다. 이것은 연속 프로토타이핑에서는 소프트웨어 공학자들이 전체 문제를 부분으로 분해한 후 각 부분을 성공적으로 구현하는 과정을 거치게 된다는 것을 의미한다.

하향식 설계나 연속 프로토타이핑 모두 장점을 가지고 있다. 하향식 설계는 모든 소프트웨어 요구사항이 처음부터 완전하게 주어질 경우에 잘 진행된다. 하향식 설계는 각 단계에서의 알고리즘이, 비록 약간의 모호한 점들이 있을 지라도, 완전하게 주어질 때 장점을 가진다. 이러한 완전성 덕분에 빠진 기능이 없다는 확신을 더 주게 된다.

하향식 설계에서의 가장 큰 단점은 일반적으로 설계도가 완성되기 이전에는 소프트웨어 제작을 시작할 수 없다는 것이다. 하향식 설계에서의 설계도는 알고리즘이라고 볼 수 있는데 이러한 알고리즘은 컴퓨터가 실행 가능한 것이 아니다. 설계 단계에서 실제 동작 가능한 소프트웨어가 없다는 점은, 고객이 보기에 아무것도 안했다고 생각할 수도 있고 프로젝트 관리자가 개발이 어느 정도 진척이 되었는지 파악하기 어렵게 한다. 또한 소프트웨어 개발자들은 실제로 동작하는 프로그램을 통하여 개발 진행 상황을 확인하는 것에 더 만족한다. 이런 점에서, 연속적인 프로토타이핑은 각 단계의 프로토타입을 통해 프로그램 구현 정도를 확인할 수 있기 때문에, 훨씬 더 많이 사용되고 있다.

요구사항이 초기에 완전하게 제시되지 않는 경우에, 연속적인 프로토타이핑은 더 명확한 장점을 가진다. 프로토타입은 프로젝트에 관여된 사람들이 소프트웨어를 평가하고 전체 제품에 중요한 변경사항을 만들 수 있는 기회를 준다. 고객들은 제공된 프로토타입을 통해 특별한 새로운 요구를 하거나 기존 요구사항을 변경할 수 있다. 이러한 고객의 의견은 소프트웨어 개발과정에 필수불가결한 부분으로 인식되고 있다. **컨텐츠 전문가**

(content expert)는 고객이 원하는 내용이 무엇인가를 파악하는 전문가를 의미하며, 일반적으로 컨텐츠 전문가는 컴퓨터 과학자들은 아니지만 소프트웨어 개발단계에서 아주 중요한 역할을 하고 있다.

4.4 분해: 다른 사용법들

분해는 소프트웨어 설계에서 분명히 필수적인 기술이지만, 소프트웨어 설계가 컴퓨터 분야에서 분해를 사용하는 유일한 곳은 아니다. 최신 컴퓨터에는 종종 둘 이상의 프로세서가 내장되어 있는데 이를 코어라고 부른다. 이렇게 여러 개의 프로세서가 들어가 있는 컴퓨터는 서로 다른 프로그램 또는 같은 프로그램의 서로 다른 부분을 동시에 실행시키게 된다. 하나의 소프트웨어에서 여러 부분을 동시에 실행시키려는 아이디어를 **멀티태스킹**(multitasking)이라고 하는데, 멀티태스킹은 소프트웨어의 분해를 필요로 한다. 멀티태스킹에서 동시에 실행되는 작업의 개수는 노트북 컴퓨터에 있는 코어의 개수 정도로 제한될 수도 있고 슈퍼컴퓨터에서처럼 수만 개에 달하기도 한다.

그리드 컴퓨팅(grid computing)은 인터넷을 통해 분해를 사용한다. 그리드 컴퓨팅은 인터넷에 연결된 많은 컴퓨터들이 동일한 문제를 해결하는데 사용된다. 한 컴퓨터가 어떤 문제의 일부분을 해결하는 동안에 다른 컴퓨터는 같은 시간에 그 문제의 다른 부분을 해결하는 식으로 컴퓨터 프로그램은 문제를 분해한다.

4.3절에서 서술된 것과 같은 종류의 분해는 멀티태스킹을 하듯이 하나의 프로그램을 여러 개의 분리된 명령어들 또는 명령어집합으로 나누어 처리한다 데이터 분해는 또 다른 종류의 분해가 사용되는데 분할정복 기법을 사용하고 있다. 사실 데이터 분해는 매우 중요해서 **데이터 구성**(data organization)이라고 하는 컴퓨터의 하나의 영역으로 자리잡고 있다.

데이터를 분해하는 예로서, 우리는 두가지 **탐색 알고리즘**(search algorithm)을 생각해 볼 수 있다. 탐색 알고리즘은 어떤 특성을 가지는 데이터를 찾기 위해서 많은 수의 데이터를 검사하는 방법을 말한다.

검색 알고리즘 중에 가장 직관적인 방법은 **선형 탐색**(linear search)이다. 선형 탐색을 하기 위해서는 데이터들이 처음부터 끝까지 순서대로 나열되어 있어야 한다. 이 알고리즘에서는 순서대로 나열된 데이터들을 첫 번째, 두 번째, 세 번째, 네 번째 등의 순서대로 원하는 데이터를 찾을 때까지 탐색을 진행하게 된다.

선형 탐색의 예로서, 여러분이 장학금 증명서 서류 뭉치를 받았고 그 중 하나가 여러분의 장학금 증명서라고 가정해보자. 선형탐색에서는 500개의 증명서 목록 중에서 여러분의 증명서를 찾기 위해 아래와 같이 탐색을 진행할 수 있다.

단계 1　1등 장학생의 이름을 찾아보고, 만약 여러분의 이름이 1등 장학생에 없다면 단계 2로 진행한다.

단계 2　2등 장학생의 이름을 찾아보고, 만약 여러분의 이름이 2등 장학생에 없다면 단계 3로 진행한다.

단계 3　3등 장학생의 이름을 찾아보고, 만약 여러분의 이름이 3등 장학생에 없다면 단계 4로 진행한다.

. . .

단계 500　500등 장학생의 이름을 찾아본다.

만약에 특정 단계에서 여러분의 이름을 찾는다면, 그 단계에서 탐색을 종료한다. 최악의 경우(여러분의 증명서가 서류뭉치의 마지막에 있거나 또는 뭉치에 없는 경우) 여러분은 모든 500개의 장학생들을 모두 검사해야 할 것이다.

만약에 장학생 증명서 서류뭉치가 가나다 순으로 정렬이 되어 있다고 가정해 보자. 이 경우 우리는 **이진탐색**(binary search)이라는 알고리즘을 사용할 수 있다. 이진 탐색의 각 단계에서는 탐색이 되지 않은 부분의 중간에 위치한 데이터를 검사한다. 찾으려는 값과 중간의 위치한 데이터를 비교함으로써, 데이터의 절반 값은 탐색 대상에서 제외시키게 된다. 왜 이러한 방법을 사용하는지 그 이유를 알기 위해서, 여러분의 이름이 Jones, Susan이고 탐색 대상의 중간값이 Smith, John라고 가정해보자. 알파벳 순으로 Jones는 Smith보다 앞에 위치한 값이기 때문에, 여러분은 Smith 뒤의 값들을 탐색할 필요가 없다. 마찬가지로 만약 중간값이 Gomez, Marc라고 한다면 여러분은 데이터들의 앞부분 절반(Gomez 포함하여)을 탐색공간에서 제거해도 무방할 것이다. 500개의 장학생 명단 목록에서 이진탐색을 수행하는 과정은 아래와 같이 진행될 수 있다.

단계 1　목록의 중간값을 찾아본다. 만약 중간값의 장학생 이름이 여러분의 이름보다 가나다 순으로 앞에 위치한다면 목록의 앞부분 절반을 탐색 공간에서 제외시킨다. 만약 중간값의 이름이 여러분의 이름보다 가나다 순으로 뒤에 위치한다면 목록의 뒷부분 절반을 탐색공간에서 제외시킨다.

단계 2 남은 탐색공간에서 중간값을 찾아본다, 만약 중간값의 장학생 이름이 여러분의 이름보다 가나다 순으로 앞에 위치한다면 남은 목록의 앞부분 절반을 탐색 공간에서 제외시킨다. 만약 중간값의 이름이 여러분의 이름보다 가나다 순으로 뒤에 위치한다면 남은 목록의 뒷부분 절반을 탐색공간에서 제외시킨다.

여러분의 이름을 찾거나 또는 남은 탐색공간의 수가 하나이고 그 값이 여러분의 이름이 아닐 때까지 단계 2를 반복 수행한다.

이진탐색의 단점은 데이터들이 모두 정렬되어 있어야 한다는 것이다. 그러나 이진탐색의 이점은 선형탐색보다 보통은 더 빠르게 수행된다는 것이다. 500개의 장학생 목록을 선형탐색하는 것은 최대 500개의 단계를 요구하지만, 이진 탐색은 최대 9번의 단계면 충분하다. 그림 4.13은 이러한 주장을 뒷받침한다.

선형탐색	
탐색 단계 수	탐색을 해야하는 남은 자료 숫자
1	499
2	498
3	497
4	496
5	495
6	494
7	493
8	492
9	491
10	490
...	...
499	1
500	탐색 완료

이진탐색	
탐색 단계 수	탐색을 해야하는 남은 자료 숫자
1	250
2	125
3	62
4	31
5	15
6	7
7	3
8	1
9	탐색 완료

그림 4.13 선형탐색과 이진탐색의 최악의 경우의 성능(500개 자료 기준)

선형탐색과 이진탐색 모두 데이터를 각각의 부분으로 분할한다는 점에서 분해가 사용되는 공통점을 보이지만, 탐색과정에서 데이터가 어떻게 분할되는가에 대해서는 차이점을 보인다. 선형탐색의 경우 알고리즘의 각 탐색 단계마다 하나의 데이터만이 탐색공간에서 제거되지만, 이진 탐색의 경우 각 단계마다 탐색 공간의 절반이 제거된다. 분할정복을 적용하는 이러한 방법적인 차이점이 이진탐색의 성능을 상당히 향상시키게 된다. 데이터 구성 기법들을 다루는 7장에서 분해가 데이터 처리에 얼마나 유용한 지에 대한 더 많은 설명이 이루어진다.

4.5 추상화: 클래스 다이어그램(Class Diagram)

때때로 "추상화"라는 단어는 기이하게 보이거나 이해하기 어려워 보이는 예술을 연상시킨다. 하지만, 컴퓨터과학에서 사용되는 기법에 대해서는 또 다른 정의가 있다. **추상화**(abstraction)에 대한 좀 더 적절해 보이는 정의는 "추상화는 어떤 사물에 대해 중요하지 않거나 산만하거나 너무 세부적인 부분들을 생략하고 중요한 속성에만 집중해서 사물을 묘사하는 방법"이라고 할 수 있다. 예를 들면, 여러분이 조금 전에 보았던 빨간색 콜벳[1]에 대해 다른 사람에게 추상화를 사용하여 설명할 수 있다. 이러한 경우, 차의 색상, 모델 이름이 가장 중요하다고 생각할 수 있으며, 설명할 때 차의 연식, 엔진 배치, 타이어 크기와 같은 것들은 생략하게 된다. 추상화는 간결한 대화를 가능하게 하며, 사용자가 특정한 내용을 강조할 수 있도록 한다. 만약 다른 사람이 콜벳의 연식을 콜벳의 색상보다 더 중요하게 생각한다면 추상화를 다르게 할 수 있다.

소프트웨어 공학자들은 문제해결 과정을 더 쉽게 하기 위해 추상화를 사용한다. 4.3절에서 인간 기억의 한계는 7±2라고 언급하였다. 복잡한 문제를 해결할 때 인간의 기억 한계를 극복하기 위해 추상화를 사용하여 복잡한 문제를 단순화시킨다. 디지털 카메라가 소수의 초점을 사용하듯이, 컴퓨터 과학자들은 추상화를 통해 가장 중요한 이슈에만 집중하도록 하는 방법을 배운다.

제어구조(control structure)란 명령어들이 수행되는 적절한 순서를 서술하는 체제를 말한다. 알고리즘은 다섯 개의 기본적인 제어구조로 구성되어 있다.

1 미국 쉐보레에서 만든 고급 스포츠카

1. 순차제어
2. 선택
3. 반복
4. 제어의 추상화
5. 병렬처리(11장의 주제)

알고리즘의 **제어흐름**(control flow) – 명령어가 수행되는 순서 – 은 위의 다섯 개의 구조들을 혼용하여 구성된다. 4.2절에서는 위의 처음 세가지 제어구조를 설명하였다. 순차제어는 명령어들이 순서대로 수행되도록 한다. 선택은 알고리즘이 여러 가지 선택사항 중에 하나만을 선택해야 하는 경우에 발생한다. 반복은 하나 이상의 명령어들이 반복적으로 수행되도록 한다. 이러한 세 가지 제어구조의 예로서 그림 4.14의 퍼지[2]를 만드는 요리법을 참고할 수 있다.

퍼지 요리법은 순차실행의 많은 예를 보여준다. 각 단계들은 실행순서에 나타난 대로 진행되도록 한다. 요리사가 호두를 넣을지 말지를 결정해야 할 때 그림 4.14의 2단계에서 보이는 선택 제어구조가 나타난다. 그림 4.14의 5단계는 반복 제어구조를 보여준다.

요리법

1. 다음 재료들을 전자레인지에 사용가능한 접시에 넣는다:
   초코렛 칩 3 컵
   압축 우유 14 온스 1컵
   버터 ¼ 컵
2. 원한다면, 1 컵의 호두 조각을 넣어 젓는다.
3. 1분간 전자레인지에서 익힌다.
4. 전자레인지에서 혼합물을 꺼낸 후 다시 젓는다.
5. 초코렛 칩이 완전하게 녹을 때 까지 3단계와 4단계를 반복한다.
6. 바닐라 1 스푼을 혼합물에 넣는다.
7. 혼합물을 8 × 8 크기의 접시에 넣는다.
8. 3 시간동안 냉장시킨다.
9. 퍼지를 1인치 크기의 정사각형으로 자른다.

그림 4.14 퍼지 요리법

2 단 맛을 내는 캔디. 엿과 같이 잘 녹는다.

알고리즘에서의 **제어 추상화**(control abstraction)는 퍼지 요리법에서처럼 간단하게 기술할 필요는 없다. 하지만 만약 우리가 좀더 복잡한 경우를 고려한다면 제어 추상화는 더 쓸모가 많아진다. 그림 4.15는 간식 세트를 만드는 요리법(알고리즘)을 보여준다.

요리법

1. **퍼지를 만든다(그림 4.14 참조).**
2. **초코렛 칩 쿠키를 만든다.**
3. **땅콩 버터 바를 만든다.**
4. **퍼지, 쿠키, 바 들을 큰 쟁반에 배치한다.**

그림 4.15 간식 세트 만들기

제어 추상화는 알고리즘의 한 명령어가 또 다른 부분 알고리즘(subalgorithm)의 실행을 참조하는 것으로 되어 있을 때 발생한다. 그림 4.15의 알고리즘에서, 단계 1은 이러한 참조를 나타낸다. 추상화된 하나의 명령어는 그림 4.14의 요리법(부분 알고리즘의 한 종류) 실행을 참조하고 있다. 제어 추상화가 간식세트 알고리즘을 산만하게 보이게 할 수 있는 상세내용을 제거하고 있음을 알 수 있다. 단계 1은 퍼지를 만드는 9단계 요리법을 단지 두 마디 – 퍼지를 만든다- 로 추상화하고 있다. 마찬가지로 단계 2와 3은 다른 요리법에 대한 추상화로 보인다.

데이터 추상화(data abstraction)는 제어 추상화 만큼 중요하다. 데이터 추상화를 그림으로 나타내는 표준은 **클래스 다이어그램**(class diagram)으로 알려져 있다. 클래스 다이어그램의 사각형은 다음의 두가지에 대한 객체들을 추상화한 것이다.

- **속성**(Attributes)
- **동작**(Operations)

이러한 데이터 추상화를 뒷받침하는 이론은 모든 객체들은 (1) 그들이 무엇이고 (2) 그들이 무엇을 할 수 있는가로 설명된다는 것이다. 객체의 속성은 그 객체가 무엇인지를 담고 있으며, 객체에 의해 실행되는 객체의 동작은 객체가 할 수 있는 것들을 정의한다. 예를 들면, 그림 4.16의 자동 온도조절기의 클래스 다이어그램을 생각해보자.

Thermostat
heatSwitchSetting : (COOL / OFF / HEAT) fanSetting : (ON / AUTO) temperatureSetting : integer
setToHeat () setToCool () setToNoHeat () setFanToOn () setFanToAuto () increaseTempSetting () decreaseTempSetting () readCurrentTemperature ()

그림 4.16 Thermostat 클래스 다이어그램

자동 온도조절기는 세가지 속성으로 추상화된다. 즉, (1) 좌상단 스위치의 현재 위치(COOL, OFF, HEAT), (2) 우상단 팬 스위치의 현재 위치(ON, AUTO), (3) 회전하는 온도 다이얼의 현재 세팅이다. 좌측의 사각형은 우측 그림의 자동 온도조절기를 추상적으로 표현하고 있다. 클래스 다이어그램은 세 가지 부분으로 구성되어 있다. 클래스의 이름(이 경우 Thermostat)은 상단 위치에 있다, 중간 영역에는 클래스의 속성을 기술하고 있다.

클래스 다이어그램의 동작은 하단에서 열거된다. 동작은 객체의 행동을 추상적으로 설명한다. 자동 온도조절기의 좌상단 스위치를 변경하는 데에는 세 가지 방법이 있는데, 각각 setToHeat, setToCool, setToNoHeat 동작들이다. 마찬가지로, 우상단 스위치의 위치를 변경하는 데에는 두가지 방법이 있는데, setFanOn과 setFanToAuto 이다. 온도 다이얼을 시계 방향으로 돌리는 것은 increaseTempSetting이고 반시계방향으로 돌리는 것은 decreaseTempSetting이다. 마지막 동작인 readCurrentTempreature는 거주자가 종종 자동 온도조절기를 통해 집의 온도를 체크하기 때문에 포함된 것이다. 최종적으로 자동 온도조절기는 기기의 가장 중요한 요소들을 포함하고 있는 세가지 속성과 여덟가지 동작으로 추상화된다.

그림 4.16의 각 동작 다음에 있는 괄호는 각 동작에 필요한 매개변수들이 포함될 수 있다는 것을 나타내기 위한 것이다. 매개변수는 같은 동작들에서 다른 매개변수 값을 허용할 수 있도록 유연성을 제공하고 있다. 자동 온도조절기의 경우, 우리는 increate-TempSetting과 decreateTempSetting 동작을 다음의 단일 동작으로 바꿀 수 있다.

setTemperature(t: integer)

setTemperature 동작은 t라는 단일 매개변수를 가질 수 있다. ":integer"는 t가 정수이여야 함을 나타낸다. 즉, setTemperature 동작이 Thermostat에서 사용될 때, 적절한 정수 값이 자동 온도조절기에 제공되어야 한다는 것을 의미한다. 예를 들면, setTemperature(70)은 온도를 70도로 유지하라는 동작을 의미한다.

그림 4.17은 Thermostat 클래스의 각 동작에 매개변수를 적용한 ThermostatToo 클래스이다. 이 클래스는 매개변수의 유연함 덕분에 적은 개수의 동작들을 가지게 된다. setToNoHeat() 동작 대신에, ThermostatToo 객체에서는 동일한 일을 하는 setMainFuncdtion(OFF)을 사용하고 있다.

ThermostatToo
heatSwitchSetting : (COOL / OFF / HEAT) fanSetting : (ON / AUTO) temperatureSetting : integer
setMainFunction (f : COOL / OFF / HEAT) setFan (b : ON / AUTO) setTemperature (t : integer)

그림 4.17 Thermostat Too 클래스 다이어그램

마찬가지로, ThermostatToo의 setMainFunction(COOL), setMainFuntion(HEAT), setFan(ON), setFan(AUTO) 동작은 Thermostat 객체의 setToCool(), setToHeat(), setFanToOn(), setFanToAuto()의 동작을 대신하고 있다.

클래스 다이어그램의 두 번째 예로서 다이얼 자물쇠(그림 4.18)를 생각해 볼 수 있다. 이 자물쇠 클래스는 두 개의 속성(dialPosition, latch)과 네 개의 동작들로 이루어져 있다.

Padlock
dialPosition : integer latch : (OPEN / CLOSED)
turnLeftTo (j : integer) turnRightTo (j : integer) pullLatchOpen () pushLatchClosed ()

그림 4.18 Padlock 클래스 다이어그램

4.6 추상화: 쓰임새 다이어그램(Use Case Diagram)

여태까지 우리는 소프트웨어 설계에서 알고리즘의 명령어들을 서술하는 것과 알고리즘에 사용되는 데이터를 기술하는 것 모두에서 추상화가 중요하다는 것을 알 수 있었다. 하지만 추상화는 심지어 소프트웨어 설계가 본격적으로 시작되기 이전에도 사용된다.

쓰임새 다이어그램(Use Case Diagram)은 어떤 시스템을 – 컴퓨터 시스템이든 아니면 컴퓨터가 아닌 다른 시스템이든 간에 – 컴퓨터 사용자와 시스템간의 관계로 표현하는 것을 말한다. 쓰임새 다이어그램에서의 두가지 주요 요소들은 **행위자**(actor)와 **쓰임새**(use case)이다. 행위자는 같은 종류의 사용자 집단을 말하며, 쓰임새는 시스템에 의해 행해질 수 있는 행동을 의미한다. 각 행위자와 그 행위자가 할 수 있는 특정한 행동들간에는 선으로 연결된다.

그림 4.19는 택시 운전사의 일을 기술하는 쓰임새 다이어그램의 예이다. 여기서 행위자는 택시 운전사이며, 행위자에 의해 수행되는 네가지 주요 작업들이 쓰임새로 추상화되어 있다.

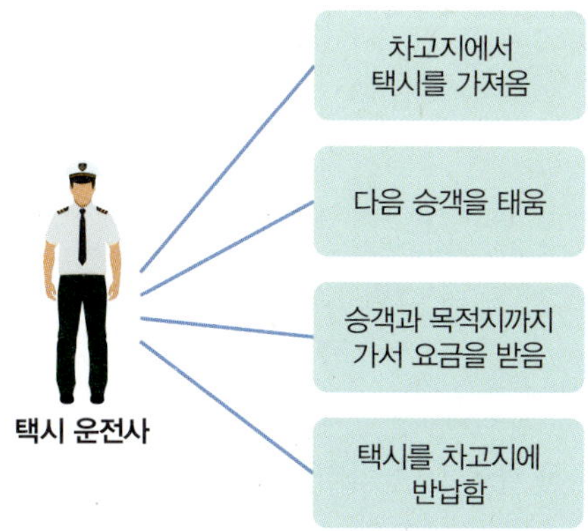

그림 4.19 택시 운전사 쓰임새 다이어그램

그림 4.20은 더 복잡한 온라인 교과목 등록 시스템의 쓰임새이다. 여기서 사각형은 교과목 등록 시스템의 기능들을 나타내는 행동들을 모아놓은 것이다.

쓰임새의 행위자들은 **역할**(role)이라는 것으로 분류된다. 행위자들을 여러 가지 역할로 분류하는 이유는 행위자들 간의 공통된 행동들에 따라 시스템의 사용자들을 구분하기 위함이다. 온라인 등록 시스템의 예에는 학생, 담당 직원, 교수의 세 가지 서로 다른 역할들이 있다.

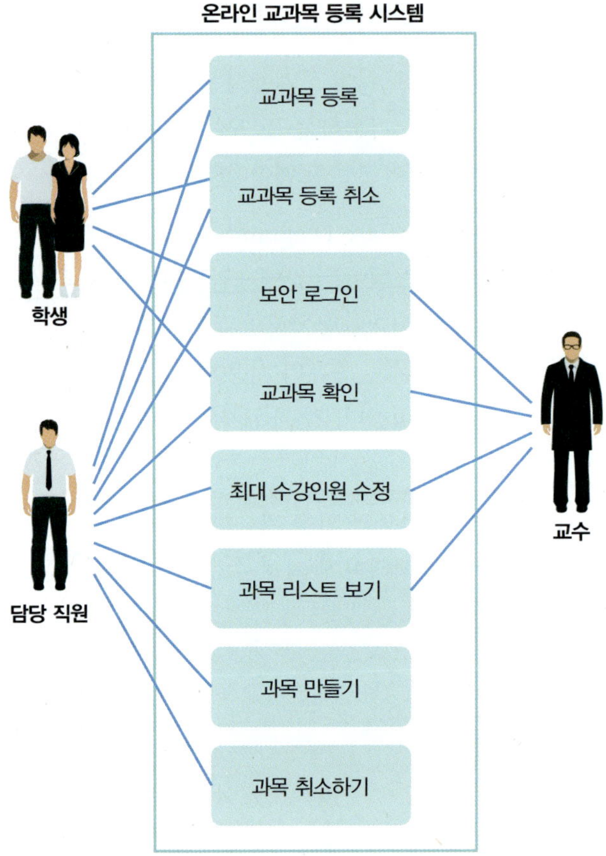

그림 4.20 온라인 교과목 등록 시스템의 쓰임새

학생들은 교과목 등록, 교과목 등록 취소, 로그인, 과목 목록 보기의 네 가지 행동을 한다. 교수들은 교과목을 등록하거나 취소할 필요는 없지만, 자신들의 강의 목록을 보거나 과목당 최대 수강인원을 조정하기를 원할 것이다. 담당직원은 그 외 필요한 행동들을 할 수 있어야 한다. 특정 행동이 서로 다른 여러 행위자들에게 공통으로 제공되는 것은 흔한 일이다. 예를 들면, 학생 교과목 등록 시스템에 로그인하는 기능은 학생, 교수, 담당직원 모두에게 제공되어야 한다.

쓰임새 다이어그램은 행위자들 간의 관계들도 나타낼 수 있다. 둘 이상의 공통된 관계들에는 <<extend>>와 <<include>>이라는 라벨을 붙일 수 있다. **<<extend>>** 관계는 어떤 행동이 다른 행동의 확장된 행동이거나 특수화된 행동인 경우에 쓰인다. **<<include>>** 관계는 하나의 행동이 그 기능의 일부로서 다른 행동을 수반하는 경우에 사용된다. 그림 4.21은 이러한 관계들의 예를 보인다.

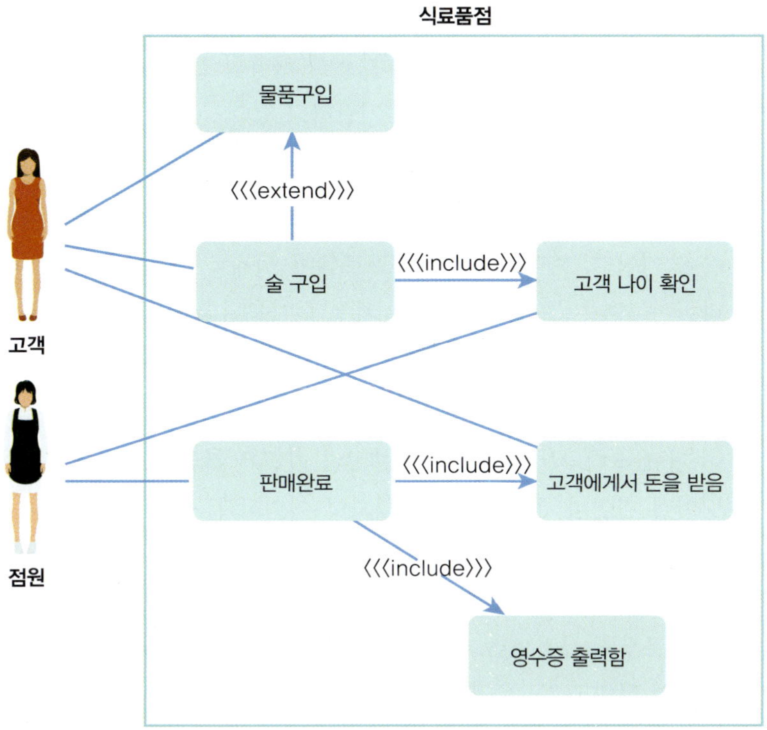

그림 4.21 식료품점 쓰임새 다이어그램

그림에서 보이는 쓰임새 다이어그램은 식료품점의 결제 시스템을 단순하게 나타낸 것이다. 이 쓰임새에는 두 행위자들 – 고객과 점원 – 이 나타나 있다. 고객의 주요 행동은 가게에서 물품을 사는 것이다. 하지만 술 판매 시에 고객의 나이를 확인해야 하기 때문에 어느 정도 다르게 다루어져야 한다. 따라서, 술 구입 행동은 구매 행동의 특수화된 행동이다.

그림 4.21의 그림에는 세가지 <<include>>가 있다. 술 구입 행동은 고객의 나이를 확인하는 행동을 수반한다. 마찬가지로, 고객에게 돈을 받는 행동과 영수증을 출력하는 행동은 모두 거래를 완료하는 행동의 일부분이다.

4.7 요약

이 절의 네 가지 문제해결 기법들 – 문제정의, 논리적 추론, 분해, 추상화 – 은 계산적으로 생각하기의 핵심내용으로 서로 연결되어 있다. 문제정의는 논리에서 가져온 형태를 사용하여 추상적으로 표현한 기능 요구사항들로 분해된다. 연역적 추리는 논리 추론에 기반하고 있다. 3단 설계 모델은 세가지 추상 모듈로 분해되는데, 각 모듈은 답을 도출하는 논리에 초점을 맞추고 있다. 또한 하향식 설계, 프로토타이핑, 데이터 분해는 모두 문제정의, 논리 추론, 추상화에 기반하고 있다.

다섯 가지 제어 패턴 – 순차진행, 선택, 반복, 제어 추상화, 병렬처리 – 는 알고리즘을 표현하는데 필수적인 요소이며, 소프트웨어 세계에서 알고리즘은 문제에 대한 해법의 모습를 가진다. 다이어그램은 소프트웨어 설계를 하는 과정에서 매우 유용하다. 쓰임새 다이어그램은 문제를 분석하는 과정에 사용된다. 상태 활성 다이어그램은 기능 요구사항들의 완전성을 보장하는데 도움을 주며, 클래스 다이어그램은 소프트웨어 설계에서 효율적인 도구로 작용한다.

이 장에서 다루는 대부분의 문제해결 기법은 컴퓨터가 실제로 존재하기 아주 이전부터 있었던 것이며 대부분은 컴퓨터과학 이외의 문제들로 확장하여 사용될 수 있다. 향상된 문제해결 기법들을 통해 우리는 어떤 이득을 얻을 수 있을까? 과학 연구에서부터 범죄 과학수사까지 많은 부분이 논리 추론에 기반을 두고 있다. 사회학자, 경제학자, 정치가들 모두 추상적으로 정의된 그룹으로 사람들을 분해하고 있으며, 이는 데이터 분해의 하나의 형태로 볼 수 있다.

4.8 언제 이런 것들을 사용할 수 있을 것인가?

인생은 끊임없는 문제들의 연속으로 간주될 수 있다. 아침에 일어날 때 여러분은 어떤 옷을 입고, 아침에 무엇을 먹을 것인가 대한 문제를 해결해야 하며, 하루가 끝나갈 시점에는 언제 취침을 하고 몇 시에 알람을 맞출 것인가를 결정해야 한다. 일과 중에는 더 복잡한 문제들을 해결해야 하는 상황이 생기는데, 이 문제들은 성공적인 직장생활과 봉급 수준을 결정시킬 정도로 심각한 문제들인 경우가 많다. 이러한 도전적인 문제들을 해결하는데에는 잘 다듬어진 문제해결 기술을 통해 도움을 받을 수 있다.

여러분은 새 프로젝트를 시작할 때 얼마나 자주 "어디서부터 시작해야 할지 모르겠어"라는 말을 하며 난처해 하는가? 이러한 질문에 대하여 이 장에서는 두가지 좋은 방법을 제공한다. 즉, (1) 문제 정의를 시작하기와 (2) 추상화를 사용하여 문제를 단순화하기이다. 이 절에서는 더 나아가서 문제 정의를 위한 기능 요구사항을 열거하고 추상화를 위한 쓰임새 다이어그램을 만드는 방법들을 설명하고 있다.

많은 문제 해결 전략들이 컴퓨터 과학에서만 유용한 것은 아니다. 분할정복 문제해결은 많은 사람들이 상식이라고 부르는 것이다. 그러나 컴퓨터 과학자들은, 하향식 설계에서 연속적인 프로토타이핑까지, 그리고 이진탐색으로 데이터를 분할하는 것에서 멀티태스킹을 위한 동시 작업이 가능한 부분을 식별하는 것까지, 여러 경우에 분할정복을 사용하고 있다.

인류의 모든 발견은 논리적 추론을 통한 것이다. 과학자들은 몇번의 실험으로부터 나온 발견을 귀납적 추리를 통해 일반화한다. 과학자들은 이전 실험에서 도출된 패턴에 논리적 추론 논리추론 형태의 방법을 적용하여 관심있는 분야의 실험 결과를 미리 예상한다.

그렇다. 우리는 모두 문제해결사이다. 하지만 알고리즘의 형태로 해결해야 하는 문제라면 아무도 컴퓨터 과학자들보다 문제를 더 잘 해결하는 방법을 알지 못할 것이다.

참고문헌

1. Doyle, Sir Arthur Conan. The Sign of Four. (1890).
2. Miller, G. "The magical number seven, plus or minus two: Some limits on our capacity for processing information." The Psychological Review 63(1956): 81 – 97.

주요용어

개요만들기(outlining)
귀납적 추론(deductive reasoning)
그리드 컴퓨팅(grid computing)
기능 요구사항(functional requirements)
내용 전문가(content expert)
논리 추론(logical reasoning)
데이터 구성(data organization)
데이터 추상화(data abstraction)
멀티태스킹(multitasking)
문제정의(problem definition)
반복(repetition)
분석(analysis)
분할정복(devide and conquer)
분해(decomposition)
비기능적 요구사항(nonfunctional requirements)
삼단 구조(3-tier architecture)
상태-활성 테이블(state-activity table)
선형탐색(linear search)
소프트웨어 고객(software customer)
소프트웨어 설계(software design)
소프트웨어 요구사항(software requirements)
순차실행(sequential execution)
쓰임새 다이어그램(use case diagram)
쓰임새(use case)
알고리즘(algorithm)
역할(role)
연속 프로토타이핑(successive prototyping)
연역적 추리(inductive reasoning)
이진 탐색(binary search)
제어 구조(control structure)
제어 추상화(control abstraction)

제어 흐름(control flow)
추상화(abstraction)
클래스 다이어그램(class diagram)
클래스 동작(operation of a class)
클래스 속성(attributes of a class)
탐색 알고리즘(search algorithm)
패턴(pattern)
프로토타입(prototype)
하향식 설계(top-down design)
행위자(actor)

연습문제

1. 일반 손목시계의 시간을 맞추는 작업에 대해 그림 4.1의 양식에 맞춰 기능 요구사항을 작성해보자.

2. 앞 문제의 손목시계에 대한 클래스 다이어그램을 그려보자.

3. 그림 4.1의 DVD 플레이어에 대한 클래스 다이어그램을 그려보자.

4. 도서관에서 책을 처리하는 것에 대한 쓰임새 다이어그램을 만들어보자. 도서관 사서와 도서관 이용객들이 하는 일들을 확실하게 포함시켜야 한다.

5. 아래 각각의 상황에 대해, 연역적추론을 사용해야 하는지 또는 귀납적추론을 사용해야 하는지 구분하라.

a. 과학적 탐구 결과를 발표할 때 같은 실험을 두 개의 서로 다른 실험실에서 반복적으로 실험한 결과를 사용한다.
b. 현재 날씨 레이더와 기상예보를 활용하여 야외 파티를 할 것인지 결정한다.
c. 미국 헌법의 의거하여 변호사가 대법원에서 다룰 특정 사건에 대해 변론한다.
d. 수학자가 공리와 다른 수학적 정리를 적용하여 새로운 수학 정리를 증명한다.
e. 화가가 여러 종류의 재료를 사용했었던 과거의 경험에 따라 유화를 그릴지 수채화를 그릴지 결정한다.
f. 과학수사 전문가가 사망자의 교육수준과 시체 부검 결과에 의거하여 사망자가 자연사했다고 결론짓는다.

6. 아래의 기능 요구사항을 읽고 다음 질문에 답하시오.

항목번호: W1
이름: 파카
행동: 현재 온도가 섭씨 0도 이하이며 눈예보가 있다면 파카를 입는다.

항목번호: W2
이름: 우비
행동: 현재 온도가 섭씨 0도 이상이며 눈예보가 있다면 우비를 입는다.

항목번호: W3
이름: 우산
행동: 현재 온도가 섭씨 0도 이상이며 강수예보가 있다면 우산을 가지고 나간다.

항목번호: W4
이름: 가죽코트
행동: 현재 온도가 섭씨 0도 이하이며 강수예보가 없다면 가죽코트를 입는다.

a. 위 요구사항에 대하여 상태-활성 테이블을 만들어라.
b. 위 요구사항에서 모순이 발생하는 부분을 찾아라.
c. 요구사항에서 완전하지 못한 부분들을 찾아라.

7. 4.2절에서 다음 알고리즘은 두 변수를 교환하는 잘못된 알고리즘으로 제시되고 있다. 처음에 변수 myDog에는 "Fido"가 yourDog에는 "Rover"가 저장되어 있을 경우 아래 알고리즘이 시행된 후에는 각 변수에는 어떤 값이 저장되어 있겠는가?

myDog ← yourDog
yourDog ← myDog

8. 대략 4000개의 이름을 수록하고 있는 전화번호부에서 특정인의 전화번호를 찾는 일이 주어졌다고 가정하자.

a. 선형탐색에서 가장 먼저 탐색되는 전화번호의 이름은 무엇인가?
b. 이진탐색에서 가장 먼저 탐색되는 전화번호의 이름은 무엇인가?
c. 만약에 여러분이 찾고자 하는 이름이 전화번호부에 없을 경우 선형탐색을 할 경우 몇 번의 탐색을 하게 되는가?
d. 만약에 여러분이 찾고자 하는 이름이 전화번호부에 없을 경우 이진탐색을 할 경우 몇 번의 탐색을 하게 되는가?

COMPUTATIONAL THINKING
for The Modern Problem Solver

CHAPTER 05

알고리즘 사고

그리고 지금 사건들은 특별한 의미를 가지고 있지 않은 상태로 나열되어 있다.

– 댄 래더(미국 CBS 앵커)

학습목표

- 소프트웨어와 프로그램의 실행에 대한 개념을 파악한다.
- 알고리즘은 항상 선택이라는 것을 수반하며 이 선택이라는 것은 논리적 조건문의 모습을 띄고 있다는 것을 파악한다.
- 알고리즘에서 명령어가 반복되는 것이 흔한 일이라는 것을 이해한다.
- 알고리즘이 어떻게 모듈화 되는 지를 파악한다.
- 네이밍, 선택, 반복과 같은 명령문을 표현할 수 있는 플로우차트 요소들의 형태와 기능을 파악한다.
- 컴퓨팅 계산적 상태, 이벤트, 동작의 개념을 파악한다.
- 10개 또는 그 이하의 상태 개수를 가지는 순차 알고리즘을 모델링한다.

자연, 사회적 상호작용 또는 인생 그 자체를 알고리즘적으로 보는 것은 상당한 가치를 가진다. 일상적인 활동부터 복잡한 활동까지 인생의 많은 필수적인 활동들은 더 큰 문제를 해결하기 위해서 간단하고 독립적인 여러 단계들을 순서대로 수행해야 한다. 수십 개의 쿠키를 굽는 것, 넥타이를 매는 것, 사업 계획서를 작성하는 것, 병을 진단하는 것, 상용 점보 제트기를 설계하는 것들은 알고리즘 방식의 생각을 필요로 하는 예들로 볼 수 있다.

컴퓨터과학은 아마도 다른 어떤 학문보다 알고리즘 방식으로 생각하는 데에 더 깊은 관련이 있으며, 복잡한 과정들을 설명하고 해석하기 위한 고도로 정제된 방법들을 개발해 왔다. 이 장은 동작, 연속된 동작, 조건부 동작, 반복 동작들을 기술하고 있으며, 문제의 복잡도를 줄이기 위해 큰 문제를 작은 문제로 분해하는 방법론에 대해서도 설명하고 있다.

5.1 알고리즘

알고리즘(algorithm)은 그대로 따라서 했을 때 목적을 달성하거나 문제를 해결하도록 하는 독립된 동작들의 순서로 정의된다. 직접 인지하지는 못할지라도 모든 사람들은 일상 생활에서 알고리즘에 따라 행동하는 데에 익숙해져 있다. 축구선수들은 필드에서 지정된 알고리즘에 따라서 경기를 한다. 운전자는 한 도시에서 다른 도시로 이동할 때 따라야 하는 명령들로 구성된 알고리즘을 사용한다. 피아니스트는 악보를 읽고 연주할 때 알고리즘을 사용한다. 수학자는 두 개의 숫자의 비율을 발견하기 위해 나눗셈을 사용할 때 알고리즘을 사용한다. 배우는 연극 대본을 읽고 연기할 때에 특정 종류의 알고리즘을 사용한다.

다른 예로서, 요리사가 메인 요리, 디저트, 심지어 음료수를 만들 때에 사용할 수 있는 요리법을 알고리즘이라고 가정해보자.

컴퓨터과학 분야에서, **알고리즘**(algorithm)이란 입력값을 받아서 어떤 종류의 출력값을 만드는데 필요한 동작들의 순서를 정의한 것을 말한다. 즉, 알고리즘은 어떤 입력을 원하는 출력으로 변환시키는 컴퓨터 동작들의 순서이다. 초콜렛칩 쿠키 요리법을 컴퓨터 계산으로 이해하자면, 요리 재료들은 요리법의 입력값이 되고 요리법은 알고리즘이 된다. 요리법은 입력을 의도한 출력으로 바꾸는 개별적인 동작들을 순서대로 나열하여 기술한 것이라고 할 수 있다. 물론 출력은 쟁반에 가득 차 있는 세상에서 가장 맛있는 초콜렛칩 쿠키를 말한다.

알고리즘이 유용하려면 몇 가지 중요한 특성들이 확실히 지켜지도록 해야 한다. 가장 중요하게 요구되는 것들 중의 하나는 알고리즘에서 언급되는 모든 개별적인 동작들이 의미가 있어야 한다는 것이다. 컴퓨터 프로그래머가 알고리즘을 작성할 때, 프로그래머는 반드시 그들이 작성하는 행위들의 정확한 의미를 알고 있어야 하며, 이는 요리사가 요리법에 쓰여진 모든 행위들의 의미를 이해하고 있어야 하는 것과 같다. 컴퓨터 프로그래머는 행위들의 의미를 **시멘틱**(semantic)이라고 한다. **시멘틱**(semantic)이라는 용어는 알고리즘 동작들의 의미를 말한다.

또 다른 필수사항은 알고리즘에서의 동작은 반드시 한 가지로만 해석이 되어 동작의 의미에 대해 오해가 없도록 해야 한다는 것이다. 우리는 행위는 **모호하지 않아야 한다**(unambiguous)고 하며, 이는 어떤 행위도 그에 대한 해석이 상충되어서는 안 된다는 것을 의미한다. 요리법의 예에서, 요리법의 각 단계들은 요리사가 쉽게 이해하고 따라서 할 수 있도록 쓰여져 있다.

초콜렛 칩 쿠키 요리법

재료

- 1 컵 분량의 버터 녹인 것
- 2 컵 분량의 갈색 설탕
- 계란 2개
- 3 컵 분량의 밀가루
- 1 티스푼 분량의 베이킹 파우더
- 1 티스푼 분량의 베이킹 소다
- 2 컵 분량의 초콜렛 칩

요리법

1. 오븐을 화씨 375도로 미리 데운다.
2. 양피지 종이로 만든 쿠키 용지를 준비한다.
3. 한 용기에 버터, 갈색 설탕, 계란을 넣고 함께 젓는다.
4. 다른 용기에 밀가루, 베이킹 파우더와 베이킹, 소다를 넣고 섞는다. 점차적으로 설탕 혼합물을 섞는다.
5. 용기에 초콜렛 칩을 넣는다.
6. 한 스푼 용량의 쿠키 반죽으로 쿠키 용지를 채운다.
7. 9분간 오븐에 굽는다.
8. 쿠키 용지를 오븐에서 꺼내어 5분간 상온에서 식힌다.

'예열하다', '덮다', '젓다', '섞다', '추가하다', '굽다', '식히다'와 같은 동작들은 모든 요리사가 완전히 이해하고 따라서 할 수 있는 일반적인 단어들이다. 만약 우리가 7번째 단계에서 나오는 '굽다'라는 용어를 '가열하다'로 바꾼다면, 요리법은 "9분간 반죽을 가열한다"가 될 것이다. 이것은 요리사가 쿠키를 굽는 것을 표현하는데 일반적으로 사용되는 용어가 아니기 때문에, 알고리즘은 덜 명확하게 될 것이고 요리사가 따라서 하기가 더 어려울 것이다. 숙련되지 않은 요리사라면 반죽을 가열하기 위해 숯불에 직접 올려 놓거나 실내 온도를 높이고 반죽을 그냥 실내에 둘 수도 있을 것이다.

알고리즘은 동작들이 수행되는 순서가 제대로 정의되도록 확실하게 해야 한다. 초콜렛 칩 쿠키를 만들 때 행해지는 동작들의 순서가 매우 중요하다는 것은 분명하다. 예를 들면, 요리법에 있는 6단계와 7단계의 순서가 바뀐다면, 한 용기에 반죽을 넣고 한 덩어리의 큰 쿠키를 오븐에서 9분간 굽게 되며, 이를 오븐에서 꺼내서 작은 숟가락 크기의 덩어리로 나누어 쿠키 용지에 넣게 될 것이다.

최종적으로 알고리즘에 기술된 동작들의 갯수는 무한하지 않고 유한해야 한다는 것을 알고 있어야 한다. 우리가 목적을 달성하기 위해 끝없이 동작들을 행해야 한다면 어떠한 목적도 달성되지 않을 것이다. 컴퓨터 과학자들은 이러한 요구사항을 알고리즘이 유용하기 위해서는 반드시 **종료되어야 한다**(halt)고 설명하고 있다.

5.2 소프트웨어와 프로그래밍 언어

컴퓨터는 두 개의 수를 더하거나 두 수의 값을 비교하는 등의 놀라울 정도로 적은 종류의 간단한 동작들만을 수행할 수 있다. 물론 컴퓨터는 상당히 복잡한 문제들을 해결할 수 있으며 제대로 된 순서대로 빨리 동작들을 수행하였을 때에 믿을 수 없을 만큼 유용한 성과를 달성할 수 있다.

컴퓨터 소프트웨어(computer software)는 **프로그램**(program)이라고도 하는데 어떤 목적을 달성하기 위해 따라야 하는 알고리즘에 대한 컴퓨터 명령어들을 컴퓨터에게 제공한다. 소프트웨어는 영어, 중국어 또는 스페인어와 같은 인간의 언어로 표현될 수는 없는데, 이러한 언어들은 컴퓨팅 계산에서 충분한 정도의 기술적 정확성을 가지도록 작성하는데 쉽게 사용될 수 없기 때문이다. 따라서 컴퓨터 소프트웨어는 **프로그래밍 언어**(programming language)로 작성된다. 프로그래밍 언어는 알고리즘을 계산적으로 정확하고 간결하게 표현할 수 있도록 설계된 언어이다. 따라서 프로그래밍 언어는 알고리즘의 입력과 출력 데이터 뿐만 아니라 입력을 원하는 출력으로 전환시키기 위해 컴퓨터가 수행해야 하는 동작들을 순서적으로 표현할 수 있다. 컴퓨터가 프로그램을 **실행**(executes)할 때, 컴퓨터는 주어진 입력으로부터 원하는 출력값을 얻기 위해서 단지 프로그램에 의해 작성된 단계들을 실행하기만 한다.

세상에 많은 인간의 언어들이 존재하듯이, 현재 많은 프로그래밍 언어들이 일상적으로 사용되고 있다. 각 프로그래밍 언어들이 계산 알고리즘을 정확하게 표현할 수 있음에도 불구하고, 모든 프로그래밍 언어들이 같은 방식으로 컴퓨터 계산을 표현하지는 않는다. 대부분 프로그래밍 언어들은 주어진 컴퓨터 명령어들을 가지고 순서에 따라 컴퓨터 계산들을 표현한다. 이러한 명령어들은 종종 명령형이라고 하며 이러한 방식으로 컴퓨터 계산을 표현하는 언어를 **명령형 언어**(imperative language)라고 한다. 어떤 언어들은 아주 다른 패러다임을 사용하여 컴퓨터 계산을 표현한다. **함수형**(functional) 언어는 입력값으로부터 결과값을 얻기 위해서 연속된 개별적인 동작들로 컴퓨터 연산을 표현하기 보다는, 하나의 본질적 실체로서 입력값과 결과값의 관계로 컴퓨터 연산을 표현한다. **선언형**(declarative) 언어는 출력값은 입력값에 연관이 있는 사실을 사용하여 생성되므로 사실들의 표현을 강조하고 있다. 다른 패러다임으로는 논리 프로그래밍, 객체지향 프로그래밍, 병렬 프로그래밍이 있다.

이 장에서는 우리는 컴퓨터 계산을 위한 알고리즘을 표현하기 위해 비정형적인 명령형 언어를 사용한다. 비록 우리가 이 책에서 사용하는 이러한 비정형적인 언어를 컴퓨터가 직접 실행하지는 못할지라도, 이 책에서 기술되는 프로그램들은 실제 프로그래밍 언어로 쉽게 변환될 수 있다.

5.3 동작(Action)

우리가 이미 언급했다시피, 컴퓨터 알고리즘은 반드시 컴퓨터가 따라야 하는 잘 정의된 동작들을 순서적으로 표현하여야 한다. 아마 컴퓨터 계산에서 가장 중요한 점은 컴퓨터가 수행할 수 있는 동작과 수행할 수 없는 동작들을 알고 있어야 한다는 점이다. 예를 들면, 그림 5.1에서 보이는 뉴욕에서 로스엔젤리스까지 연료나 전기의 소모없이 여행을 하게 해주는 동작들에 대한 알고리즘을 고려해 보자. 이 알고리즘은 작성하고 이해하기에 매우 간단함에도 불구하고, 불가능한 동작을 수행할 것을 요구하기 때문에 유용하지 않다. 2440 마일을 점프할 것을 요구하는 동작은 당연히 수행하는 것이 불가능하며 이 점은 이 알고리즘이 의미가 없도록 만든다.

모든 실행 가능한 알고리즘은 일련의 **가능한**(possible) 동작들로 표현되어야 하기 때문에, 우리는 어떤 동작들을 컴퓨터가 수행할 수 있을지 먼저 이해해야 한다. 이러한 동작들은 때때로 **컴퓨터**(computable) 동작이라고도 하며, 좀더 공식적으로는 **계산가능한 함수**(computable functions)라고 한다. 이 절의 남은 부분은 놀라울 정도로 많은 수의 유용한 알고리즘들을 표현할 수 있게 해주는, 그 수는 적지만 강력한 계산이 가능한, 함수들을 비공식적으로 정의하고 있다.

연비 효율적인 여행 알고리즘

1. 남서쪽으로 50 야드 뛰어간다.
2. 2440 마일을 점프한다.
3. 로스엔젤리스에 착지한다.

그림 5.1 연비 효율적 여행을 가능하게 하는 비현실적인 알고리즘

5.3.1 값/이름 연동(Naming Binding)

컴퓨터가 행할 수 있는 가장 간단하고 중요한 동작 중의 하나는 프로그램의 요소에 이름을 부여하는 것이다. 프로그래밍 언어에서 **값 이름 연동**(name binding)은 **식별자**(identifier)라고도 하는데 이름(Name)에 값을 연결(bind)시키는 것이다. 식별자에 값이 연결되면, 그 식별자는 해당하는 값에 대한 참조용으로 사용되며 나중에 그 식별자가 사용될 때 부여된 값을 대표하게 된다.

그림 5.2에서 보이듯이 우리는 컴퓨터의 값/이름 연동동작을 화살표를 사용하여 나타내기로 한다. 유효한 식별자는 화살표의 왼쪽에 위치하여 값을 부여받거나 또는 오른쪽에 위치하여 값을 부여해 주는 연산식이 된다. 대부분의 프로그래밍 언어에서 식별자가 대시 기호, 밑줄 기호, 달러 기호와 같은 기호들을 포함할 수 있음에도 불구하고, 이 책에서 식별자는 A에서 Z까지의 대문자 또는 소문자만을 포함한다고 가정한다. **표현식**(expression)으로 알려진 요소들은 화살표의 우측에 나타나야만 한다. 표현식은 값 자체 또는 값을 만드는 계산식을 말한다.

이름 바인딩
식별자 ← 표현식

그림 5.2 값/이름 연동을 하는 방법. 화살표 우측의 값은 화살표 좌측의 식별자에 연동된다.

아래의 일련의 값/이름 연동 동작들을 생각해 보자. 처음의 두 동작들은 이름 X에 값 3을 연동하고 이름 Y에 값 4를 연동한다. 최종 표현식에서 "3 + 4" 구문은 값 7을 만드는 구문이다. 컴퓨터과학에서 표현식은 어떻게 값을 구하는가를 서술하는 짧은 계산식을 말한다. 컴퓨터가 값을 구하기 위해 계산식을 수행할 때마다, 우리는 계산식이 값을 구한다고 말한다. 값/이름 연동은 우측 방향으로 항상 진행되며 좌측에 있는 이름에 결과값을 연동시킨다. 따라서 3번째 줄의 바인딩의 효과는 값 7을 이름 Z에 연동시키는 것이다. 계산식의 값을 구하는 것을 이해하는 것은 매우 중요하지만 우리는 이번 절에서 계산식의 값을 구하는 것에 대해서 더 이상 설명 하지 않을 것이다.

1. X ← 3

2. Y ← 4

3. Z ← 3 + 4

값에 이름이 부여되면, 이름은 연동된 값 대신에 사용될 수 있다. 예를 들면, 아래의 값/

이름 동작들을 생각해보자. 이 예에서, 처음 두 동작은 값 3을 이름 X에, 값 4를 이름 Y에 연동시키는 동작들이다. 최종 동작은 이름 Z에 X와 Y의 합을 연동시키는 역할을 한다. X는 3을 Y는 4를 참조하기 때문에 우리는 Z가 값 7에 연동되는 것을 알 수 있다.

1. $X \leftarrow 3$
2. $Y \leftarrow 4$
3. $Z \leftarrow X + Y$

5.3.1.1 적절한 이름 짓기

컴퓨터 과학자들은 프로그램의 요소로서 정확한 이름을 고르는 것의 중요함을 오랫동안 알고 있었다. 적절한 이름의 중요성은 컴퓨터 연산에서의 필요성 때문에 최근에 생긴 것이 아니다. 고대 문학과 철학에서 사물에 적절한 이름을 짓는 것은 해당 사물을 잘 이해하고 있다는 것을 의미해 왔다. 예를 들면, 고대 중동지역의 창세기전은 신이 어떻게 세계를 창조하였는 지를 설명하고 있고, 다른 모든 동물들을 돌보는 역할을 하는 아담이라는 최초의 인간을 어떻게 만들었는지를 설명한다. 아담은 다른 모든 생물들에 이름을 부여함으로써 그의 지배력을 보여주고 있다.

프로그래밍 요소들에 대하여 잘 지어진 이름을 부여하는 것은 컴퓨터 계산 논리와 그에 수반하는 본질을 잘 이해하고 있음을 나타낸다고 컴퓨터 과학자들은 인정하고 있다. 만약 이름이 어떤 요소의 본질을 잘 반영하고 있다면 이름을 잘 지은 것이다. 컴퓨터 과학자들이 이름을 적절하게 짓게 되면 프로그램의 알고리즘과 데이터를 더 분명하게 추론할 수 있게 된다. 잘못 지어진 이름은 요소들을 잘 이해하지 못하고 있음을 보여주며 완전한 추론을 더욱 어렵게 만든다.

예를 들면, 자동차의 휘발유 탱크를 가득 채우는데 필요한 휘발유의 갤런[1]량과 갤런당 가격을 입력으로(대략 $3.75이라고 가정해보자) 받아들이는 알고리즘을 생각해보자. 이 알고리즘은 자동차의 휘발유 탱크가 비었을 때 이를 가득 채우는데 필요한 전체 비용을 계산할 수 있을 것이다. 그림 5.3은 데이터 값이 다르다는 점을 제외하고 같은 종류의 동작들을 수행하는 동일한 두 개의 알고리즘을 보여준다.

그림의 좌측에 있는 변수의 이름들은 우측에 있는 변수의 이름들보다 문제를 더 깊고 정확하게 반영하고 있음을 분명히 알 수 있다. 예를 들면, 우측의 식별자 "Cents"는 숫

1 영국과 미국에서 쓰이는 부피단위로 1갤런은 3.785411784 리터이다.

자 3.75가 센트값이 아니라 달러값으로 주어지기 때문에 잘못된 것이다. 또한 식별자 "Cents"는 숫자 3.75가 휘발유의 갤런당 비용을 표현하고 있다는 중요한 정보를 전달하지 않는다. 식별자 "Size"는 완전히 틀린말은 아니지만 탱크의 용량이 핵심 문제이며 탱크의 크기나 물리적인 규격이 문제의 중심이 아니라는 것을 제대로 이해하지 못하고 있음을 나타낸다. 최종적으로 식별자 "Money"는 통화량으로 해석되어야 하는 규정된 값을 나타냄에도 불구하고 휘발유 탱크를 가득 채우는데 필요한 비용에 대한 부분을 정확하게 전달하지 못하고 있다.

두 휘발유 가격 알고리즘	
1. DollarsPerGallon ← 3.75	1. Cents ← 3.75
2. TankCapacity ← 10	2. Size ← 10
3. DollarsToFill ← TankCapacity × DollarsPerGallon	3. Money ← Size × Cents

그림 5.3 데이터의 이름만 다른 두 알고리즘

값/이름 연동은 넓은 범위의 문제들을 해결하는 알고리즘을 작성할 수 있게 해준다. 하나의 측정 단위로 측정된 값을 다른 단위로 전환하는 것에 대한 문제를 생각해보자. 만일 우리가 브라질의 리우 데 자네이루에서 열렸던 2016년 하계 올림픽에 갔다면 우리는 1,000 US달러(USD)로 얼마나 많은 브라질 레알[2](BRL)을 바꿀 수 있는지 알아야 했을 것이다. 물론 화폐 환산은 현재의 환율에 의존하고 있으며 환율은 매일 바뀌기 때문에 이에 대한 정확한 결과를 얻는 컴퓨터 프로그램을 작성하는 것은 매우 쓸모 있는 일이다. 그림 5.4는 US $1000에 대응하는 BRL을 구하기 위해 환율 205.5를 적용한 알고리즘을 나타낸다.

미국 달러에서 브라질 레알로 바꾸는 알고리즘

1. USD ← 1000
2. ExchangeRate ← 205.5
3. BRL ← USD × ExchangeRate

그림 5.4 환율 계산 알고리즘

2 브라질 화폐 단위

컴퓨터 프로그램의 모든 변수들이 정확한 측량 단위를 가지도록 보증하는 것은 프로그래머에게 매우 어려운 일이다. 1999년 여름 3억 2천 7백만 달러의 화성 기후 탐사선은 소프트웨어 에러 때문에 실종되었다. 이 인공위성은 화성의 상층부 대기에 너무 낮은 고도로 진입하였다가 폭발하였다. 지구상의 본부에서 사용하는 소프트웨어는 파운드 단위로 동작하고 있었고 우주선은 뉴톤 단위로 같은 정보를 처리하도록 프로그램되어 있었음이 NASA에 의하여 나중에 밝혀졌다. 이러한 차이점 때문에 지구상의 본부가 우주선의 반동력을 4.5배나 과대 평가하도록 하였다.

5.3.1.2 계산 상태

값 이름 연동은 프로그램이 실행될 때 값이 변하는 것이 허용된다. 예를 들면, 아래의 일련의 값 이름 연동 명령문을 고려해 보자

1. X ← 3
2. X ← 4
3. X ← X + X

컴퓨터가 첫 동작을 실행한 후에, 이름 X는 값 3과 연동된다. 두 번째 동작이 실행된 후 이름 X는 값 3이 아닌 값 4와 연동된다. 세 번째 동작에서 이름 X는 표현식 "X + X"에 의해 만들어지는 값과 연동되므로 이름 X는 값 8과 연동된다.

프로그램의 **계산 상태**(computational state)는 실행 중 어느 한 순간에 활성화된 값 이름 연동들의 집합으로 볼 수 있다. 모든 프로그래밍 동작은 잠재적으로 프로그램의 상태를 바꾸기 때문에, 우리는 프로그램이 실행됨에 따라 이루어지는 일련의 상태 변화들을 검사함으로써 프로그램의 의미를 기술할 수 있다. 아래에 나타낸 이름 부여 동작에 대응하는 프로그램 계산 상태를 기술하는 일련의 값/이름 연동 동작들을 살펴 보자.

1. X ← 3
   현재 {X = 3, Y = ?} 상태
2. Y = X + 4
   현재 {X = 3, Y = 7} 상태
3. Y ← X + Y
   현재 {X = 3, Y = 10} 상태

4. Y ← X * Y
현재 {X = 30, Y = 10} 상태

소프트웨어 프로그래밍 관점에서 상태 변화가 얼마나 유용한 지를 알기 위하여, 리우데 자네이루에서 열렸던 2016년 올림픽 관광의 예를 다시 생각해 보자. 리우에서, 야외에서 열리는 스키트 사격을 보러 갈지 아니면 실내에서 열리는 수영 다이빙을 보러 갈지를 결정하기 위해 일기 예보를 확인할 필요가 있다. 브라질에서는 미국인에게 익숙한 화씨 온도 대신에 섭씨로 온도를 표기하기 때문에 어려운 일이 될 수도 있다. 이러한 문제를 해결하기 위해 온도 변환 알고리즘을 작성하기로 한다. 이 알고리즘은 섭씨온도를 화씨 온도로 변환하는 것이다.

우리는 변환이 어떻게 수행되는지를 먼저 이해한 후에, 주어진 섭씨값에 대한 화씨값을 구하기 위해 섭씨값에 9를 곱하고 5로 나눈 후에 최종적으로 32를 더해주도록 구현할 수 있다. 우리는 이러한 단계들에 대한 알고리즘을 그림 5.5와 같이 작성하기로 한다.

섭씨에서 화씨로 바꾸는 알고리즘

1. Celsius ← 33.5
2. Fahrenheit ← Celsius * 9
3. Fahrenheit ← Fahrenheit / 5
4. Fahrenheit ← Fahrenheit + 32

그림 5.5 이름 연동이 어떻게 변하는 지를 보여주는 온도 변환 알고리즘

그림 5.6은 알고리즘이 수행됨에 따라 컴퓨팅 상태가 어떻게 변화되는 지를 보여준다. 특히, 우리는 프로그램이 실행됨에 따라 Fahrenheit에 연동된 값이 세 번 바뀌는 것을 알 수 있다. Fahrenheit는 먼저 값 301.5를 가지게 된다. Fahrenheit에 연동된 값은 곧 60.3으로 바뀐다. 최종적으로 우리는 32를 더하게 되고 이름 Fahrenheit에는 92.3이 연동된다. 이름에 연동된 처음 두개의 값은 임시값으로 간주되며 이 값은 최종 결과를 계산하는 과정 중에 유용하게 사용된다. 하지만 알고리즘의 마지막에 이름 Fahrenheit에 연동된 값은 정확해야 하며 우리가 찾고자 하는 값이어야 한다.

섭씨 온도에서 화씨 온도로 바꾸기

1. Celsius ← 33.5
   현재 상태는 {Celsius = 33.5}
2. Fahrenheit ← Celsius * 9
   현재 상태는 {Celsius = 33.5 and Fahrenheit = 301.5}
3. Fahrenheit ← Fahrenheit / 5
   현재 상태는 {Celsius = 33.5 and Fahrenheit = 60.3}
4. Fahrenheit ← Fahrenheit + 32
   현재 상태는 {Celsius = 33.5 and Fahrenheit = 92.3}

그림 5.6 알고리즘의 실행에 따른 컴퓨팅 상태의 변화

5.3.2 선택

제어 흐름(control flow)은 컴퓨터 프로그램에서의 개별적인 동작들이 정해진 순서대로 실행되는 것을 말한다. 컴퓨터 프로그램이 수행하는 동작은 보통 프로그래머가 작성한 순서에 따라 실행된다. 하지만 다양한 입력에 따라 컴퓨터가 반응할 수 있도록 동작의 순서는 유연하게 구성되어야 한다. 프로그래밍 언어는 **제어 흐름 명령문**(control flow statements)이라는 요소에 의해 이러한 유연성을 지원한다. 제어 흐름 명령문은 컴퓨터 프로그램에 의해 수행되는 동작들의 순서를 제어하는 명령어를 말한다.

선택 명령문(selection statement)은 어떤 동작이 수행되어야 할지를 결정하는데 있어서 컴퓨터가 선택을 할 수 있도록 하는 제어 흐름 명령문이다. **단방향 선택**(one-way selection) 명령문은 컴퓨터가 동작을 실행하거나 동작을 건너 뛰도록 해준다. **두방향 선택**(two-way selection) 명령문은 컴퓨터가 정확히 두 가지 동작 중에 하나를 선택하도록 하는 명령문이며, **다방향 선택**(multiway selection) 명령문은 컴퓨터가 여러 대안들 중에서 하나만을 선택하도록 해주는 명령문이다. 우리는 먼저 단방향 선택 명령문에 대해 기술하고 그 후 두방향 선택과 다방향 선택 명령문으로 그 내용을 확장할 것이다.

5.3.2.1 단방향 선택

예를 들면 40 달러 미만으로 구매할 경우 10달러의 배송료를 따로 내지만 40 달러 이상 구매할 경우 무료 배송을 해주는 온라인 쇼핑몰을 생각해보자. 이러한 정책을 영어로 표현하게 되면 "If the order amount is less than $40, then the shipping cost is $10 otherwise the shipping cost is $0."이 된다. 이 예에서 배송료(shipping cost)는 주문한 금액이 40달러 미만인가 아닌가에 따라 0 달러이거나 10 달러가 된다.

우리는 두 가지 서로 다른 기법을 사용하여 알고리즘을 서술할 것이다. 우선, 알고리즘을 통해 시각적으로 제어 흐름을 강조해주는 플로우차트를 사용할 것이다. **플로우차트**(flowchart)는, **활동 다이어그램**(activity diagram)이라고도 불리는데, 복잡한 알고리즘의 내부에서 발생하는 동작들의 순서를 편하게 볼 수 있도록 도와준다. 이 장에서 우리는 동작들의 순서를 직관적으로 이해하기 위한 수단으로 플로우차트를 사용할 것이며, 6장에서 플로우차트가 계산 과정을 고차원적으로 모델링하게 위해 어떻게 사용되는지에 대하여 자세하게 설명할 것이다. 하지만 대부분의 컴퓨터 프로그램은 플로우차트를 사용하여 작성되지 않기 때문에, 프로그래머가 컴퓨터 알고리즘을 개발하는데 사용할 만한 것과 매우 유사한 표기법을 사용하여 알고리즘을 표현할 것이다.

그림 5.7은 온라인 쇼핑몰의 배송비를 계산하는 알고리즘을 플로우차트로 표현하고 있다. 플로우차트 상단의 원은 알고리즘의 시작 지점을 말하며 화살표는 계산 동작들의 순서를 표현한다.

이 플로우차트에서 장바구니에 적힌 전체 주문량이 임의의 외부 입력으로부터 먼저 프로그램으로 읽혀진다. 또 다른 알고리즘에 의해 계산된 주문량 데이터는 사용자로부터 직접 입력을 받을 수도 있고, 데이터베이스에서 주문량을 읽어올 수도 있다. 주문량을 읽은 다음에 배송료에 대한 변수는 0으로 초기화된다. 이것은 주문량이 40달러 미만일 경우 온라인 쇼핑몰의 정책에 따라 배송료를 10달러로 변경할 수 있는 초기 설정값으로 이해할 수 있다. 물론, 컴퓨터는 10달러를 배송료로 할 것인지 아닌지를 결정할 필요가 있으며, 이 결정은 플로우차트에서 다이아몬드로 표기된다.

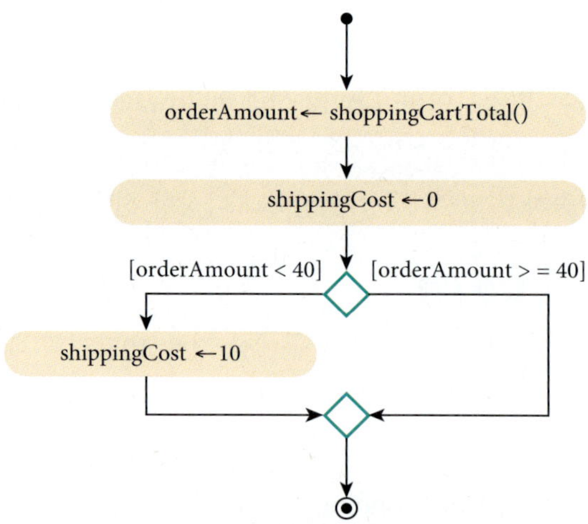

그림 5.7 배송비 계산에 대한 플로우차트

최상단의 다이아몬드는 두개의 독립된 경로로 나누어지는데, 컴퓨터는 이들 중에 정확히 하나의 경로로 진행해야 한다. “orderAmount < 40”이라고 이름 붙여진 경로는 해당 논리 조건이 만족될 경우에 진행된다. 이 논리 조건은 “주문량이 40미만인가?”라는 예/아니오 단답형의 질문을 말한다. 만약 대답이 예라면, 컴퓨터에 의해 표현되는 논리값이 참이 되어 배송료에 10이라는 값을 부여하게 된다. 만약 논리 조건을 만족시키지 못한다면, “orderAmount >= 40”이라고 이름 붙여진 경로가 선택된다.

비록 플로우차트가 알고리즘에서 발생하는 동작들의 순서를 시각화하는데 쓸모가 있긴 하지만, 대부분의 알고리즘은 서술형의 프로그래밍 언어로 쓰여진다. 플로우차트는 본질적으로 그림이며, 도형, 선, 화살표를 사용하여 알고리즘을 쉽게 이해하도록 구성하는 것은 귀찮은 작업이다. 반대로 프로그래밍 언어는 시작부터 끝까지 순서를 가지고 기술되는 문장들로 구성되어 있다. 프로그래밍 언어는 고차원적으로 구성되는 경향을 가지는데, 이는 알고리즘에 사용되는 단어와 문구가 특정한 패턴을 따라서 엄격하게 쓰여져야 함을 의미한다. 이 책에서 우리는 플로우차트의 요소에 대응하는 간단한 문장 패턴들을 살펴보고자 한다. 우리가 여기서 사용하는 언어는 실제 프로그래밍 언어는 아니지만 실제 프로그래밍 언어와 매우 유사하다.

단방향 선택을 표현하는 문법적인 패턴은 그림 5.8에서 보여주고 있다. 대문자로 강조된 부분은 이 패턴이 실제 알고리즘에 사용될 때 실제 명령어로 대치될 부분을 말한다. 특히 CONDITION은 참/거짓의 논리값을 가지게 되는 계산식이어야 한다. ACTIONS는 일련의 유효한 동작들이어야 한다. 단방향 선택에서 일련의 ACTIONS는 CONDITION이 참일 경우에만 실행된다는 것을 의미한다. CONDITION이 거짓인 경우에는 ACTIONS는 실행되지 않는다.

단방향 선택

```
if CONDITION then
ACTIONS
endif
```

그림 5.8 단방향 선택 문법 패턴

이 표기법을 사용하여 그림 5.7의 플로우차트를 프로그램으로 옮겨 적을 수 있다. 변수 orderAmount는 구매자의 입력에 의해 생성된 값이 연동된다. 프로그램이 작성되는 시기에는 그 값을 미리 알 수 없고 프로그램이 실행될 때에만 값을 알 수 있기 때문에, 주문량을 만드는 계산식을 사용한다. 표현식 shoppingCartTotal()이 주문량을 만든다고 가정해보자. 이 표현식은 최종 결과값을 구하기 위해 데이터베이스를 사용할 수도 있고 주어진 항목들의 값을 모두 더한 것일 수도 있다. 어떻게 이 표현식이 값을 만드는 지에 대한 상세한 내용은 중요하지 않다. 대신에 표현식이 계산될 때 그 표현식이 전체값을 만든다는 사실을 이해하고 있으면 된다.

첫 번째 라인이 실행된 후, 배송료는 값 0과 연동된다. 그 후 프로그램은 조건문 "orderAmount < 40"이 참인지 거짓인지를 결정하게 된다. 만약 조건문이 참이라면, 배송료 변수는 10의 값으로 변하게 될 것이다. 그림으로 표현되는 플로우차트가 알고리즘의 형태로 어떻게 정확하게 작성될지 하는 부분은 너무 분명해 보인다.

5.3.2.2 두방향 선택

그림 5.9의 알고리즘이 어떠한 주문량에 대해서도 정확하게 배송료를 계산함에도 불구하고, 이 알고리즘은 약간 비효율적으로 보일 수 있는데, 값을 한번 연동하는 것만 필요할 때에도 두번 값을 연동하는 동작이 요구되기 때문이다. 예를 들면, 주문량이 40미만인 경우 shippingCost는 0이 되었다가 즉시 10의 값으로 변한다. 배송료를 보다 효율적으로 계산하기 위해 두방향 선택을 사용할 수 있다. 두방향 선택에서 컴퓨터는 두 개의 가능한 경로 중에 하나만을 선택한다. 이는 배송료를 계산하는 보다 더 자연스러운 방법인데 정확하게 두 종류의 배송료가 있으며 둘 중 하나만이 선택되기 때문이다.

배송료를 계산하는 프로그램

```
1. orderAmount ← shoppingCartTotal()
2. shippingCost ← 0
3. if orderAmount < 40 then
4.     shippingCost ← 10
5. endif
```

그림 5.9 주문량에 따른 배송료를 계산하는 프로그램

두 방향 선택은 그림 5.10에 나타나 있다. 이 플로우차트에서 두 개의 가능한 경로중에 정확히 하나만이 실행되는 것이 분명하게 보인다. 여기서 아무런 동작이 발생하지 않는 경우는 없다. 이 알고리즘에서 주문량은 외부에서 주어지고 배송료를 0으로 할지 10으로 할지에 대한 결정만 이루어진다. 이전의 플로우차트와 비교해 볼 때, 처음에 shippingCost를 0으로 하는 명령문이 선택 명령어로 옮겨져 있다.

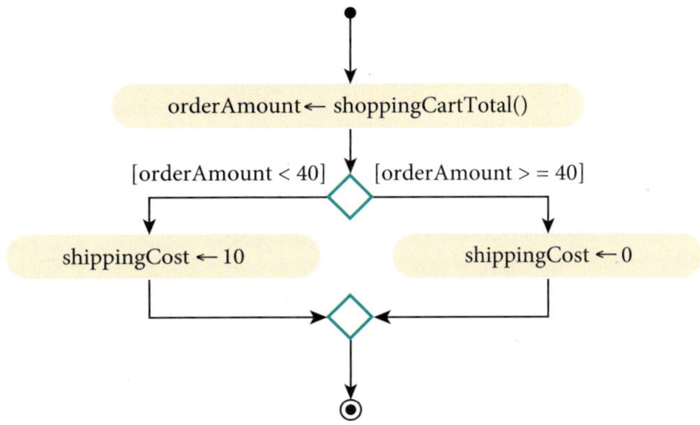

그림 5.10 배송료를 계산하는 것을 나타내는 개선된 플로우차트

두 방향 선택 명령어는 그림 5.11에서 보이는 문장 구문으로 표현된다. 이전과 같이, 대문자로 강조된 요소들은 실제 명령어들이 들어갈 위치를 나타낸다. 좀 더 자세하게 말하면, CONDITION은 참/거짓 값을 만드는 계산식이어야 하며, IF-TRUE-ACTIONS와 IF-FALSE-ACTIONS는 일련의 유효한 동작들로 구성되어야 한다.

두방향 선택

```
if CONDITION then
   IF-TRUE-ACTIONS
else
   IF-FALSE-ACTIONS
endif
```

그림 5.11 두방향 선택의 문법 패턴

두 방향 선택이 실행될 때, 그 의미는 IF-TRUE-ACTIONS나 IF-FALSE-ACTIONS 중 하나만을 실행한다는 것이다. 둘 중의 어떤 것이 실행되는가 하는 것은 CONDITION에 달려있다. 만약 CONDITION이 참의 값을 만든다면 IF-TRUE-ACTIONS가 실행될 것이고, 그렇지 않다면 IF-FALSE-ACTIONS가 실행될 것이다.

이 표기법을 사용하여 우리는 온라인 쇼핑몰의 배송료 정책을 좀 더 효율적으로 만드는 프로그램을 작성할 수 있다. 그림 5.12는 그림 5.10의 플로우차트를 컴퓨터 알고리즘으로 표현하고 있다.

배송료 계산 프로그램

```
1. orderAmount ← shoppingCartTotal()
2. if orderAmount < 40 then
3.   shippingCost ← 10
4. else
5.   shippingCost ← 0
6. endif
```

그림 5.12 주문량에 대한 배송료를 계산하는 프로그램

첫 번째 줄에서 orderAmount의 값을 얻은 후, 이 프로그램은 조건 명령문에 따라 3번째 줄의 동작이나 5번째 줄의 동작을 선택할 것이다. 이 예에서, 조건 명령문으로 "orderAmount < 40"이 주어진다. 이 조건 명령문이 참의 값을 가질 때, 컴퓨터는 3번째 줄의 값 이름 연동을 수행할 것이며, 배송료는 10의 값을 가지게 될 것이다. 만약 이 조건 명령문이 거짓의 값을 가지는 경우, 5번 째 줄의 값/이름 연동을 수행하며 배송료는 0의 값을 가지게 될 것이다. 그림 5.12에서의 컴퓨터 계산 명령문들의 논리와 흐름은 그림 5.11의 플로우차트와 일치한다.

5.3.2.3 다방향 선택

두 가지의 가능한 동작들 중에 하나를 선택하기 보다는 더 다양한 선택이 필요할 때가 있다. 온라인 쇼핑몰은 그림 5.15a에서 보이듯이 3단계 배송료 선택을 가지고 있을 수 있다. 이 예에서, 가장 높은 배송료 단계는 20달러 미만의 주문에서 10달러의 배송료를 책정하는 것이고, 두 번째 배송료 단계는 20달러 이상 40달러 미만의 주문에서 5 달러의 배송료를 물리며, 가장 낮은 단계는 주문량의 40달러 이상인 경우 무료 배송을 하게 한다. 따라서 우리는 이 세 가지의 서로 다른 단계 중에 하나만을 선택하는 알고리즘을 만들어야 한다.

그림 5.13b의 플로우차트는 그림 5.14에서 보이는 문장 구조로 전환될 수 있다. 이 프로그램은 두 방향 선택에 elseif 구문이 합쳐진 형태로 다방향 선택을 표현한다. 2번째 줄에서의 제어 조건문은 좀 더 복잡해지는데, 이는 배송료로 10달러를 선택하기 위해 주문량이 0이상 20미만인지 먼저 확인해 봐야 하기 때문이다. 이 표현식은 그림 5.13b에 나열된 정책에 정확하게 대응한다. 마찬가지로, 4번째 줄의 제어 조건문은 주문량이 20이상 40미만인 경우 배송료를 5달러로 하기 위한 것이다. 하지만 마지막 선택은 명시적으로 조건문을 쓰지 않았음을 주목할 필요가 있다. 다른 조건문이 적용되지 않는 경우에

배송료가 0으로 책정된다. 최종 동작은 앞의 두 동작들이 모두 실행되지 않는 경우에만 선택된다. 즉, 컴퓨터는 조건문이 쓰여진 순서대로 선택을 하게된다.

배송료 정책	
주문량	배송료
$0.00에서 $19.99까지	$10.00
$20.00에서 $39.99까지	$5.00
$40.00이상	$0.00

(a)

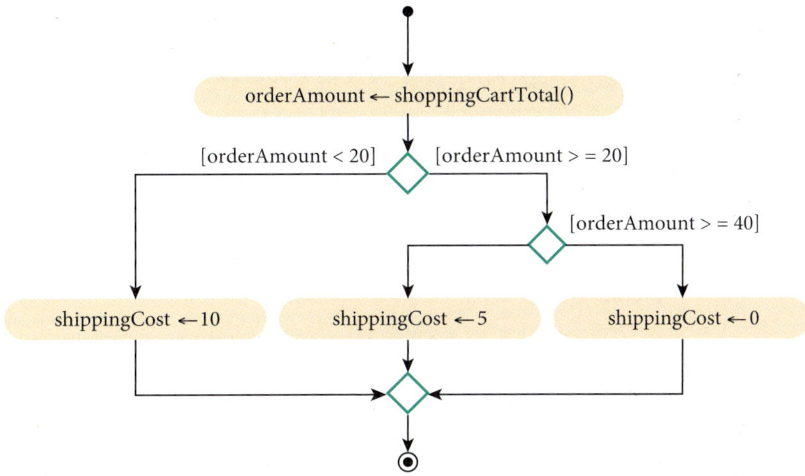

(b)

그림 5.13 (a) 배송료 정책. (b) 다방향 선택을 모델링하는 플로우차트; 세 가지 대안 중에 하나를 선택하고 있다.

그림 5.14의 프로그램은 컴퓨터가 위에서 아래 방향으로 조건문들을 계산한다는 것을 인지한다면 간단하게 이해할 수 있다. 예를 들면, 4번째 줄의 조건문을 생각해보자. 이 조건문은 2번째 줄의 조건문이 거짓의 값을 생성할 때에만 계산된다. 즉, 4번째 줄의 조건문은 주문량이 0달러에서 19.99달러 사이의 값이 아닐 때에만 계산된다. 따라서 주문량은 음의 값을 가지거나 또는 최소 20달러의 값을 가질 것이다. 우리는 답변을 할 수 있는 질문만을 함으로써 알고리즘의 복잡도를 줄일 수 있다. 예를 들면 주문량이 음의 값을 가질 수가 없다고 가정한다면, 두 번째 질문을 하는 시점에서는 주문량은 20달러 이상의 값을 가질 것이라는 것을 알 수 있다. 주문량이 음의 수를 가질 수 없다는 점을 생각하면 그림 5.15에 보이는 알고리즘으로 단순화 할 수 있다.

배송료 계산 프로그램

```
orderAmount ← shoppingCartTotal ()
if orderAmount ≥ 0 and orderAmount < 20 then
  shippingCost ← 10
elseif orderAmount ≥ 20 and orderAmount < 40 then
  shippingCost ← 5
else
  shippingCost ← 0
endif
```

그림 5.14 주어진 주문량에 대해 0달러, 5달러, 10달러의 배송료를 책정하는 프로그램

배송료 계산 프로그램

```
1. orderAmount ← shoppingCartTotal ()
2. if orderAmount < 20 then
3.   shippingCost ← 10
4. elseif orderAmount < 40 then
5.   shippingCost ← 5
6. else
7.   shippingCost ← 0
8. endif
```

그림 5.15 주어진 주문량에 대해 0달러, 5달러, 10달러의 배송료를 책정하는 좀 더 효율적인 프로그램

주문량이 음수를 가지지 않는다고 가정했기 때문에, 우리는 그림 5.15의 2번째 줄을 수정할 수 있다. 이것은 컴퓨터가 주문량이 0보다 크거나 같은지를 검사하지 않기 때문에 알고리즘을 더 효율적으로 계산하도록 만든다. 추가로 4번째 줄에서 "orderAmount >= 20"이 생략되었다. 이는 2번째 줄의 조건을 컴퓨터가 검사해서 조건이 맞지 않을 때만 4번째 줄의 조건문이 검사되기 때문이다. 조건문의 순서에 의해 논리적으로, 4번째 줄의 조건문이 검사된다는 것은 주문량이 20이상이라는 것을 암시해준다.

5.3.3 반복

"Wash, rinse, repeat"은 샴푸 회사에서 유래된 구문이다. 이 구문은 팝 문화의 일부분이 되어, 사람들이 어떤 일을 할때 무의식적으로 설명서를 기계적으로 따라하는 것을

은유적으로 표현하기 위해 자주 사용되는 구문이다. 물론 이 비관적인 은유법의 핵심은 설명서를 따라하는 사람들이 그들의 삶의 대부분에서 동일한 단계들을 지속적으로 무한히 반복하고 있는 것을 말하는 것이다. 최소한 그들이 샴푸를 다 쓸 때까지 말이다.

어떤 좋은 결과를 얻기 위해서 우리는 일상적으로 일련의 동작들을 자주 반복해야 한다. 예를 들면, 벽을 칠할때 페인트 붓에 페인트를 반복적으로 묻히면서 벽에 페인트를 칠해야 한다. 울타리를 설치할 때에도 반복적으로 구멍을 파고 울타리 기둥을 바닥에 심어야 한다. 심지어 노래를 부를 때에도 코러스 앞부분을 반복적으로 부르기도 한다. 많은 일상의 활동들이 **반복**(repetition)을 요구하듯이, 컴퓨터 역시 어떤 좋은 결과를 얻기 위하여 일련의 동작들을 반복적으로 실행한다. 사실, 컴퓨터의 가장 큰 강점 중의 하나는 어떤 불만도 없이 기계적으로 빠르게 지루한 동작들을 반복한다는 것이다.

루프(loop)는 일련의 동작들을 반복적으로 실행하는 제어구조를 말한다. **While** 루프는 특정 논리적 조건이 성립하는 상황에서 일련의 동작들을 계속 반복시키는 형태의 루프이다. 모든 while 루프는 그림 5.16에서 나타내는 플로우차트 구조를 가지고 있다. While 루프를 처음 만나게 되면, 우리는 어떤 동작이나 일련의 동작들을 한번 이상 실행할지 결정해야 한다. 이 결정은 yes/no 질문을 던짐에 의해 만들어진다. 만약 질문에 긍정적으로 답하게 되면, 동작이 실행되고 다시 같은 동작들을 한번 더 실행할지 질문을 받게 된다. 반복되는 루프는 빨간색 화살표에 의해 강조되고 있다.

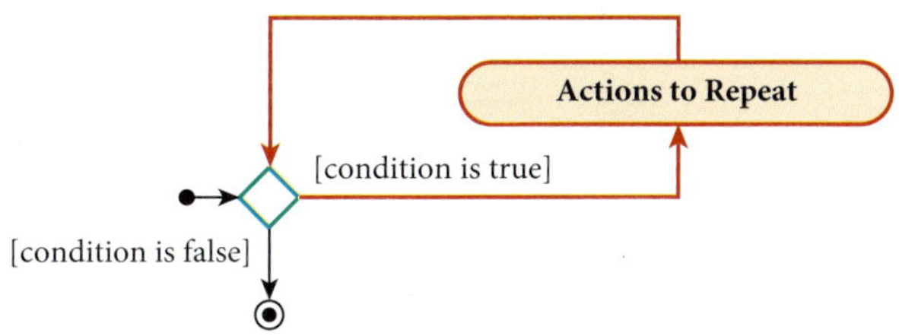

그림 5.16 while 루프에 대한 플로우차트 구조

우리는 일련의 반복되는 동작들을 일상의 영어를 사용하여 “while the steak has not yet reached a temperature of 135°F, cook for three minutes.”와 같이 표현할 수 있다. 이 예에서 논리 조건문은 “the steak has not yet reached 135°F”이고 반복되는 동작은 “cook for three minutes”이다. 이 과정을 모델링하는 플로우차트는 그림 5.17에 나타나있다.

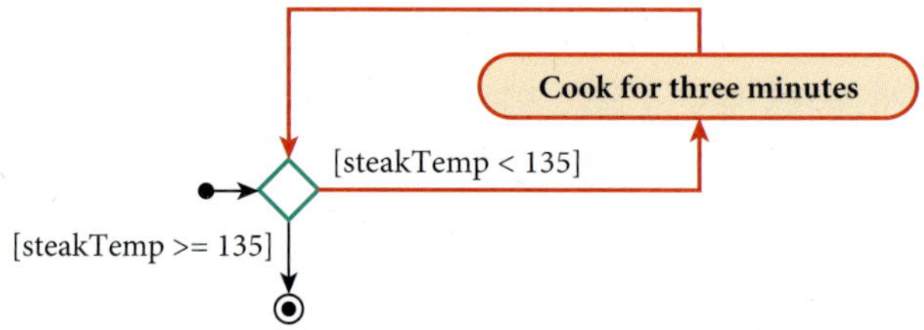

그림 5.17 그릴에 고기를 굽는 과정을 모델링 하는 while 루프를 사용하는 플로우차트

While 루프는 그림 5.18에서 보이는 표기법으로 표현되는데, CONDITION과 ACTIONS은 반복을 의미있게 하는 요소들을 담고 있다. 특별히 CONDITION은 논리값을 만드는 표현식이고 ACTIONS는 의미있는 일련의 동작들을 말한다. 반복 루프에서의 일련의 동작들은 **루프 본문**(loop body)이라고 불리기도 한다. 조건문은 얼마나 여러 번 루프 본문이 실행되는지를 제어한다.

```
while CONDITION do
ACTIONS
endwhile
```

그림 5.18 while 루프의 문법 패턴

그림 5.19는 이 표기법을 사용하여 고기를 굽는 과정을 모델링하는 프로그램을 표현하고 있다. 이 프로그램에서 우리는 75°F 상온에서 고기가 그릴에 놓여지고 그릴에서 고기가 구워지는 동안 3분마다 13°F 씩 온도가 상승한다고 가정해보자. 프로그램의 첫 번째 줄은 고기의 현재 온도를 나타내는 이름 steakTemp에 값 75를 연동하고 있다. 물론 고기가 그릴에 놓여져 있는 시간 만큼 고기의 현재 온도는 증가한다. 루프는 논리 조건문 "steakTemp<135"와 "steakTemp ← steakTemp + 13"으로 표현되는 반복 동작에 의해 제어된다. 즉, 루프는 최소 요구 온도에 도달할 때까지 반복적으로 고기의 온도를 13도씩 증가시킨다.

그릴에 고기를 굽는 프로그램

```
1. steakTemp ← 75
2. while steakTemp < 135 do
3.    steakTemp ← steakTemp + 13
4. endwhile
```

그림 5.19 그릴에 고기를 구울 때 고기의 온도를 모델링하는 알고리즘

우리는 알고리즘이 컴퓨터에 의해 실행될 때 발생하는 일련의 개별 동작들을 나열함으로써 while 루프의 의미를 더 깊게 이해할 수 있다. 그림 5.20은 그림 5.19의 프로그램을 실행할때, 컴퓨터가 취하는 동작들을 나열한 것이며, 각 개별 동작들에 의해 발생하는 계산적 상태를 보여주고 있다. 고기 온도는 75°F로 초기화된다. 이러한 첫 번째 동작 후에 프로그램은 고기를 그릴에 3분 더 놓아둘 것이냐(이 동작에 의해 고기의 온도는 13도씩 상승한다) 아니냐를 반복적으로 결정한다. 이 시점에서 고기의 온도가 135도 보다 낮기 때문에 프로그램은 고기를 3분 더 그릴에 놓아두는 것으로 결정을 하며 따라서 고기의 온도는 75도에서 88도로 상승한다. 이 과정을 통해 몇 분이 지난 후 고기의 온도는 최종적으로 135도 보다 높아지게 된다. 이 때, 프로그램은 고기가 더 이상 그릴에서 구워지지 않도록 루프를 종료하게 된다.

그릴에 고기를 굽는 알고리즘은 그릴에 계속 구울지 여부를 판단하기 위해 고기의 온도를 계산한다. 최종 온도는 정확하게 135도가 아닐 수도 있으며 이러한 예에서 볼 수 있듯이 초기 온도와 매 3분 마다 상승한 온도의 양에 따라 135도 보다 더 높을 수 있다.

줄번호	내용	실행 후 상태
1	Bind 75 to steakTemp	{steakTemp=75}
2	조건문 steakTemp < 135는 참 (따라서 계속 반복한다)	{steakTemp=75}
3	steamTemp = steakTemp + 13	{steakTemp=88}
2	조건문 steakTemp < 135는 참 (따라서 계속 반복한다)	{steakTemp=88}
3	steamTemp = steakTemp + 13	{steakTemp=101}
2	조건문 steakTemp < 135는 참 (따라서 계속 반복한다)	{steakTemp=101}
3	steamTemp = steakTemp + 13	{steakTemp=114}
2	조건문 steakTemp < 135는 참 (따라서 계속 반복한다)	{steakTemp=114}
3	steamTemp = steakTemp + 13	{steakTemp=127}
2	조건문 steakTemp < 135는 참 (따라서 계속 반복한다)	{steakTemp=127}
3	steamTemp = steakTemp + 13	{steakTemp=140}
2	조건문 steakTemp < 135는 거짓 (따라서 루프를 종료한다)	{steakTemp=140}
	조건문이 거짓이기 때문에 우리는 이 프로그램에서 할 일을 다 한 것이다. 변수 steakTemp는 140의 값을 가지게 된다.	{steakTemp=140}

그림 5.20 그릴에 고기를 굽는 프로그램의 계산 상태

이 알고리즘에 요리사가 요구할 만한 추가적인 정보를 계산하는 부분을 약간 더 추가할 수 있다. 아마 요리사는 고기, 구운 감자, 찐 브로콜리로 구성된 요리를 하고 있을 수 있다. 요리사는 모든 요리가 거의 동시에 완성될 수 있도록 그릴에 고기를 굽는데 필요한 시간을 알고 싶어할 수 있다.

필요한 시간을 계산하기 위해서, 우리는 그릴에 고기를 굽는데 필요한 시간을 나타내는 변수를 사용할 수 있다. 이 변수는 분명히 루프에 들어가기 전에 0으로 초기화 되어야 하며, 이 시점에서는 아직 그릴에 고기가 올려지지 않아야 한다. 루프가 매번 실행될 때마다 이 변수의 값은 3씩 증가하게 되는데, 이는 온도가 매 3분마다 측정되기 때문이다. 루프가 종료하게 되면, 변수의 값은 그릴에 고기를 굽는데 걸리는 시간을 가지게 된다. 이러한 내용은 그림 5.21에 나타나 있으며 변수 minOnGrill은 2번째 줄에서 0으로 초기화되며 5번째 줄에서 3씩 증가하게 된다.

컴퓨터 프로그래머라면 그림 5.21의 루프는 효율적인 반복 셈하기 루프라는 것을 빠르게 알아차릴 것이다. **반복 셈하기 루프**(counting loop)는 루프가 얼마나 반복되는지에 대한 숫자를 세는 변수를 가지는 루프를 말한다. 이 예에서, 변수 minOnGrill은 비록 루프 한 번당 3씩 증가함에도 불구하고 루프의 실행 숫자를 효율적으로 반영해 준다. 루프 본문이 처음 실행된 후 minOnGrill 변수는 3의 값을 가지며, 이는 루프가 한 번 실행되었음을 나타낸다(1의 3배수는 3). 루프가 두 번째 실행되었을때 minOnGrill 변수는 6의 값을 가지며 이는 루프가 두 번 실행되었음을 나타낸다(2의 3배수는 6).

그릴에 고기를 굽는 시간을 재는 프로그램

```
1. steakTemp ← 75
2. minOnGrill ← 0
3. while steakTemp < 135 do
4.    steakTemp ← steakTemp + 13
5.    minOnGrill ← minOnGrill + 3
6. endwhile
```

그림 5.21 그릴에 고기를 굽는데 걸리는 시간을 계산하는 프로그램

그림 5.21의 알고리즘은 모든 컴퓨터 프로그래머들에게 익숙한 설계 패턴을 보여주고 있다. 설계 패턴에 의하면 잘 작성된 모든 루프는 아래의 세가지 잘 정의된 요소를 가지고 있게 된다.

1. **초기화** – 반복 루프 안의 모든 변수는 루프에 진입하기 전에 정확한 값을 가지고 있어야 한다. 그림 5.21의 루프 초기화는 1번째 줄과 2번째 줄에서 실행되는데 고기가 그릴에 놓이기 직전의 steamTemp 값은 75°F이며 고기는 그릴에 0분 동안 놓인다.

2. **조건문** – 조건문은 루프를 언제까지 반복해야 하는지를 결정하는 것으로, 정확하게 기술되어야 한다. 요리사는 고기가 135°F에 도달하는 것을 요구하기 때문에, 3번째 줄에 나타나 있는 조건문에서 steakTemp < 135가 참인 동안 루프는 계속 반복된다는 것을 나타낸다.

3. **진전** – 동작들이 반복적으로 실행됨으로써 상황이 진전되어 반복 루프가 종료되도록 해야 한다. 그림 5.21의 조건문들은 steamTemp가 135도 이상이 되어야만 루프가 종료되기 때문에 루프는 매번 13씩 steakTemp를 증가시켜 루프가 종료되는 방향으로 진전되도록 한다.

5.3.3.1 무한루프

그림 5.21의 프로그램에서 일부 내용을 바꾸어 보자. 우리는 고기의 온도가 135도가 되면 다 구워진다는 사실을 알고 있으므로, 고기의 온도가 135도와 같지 않은 경우에는 고기를 계속 굽도록 조건문을 바꾸어 볼 수 있다. 이 변화는 그림 5.22의 3번째 줄에 나타나 있는데, 여기서 <는 ≠로 바꾸어져 있다.

그림 5.22의 알고리즘은 논리적으로 오류가 있는데, 루프가 종료되는 방향으로 프로그램이 진행되지 않기 때문이다. 고기의 온도가 135도인 때에만 루프가 종료한다는 점을 기억하자. 그러나 우리의 프로그램은 고기의 온도가 절대로 135도가 될 수 없도록 작성되어 있다. 대신에 고기의 온도는 75, 88, 101, 114, 127, 140, 153, 176 등의 값을 가진다. 따라서 고기의 온도는 무한대로 증가할 것이고 이 온도는 전 우주의 어떤 사물들보다 더 높은 온도가 될 것이다. 추가로 그릴에 고기를 굽는 시간 역시 무한대로 증가할 것이다.

그림 5.22는 **무한루프**(infinite loop)의 한 예이다. 무한루프는 절대로 종료될 수 없는 루프를 말한다. 즉, 루프를 계속할지 결정하는 조건문의 답이 항상 참의 값을 가진다는 것을 말한다. 이 장의 앞에서 언급했다시피 "wash, rinse, repeat"은 많은 샴푸 제조회사들이 제창한 구문이다. 이 구문은 컴퓨터 계산적인 관점에서 보면 무한루프의 한 예가 될 수 있는데, 여기에는 반복을 중지시키는 어떤 조건문도 없기 때문이다. 무한루프는,

프로그램은 유한한 단계 후에 종료해야 한다는 요구사항을 어기므로, 거의 항상 논리적인 오류로 본다[3]. 무한루프는 실제로 소프트웨어의 많은 오류들의 원인이다.

그릴에 고기를 굽는 시간을 계산하는 프로그램(잘못됨)

```
steakTemp ← 75
minOnGrill ← 0
while steakTemp ≠ 135 do
  steakTemp ← steakTemp + 13
  minOnGrill ← minOnGrill + 3
endwhile
```

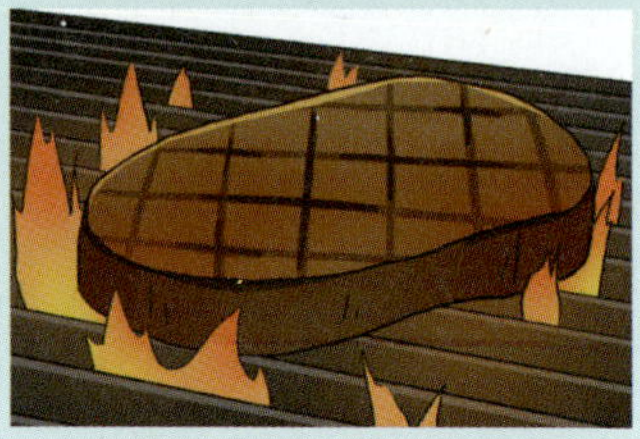

그림 5.22 그릴에 고기를 굽는데 얼마나 오래 시간이 걸리는 지를 계산하는 잘못된 프로그램

5.3.4 모듈화

우리는 이 장에서 모든 실행 가능한 알고리즘은 컴퓨터로 계산이 가능한 동작들의 순서로 표현되어야 한다고 언급한 적이 있다. 우리는 기본적인 산술연산을 수행하는 능력과 함께 값 이름 연동, 선택, 반복을 포함하는 여러 개의 계산가능한 동작들을 서술해 왔다. 우리는 또한 어떻게 고기가 구워지는지를 모델링하는 과정(모델링 과정의 모든 이산적인 동작들이 계산가능한 것들이기 때문에 이 과정도 계산가능한 것이다)을 서술했다. **모듈화**(Modulization)는 컴퓨터로 계산이 가능한 어떤 과정들에 하나의 이름을 할당함으로서 새로운 계산 동작들을 정의하는 프로그래밍의 핵심적인 요소이다.

알고리즘은 이들을 독립적인 부분 과정으로 분해함으로써 모듈화 될 수 있다. 예를 들면, 그림 5.21의 프로그램에 "grillSteak"라는 이름을 붙일 수 있으며 그릴에 고기를 굽는 알고리즘을 단순히 이 이름을 언급함으로써 실행할 수 있다. **모듈**(module)은 부분 과정에 이름이 부여된 것을 말한다. 그림 5.23은 부분 과정에 모듈 이름을 붙이는 문법 패턴을 보여준다.

```
module NAME() is
ACTIONS
endmodule
```

그림 5.23 부분 과정에 모듈 이름을 붙이는 문법패턴

3 일부 상황에서, 무한루프가 논리적으로 정확하고 유용할 수는 있다. 이러한 상황들은 이 책의 범위를 벗어난다.

그림 5.24는 프로그램에 이름을 붙임으로써 그릴에 고기를 굽는 프로그램이 어떻게 모듈이 되는지를 보여준다. 이 경우에, 이름 grillSteak는 그릴에 고기를 굽는 과정과 연동된다. 모듈이 정의된 후에는, 우리는 그 모듈의 이름을 쓰고 빈 괄호를 뒤에 붙임으로써 부분 과정을 실행할 수 있다. 예를 들면, "grillSteak()"는 "grillSteak라고 이름 붙여진 과정을 실행하시오"라는 것을 의미한다고 이해할 수 있다.

그릴에 고기를 굽는 모듈

```
module grillSteak() is
   steakTemp ← 75
   while steakTemp < 135 do
      steakTemp ← steakTemp + 13
   endwhile
endmodule
```

그림 5.24 grillSteak 모듈

모듈은 많은 개별적인 부분으로 구성된 대규모의 프로그램을 작성할 때 필수적이다. 예를 들면, 그릴 요리사가 단체 손님들의 저녁을 준비한다고 생각해보자. 우리는 케이크를 굽고, 샐러드를 만들고, 레모네이드를 준비하고, 그릴에 고기를 굽는 것을 수반하는 모듈을 여러차례 실행함으로서 저녁을 준비하는 과정을 표현할 수 있을 것이다. 각 모듈은 개별적이고 프로그래머가 자체적으로 정의한 계산가능한 이러한 동작들은 단지 이름을 언급함으로써 실행시킬 수 있다. 이 모듈들이 컴퓨터 동작들의 상태를 변화시키기 때문에, 이들은 플로우차트 표기법에도 들어가야 한다. 그림 5.25는 makeDinner라는 이름을 가진 모듈이 어떻게 일련의 부분 모듈에 의해 표현되는지를 보여준다. 그림 5.25는 이 과정을 표현하는 플로우차트를 보여준다.

저녁파티를 준비하는 모듈

```
module makeDinner() is
   bakeCake()
   fixSalad()
   makeLemonade()
   grillSteak()
endmodule
```

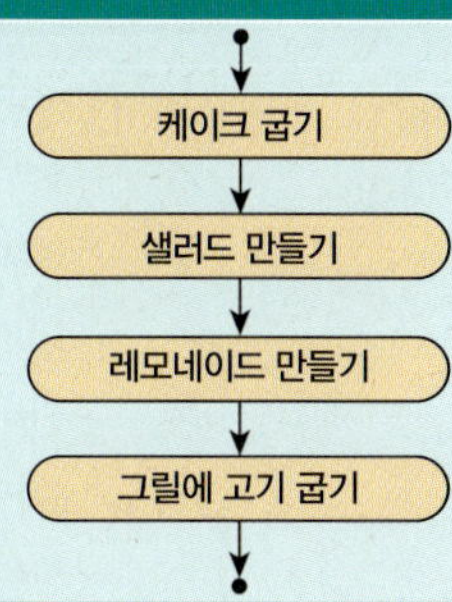

그림 5.25 부분 모듈에 의해 표현되는 'makeDinner' 모듈

잘 정의된 모듈은 여러 기준점들을 만족시킨다. 이 기준점들은 모듈이 다양한 종류의 더 광범위한 크기의 과정들에 사용될 수 있고, 독립적으로 구성되며, 한 모듈에서의 오류가 그 모듈을 사용하는 시스템에 제한된 영향만을 주고, 또한 이 모듈이 다양한 범위의 환경에서 사용될 수 있도록 보장해 준다. 이 기준점은 아래와 같이 주어진다.

1. **이해가능성**(Understandability) – 모든 모듈은 독립적으로 구성되어야 하며, 이는 모든 모듈은 모듈 외부에서 발생하는 동작들에 대한 어떤 지식이 없이도 모두 이해 가능하여야 함을 의미한다.
2. **캡슐화**(Encapsulation) – 모든 모듈은 그 모듈 안의 데이터에만 영향을 줄 수 있어야 한다. 모듈에 의해 발생하는 모든 오류가 그 모듈 안에서만 발생할 수 있어야 한다.
3. **합성**(Composition) – 모든 모듈은 추가해야 하는 특별한 부분없이 더 큰 모듈에 결합이 될 수 있어야 한다.

다른 사람들을 초대하게 되면 단순히 저녁을 준비하는 것 이상을 준비해야 한다. 예를 들면, 저녁식사 주최자는 초대장을 보내야 하고, 답변을 모아야 하며, 음식을 사고, 집을 청소하고, 식사 때 들려줄 음악을 골라야 한다. 우리는 또 다른 부분 모듈들로 모듈을 구성하는 내용을 저녁식사에 다른 사람들을 초대하는 것에 비유하고자 한다(그림 5.26).

모듈화는 복잡한 알고리즘을 설계하는데 필요한 매우 강력한 수단이다. 모듈들은 큰 과정을 작은 부분으로 분리하여 작은 부분들을 더 쉽게 이해하고 관리할 수 있도록 한다. 더욱이, 작은 부분들은 독립적으로 구성되기 때문에, 그 부분들을 고치거나 다시 작성할 필요없이 다른 복잡한 알고리즘에 쉽게 추가할 수 있다. 또한 부분 모듈들이 무엇을 하는지를 정확하게 이해하는 것이 필요하지만 그 부분 모듈들이 어떻게 동작하는지에 대해서는 모두 이해할 필요는 없다.

저녁식사 초대 모듈

```
module hostParty() is
    sendInvites()
    collectResponses()
    purchaseFood()
    cleanHouse()
    chooseMusic()
    makeDinner()
endmodule
```

그림 5.26 저녁 식사 초대에 대한 모듈

5.3.4.1 모듈의 유연성

모듈들은 다양한 상황에서 사용될 수 있도록 충분히 유연하게 만들어져야 한다. 그릴에 고기를 굽는 그림 5.24의 예를 생각해보자. 이 모듈은 방 온도가 화씨 75도인 경우에만 정확하게 사용될 수 있다. 하지만 고기를 뒷마당에 있는 그릴에서 굽게 되어 고기가 화씨 94도에 놓여진다면 어떻게 할 것인가? 완전히 다른 모듈을 새로 작성하기 보다는 grillSteak 모듈이 모든 경우의 초기 온도에서도 작동할 수 있도록 고치는 것이 더 나을 것이다.

모듈은 사용자가 프로그램 코드에 입력값을 넣을 수 있도록 유연하게 만들어진다. 모듈은 사용자가 넣은 입력값에 따라 다르게 반응할 수 있다. 모듈이 받을 수 있는 입력의 갯수는 모듈이 작성될 때 정의되어야 한다. 이러한 입력을 정형 매개변수라고 한다. **정형 매개변수**(formal parameter)는 초기값이 모듈의 입력값에 의해 정해지는 변수를 말한다. 모듈의 행동은 사용자로부터 주어진 초기값에 달려있다. 모듈 사용자로부터 주어진 초기값은 **인수**(argument) 또는 **실 매개변수**(actual parameter)라고 한다.

그림 5.27은 모듈을 정의하는데 필요한 확장된 문법 패턴을 보여준다. 정형 매개변수들은 이름 뒤에 위치한 괄호 내에 위치하게 된다. 정형 매개변수는 단지 변수의 이름을 말하며, 모듈들은 각 모듈의 기능에 필요한 갯수의 정형 매개변수를 가질 수 있다. 물론 모듈들은 앞서 설명한 모듈의 예에서 보았듯이 정형 매개변수를 전혀 가지지 않을 수도 있다.

```
module NAME(V1, V2, ···., VN) is
   ACTIONS
endmodule
```

그림 5.27 정형 매개변수를 정의하는 문법 패턴

우리는 grillSteak 모듈의 초기 온도를 모듈 밖에서 입력값으로 제공하도록 유연하게 모듈을 만들 수 있다. 이 유연함은 그림 5.28에서 볼 수 있다.

유연하게 작성된, 그릴에 고기를 굽는 내용을 담은 모듈

```
module grillSteak(steakTemp) is
   while steakTemp < 135 do
      steakTempl ← steakTemp + 13
   endwhile
endmodule
```

그림 5.28 보다 유연한 grillSteak 모듈

모듈을 보면 그릴에 고기를 굽기 위해 컴퓨터가 취해야 하는 동작들 만을 정의하고 있음을 알 수 있다. 그릴에 고기를 굽는 과정을 작성하기 위해서는 steakTemp 변수의 시작값을 알아야 함에도 불구하고, 우리가 실제로 알아야 하는 것은 고기가 시작 온도값을 가진다는 것이다. 물론 우리가 실제로 그릴에 고기를 굽는다면 이 과정을 진행하기 위해서 고기의 시작 온도를 알아야 할 필요가 있다.

다시 작성된 grillSteak 모듈은 하나의 정형 매개변수만을 가지고 있다. 이것은 만약 이 모듈을 사용하여 그릴에 고기를 굽는다면 우리는 하나의 매개변수를 제공해야 함을 의미한다. 실제 매개변수는 그릴에 고기를 굽는 부분 과정에서의 고기의 시작 온도가 된다. 예를 들면, 만약 우리가 뜨거운 여름에 애리조나주 피닉스의 뒷 발코니에서 고기를 굽는다면 우리는 고기의 시작 온도를 화씨 94로 잡게 될 것이다. 이 경우 우리는 다음과 같이 작성한다.

```
grillSteak(94)
```

어떤 시작 온도에서도 grillSteak 모듈이 사용될 수 있도록 유연하게 작성되었다고 할지라도 우리는 현재의 이 모듈이 적용되지 않을 더 많은 환경을 고려해서 유연성을 높이도록 모듈을 고칠 수 있다. 우리는 덜익은(rare) 상태로 고기를 굽기 위해 고기의 온도가 130도가 될 때 굽는 것을 그만두기를 원할 수도 있다. 또한 우리는 고기를 잘익은(well-done) 상태로 굽기 위해 고기의 온도가 155도가 될 때까지 굽기를 원할 수도 있다. 또한 아마도 두꺼운 고기를 굽기 위해 고기의 온도가 매 3분마다 2도씩 증가하도록 만들고 싶어할 수도 있을 것이다[4]. 이러한 점들에 대해 grillSteak 모듈에 두 개의 정형 매개변수(고기 목표 온도와 그릴에 가열중의 매 3분 마다 온도 증가)를 추가함으로써 모듈을 더욱 유연하게 만들 수 있다. 이러한 변화는 그림 5.29에 나타나 있다.

그릴에 고기를 굽는 내용을 담은 가장 유연한 모듈

```
module grillSteak(steakTemp, targetTemp, increaseAmount) is
  while steakTemp < targetTemp do
     steakTemp ← steakTemp + increaseAmount
  endwhile
endmodule
```

그림 5.29 최적으로 유연성을 가지는 grillSteak 모듈

4 두꺼운 고기를 지나치게 센 불에 굽게 되면 고기의 안쪽 부분이 익기 전에 겉 부분이 먼저 타게 된다. 따라서 두꺼운 고기일수록 덜 강한 불에 구워 겉이 타기 전에 안이 익도록 해야 한다.

grillSteak 모듈은 현재 세 개의 정형 매개변수를 가지고 있기 때문에, 우리가 이 모듈을 사용하게 되면 세 개의 실 매개변수들을 모듈에 제공해야 한다. 즉, 이 모듈을 사용하기 이전에, 우리는(1) 고기의 시작온도, (2) 고기의 목표 온도, (3) 매 3분 마다 증가하는 그릴위의 고기 온도를 알고 있어야 한다. 아래 각각은 각기 다른 환경에서 서로 다른 결과를 얻기 위해 grillSteak 모듈을 우리가 어떻게 사용해야 하는 가를 보여준다.

```
grillSteak(65, 130, 2)
```

고기가 화씨 65도에서 시작해서 고기가 구워지도록 하며 그릴의 고기 온도는 매 3분마다 2도씩 증가하여 적어도 130˚F 가 될 때까지 고기를 굽는다.

```
grillSteak(94, 155, 13)
```

고기가 화씨 94도에서 시작해서 고기가 구워지도록 하며 그릴의 고기 온도는 매 3분마다 13도씩 증가하여 적어도 155˚F 가 될 때까지 고기를 굽는다.

```
grillSteak(94, 135, 5)
```

고기가 화씨 94도에서 시작해서 고기가 구워지도록 하며 그릴의 고기 온도는 매 3분마다 5도씩 증가하여 적어도 135˚F 가 될 때까지 고기를 굽는다.

요약하자면, 우리는 알고리즘과 컴퓨터의 계산 과정을 표현하기 위해 값/이름 연동, 선택, 루프, 모듈을 설명하였다. 우리는 알고리즘이 실행되는 동안의 모든 데이터의 현재 값을 어떻게 알고리즘의 컴퓨팅 상태로 표현하는지에 대해서도 설명하였다. 그리고 마지막으로 모듈이 대규모의 문제를 어떻게 작은 단위로 자를 수 있는지와 정형 매개변수를 사용하여 이러한 작은 단위들이 어떻게 유연성을 가지도록 작성될 수 있는지에 대해서도 살펴보았다.

주요용어

- 값/이름 연동(name binding)
- 루프(loop)
  - while 루프(while loop)
  - 무한 루프(infinite loop)
  - 반복 셈하기 루프(counting loop)
- 모듈(module)
- 모듈화(modularization)
- 모듈화(modularization)
- 모호하지 않은(unambiguous)
- 선택 명령어(selection statement)
  - 두 방향 선택 명령어(two-way)
  - 다 방향 선택 명령어(multiway)

한 방향 선택 명령어(one-way)
식별자(identifier)
실 매개변수(actual parameter)
실행(executes)
알고리즘(algorithm)
이해성(understandability)
인수(argument)
제어흐름(control flow)
정형 매개변수(formal parameter)
종료(halt)
캡슐화(encapsulation)
계산가능한 동작(computable action)
계산가능한 함수(computable function)
선언형 언어(declarative)
함수형 언어(functional)
계산 상태(computation state)
컴퓨터 소프트웨어(computer software)
프로그램(program)
플로우차트(flowchart)
합성(composition)
활동 다이어그램(activity diagram)

연습문제

1. 업무 중에 무슨 옷을 입을지를 결정하는 소프트웨어를 작성한다고 생각해보자. 아침 온도가 화씨 50도 이상이라면 올리브 그린 색의 반바지를 입고 그렇지 않다면 붉은 모직으로된 캐주얼 평상복을 입을 것이다.

a. 무엇을 입을지를 어떻게 결정하는지를 기술하는 플로우차트를 작성하시오. "temperature"라는 변수를 사용하시오. 이 변수에 대한 차트에서의 첫 동작은 기상청에서 얻은 온도로 변수를 초기화 하는 것이다. "getTemperatureFromNWS()"라는 모듈이 사용가능하다고 가정해도 좋다. "attire"라는 이름의 변수를 사용하시오. 플로우차트를 완성하였을 때, 이 변수의 값은 반바지를 입게 되면 0이 되고 캐주얼 평상복을 입을 경우 1이 되어야 한다.

b. 이 플로우차트를 이 장 전체에서 사용된 표기법을 사용하여 "whatToWear"라는 이름의 모듈로 작성하시오.

2. 1번 문제에서 설명했다시피, 어떤 옷을 입을 것인가를 결정하는 소프트웨어를 작성하는 경우를 생각해보자. 이 경우 온도가 화씨 20도 아래일 경우 위아래가 연결된 작업복을 입으며 온도가 화씨 50도 미만인 경우 캐주얼 평상복을 입는다. 그 외의 경우에는 반바지를 입는다.

a. 무엇을 입을지를 결정하는 방법을 기술하는 플로우차트를 작성하시오. 1번 문제

의 설명을 따르되, "attire"의 최종 값은 반바지의 경우 0, 캐주얼 평상복은 1, 위 아래가 연결된 작업복의 경우 2의 값을 가지도록 하시오.

b. 이 플로우차트를 "whatToWear"라는 이름의 모듈로 이 장 전체에서 사용된 표기법을 사용하여 작성하시오.

3. "print"라는 모듈이 여러분이 작성한 문장을 컴퓨터 화면에 출력한다고 가정하라. 만약 예를 들면 "Computational Thinking"이라는 문장을 화면에 쓰고 싶다면 이 동작을 print("Computational Thinking")이라고 기술할 수 있다.

a. 0, 3, 6, 9, 12의 값들을 컴퓨터 화면에 출력하는 내용을 기술하는 플로우차트를 작성하여라. 루프를 사용하여야 한다.

b. 0, 3, 6, 9, 12의 값들을 컴퓨터 화면에 출력하는 내용을 "countBy3"이라는 이름의 모듈을 작성하여라.

4. 아래의 각각의 플로우차트에 대해서 컴퓨터가 실행하는 동작들을 나열하고 그 동작 직후의 계산 상태를 나타내어라.

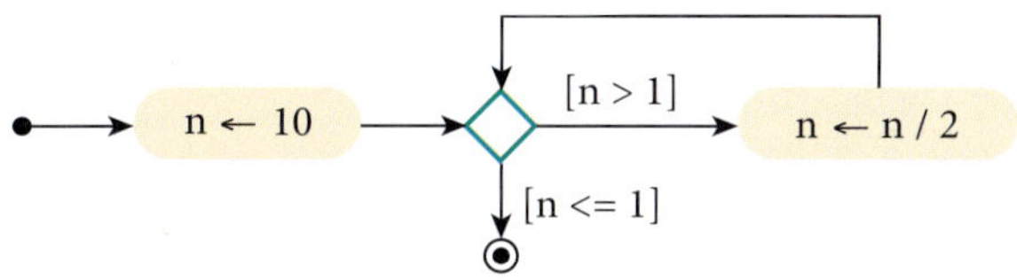

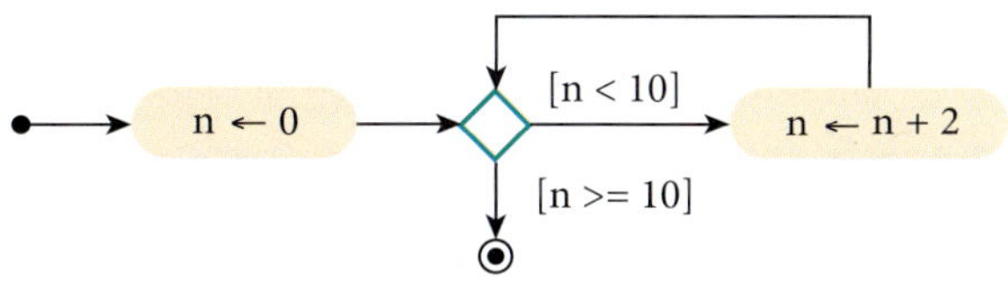

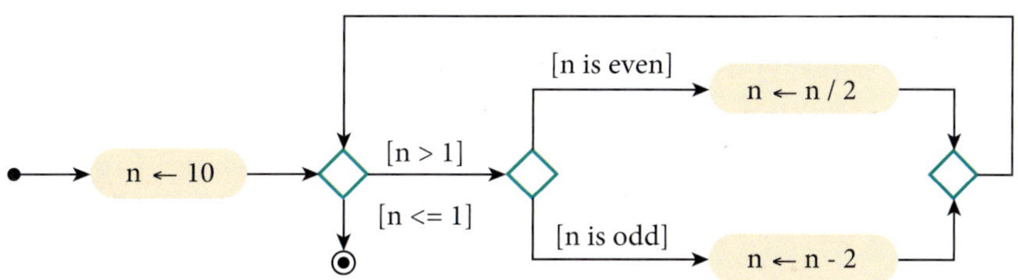

5. 시간제 노동자의 주급을 계산하는 모듈을 작성하라. 이 모듈은 두 개의 정형 매개변수를 가지고 있다. 첫 번째 매개변수는 "hoursWorked"로 이름 지어지며 노동자가 한 주 동안 일한 시간을 나타낸다. 두 번째 매개변수는 "hourlyRate"로 이름 지어지며 시급 액수를 의미한다. 주별 40시간을 넘기는 초과 근무의 경우에는 시급의 50%를 더한 액수가 초과된 시간에 대한 시급이 된다. 그 예로서 아래의 모듈을 고려해 보자.
   a. weekSalary(10, 9)는 노동자가 시간당 9달러씩 10시간을 일했으므로 값 90을 계산한다.
   b. weekSalary(50, 10)는 노동자가 시간당 10달러씩 40시간을 일했으며 초과 근무 10시간에 대해서는 시간당 15달러씩 계산해서 550의 값을 계산한다.

6. 원뿔의 부피를 계산하는 모듈을 작성하여라. 이 모듈을 두 개의 매개변수를 가진다. 첫 매개변수는 인치(inch) 값으로 주어지는 지름을 말한다. 두 번째 매개변수는 피트(feet) 값으로 주어지는 원뿔의 높이를 말한다. 이 모듈은 큐빅 인치($inch^3$)로 부피를 계산한다. 원뿔의 지름 R, 높이 H,에 대한 부피 V는 아래의 수식으로 계산된다.

$$V = (\pi \times R^2 \times H)/3$$

7. 숫자를 추측하는 게임에 대한 모듈을 작성하라. 이 게임에서, 컴퓨터는 0에서 100 사이의 임의의 숫자를 고른다. 플레이어는 컴퓨터가 고른 숫자가 무엇인지를 추측해야 한다. 플레이 어가 숫자를 추측할 때 마다 컴퓨터는 추측한 숫자가 컴퓨터가 고른 값보다 낮은 값인 경우에 "Too Low", 높은 값인 경우에 "Too High", 추측한 숫자가 컴퓨터가 고른 값과 같은 경우에 "You Got It"이라는 문장을 출력한다.

   여기서 [0,100] 사이의 정수를 임의로 선택하는 "random"이라는 모듈이 있다고 가정한다. 여러분은 이 때 computerGuess ← random()이라는 명령어를 사용할 수 있다. 연습문제 3에서 쓰인 "print"라는 모듈도 사용 가능하다.

CHAPTER 06

해결책 모델링

영화의 비밀을 말하자면 영화는 환상이라는 것이다.

– 조지 루카스(영화감독)

학습목표

- 행동과 조건이 포함된 활동 다이어그램을 해석할 수 있다.
- 기본 활동 다이어그램의 제어 흐름을 구성하는 제어의 세가지 형태(순차화, 선택, 반복)를 인지한다.
- 간단한 알고리즘에 대해 기본 활동 다이어그램을 만들 수 있다.
- 알고리즘에서 상태와 이벤트를 인지할 수 있다.
- do, entry, exit 행동이 포함된 상태 다이어그램을 해석할 수 있다.

인생은 **모델**(model)로 가득 차 있다. 아마도 여러분이 어릴때 자동차나 배의 플라스틱 모델을 만들었던 경험이 있을 것이다. 모델은 새로운 옷의 디자인을 보여주고 싶을 때 사용되기도 한다. 경제학자들은 재무시스템에 대한 모델을 만들고 사회학자들은 사회구성원의 모델을 만든다.

모델이란 어떤 객체나 시스템의 복제품 또는 표현물에 불과하다. 때때로 모델은 어떤 사물을 너무 작게, 너무 빨리, 또는 너무 멀리 떨어져서 표현하고 있기 때문에 다른 관점에서 보면 이해하기 어렵다. 태양계 행성의 장난감 모델과 분자구조를 보여주는 3차원 화학 모델은 우리가 맨눈으로 볼 수 없는 것들을 이해할 수 있도록 하기 때문에 유용하다.

일반적으로, 모델은 중요한 특성을 강조하고 불필요한 세부내용을 제거하는 추상화 과정을 통해 만들어진다. 건축설계사는 때때로 그들이 만들고자하는 건물 외관의 미적인 요소들을 강조하기 위해 물리적인 모델을 사용한다. 영화제작자들은 영화의 각 장면(scene)을 토대로 만든 스토리보드를 사용하여 영화를 모델링한다.

컴퓨터과학의 한 분야는 소프트웨어의 모델을 만드는 것이다. 이러한 컴퓨터 모델은 때때로 실제 시스템을 모의 실험하기 때문에 "시뮬레이션"이라고도 불린다. 동작 게임이나 비행기 파일럿을 교육하기 위한 비행 시뮬레이터는 시뮬레이션의 한 예이다.

이 장에서는, 소프트웨어 공학자들이 알고리즘을 모델하기 위해 사용하는, **활성 다이어그램**(activity diagram)과 **상태 다이어그램**(state diagram)이라는 두가지 서로 다른 기법에 초점을 맞추고 있다. 각각의 기법들은 알고리즘의 특정 양상을 보여주는 추상화된 그림을 사용한다. 이 기법들은 모두 **UML**(Unified Modeling Language)이라고 불리는 표준 다이어그램 표기법의 한 부분이다. 쓰임새 다이어그램과 클래스 다이어그램(4장)은 모두 역시 UML 표준 표기법의 한 부분이다.

알고리즘이 다음의 두가지 요소로 구성되어 있음을 기억해보자.

- 명령어
- 데이터

이 요소들은 활동 다이어그램과 상태 다이어그램 사이의 기본적인 차이점을 설명해준다. 활동 다이어그램은 명령어(활동)에 초점을 맞추고 있고 상태 다이어그램은 데이터(상태)에서부터 시작된다.

6.1 활동 다이어그램

알고리즘은 작업을 수행하는데 필요한 명령어들의 모음을 의미한다. 알고리즘에 의해 수행되는 작업의 종류는 무한하다. 도시에서 도시로 이동하는 알고리즘, 잔디 깎는 기계를 조립하는 알고리즘, 낚시를 잘하는 알고리즘, 새로운 사업을 시작하는 알고리즘과 같은 것들이 있다. 컴퓨터 과학자들이 소프트웨어 시스템을 만드는 알고리즘에 가장 관심을 보이고 있지만, 소프트웨어 알고리즘을 개발하는데 사용되는 설계기법들은 일반적으로 다른 많은 종류의 알고리즘에도 적용가능하다.

우리는 알고리즘이 의도한대로 작업(문제)을 수행한다면 정확하다고 말한다. **정확한 알고리즘**(correct algorithm)은 정확한 명령어들을 사용해야 한다. 예를 들면, 여러분은 잔디 깎는 기계를 조립하기 위해 낚시를 잘하는 알고리즘을 사용할 수 없다. 하지만 여러분이 작업을 수행하는데 필요한 정확한 명령어들을 알고 있다고 해서 여러분의 알고리즘이 정확하다고 볼 수는 없다. 여러분은 적절한 순서대로 명령어들을 배치해야 한다. 운전을 해서 도시간에 이동하는 방법에서 좌회전, 우회전 순서가 반대로 되어 있을 경우에 생기는 혼란을 생각해보라.

4장의 **제어흐름**(control flow)은 명령어 실행의 대략적인 순서를 기술하기 위한 수단으로 소개되었으며, 제어흐름을 그림으로 나타낸 것이 활동 다이어그램이라고 간주하면 된다. 어떤 사람들은 이러한 종류의 다이어그램을 **플로우 다이어그램**(flow diagram) 또는 **플로우차트**(flowchart)라고 부른다. 활동 다이어그램의 그림 요소들은 매우 간단하다. 대부분의 활동 다이어그램에는 단지 다섯 개의 기호만이 필요하다. 그림 6.1을 참고하라.

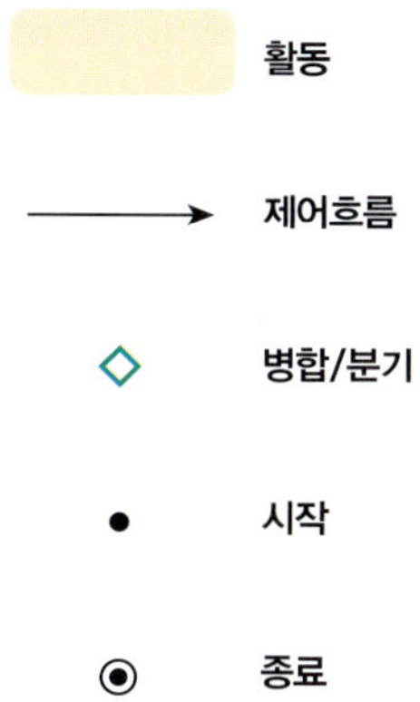

그림 6.1 활동 다이어그램에 사용되는 기호

사각형은 하나의 활동을 표현한다. 하나의 활동에는 컴퓨터 프로그램에서의 많은 명령어가 대응된다. 비소프트웨어용 알고리즘에서 활동은 수행해야할 어떤 행동들을 말한다. 활동에 대응하는 동작은 활동 사각형내에 기술된다. 화살표는 활동과 다른 기호들을 연결하는데 사용된다. 활동 A를 표현하는 사각형에서 활동 B를 표현하는 사각형으로 향하는 화살표는 B는 A가 실행된 후에만 실행되어야 한다는 것을 의미한다.

결정/병합 다이아몬드는 활동 다이어그램에서 제어흐름이 나누어지거나 또는 합쳐지는 경우에 사용된다. 출발과 종료 기호는 알고리즘 실행이 시작되거나 종료되는 부분을 표시하기 위한 것이다.

그림 6.2의 첫 번째 예에서 보이는 아침 일상을 나타내는 활동 다이어그램을 생각해보자. 여기에는 하루를 시작할 때 다섯 단계의 일상적인 할 일이 있다. 순서대로 나타내면, 아침에 일어나기, 양치하기, 샤워하기, 머리말리기, 아침먹기이다.

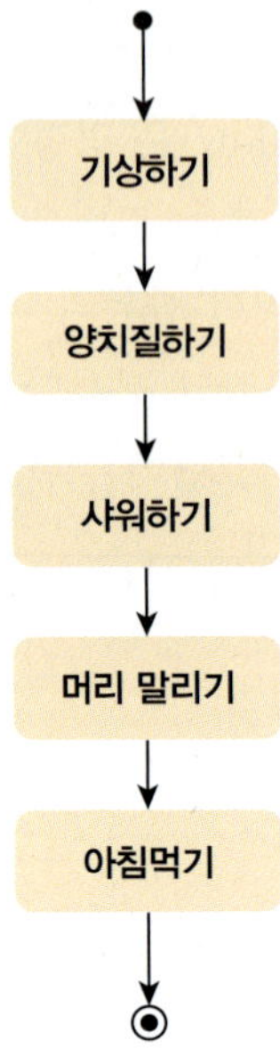

그림 6.2 아침 일상에 대한 활동 다이어그램

활동 다이어그램은 명령어의 표현 정도가 세부적이지 않으므로 어느정도 추상화되어 있다고 볼 수 있으나, 제어흐름의 형태로 표현할 경우 상당히 정확하게 표현되어야 한다. 아침 일상에 대한 활성 다이어그램은 모호하지 않도록 활동의 순서를 표현해야 한다. 아침먹기를 샤워하기 이전이 아닌 이후에 할 수도 있다. 이렇게 활동의 순서를 바꿀 경우에는 다른 알고리즘으로 만들어져야 하며 다른 활동 다이어그램을 만들어야 한다. 그림 6.2에 묘사된 알고리즘은 아침먹기 전에 샤워를 한다는 것을 명확하게 표현하고 있다.

6.2 활동 다이어그램에서의 선택

4장에서 우리는 제어흐름의 다섯 가지 형태를 알아보았다.

1. 순차실행
2. 선택
3. 반복
4. 제어 추상화
5. 병렬 처리

활동 다이어그램은 위의 다섯 개 모두를 표현할 수 있다. 이 절에서, 우리는 1~4까지를 알아보고 병렬 진행의 경우는 11장에서 알아보도록 한다.

선택은 알고리즘이 실행중에 고르기를 해야 할 경우에 발생한다. 활동 다이어그램에서 선택은 흐름에서의 하나의 분기로서 표현된다. 제어흐름은 분기를 통해 대체 경로로 진행될 수 있다. 그림 6.3은 결정 시스템(작은 다이아몬드)이 이러한 분기점을 표현하고 있음을 보여준다. 이 다이어그램은 알고리즘에서 활동 A가 실행된 후 활동 B와 활동 C 중 하나를 선택하여 진행해야 함을 보여준다.

활동 다이어그램에서의 선택은 조건문에 기반하는데, 여기서 조건문이란 참/거짓을 판명할 수 있는 문장(i.e., 논리식)을 의미한다. 결정 분기에서 나온 화살표들에는 해당 경로가 선택되는 조건(각괄호로 둘러싸인 문장)을 기술하는 꼬리표를 달아야 한다. 그림 6.3의 활동 B는 활동 A가 실행된 후 조건문 1이 참인 경우에 실행된다. 만약 조건문 2가 참이라면 활동 C가 선택되어 실행된다. 활동 다이어그램을 정확하게 기술하기 위해서는 조건 1이나 조건 2 둘 중에 하나만이 참이어야 하며 둘다 참인 경우가 생겨서는 안된다.

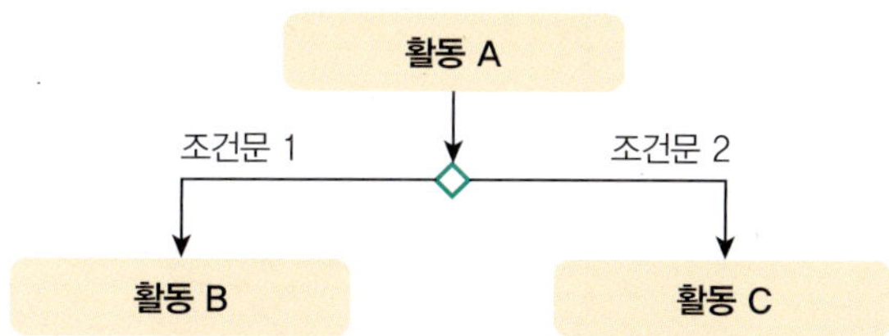

그림 6.3 선택에 결정 기호를 사용하기

그림 6.4는 미국 매릴랜드 볼티모어의 University Square 공원에서 미국 워싱턴시의 Mt. Vernon 광장까지 가는 자동차 경로에 대한 알고리즘을 활동 다이어그램으로 표현한 것이다. 이 경로의 도로는 교통체증이 심각할 수 있기 때문에, 알고리즘은 세가지 가능한 경로를 제공하고 있다. 제시된 경로는 모두 W. Baltimore Street에서 시작된다.

여행자들은 집에서 출발하기 전에 볼티모어-워싱턴 파크웨이[1]의 교통정보를 확인해 볼 것이다. 교통체증이 없다면, 여행자는 짧은 거리의 경로(다이어그램이 왼쪽 경로)를 선택할 것이다. 하지만 교통체증이 심각하다면 다이어그램에서는 오른쪽 경로를 선택해

1 도로 양쪽 또는 가운데에 조경을 한 공원 도로.

야 함을 보여준다. 이 두 번째 경로는 I-95 고속도로를 타고 가다가 22B 출구로 나갈지 아니면 27번 출구로 나갈지를 선택하도록 하고 있다. 이 경우 어느 출구로 나가야 할지는 US-29번 도로와 US-50번 고속도로의 교통상황을 비교해서 선택하도록 한다.

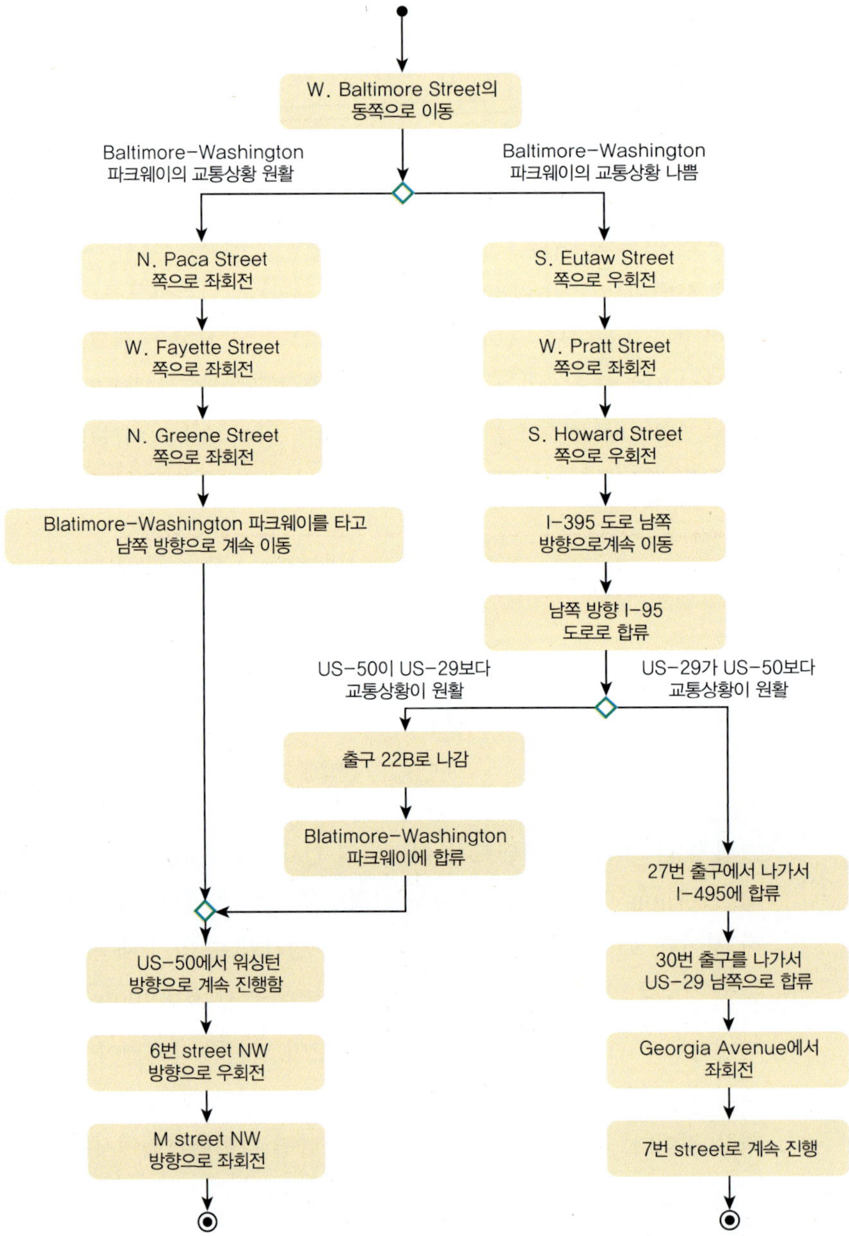

그림 6.4 볼티모어에서 워싱턴시까지 가는 경로를 나타내는 활동 다이어그램

그림 6.4에서 다이아몬드 모양의 기호는 활동 다이어그램의 병합에도 사용되고 있음을 보인다. 이 경우에 병합은 I-95번 고속도로에서 22B 출구로 나오게 될 경우에 생긴다. 22B 출구로 나오게 될 경우 다이어그램의 왼쪽 경로에 속했던 볼티모어-워싱턴 파크웨이를 타고 가게 된다. 왼쪽과 오른쪽 경로가 이 시점부터 같은 길을 공유하기 때문에, 그들은 US-50 고속도로를 타는 시점부터 마지막 세 가지 활동들을 공유하게 된다. 병합 다이아몬드는 두 개의 서로 다른 경로가 공통된 활동을 위해 모이게 될 때 사용한다. 결정 다이아몬드에서 화살표에 조건문 꼬리표가 붙는 것과는 달리, 병합 다이아몬드는 알고리즘에서 병합을 위한 결정이 있기 때문에 조건이 따로 붙지 않는다.

결정/병합 기호는 선택적인 활동을 표현하는 데에도 효과적이다. 그림 6.5는 단순한 전자동 카메라를 가지고 사진을 찍는 실행 명령어들을 보이고 있다. 이 경우, 선택적 활동은 메모리카드를 교체하는 것이다. 메모리 카드가 가득차지 않았다면 메모리 카드를 교체할 필요가 없기 때문이다.

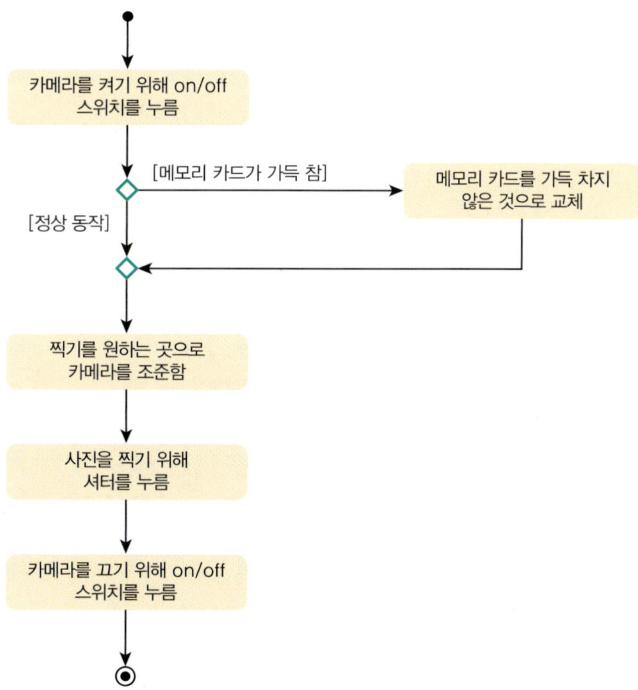

그림 6.5 카메라 사용에 대한 활동 다이어그램

모든 선택이 앞의 예처럼 두 가지 선택 만을 가지지는 않는다. 결정 다이아몬드는 더 많은 선택 상황을 다루기 위해 더 많은 화살표를 가질 수 있다. 그림 6.6은 일반적인 온라

인 상점의 결제 과정을 활동 다이어그램으로 그린 것이다. 온라인 고객이 결제 버튼을 클릭한 후, 결제 방법(Paypal[2], MasterCard, VISA, Discover)이 제시된다. 이 그림은 네 가지 종류의 선택을 제시하고 있다.

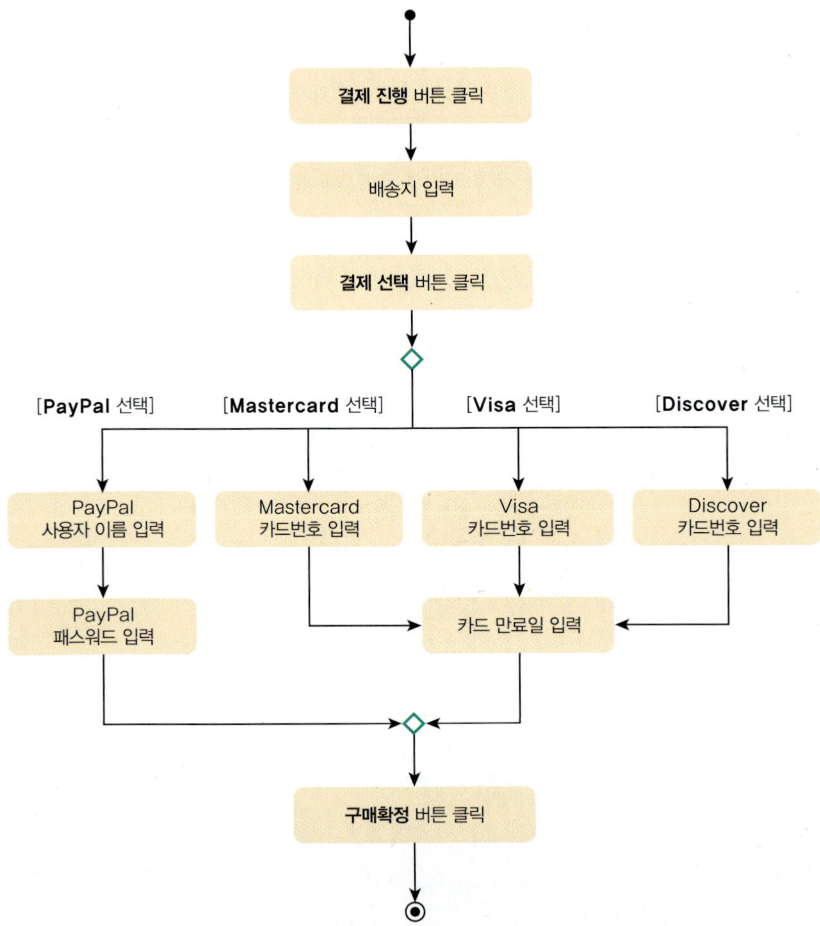

그림 6.6 온라인 상점의 결제 과정을 나타내는 활동 다이어그램

6.3 활동 다이어그램에서의 반복

결정/병합 기호는 반복을 가지고 있는 알고리즘을 표현하는데 사용되기도 한다. 그림 6.7은 이러한 사례를 보여주고 있다. 그림 6.7의 알고리즘은 평범한 핸드폰을 사용해서

2 미국 온라인 안전결제 시스템

특정 전화번호로 전화를 거는 방법을 표현하고 있다. 첫 번째 활동은 사용자가 핸드폰을 켜는 것이고, 그 다음은 적절한 버튼을 눌러 전화앱 화면을 띄우는 것이다.

이 알고리즘에서의 반복은 사용자가 특정 번호로 전화를 걸때 발생한다. 그림 6.7의 활동 다이어그램에서의 선택은 전화번호 입력을 완료했는지 아니면 아직 더 누를 번호가 있는지에 기반한다. 번호를 더 눌러야 하는 경우, 이 다이어그램에서 전화를 거는 사람은 전화번호의 다음 숫자버튼을 누르게 되어 있고 전화번호 입력을 완료했는지 여부에 따라 또 다른 선택을 하기 위해 되돌아온다.

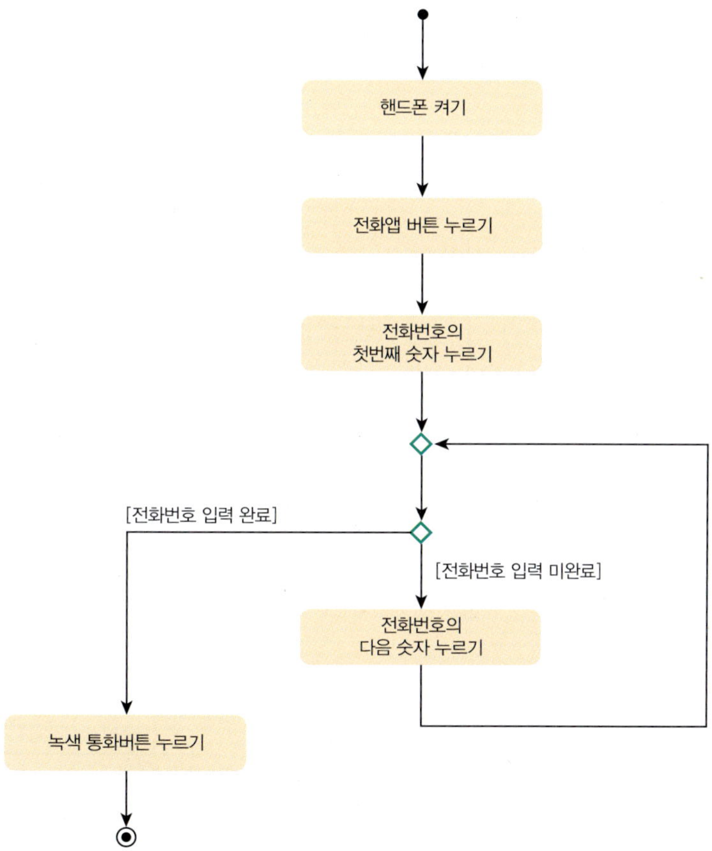

그림 6.7 휴대폰으로 전화를 거는 활동 다이어그램

활동 다이어그램의 반복은 항상 알고리즘의 이전 단계로 돌아오는 화살표로 표현된다. 즉, 화살표로 표현되는 경로가 루프를 형성하는데, 이 때문에 많은 컴퓨터 과학자들이 알고리즘 상의 반복을 **루프**(loop)라는 단어로 표현한다.

그림 6.7은 종종 중간에 개입된 어떠한 활동도 없이 화살표가 직접 결정과 병합기호를 연결하는 모습을 보인다. 결정과 병합을 하나의 다이아몬드 기호로 합치자는 생각을 할 수 있지만, 두 가지 목적을 동시에 가지는 다이아몬드 기호를 사용하지 않는 것이 다이어그램의 가독성을 높여 준다. 더 복잡한 반복의 사용이 그림 6.8의 활동 다이어그램에 나타나 있다.

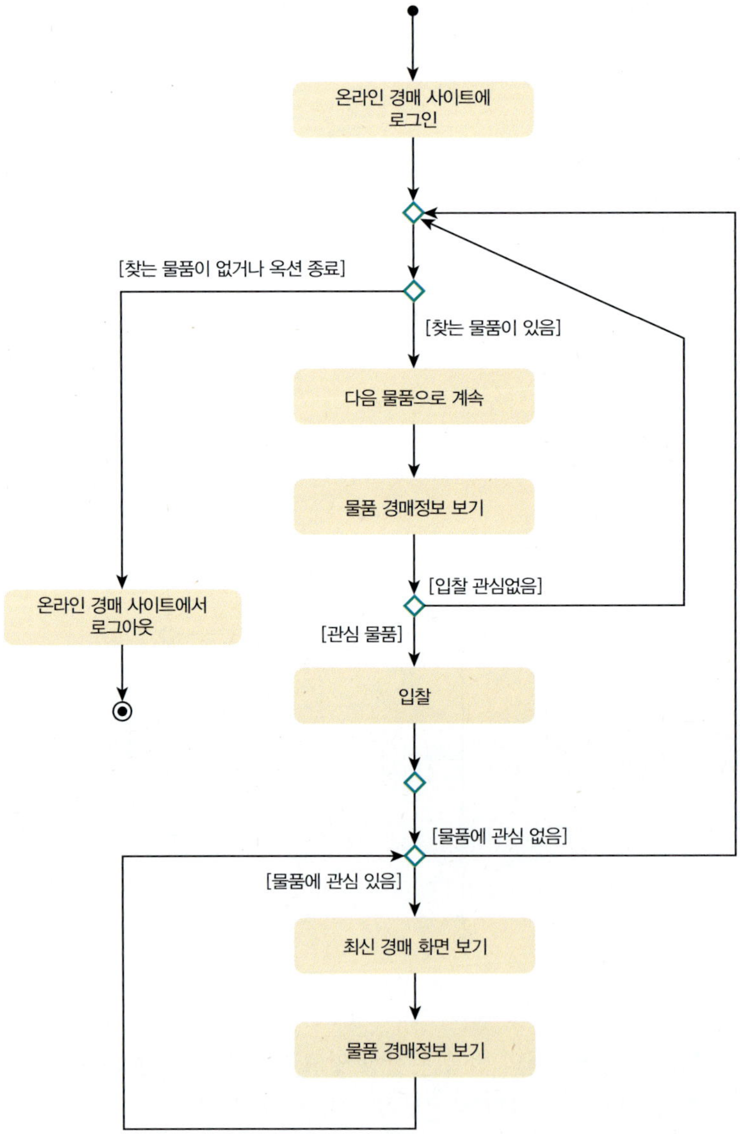

그림 6.8 온라인 경매 활동 다이어그램

그림 6.8의 알고리즘은 온라인 경매에 대한 것이다. 경매에서는 한번에 약간의 물품만을 올릴 수 있도록 허용하고 있다. 사용자는 한번에 하나의(현재 최고 입찰가격이 표시된) 물품을 검색하는 것이 허용된다.

경매에 관한 활동 다이어그램은 세 번의 반복을 포함하고 있다. 첫 번째 반복은 사용자가 물품을 하나씩 검색하다가 더 이상의 물품이 없거나 사용자가 검색을 마치게 되면 빠져나오는 루프를 표현하고 있다. 두번째 반복은 첫번째 반복을 포함하는데, 사용자가 다음 물품을 보기 이전에 현재 보고 있는 물품을 입찰하는 것을 허용하고 있다. 마지막 반복은 현재 보고 있는 물품 화면을 갱신하여 현재 최고 입찰가격이 얼마인지를 사용자가 확인할 수 있도록 하고 있다.

6.4 활동 다이어그램에서의 제어 추상화

활동들이 더 이상 분해될 수 없는 동작일 필요는 없다. 보다 복잡한 활동들은 사각형으로 추상화될 수 있다. 사각형들은 세부활동들로 확대될 수 있다. 예를 들면, 그림 6.8의 "온라인 경매 사이트에 로그인하기"와 같은 활동은 세부 알고리즘을 언급하는 추상화된 내용일 수 있다. 그림 6.9는 이 활동을 더 세부적으로 확장한 것이다.

그림 6.9의 활동 다이어그램에서 좌상단 네모상자안의 내용은 로그인 활동을 표현하는 세부 알고리즘을 보여준다. 이 네모상자는 다섯 단계의 순서를 가지는 세부 알고리즘을 보여준다. 세부 알고리즘은 다른 활동 다이어그램에서 허용하는, 시작 기호와 종료 기호를 포함한, 모든 종류의 표기법을 다 사용할 수 있다. 이 다이어그램은 세부 알고리즘을 보다 추상화된 활동 사각형의 부풀린 모양으로 보이도록 의도적으로 표현한 것이다. 활동 다이어그램을 다루는 많은 소프트웨어들은 이러한 세부 알고리즘을 다루기 위해 확대(zoom in), 축소(zoom out) 기능을 제공하고 있다.

어떤 추상화된 활동이 세부 알고리즘으로 확장되는지를 나타내기 위해, 다이어그램에서 추상화된 활동의 우하단에 ⋔ 기호를 삽입하여 나타낸다.

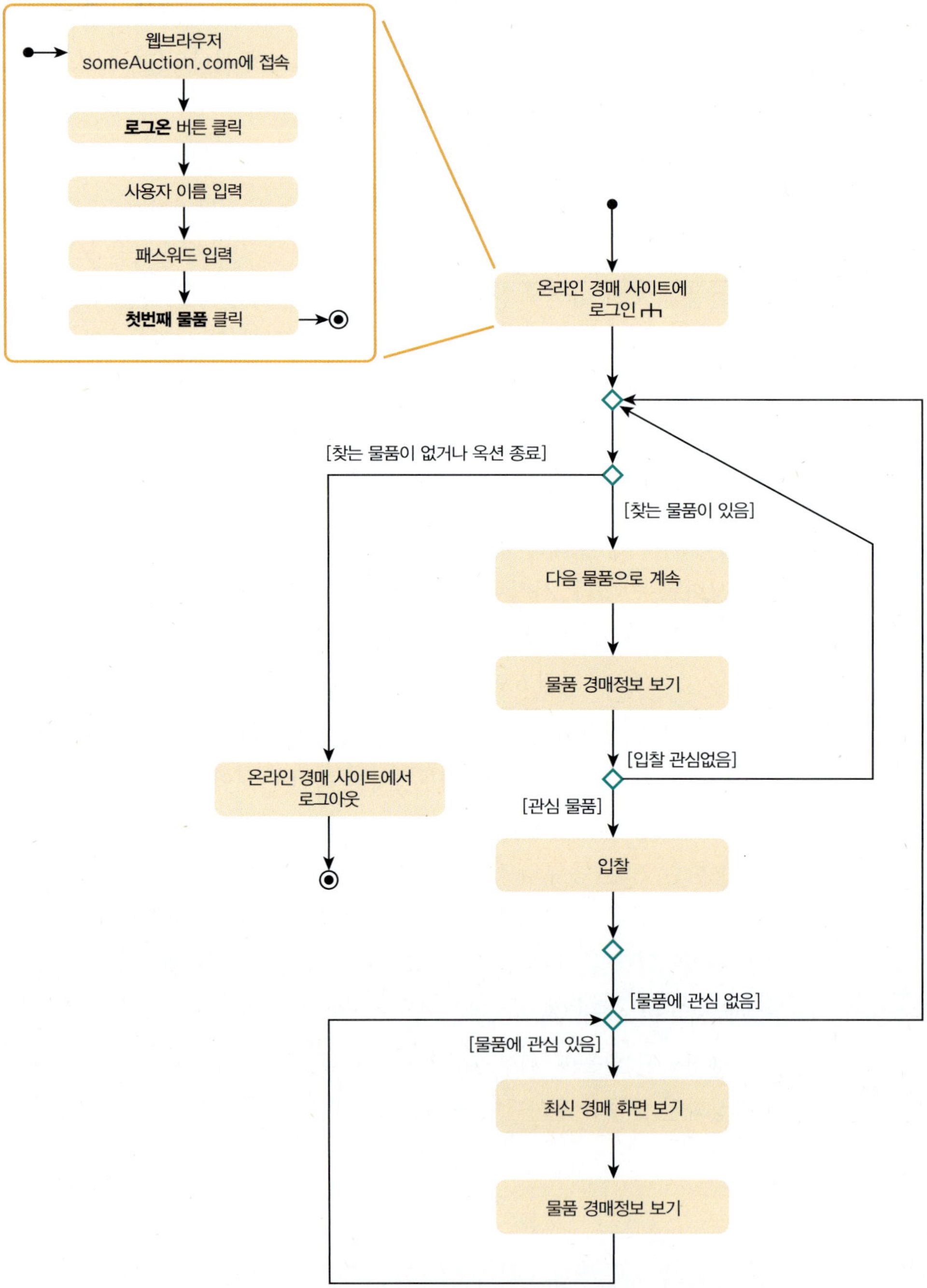

그림 6.9 서브 알고리즘을 표현한 온라인 경매 활동 다이어그램

6.5 상태와 상태 다이어그램

활동 다이어그램은 알고리즘의 행위(제어흐름)를 그림으로 나타내는데 유용하게 쓰인다. 하지만, 컴퓨터 소프트웨어는 **상태**(state)라고 불리는 개념에 자주 의존하기 때문에 다른 종류의 설계 다이어그램을 필요로 한다.

물질은 고체, 액체, 기체의 세 가지 상태 중 하나에 속한다. 컴퓨터 메모리의 비트는 0과 1 두 상태 중 하나에 속한다. 가정용 온도 조절 시스템은 꺼짐, 난방, 냉방의 세 가지 상태 중의 하나에 속한다.

컴퓨터 과학자에게 중요한 의미를 가지는 것은 **계산 상태**(computational state)이다. 컴퓨터 메모리의 모든 비트 값들의 스냅 사진을 찍는다고 상상해보자. 그렇다면 그 스냅 사진은 컴퓨터의 완전한 상태를 담고 있을 것이다. 물론 이러한 상태는 순식간에 다른 상태로 곧 바뀔 것이다.

알고리즘 설계에 있어서 상태를 구성하는 것이 무엇인지를 고려해 볼 때, 사용자의 관점에서 일반적인 상황이나 환경에 대해서 보다 넓게 생각하는 것이 가장 좋다. 소프트웨어 프로그램은 때때로 각각의 상태가 고유한 조건값을 가지는 독립된 상황이 되는 상태들을 통하여 구성된다.

인터넷 전송을 위해 설계된 응용 프로그램은 상태에 매우 의존적이다. 예를 들면, 웹페이지는 각각 버튼, 링크, 탭과 같은 명령어들을 포함하고 있는 독립된 상태로 간주될 수 있다. 항공사에서 사용하는 응용 프로그램을 통해서 사용자들은 운항정보를 확인하고, 항공권을 예약하고 비행기 연착정보와 비행 마일리지와 같은 승객 정보를 검색한다고 가정해보자. 우리는 이러한 세가지 주요한 기능들을 다음과 같은 세 가지 독립된 상태로서 간주할 수 있다.

- 운항 정보를 확인하기 위한 상태
- 예약을 갱신하기 위한 상태
- 개인 계정을 확인하고 변경하기 위한 상태

사용자는 위의 각 상태로 들어가기 위하여 특정 버튼이나 탭, 메뉴를 선택할 수 있으며, 각 상태는 고유의 웹 페이지를 가지게 되는데 사용자는 각 상태 별로 서로 다른 작업을 수행할 수 있다. 그림 6.10을 보자. 사각형은 상태 다이어그램의 상태를 기호화한 것이며, 화살표는 상태 간의 이동(역자주: 상태간의 이동을 전이라고 한다)이 일어날 수 있음을 나타낸다. 활동 다이어그램에서 쓰이는 제어흐름의 시작과 종료 기호는 상태 다이어그램의 시작 상태와 종료 상태를 나타내는 기호로 동일하게 쓰인다.

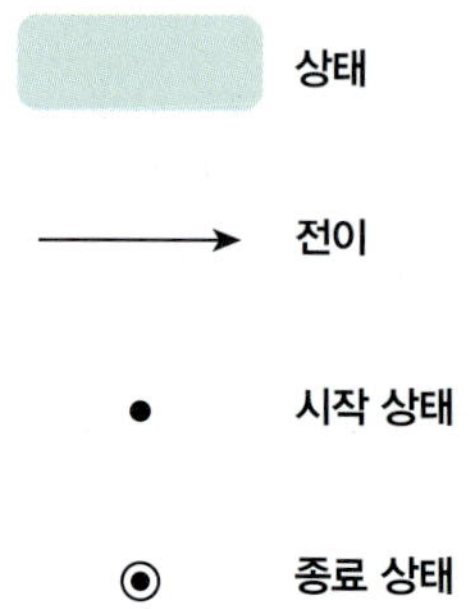

그림 6.10 상태 다이어그램의 표기 기호

그림 6.11은 상태 다이어그램의 간단한 초기 예를 보여준다. 이 상태 다이어그램은 물의 세 가지 가능한 상태-고체(얼음), 액체 기체(수증기)-를 보여준다. 네 개의 전이는 물질이 어떻게 상태를 바꾸는지를 보여준다. 예를 들면, 물을 0°C이하로 온도를 낮추면 얼게되어 얼음이 된다. 마찬가지로, 액체 형태인 물을 100°C이상으로 가열하면 액체에서 기체로 전이된다. 이 특별한 상태 다이어그램은 출발 또는 종료 상태가 필요없는 다소 생소한 속성을 가지고 있다.

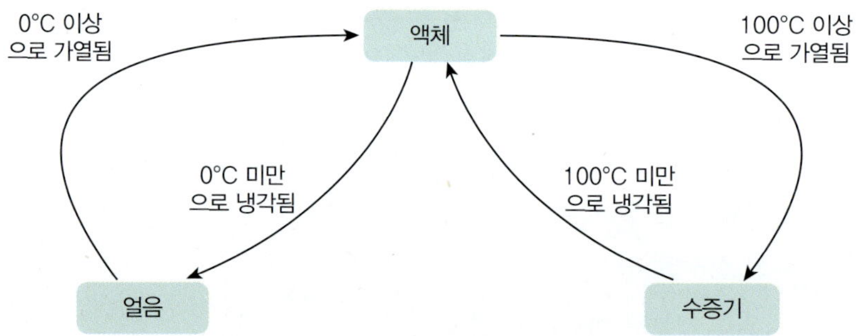

그림 6.11 물의 전이에 대한 상태 다이어그램

상태 다이어그램의 전이에 사용되는 꼬리표는 조건이나 주변 환경을 의미하는 **이벤트**(event)를 나타낸다. 이벤트에 꼬리표가 붙은 전이는 이벤트가 발생할 경우에만 실행된다. 예를 들면, 이벤트 "0°C 이상으로 가열됨"이 발생하는 경우에만 얼음이 액체로 전이된다.

6.12의 상태 다이어그램은 셀프 주유소의 보다 복잡한 펌프 시스템을 나타내고 있다. 이 펌프는 반드시 신용카드를 사용해야만 한다. 이 다이어그램에서 묘사된 대부분의 이

벤트는 고객에 의해 수행된다. 고객에 의해 수행되는 이벤트는 신용카드 긁기, 펌프 노즐을 자동차 주유구에 삽입하기, 주유 펌프 레버 올리기, 주유 펌프 레버 내리기를 포함한다. 주유소 직원은 펌프 가동하기와 펌프 끄기와 같은 이벤트를 담당한다. 신용카드 인증과 같은 일은 펌프 시스템에서 자체적으로 실행한다. 하지만 어떤 이벤트는 단지 시간이 흐르기 때문에 발생하기도 한다. 예를 들면, 펌프가 영수증을 출력하면 5초가 지난 후 다음 고객이 신용카드를 긁을 수 있도록 펌프는 초기화면을 보여주게 된다. 마찬가지로, 고객이 신용카드를 긁은 후 1분이 지나도록 고객이 펌프 노즐을 주유구에 걸지 않는다면 초기 화면으로 전환한다.

그림 6.12는 하나의 상태에서 같은 상태로 전이되는 것이 가능함을 보여준다. 이 예에서, 고객이 주유 레버를 주유구로부터 적절히 빼지 않는 이벤트에 대해 경고 상태는 자신의 상태를 반복하여 루프 모양으로 전이된다.

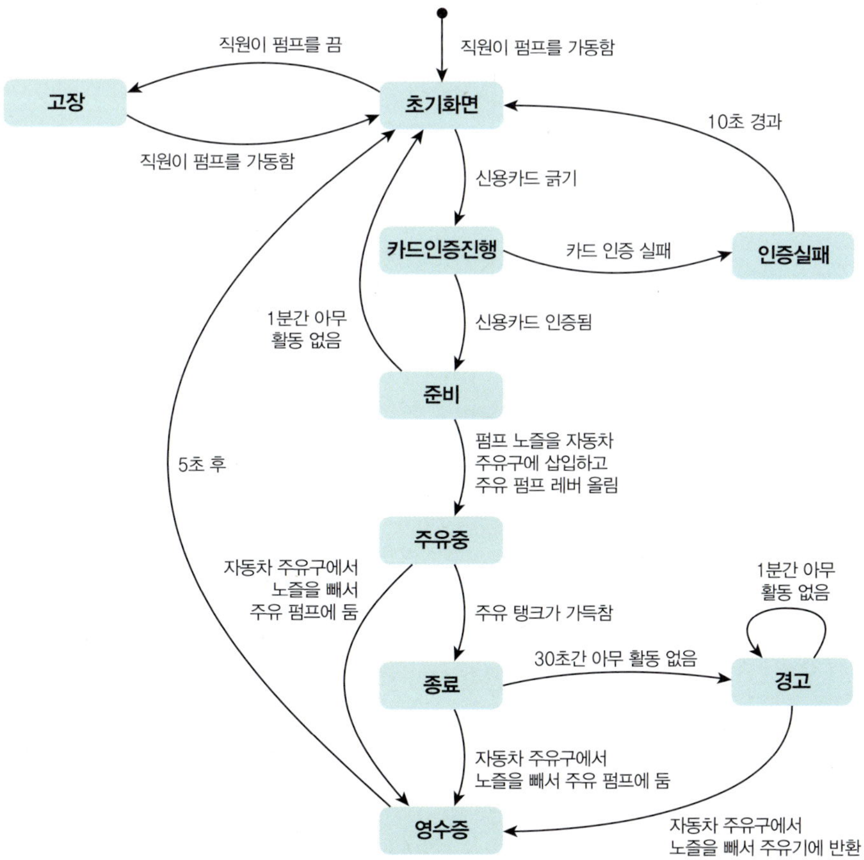

그림 6.12 주유소 펌프 상태 다이어그램

6.6 상태 다이어그램의 행동 포함하기

지금까지 설명한 것처럼 상태 다이어그램은, 시스템 내부에 잠재되어 있는 변화를 이해하는데 도움을 준다. 하지만 상세한 내용이 없다면 이러한 상태 다이어그램은 시스템의 행동을 제대로 설명할 수 없게 된다. 상태 내부의 동작의 통해서 시스템의 행동을 추가하는 것이 가능하다. 그러한 동작에 대한 올바른 상태 다이어그램 표기법은 상태를 두 부분으로 나누게 되는데, 윗 부분은 상태를 나타내고 아래 부분은 상태에 수반된 동작을 기술한다. 각 상태는 아래의 세 가지 다른 종류의 동작을 포함한다.

- **entry** – 특정 상태로의 전이를 수행하는 동작을 정의한다.
- **exit** – 특정 상태로 부터 전이되어 나가는 동작을 정의한다.
- **do** – 특정 상태에 머물러 있는 동안 계속해서 실행되는 동작을 정의한다.

그림 6.13은 휘발유 펌프 상태 다이어그램에 동작들을 추가한 것이다. 그림 6.13의 전이들과 그에 해당하는 이벤트들은 그림 6.12와 동일하다. 유일한 차이점은 동작들이 추가되었다는 것이다.

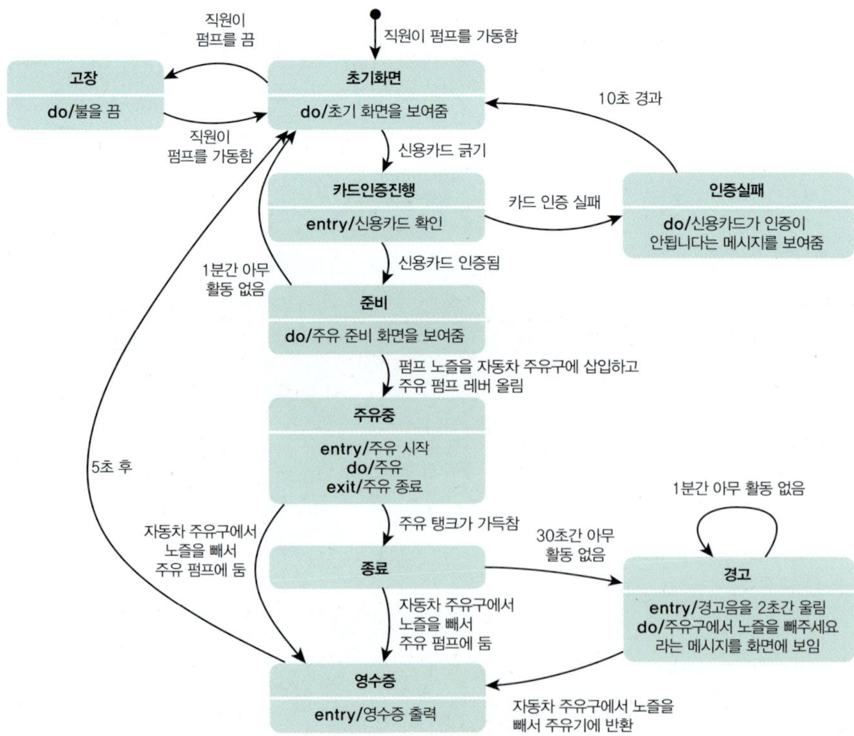

그림 6.13 동작을 추가한 주유소 펌프 상태 다이어그램

entry 동작은 어떤 상태로의 전이가 발생할 때 필요한 동작을 표현한 것이다. 신용카드의 유효성이 입증된 후에 검증 상태로 전이되고, 고객의 영수증이 출력된 후에 영수증 상태로 전이된다. exit 동작은 어떤 상태로부터 전이가 이루어진 경우에 발생한다. 때때로 한 상태의 exit 동작을 다른 상태의 entry 동작으로 바꾸어 동일한 내용의 상태 다이어그램을 그리는 것이 가능하다. 예를 들면 펌핑 상태의 exit 동작은 종료 상태와 영수증 상태의 entry 동작으로 바뀔 수 있다. entry와 exit 동작은 관련된 전이가 일어날 때마다 실행된다는 점에 주의하자. 따라서 다른 동작이 없다면 경고 상태의 알람은 1분마다 계속 울리게 된다.

entry, exit, do를 사용하는 두번째 예는 그림 6.14에 보여진다. 그림 6.14의 상태 다이어그램은 현금출납기(ATM)의 사용자 인증 시스템에 대한 것이다. 현금출납기의 고객은 아마도 버튼을 누르거나 또는 터치 스크린 화면을 건드림으로써 현금출납기를 가동할 것이다. 초기 상태에서 현금출납기는 초기화면을 보여주며 신용카드를 삽입하라는 메시지를 보여줄 것이다.

카드 삽입은 초기상태에서 비밀번호(PIN) 입력 상태로 전이되도록 만든다. 초기 상태의 exit 액션이 수행된 직후 이 전이가 이루어지게 된다. 비밀번호 입력 상태의 do 액션은 사용자에게 비밀번호를 입력할 것을 요구하게 한다. 비밀번호가 입력되고 나면, 결제 상태로의 전이가 실행된다. 만약 비밀번호가 유효하다면 이어지는 전이에 의해 확인 상태로 전이 되며 이로서 전체 프로세스는 종료하게 된다.

유효하지 않은 비밀번호는 다양한 방법으로 처리된다. 이 알고리즘은 attemptCount라는 변수를 사용한다. attemptCount 변수는 초기 상태의 exit 동작에 의해 0으로 초기화된다. 즉, 결제 상태에 있는 동안, attemptCount 변수는 고객이 비밀번호 입력 시도를 몇 번 했는지를 저장한다. 이러한 특별한 현금출납기는 사용자가 잘못된 비밀번호 입력을 3번까지 시도하도록 허용하고 3번째 시도가 실패하면 신용카드의 사용을 정지시킨다. attemptCount 같은 변수를 사용함으로써, 상태 외의 다른 데이터 값도 추적할 수 있다.

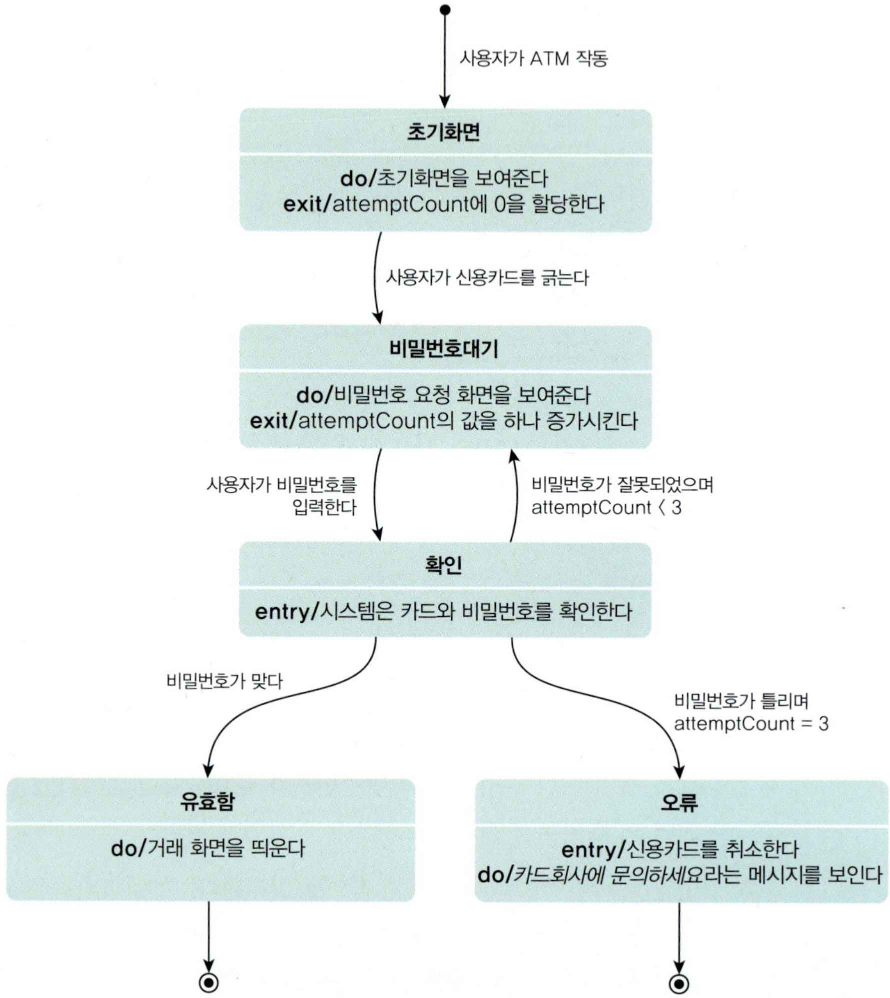

그림 6.14 ATM 인증에 대한 상태 다이어그램

6.7 상태 다이어그램의 상세정보 제공

이전의 사례에서 보았던 것보다 더 많은 상태를 가지는 상태 다이어그램을 상상하는 것은 어렵지 않다. 많은 알고리즘이 수백 개 또는 수 천개에 달하는 상태를 필요로 한다. 이러한 복합성이 상태 다이어그램이 부적합하다는 것을 의미하는 것은 아니다. 상태 다이어그램이 복잡해질 때에, 우리는 상태 다이어그램을 좀 더 효율적으로 사용하는 법을 알아야 할 필요가 있다.

다른 문제 해결 방법들처럼, 상태 다이어그램으로 설계할 때에 두 가지 중요하게 생각해야 할 점이 있는데, 1) 문제를 단순화해야 하고 2) 분할 정복을 사용해야 한다는 것이다. 상태 다이어그램은 종이 한 장이나 또는 컴퓨터 화면 하나에 다 그려질 수 있을 때 가장 적당하다. 상태 다이어그램을 작게 만드는 일반적인 방법은 각 상태들이 별개의 상태 다이어그램으로 확장이 되도록 만드는 것이다. 이에 대한 이해를 돕기 위해 그림 6.15의 별 모양의 휴대용 뮤직 플레이어를 만드는 경우를 생각해보자.

그림 6.15 별 모양의 휴대용 뮤직 플레이어

휴대용 뮤직 플레이어는 다섯 개의 제어 버튼을 가지고 있다. 버튼을 클릭하는 것은 그림 6.16의 첫 번째 상태 다이어그램에서 볼 수 있듯이 평범한 이벤트이다. 이 상태 다이어그램은 songNum이라는 변수를 가지고 있다. 이 변수를 사용하는 이유는 1번(첫번째 노래)부터 재생목록의 길이(마지막 노래)만큼 노래에 번호를 매기기 위한 것이다. 재생 상태에서 ▶▶ 버튼을 누르게 되면 songNum와 플레이어가 다음 노래로 이동하게 되며, ◀◀ 버튼을 누르면 이전 노래로 이동한다. 노래 목록이 한쪽 끝에서 반대편 끝으로 이동하는 것도 가능하게 한다는 의미에서 상태다이어그램은 노래 목록의 줄바꿈을 보여주게 된다.

그림 6.16은 재생 버튼(▶)이 재생과 임시정지 기능을 모두 수행하고 있음을 보여주고 있다. 준비 상태에서 ▶를 누르게 되면 재생 상태로 상태가 전이가 되며, 재생 상태에서 ▶를 누르게 되면 준비 상태에서 재생 상태로 전이가 된다. 준비 상태에서 아무 동작이 없을 경우 음악은 재생되지 않는다.

그림 6.16은 상세한 내용없이 뮤직 플레이어의 행동을 표현하고 있다. +와 −버튼을 누르면 재생 상태에서 재생 상태로 전이가 되지만 어떻게 동작하는지 분명하지 않다. 두 번째로 불분명한 부분은 충전하기에 대한 것이다. 사용자가 언제 충전기를 꽂을지

또는 충전기를 너무 빨리 뽑아서 배터리가 아직 완전히 충전되지 않았다면 무슨일이 발생할지가 분명하게 기술되어 있지 않다.

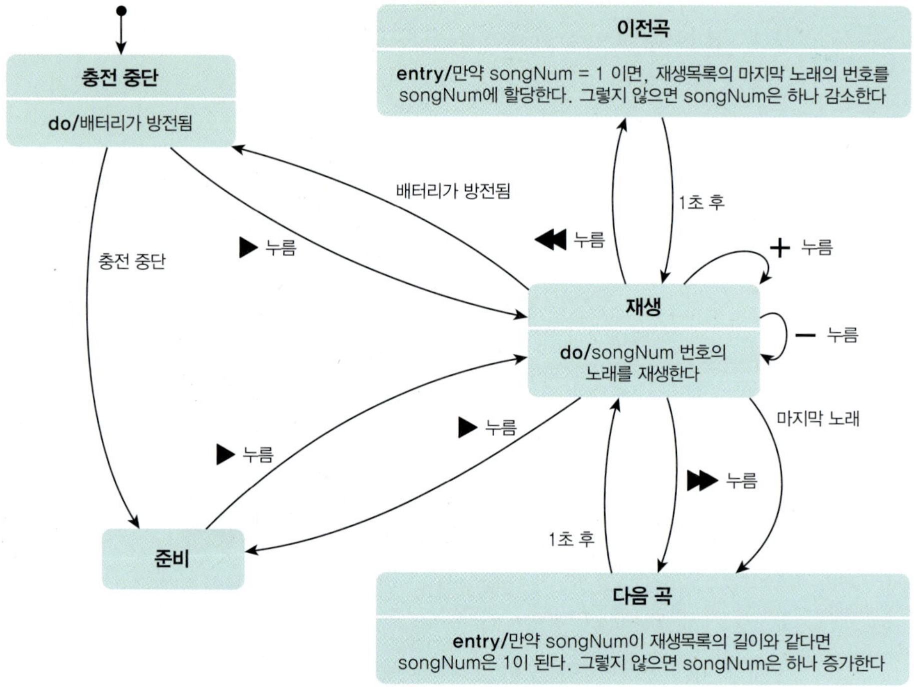

그림 6.16 뮤직 플레이어의 상태 다이어그램

상태 다이어그램에 보다 상세한 내용을 추가하는 적절한 방법은 상태 다이어그램의 한 상태를 독립된 다이어그램으로 확장하는 것이다. 그림 6.17은 재생 상태와 배터리 방전 상태를 확장하여 더 상세한 상태 다이어그램으로 만든 것이다. 여기서 두개의 확장된 상태들은 상태 다이어그램에서 여전히 상태로서 존재하고 있다는 점을 주목해야 한다. 우리는 확장된 상태 안에 존재하는 상태들을 "내부 상태"라고 하고 확장된 상태 자체를 "외부 상태"라고 부른다.

배터리 방전 상태는 세 개의 내부 상태를 가지는 상태 다이어그램으로 확장된다. 이 세 개의 상태는 배터리가 언제 충전되어야 하는지 그리고 뮤직 플레이어가 사용자에게 충전 상태를 알리기 위하여 LED를 어떻게 사용하는지를 자세하게 서술하고 있다. LED가 깜빡이는 것은 기기가 충전 중에 있음을 보여주고 있으며 녹색 LED는 충전이 완료되었음을 보여준다. 재생 상태는 세 가지 상태로 확장된다. 확장된 상태는 +와 – 버튼의 기능이 소리 볼륨을 높이고 낮추는 역할을 한다는 것을 보여준다.

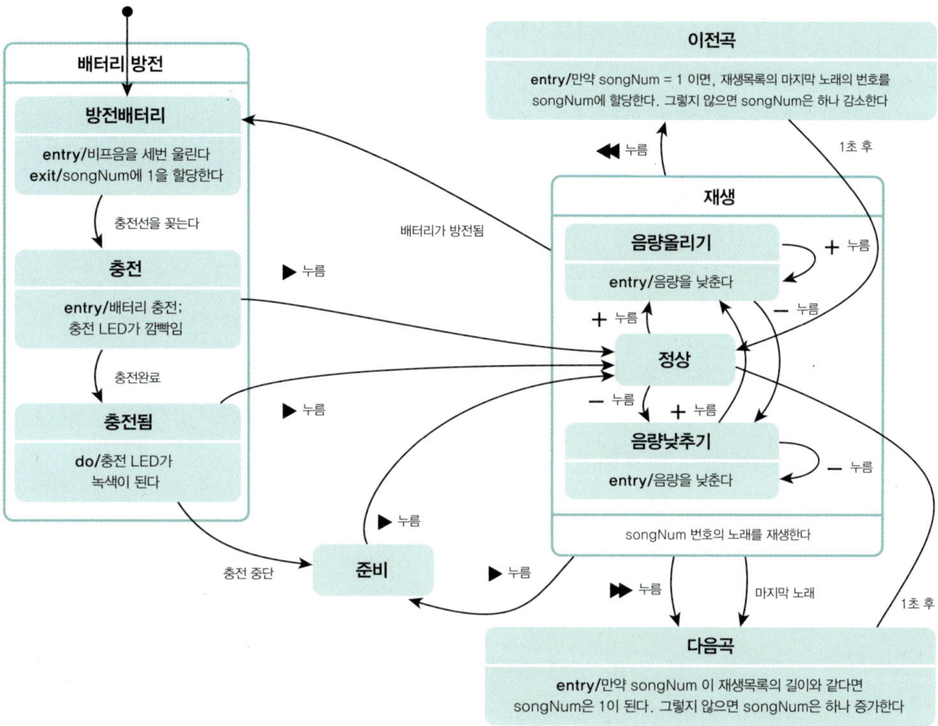

그림 6.17 뮤직 플레이어의 확장된 상태 다이어그램

상태가 확장된 상황에서는, 내부 상태나 외부 상태에서 모두 전이가 가능하다. 만약 외부 상태에서 전이가 일어났다면, 그 전이는 관련된 모든 내부 상태에도 똑같이 적용된다. 예를 들면, 음량 올리기 상태나 음량 보통 상태, 음량 낮추기 상태에서 노래가 종료되었을 때, 다음 곡 선택 상태로의 전이가 발생한다. 전이가 발생하게 되면 외부 상태가 아닌 내부 상태로 연결된다.

그림 6.17은 내부 또는 외부 상태가 자체적인 entry, exit, do 동작을 가지고 있음을 보여준다. 외부 상태가 동작을 가지고 있을 경우 이 동작은 모든 내부 상태에 적용된다. 예를 들면, 재생 상태의 do 동작은 볼륨 올리기, 정상, 볼륨 낮추기의 내부 상태중의 어떤 상태에 있더라도 적용된다.

6.8 요약

활동 다이어그램과 상태 다이어그램은 서로 다른 부분에 초점을 맞추고 설계되지만, 모두 알고리즘을 그림으로 나타내고 설계하는데 효과적인 방법이다. 두 다이어그램은 각

각 자체적인 강점을 가지고 있지만, 어떤 알고리즘에도 모두 적용될 수 있다.

활동 다이어그램은 응용 프로그램의 내부 상태들을 정하기 어려운 경우에 잘 사용될 수 있다. 모든 이벤트가 언제라도 발생할 수 있고 단일상태만을 보여주는 알고리즘은 활동 다이어그램을 쓰는 것이 좋다. 활동 다이어그램은 명령어가 수행되는 순서를 그림으로 나타낼 때 좋다. 또한 알고리즘에 의한 결정이나 반복된 활동들을 나타낼 때 매우 좋다.

상태 다이어그램은 응용 프로그램이 분명하고 명확한 상태들로 구성될 때 더 유용하게 쓰인다. 예를 들면, 웹 페이지를 사용하고 있으며 각 페이지들은 페이지마다 다양한 다른 이벤트를 발생시키는 응용 소프트웨어를 생각해보자. 이러한 경우에, 각 페이지를 각각의 상태로 표현할 수 있다.

상태 다이어그램은 시스템을 이벤트 구동 알고리즘으로써 설명한다. 즉, 시스템은 사용자가 만든 이벤트, 시스템이 생성한 이벤트, 또는 시간마다 생기는 이벤트중 어느 하나에 반응하여 돌아가는 시스템을 말한다.

활동 다이어그램과 상태 다이어그램은 분해와 추상화를 지원한다. 더 자세한 내용을 파악하기 위하여 우리는 활동 다이어그램의 동작을 확장할 수 있으며, 마찬가지로 상태 다이어그램의 상태는 독립된 상태 다이어그램으로 확장된다. 이 모든 경우에, 원하지 않는 상세한 내용을 추상화하기 위하여 확대를 하지 않거나 확장을 하지 않을 수도 있다.

그림을 사용하여 알고리즘을 모델링하는 것은 알고리즘의 핵심 속성을 이해하는데 효과적인 방법이다. 컴퓨터 과학자들과 비컴퓨터 과학자들은 활동 다이어그램과 상태 다이어그램을 통해서 모든 종류의 알고리즘들에 대해 함께 이해하고 소통할 수 있다.

6.9 언제 이들을 사용하는가?

한 장의 그림은 천 마디의 말보다 낫다는 말이 있다. 모든 사람들이 컴퓨터 프로그램을 만들 수 있는 것은 아니지만, 우리 모두는 매일 알고리즘을 사용하고 있으며 알고리즘을 이해하는 방법으로 그림을 사용함으로써 도움을 받을 수 있다. 인사부서에서는 고용 절차와 정책들을 활동 다이어그램을 통해 그림으로 만들 수 있다. 미술 선생님은 상태 다이어그램을 만들어서 도자기를 만드는 좋은 방법을 설명할 수 있다.

공학자들과 소통하는 도구로서 이러한 다이어그램보다 더 좋은 도구는 없다. 활동 다이어그램과 상태 다이어그램은 설계 공학자들이 고객과 아이디어를 소통하기위한 추상화된 언어로 사용된다. 만약 여러분이 온라인 가게를 만들 때 활동 다이어그램을 이해할 수 있다면 소프트웨어 공학자들이 무엇을 하려는지 이해할 수 있을 것이다. 만약 여러분이 상태 다이어그램을 이해할 수 있다면 자동차 기술자들이 신차의 계기판을 어떤식으로 만들려고 하는지 이해할 수 있을 것이다.

활동 다이어그램과 상태 다이어그램만이 시스템을 설계하는데 유용한 것은 아니지만, 이들은 시스템을 분석하는데 유용하게 쓰인다. 만약 회사의 배송 절차를 상태 다이어그램으로 그린다면, 그 동안 생각하지도 못했던 상태와 이벤트들의 조합을 발견할 수 있을 것이다. 여러분의 일상 생활에 대한 활동 다이어그램은 여러분이 추가로 자원봉사를 하거나 새로운 할 일이 생겼을 때 계획을 잘 세울 수 있도록 도움을 줄 것이다.

주요용어

루프(loop)
모델(model)
모의실험(simulation)
상태 다이어그램(state diagram)
상태(state)
이벤트(event)
제어흐름(control flow)
플로우차트(flowchart)
활동 다이어그램(activity diagram)
do(상태 동작)
entry(상태 동작)
exit(상태 동작)
UML(통합 모델링 언어)

연습문제

1. 다음 중 순서도에서 루프를 표현하고 있는 것은 무엇인가?

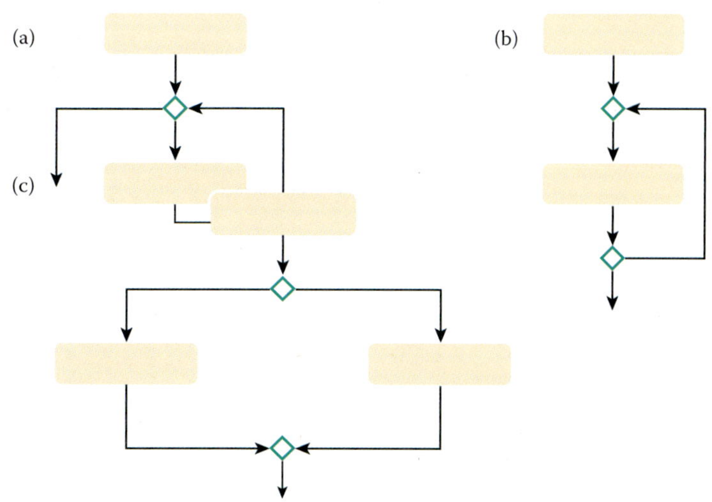

a. a)와 b)가 루프를 표현한다.

b. 모두 루프를 표현한다.

아래 그림을 사용하여 문제 2에서 4까지 답하라.

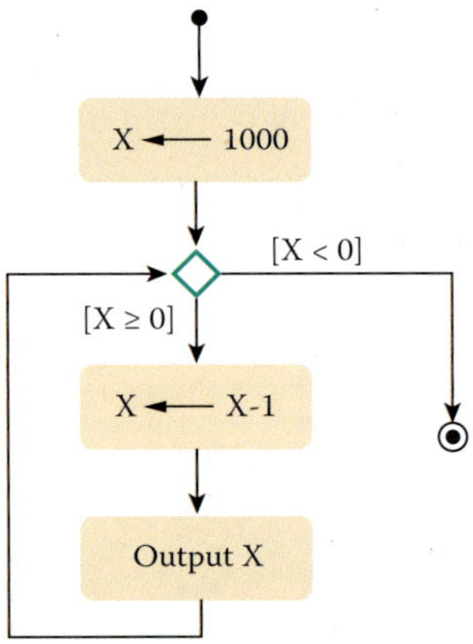

2. 이 그림은 활동 다이어그램인가 상태 다이어그램인가?

3. 이 알고리즘이 시행될 때 Output X에서 X의 첫번째 값은 무엇인가?

4. Output X는 몇 번 실행되는가?

아래 그림을 사용하여 문제 5와 문제 6에 답하라.

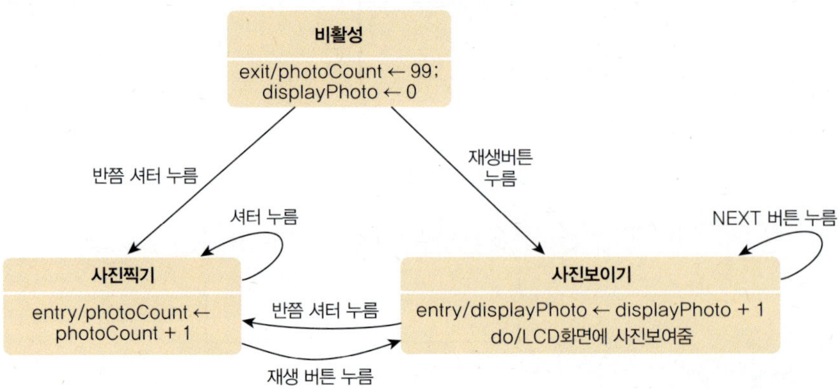

5. 위 다이어그램의 "사진 찍기"라는 이름이 붙은 사각형은 무엇을 의미하는가?

a. 컴퓨터 시스템의 활동

b. 컴퓨터 프로그램의 명령어 하나

c. 컴퓨터 프로그램의 명령어 집합

d. 컴퓨터 프로그램

e. 계산 상태

6. 카메라가 꺼져 있는 상태라고 가정할 때, 사용자가 다음 순서대로 버튼을 누른다: 셔터 버튼을 반쯤 누름, 셔터 버튼을 완전히 누름. 재생 버튼을 누름, 셔터 버튼을 반쯤 누름. 이 때 photoCount 변수의 최종 값은 얼마인가?

7. Pepperoni와 mozzarella가 모두 정수 변수라고 가정할 때, 다음 알고리즘에 대해 활동 다이어그램을 그려라.

```
pepperoni ⇐ 10
      mozzarella ⇐ 1
      if  pepperoni ≥ mozzarella  then
       while pepperoni > 8 do
          mozzarella ⇐ mozzarella + pepperoni
          pepperoni ⇐ pepperoni - 1
       endwhile
      else
       pepperoni ⇐ 0
      endif
      mozzarella ⇐ mozzarella + 1000
```

아래 다이어그램을 사용하여 문제 8에서 10까지 답하여라.

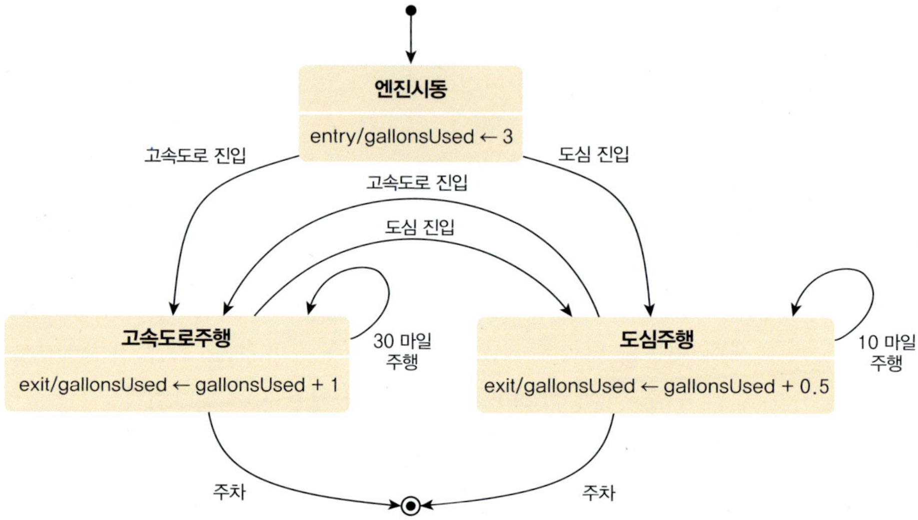

8. 이 다이어그램의 사각형은 무엇을 표현하고 있는가?(힌트: 어떤 종류의 다이어그램의 이름이다).

9. 이 다이어그램을 사용하여, 정차중인 상황에서 출발하여 24 마일의 도시 운전을 거쳐 29 마일의 고속도로 운전을 했을 경우 기름 소모량은 몇 갤런[3]인지를 계산하여라.

10. 이 다이어그램의 이벤트는 무엇인가?

a. 주차하기

b. 정차

c. exit

d. entry

e. gallonsUsed ← gallonsUsed + 1

3 3.785 리터에 해당하는 미국 부피의 단위. 기호는 gal.

CHAPTER 07

데이터 구성

성공한 조직에서는 아무리 작은 사소한 일이라도 주의를 기울인다.

– 로우 홀츠(미식축구 감독)

학습목표

- 적절하게 이름짓는 것의 중요성을 이해한다.
- 컴퓨터 시스템의 메모리 안에 어떻게 데이터가 구성하는 지를 이해한다.
- 리스트, 트리, 그래프가 메모리에 어떻게 저장되는 지를 이해한다.
- 리스트, 트리, 그래프가 가계도, 도로지도, 차트와 같은 우리에게 익숙한 개념들과 어떤 연관관계를 가지는 지를 이해한다. 4인덱싱(indexing)이 메모리 안의 데이터를 구성하는데 어떻게 사용되는 지를 이해한다.
- 연결(linking)이 메모리 안의 데이터를 구성하는데 어떻게 사용되는 지를 이해한다.

여러분은 방이 난장판처럼 어질러져 있을 때, 중요한 물건을 찾는데 어려움을 겪은 적이 있는가? 여러분은 파일의 이름이 기억나지 않아 컴퓨터에서 파일을 찾는데 어려움을 겪은 적이 있는가? 현대의 컴퓨터 시스템은 보통 매 시간마다 수십억 개의 항목들을 관리하고 있다. 컴퓨터는 이러한 데이터의 흐름을 정확하게 파악할 수 있어야 하며, 따라서 컴퓨터는 데이터의 세밀한 작은 부분까지도 모두 주의 깊게 살펴볼 수 있어야 한다. 이 장에서는 데이터가 유용하게 되기 위해서는 모든 데이터가 잘 정돈되어 있어야 하고 적절하게 식별이 가능하도록 구성되어야 함을 설명한다.

7.1 이름

테어도어 가이슬(Theodor Geidel)은 45편이 넘는 아동용 책을 썼다. 그의 책은 환상적인 풍경과 가상의 모양을 가진 생물들로 가득 차 있다. 그의 책 대부분은 발음할 때 시적인 운율을 가지고 부드럽게 발음할 수 있는 가공의 이름들을 사용하고 있다. 그의 책에 나오는 삽화의 스케치와 수채화적인 색채는 강렬하고 독자적인 스타일을 가지며 생생하게 표현된다. 수스 박사로도 알려진, 테어도어 수스 가이슬(Theodor Seuss Geisel)은 데이브라는 모두 같은 이름을 가진 23명의 아들이 있는 여성에 대한 단편 소설을 쓴 적이 있다. 다음은 이 단편소설 "Too Many Daves"의 한 부분이다[1].

"맥케이브 부인에게는 스물 세명의 아들이 있고 그들 모두에게 데이브라는 이름을 붙였다고 내가 말한 적 있었니? 그래, 그녀는 그랬어. 그리고 그것은 별로 똑똑한 짓은 아니야. 알다시피 그녀가 한 명이 필요해서 "야! 데이브 집으로 와!"라고 소리치지. 그녀는 한 명만을 부를 수 없었어. 스물 세명의 데이브 모두가 뛰어 오거든! 이는 맥케이브 부인에게는 일을 어렵게 만들지. 네가 상상하다시피 이렇게 많은 데이브와 함께 말이야."

이 이야기는 맥케이브 부인이 그런 어려움이 생기지 않도록 아들들에게 각기 다른 이름을 붙였어야 했다는 것으로 내용이 흘러간다. 컴퓨터 계산에도 같은 일이 발생한다. 컴퓨터 데이터에 부적절하게 또는 헛갈리게 이름이 지어진다면 이 데이터에 접근하거나 또는 추측하는 것이 매우 어렵게 된다. 이 원칙은 컴퓨터 환경에서만 적용되는 것은 아니고 실생활에도 똑같이 적용된다. 항목에 대한 정확한 이름을 정하는 것이 매우 어려울 때도 있지만, 부적절하게 이름이 지어진다면 실생활에서 어느 정도의 혼란과 어려움이 따르게 될 것이다. 예를 들면, 실수로 산호뱀(독뱀의 일종)을 비늘뱀(독이 없는 뱀의 일종)으로 잘못 인식한다면 맥케이브 부인의 문제 정도가 아니라 훨씬 더 큰 어려움을 겪을 수 있다.

컴퓨터에서는 적절한 이름을 짓는데 따라야만 하는 몇가지 가이드라인이 있다. 이 가이드라인은 두 서로 다른 사람 또는 컴퓨터가 혼란 없이 데이터를 식별하고 위치를 찾고 추론할 수 있도록 도와준다.

1. 이름은 유일해야 한다. 이름은 하나의 것만을 지칭해야 하며 둘 이상의 것을 지칭해서는 안된다. 예를 들면 맥케이브 부인은 많은 아들들에게 하나의 이름을 지어주었고 혼란을 야기하였다. 만약 이름이 하나의 항목만을 지칭한다면 이름이 사용될 때 마다 어떤 항목이 지칭되는 지에 대해 혼란이 없을 것이다.
2. 하나의 항목은 둘 이상의 이름을 가지면 안된다. 만약 하나의 항목이 두 개의 다른 이름을 가지고 있다면 그 항목에 대해 다른 사람들(또는 다른 컴퓨터 시스템)과 대화할 때 혼란이 올 것이다. 예를 들면 "Too Many Daves"의 저자를 나는 테어도어라고 하고 여러분은 수스 박사라고 한다면, 우리가 같은 이름을 사용할 때 보다 대화하기가 더 어려울 것이다.
3. 이름은 서술적이어야 한다. 데이터를 처리할 때 항목의 이름은 시스템 내에서의 항목의 역할 또는 기능을 설명할 수 있어야 한다. MP3 음악 파일의 이름을 랜덤하게 짓는다면 어떤 일이 생기겠는가? 예를 들면 음악파일의 이름이 zqiy.mp3, gzpu.mp3, gaep.mp3라면 말이다. 비록 각 음악파일의 이름은 유일하고 둘 이상의 이름을 가지고 있지 않지만, 음악과 관련이 없는 이름 때문에 혼란이 있을 것이다. 서술적인 이름은 항목의 역할이나 내용을 이해하는 데 도움을 줌으로서 혼란을 줄여준다. The Star Spangled Banner.mp3라는 이름의 파일은 zqiy.mp3보다 더 좋은 이름이다.
4. 항목의 이름은 항목의 위치와 관련이 있어야 한다. 컴퓨터 시스템은 엄청난 양의 데이터를 관리하고 분류하여야 한다. World Wide Web은 예를 들면 수 천조 개의 데이터로 구성되어 있으며, 각 데이터가 유용성이 있기 위해서는 유일한 이름을 가져야 할 뿐만 아니라 빠르게 접근 가능해야 한다.

World Wide Web은 적절한 이름의 중요성을 나타내는 가장 좋은 예들 중에 하나이다. 웹이 수 천조 개의 웹 페이지를 포함하고 있을지라도, 각 페이지는 유일한 이름을 가지고 있다. 이러한 이름은 비공식적으로 웹 주소(web address)라고 불리며 공식적으로는 Uniform Resource Locators(URL)라고 불린다. 웹 페이지의 URL은 페이지 자체의 이름은 아니지만, 그보다는 페이지를 접근하는 수단으로 사용된다. 실용적인 면에서 URL은 웹페이지 위치와 이름를 나타내는 역할을 한다. URL이 적절한 이름을 가지도록 하는 아래의 네 가지 가이드라인을 생각해보자.

1. 이름은 유일해야 한다. URL은 하나 이상의 웹사이트를 지칭할 수 없으므로 URL

은 유일하다. 예를 들면, http://www.wikipedia.org/는 항상 위키피디아 웹사이트를 지칭하고 다른 웹사이트를 지칭하지 않는다. 만약 웹브라우저에서 이 URL을 입력한다면, 위키피디아 메인 페이지가 뜨게 되며 다른 임의의 페이지가 뜨지 않는다.

2. 하나의 항목은 하나 이상의 이름을 가지면 안된다. 이 가이드라인이 지켜지지 않는 경우는 있으나 거의 발생하지는 않는다. 대부분의 웹사이트는 하나의 페이지를 지칭하기 위해 두 개의 서로 다른 이름을 가지고 있지 않다. 예를 들면 두 개의 서로 다른 URL을 웹브라우저에 입력했을 경우 같은 웹 페이지로 가게 되는 경우는 매우 드물다.

3. 이름은 설명적이어야 한다. 대부분의 URL은 웹 페이지의 정보에 대한 설명을 담고 있다. URL http://en.wikipedia.org/wiki/Coral_snake의 예를 생각해 보자. 이 URL은 산호뱀(coral snake)에 대한 영문 위키피디아 웹 페이지에 대한 것이다. 이 페이지를 웹브라우저에 띄웠는데 최근의 화산폭발이나 최대 흥행 영화 목록에 대한 것들을 보게 된다면 놀라게 될 것이다.

4. 항목의 이름은 항목의 위치와 관련이 있어야 한다. 모든 URL은 페이지의 내용 뿐만 아니라 어디에 페이지가 위치해 있는지와 기본적으로 연관이 있다. 모든 인터넷에 연결된 컴퓨터는 이름을 가지고 있으며 URL의 첫 부분은 인터넷상의 하나의 컴퓨터를 인식하도록 한다. 모든 컴퓨터는 파일 시스템을 가지고 있으며 URL의 나머지 부분은 그 파일 시스템 내부의 파일의 위치를 나타낸다. 예를 들면, URL http://en.wikipedia.org/wiki/Coral_snake는 대략 en.wikipedia.org라는 이름의 컴퓨터의 wiki라는 폴더 안의 Coral_snake라는 파일을 나타낸다.

적절하게 항목을 식별하고 이름을 짓는 능력은 방대한 양의 정보를 다룰 때 필수적으로 작용한다. 부적절한 이름은 해당 정보를 추론하고 대화하는데 불필요한 혼란을 주기 때문에, 적절한 이름은 실생활에서도 필수적이라고 할 수 있다. 이 장의 나머지 부분에서 우리는 다량의 항목들이 어떻게 컴퓨터 내에서 저장되어 접근이 되는 지를 볼 것이다. 정보를 저장하는 일반적인 방법은 리스트, 트리, 그래프를 사용하는 것이다.

7.2 리스트(List)

여러분은 모든 것에 대해 리스트를 만드는 유형의 사람인가? 아마도 여러분은 친한 친구 리스트, 적들의 리스트, 쇼핑 리스트, 좋아하는 영화 리스트, 좋아하는 음식 리스트,

할 일 리스트, 혐오스러운 것 리스트, 읽을 것 리스트, 소망 리스트, 심지어는 여러분이 가지고 있는 리스트들의 리스트를 가지고 있을 수도 있다. 전세계의 데이터의 상당수는 대부분 리스트 형태로 구성되어 있으며, 컴퓨터 시스템 내에서 데이터를 어떻게 리스트로 저장하고 어떤 식으로 다룰 지에 대해서는 많은 생각이 필요하다.

리스트(list)는 특정한 순서로 배치된 일련의 항목(item)들을 말한다. 역대 가장 비싼 다섯개의 그림에 대한 리스트를 생각해보자. 2억 5천만 달러에서 3억 달러 사이의 가격에 구매된 The Card Player라는 그림이 역대 최고가 그림이라는 것은 놀랍다![2]

1. 폴 세잔의 The Card Players
2. 잭슨 폴락의 No. 5, 1948
3. 윌렘 드 쿠닝의 Woman III
4. 구스타프 크림트의 Portrait of Adele Bloch-Bauer I
5. 빈센트 반 고호의 Portrait of Dr. Gachet

이 리스트의 모든 항목들은 리스트 내의 위치에 의해 식별 가능하다. 예를 들면 우리는 The Card Player가 역대 가장 비싼 그림이라고 말할 수 있다. 우리는 역시 Portrait of Dr. Gachet이 역대 다섯 번째로 비싼 그림이라고 말할 수 있다. 우리는 리스트의 항목들을 식별하기 위해 숫자를 사용할 때, 인덱싱이라는 기법을 사용한다. **인덱싱**(indexing)은 데이터의 각 항목에 유일한 번호를 부여하는 것이며 각 항목은 색인 숫자에 의해 식별이 된다. 색인은 리스트 내의 데이터를 식별하기 위해 사용되기 때문에 색인은 리스트 내의 유일한 이름으로 생각될 수 있다.

이 장에서, 우리는 리스트 내의 각 항목을 대괄호([])를 써서 나타낸다. 예를 들면 Paintings가 리스트의 이름이라면 i번째 그림은 Paintings[i]로 표시한다. 이 표기법을 사용하여 리스트의 첫 그림은 Paintings[1]로 표기되며, 리스트의 두 번째 항목은 Paintings[2]로 표기된다.

컴퓨터 메모리에 항목들의 리스트가 어떻게 저장되는 지를 생각해보자. 컴퓨터 시스템에서 메모리는 메모리 안의 각 항목에 하나씩의 메모리 주소를 할당하기 위해 항목을 1차원적으로 배열한 것이다. 컴퓨터의 모든 데이터는 메모리 안의 특정 위치에 저장되며 **메모리 위치**(memory location)는 0부터 숫자가 매겨진다. 각각의 메모리 위치에는 한 **워드**(word) 크기의 데이터가 저장되며, 따라서 워드는 컴퓨터에 저장될 수 있는 데이터의 가장 작은 단위를 말한다[1]. 그림 7.1은 메모리 안의 각 워드가 어떻게 특정 메모리 주소에 저장되는지를 보여주며 메모리 주소는 양의 정수값을 가진다. 메모리 주소는 항상 0부터 시작하며 일부 컴퓨터 시스템에서는 메모리 크기만큼의 주소 범위를 가진다.

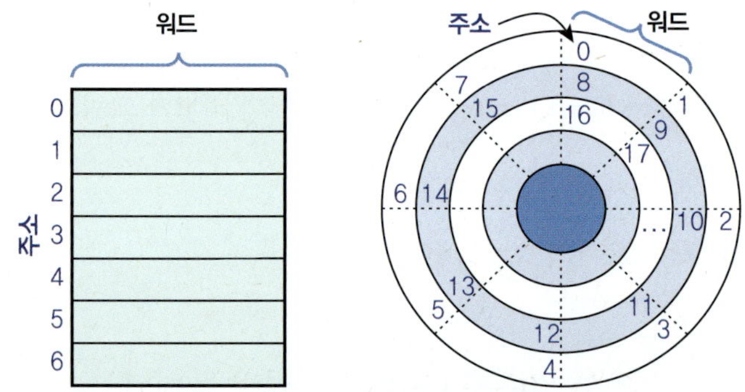

그림 7.1 메모리는 선형으로 구성된다. 메모리 데이터의 각 부분은 메모리 주소로 표시된 부분에 위치한다. 메모리 주소는 숫자 또는 색인으로 표현된다. CD와 DVD 메모리 역시 선형으로 구성된다.

하드디스크, 컴팩트 디스크(CD), 디지털 비디오 디스크(DVD)는 물리적으로 얇고 납작한 원형 모양이지만, 이러한 기기들에 저장되는 데이터는 선형적으로 배치된다. 각 **디스크**(disc)는 **트랙**(track)으로 알려진 동심의 원으로 나누어져 있다. 각 트랙은 **섹터**(sector)라고 알려진 원호로 나누어져 있다. 각 섹터는 한 워드 크기의 데이터를 저장할

1 1워드의 크기는 시스템 별로 다르며, 일반적으로 8비트 컴퓨터에서는 8비트 64 비트 컴퓨터에서는 64비트의 크기를 가진다.

수 있다. 디스크가 회전하면서, 하나의 트랙 안의 일련의 워드들이 스캔되는 데, 그 트랙 안에서의 워드들은 순차적인 색인 값을 가지도록 구성되어 있다.

7.2.1 배열

7.2.1.1 저장공간

배열(array)은 아마도 메모리 내에 리스트를 저장하기 위한 가장 간단한 방법일 것이다. 배열에서는 리스트 내의 항목에 대응하는 메모리 주소 위치에 항목을 저장한다. 우리가 역대 5개의 최고가 그림들의 리스트를 메모리에 저장하고자 한다면, 그림 7.2에 나타낸 대로 그 정보를 저장할 것이다. The Card Players가 1번 위치에 있으므로 그 정보는 주소 1에 저장될 것이며, Portrait of Dr. Gachet이 리스트의 5번째 위치에 있으므로, 그 정보는 주소 5에 저장될 것이다. 이는 우리가 그림 제목이 하나의 워드에 저장될 수 있으며 컴퓨터 메모리에 하나만의 리스트를 저장한다고 가정할 때 해당하는 말이다. 왜냐하면 위의 설명대로 하면 리스트 두 개를 저장할 때 각 워드에 두 개의 서로 다른 것들을 저장해야 하기 때문이다. 그림 7.2는 우리가 내부 메모리를 사용하거나 또는 심지어 DVD를 사용할 때 리스트를 저장하는 기법을 나타낸다.

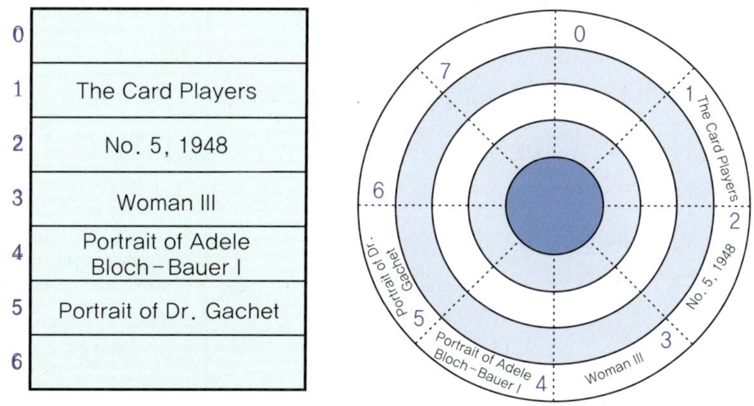

그림 7.2 다섯 그림의 리스트는 메모리 또는 DVD의 배열로서 저장된다.

데이터가 이와 같이 배치될 때, 메모리에 두개의 배열을 저장할 수 있을까? 아마도 우리는 역대 최대 흥행 영화 5개와 역대 가장 긴 영화 다섯 개의 리스트를 저장하고 싶어 할 수 있다. 문제는 이 리스트 각각은 서로 다른 항목을 1번 위치에 가지고 있으며 우리는 메모리 주소 1에 하나의 항목만을 저장할 수 있다는 것이다. 이에 대한 해법은 배열을 메모리 주소 1에 저장하게 하지 않고 메모리의 어느 위치에도 저장할 수 있도록 하는 것이다. 우리가 배열이 저장된 위치를 알 수 있는 한, 우리는 배열에 있는 모든 항목을 찾아 볼 수 있는 것이다. 배열의 위치는 **기준 주소**(base address) 또는 **앵커**(anchor)라고 불리며 배열의 첫 번째 항목이 저장된 메모리 주소를 가리킨다.

컴퓨터의 입장에서 보면, 배열의 이름은 배열의 앵커에 해당한다. 배열의 이름을 알고 있다면, 앵커를 알고 있다는 뜻이 되고 배열의 모든 항목을 항목의 색인을 통해 찾아볼 수 있게 된다. 그림 7.3은 두 개의 서로 다른 리스트가 메모리에 배열로 저장되어 있는 것을 보여준다. 그림(Paintings)이라 불리는 배열은 위치 3을 앵커로 가지며 영화(Movies)라는 배열은 위치 8을 앵커로 가진다. 컴퓨터의 관점에서 보면, 그림(Paintings)이라는 이름은 실제로는 메모리 주소 3을 의미하며 영화(Movies)라는 이름은 실제로는 메모리 주소 3을 나타낸다.

배열의 매우 중요한 한 가지 특성은 배열은 메모리에 저장될 뿐이며, 배열이 그 위치나 그 길이를 바꿀 수는 없다는 것이다. 배열은 더 많은 메모리를 차지하기 위해 더 확장될 수 없으며 메모리를 더 적게 사용하기 위해 축소될 수 없다.

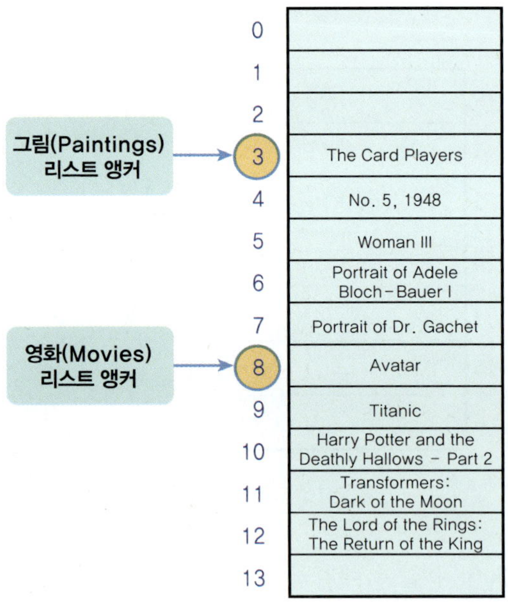

그림 7.3 메모리에서 두 배열이 배열로 저장되어 있다. 리스트 A가 메모리 주소 3부터 저장되어 있으며 리스트 B가 메모리 주소 8부터 저장되어 있다.

그림 7.3은 왜 메모리가 확장되지 못하는지를 나타낸다. 이 예에서, 그림(Paintings) 배열은 다른 배열이 그 배열 바로 다음에 위치하기 때문에 더 확장될 수 없다.

7.2.1.2 배열 요소들에 접근하기

배열의 가장 주요한 장점은 우리가 리스트 안의 항목 색인 즉 항목의 위치를 알고 있다면 배열에서는 어떤 항목도 쉽게 찾을 수 있다는 것이다. 예를 들면, 우리가 리스트에서 두 번째 항목을 찾고자 한다면 우리는 그 항목을 Paintings[2]라고 부르면 될 것이다. 컴퓨터의 이름은 컴퓨터 메모리 내부의 항목 위치를 의미한다. 컴퓨터는 이름 Paintings에 앵커(메모리 주소 3)를 연동시키고 숫자 2를 그 앵커에 대한 오프셋으로 가져간다. 이 예에서는 컴퓨터는 앵커에서부터 1의 메모리 위치를 이동하여 메모리 주소 4에 도착하게 된다. 배열 A의 i 번째 항목은 A[i]로 이름이 붙으며 그 항목이 위치한 메모리 주소는 다음의 간단한 수식으로 계산된다.

$$(\text{배열 A의 앵커}) + (i - 1)$$

이때 컴퓨터 시스템이 배열에서 항목을 찾을 때마다, 시스템은 그 항목의 주소를 찾기 위해서 한번의 빼셈과 한번의 덧셈을 해야 한다. 이러한 연산을 수행하는 것은 컴퓨터 시스템을 느리게 할 수 있기 때문에, 대부분의 컴퓨터 시스템은 리스트의 첫 번째 항목의 색인을 1보다는 0으로 하는 관례를 가지고 있다. 이러한 관례를 **0 인덱싱**(zero indexing)이라고 한다. 0 인덱싱을 사용하게 되면, 리스트의 첫 번째 항목은 0으로 숫자가 매겨지며 리스트의 두 번째 항목은 1번 위치로 간주되고 그 다음 항목들은 그 다음 숫자들로 매겨지게 된다. 우리가 이 관례를 채용할 경우, 배열의 i번째 항목의 메모리 주소는 다음의 수식으로 계산할 수 있다.

$$(\text{배열 A의 앵커}) + i$$

7.2.1.3 배열의 원소들을 제거하기

리스트는 대부분 시간이 지남에 따라 변하게 된다. 그림 하나에 3억 달러 이상을 지불하는 사람도 언젠가는 생길 것이며 제임스 카메룬의 아바타 영화보다 더 많은 돈을 버는 영화도 언젠가는 생길 것이다. 우리가 할일(to-do) 리스트를 가지고 있을 때, 작업 하나를 마치면 그 일을 할일(to-do) 리스트에서 제거할 것이며 다른 할 일을 리스트에 추가할 것이다. 리스트를 변화하게 하는 두 가지 방법은 항목 삭제와 추가이다.

역대 5대 최고가 그림 리스트에서 The Card Players라는 그림을 삭제하는 경우를 생각해보자. 이 그림이 사설 경매소에서 단지 1억 달러에 팔렸다는 새로운 사실이 발견되었다고 가정한다면, 이 그림은 더 비싼 그림들 보다 리스트의 더 아래에 위치하게 될 것이다. 이 경우에 The Card Players 그림은 리스트에서 지워져야 할 것이며 리스트의 가장 앞에는 다음으로 가장 비싼 그림이 위치해야 할 것이다.

배열에서 요소를 지우는 것은 손으로 쓴 리스트에서 항목을 지우는 과정과 매우 유사하다. 리스트의 모든 항목을 지우고 새롭게 항목들을 작성할 수 있다. 만약 리스트에 무언가를 삽입하려 한다면, 원하는 순서대로 전체 리스트를 다시 작성할 수 있다. 이 방법은 리스트에서 무언가를 삭제할 때마다 전체 리스트를 다시 만들어야 하기 때문에 분명히 비효율적이다. 전체를 다시 만들지는 않더라도 최소한 지우려는 항목 아래에 위치한 항목들은 다시 작성해야 한다. 그림 7.4는 이 과정을 설명하고 있다.

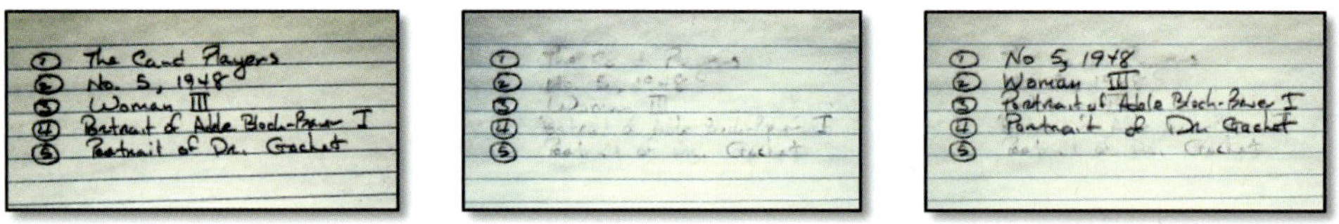

그림 7.4 유명한 그림의 리스트에서 첫번째 항목을 지우기. 첫 단계는 모든 리스트를 지우는 것이다. 두 번째 단계에서는 리스트를 모두 다시 작성해야 한다. 매우 효율적이지 못하다.

이미 언급했다시피 배열은 확장되거나 축소되지는 않지만, 배열에서 항목을 삭제하고 추가하는 것은 가능하다. 그림(Paintings) 리스트에서 첫 항목을 삭제할 경우, 삭제의 결과로 리스트에서의 항목들의 위치가 바뀌므로 리스트의 다른 항목들은 메모리에서의 위치를 한 칸씩 이동해야 한다. 즉, 리스트의 두 번째 항목은 첫번째 항목이 되고 세번째 항목은 두번째 항목이 되어야 한다. 배열 자체는 같은 양의 메모리 공간을 사용하지만 삭제 후 최종 위치의 메모리 공간은 비어있게 된다.

그림 7.5는 그림 7.4의 그림 리스트에서 The Card Players를 삭제하는 여러 단계들을 보여주고 있다. 우리는 리스트의 두 번째 항목인 No. 5, 1948을 리스트의 새로운 첫 번째 항목으로 이동시켜야 한다. 리스트의 첫 항목이 앵커 위치에 저장되기 때문에, 메모리의 4번 위치에 저장된 리스트의 두 번째 항목을 앵커 위치로 이동시켜야 한다. 마찬가지로 항목 삭제의 결과로 리스트의 나머지 항목들도 하나씩 위치를 이동시켜야 한다. 이러한 이동은 리스트의 앞 항목부터 끝 항목의 순서로 진행되어야 하며, 그렇지 않으면 제대로 작동하지 않게 될 것이다. 이 예에서 리스트의 가장 위 항목을 삭제하는 것은

4개의 이동을 수반하게 된다.

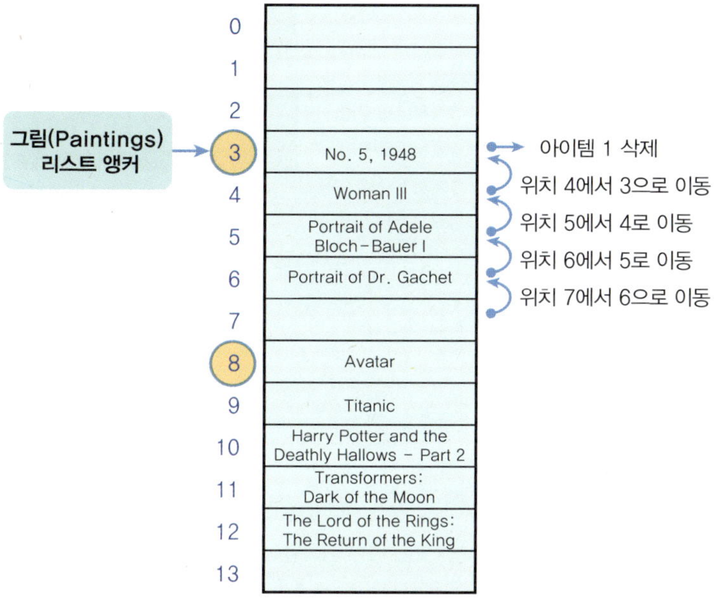

그림 7.5 그림 리스트에서 첫 항목을 삭제하기. 이를 위해서는 메모리의 4개의 항목 이동이 필요하며 리스트 앞의 항목에서부터 리스트 뒤의 항목의 순서로 이동을 진행한다.

7.2.1.4 배열에 요소 삽입

배열에 요소들을 삽입할 수 있으나, 배열의 끝에 빈 공간이 있을 경우에만 가능하다. 르노아르의 그림 Bal du moulin de la Galette가 3억 5천만 달러에 팔렸다고 가정한다면 어떤 일이 생기는지 생각해보자. 우리는 이 그림의 가격이 역사상 가장 높은 금액이 되므로 그림 리스트의 가장 앞에 이 항목을 삽입해야 할 것이다. 리스트의 가장 앞에 항목을 삽입하는 것은 리스트 안의 다른 모든 항목의 위치를 바꾸게 되며, 이 새로운 항목이 메모리 앵커 위치에 자리잡게 됨을 의미한다. 자료가 없어지는 것을 막기 위해서는 리스트의 가장 끝에 위치한 항목부터 리스트의 앞에 위치한 항목까지의 순서대로 위치를 바꾸어야 한다. 이것은 그림 7.6에 나타나 있는데, 여기서 Portrait of Dr. Gachet은 6번 위치에서 7번 위치로 이동해 있으며 그 후 다른 항목들도 하나씩 위치를 바꾸게 된다. 최종적으로 위치 3에 Bal du moulin de la Galette를 입력하여 리스트의 가장 앞에 위치하게 한다.

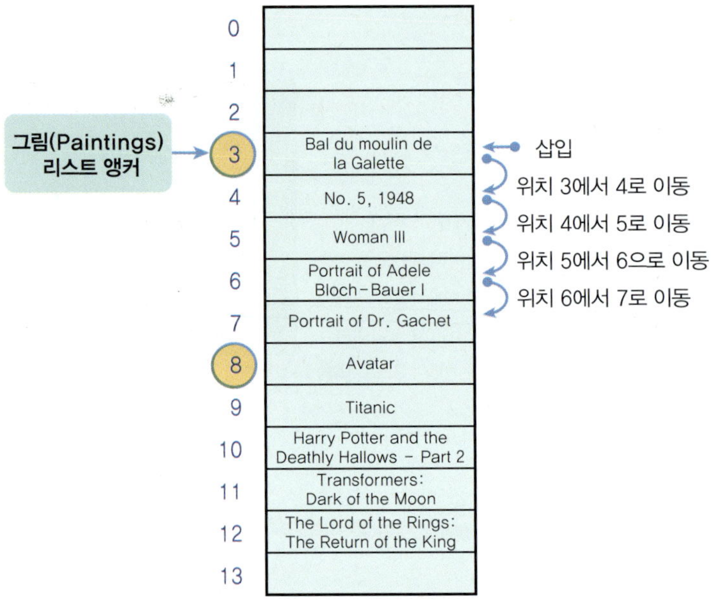

그림 7.6 리스트의 앞에 항목을 삽입하기. 이 경우 리스트 내의 모든 다른 항목들이 새로운 항목에 자리를 내주기 위해서 이동해야 한다.

7.2.1.5 배열 요약

모든 리스트는 배열의 형태로 메모리에 저장될 수 있다. 배열을 사용하는 주요 장점은 배열의 어떤 아이템도 자신의 리스트 안의 위치를 알고 있으면 쉽게 접근할 수 있다는 점이다. 주요 단점은 배열의 크기는 고정되어 있으며 리스트 내부의 삽입과 삭제를 위해서는 상당한 수의 연산을 필요로 한다는 점이다.

7.2.2 연결

7.2.2.1 저장

메모리 안의 데이터를 연결하는 것은 메모리 내의 리스트를 저장하는 가장 일반적인 방법이다. 우리가 데이터를 연결하게 되면 우리는 메모리에 흩어져 있는 항목들을 사슬처럼 연결하게 되지만 그럼에도 불구하고 데이터는 매우 잘 정돈되며 다루기 쉽게 된다. 이러한 형식의 저장기법을 **연결 리스트**(linked list)라고 부른다.

데이터를 연결하는 기본적인 아이디어는 geocaching이라는 게임과 매우 유사하다. **Geocaching**은 GPS가 있는 기기를 사용해서 geocaches라고 불리는 숨겨진 보물을 찾는 일종의 보물찾기 게임이다. 이 게임에서는 항해 일지와 특별한 물품들을 방수 상자에 함께 넣는다. 캐쉬라고 불리는 이 상자는 특정한 장소에 숨겨지며 이 상자의 GPS 좌표는 기록된다. GPS 좌표는 그 후 인터넷으로 통해 공지되고 참가자들은 이 캐쉬상자를 찾게 된다.

참가자가 캐쉬를 찾게 되면, 그는 상자 안에 있는 항해 일지에 자신의 이름을 적고 상자 내의 보물을 자신의 물품과 바꾼다. 보물들은 보통 값비싼 물품들은 아니지만 작고 재미있는 장신구나 참가자 자신에게 개인적인 가치가 있는 물품들로 구성된다.

Geocache 시합 또는 multicache 라 불리는 게임은 기본적인 geocache게임에 약간의 변화를 준 것이다. 여기서는 방수 상자에 항해 일지와 보물들 이외에 다음에 찾아야 할 geocache의 GPS 좌표를 넣어둔다. 이 시합의 참가자는 첫 번째 geocache의 GPS 좌표를 알게 됨으로써 시합을 시작하게 된다. 첫 번째 geocache를 발견했을 경우에만, 어떤 보물이 들어있고 다음 보물은 어디에 있는지를 알게 된다. 시합의 모든 물품을 찾게 되는 첫 번째 사람이 시합의 우승자가 된다. 참가자는 다음 GPS 좌표에 대한 정보가 없는 상자를 발견했을 때 비로소 마지막 geocache를 발견했다는 것을 알게 된다. 이 시합은 보물과 다음 보물 상자의 GPS 좌표를 담고 있는 상자들의 리스트로 요약될 수 있다.

그림 7.7은 geocache 시합이 어떻게 완료되는지를 보여준다. 모든 참가자는 처음에 그림에서의 노란점으로 표시되는 특정 위치에 모인다. 각 참가자들에게는 첫 번째 보물의 위치가 주어지며, 그림의 예에서는 (38.6, 97.5)로 나타나 있다. 이때 첫 번째 보물의 위치가 주어지지만 시작 지점의 위치는 주어지지 않음을 주의하라. 첫 번째 보물에 도달하게 되면 주머니 시계와 새로운 좌표(38.7, 97.9)가 담긴 상자를 발견하게 된다. 주머니 시계는 시합에서의 첫 항목이고 새로운 좌표는 시합의 두 번째 상자의 위치인 시합에서의 두 번째 항목의 위치를 나타낸다. 두번째 위치에 도달하게 되면, 돛 모형과 세 번째 보물이 있는 위치를 나타내는 좌표(38.9, 97.5)를 포함하고 있는 상자를 발견하게 된다. 세 번째 위치에 도달하게 되면, 조개 껍질을 담은 상자를 발견하게 되는데 여기에는 아무런 좌표 정보가 없다. 더 이상의 좌표 정보가 없으므로, 우리는 시합이 종료되었다는 것을 알 수 있다. 추가적으로, 우리는 시합의 항목들이 (1) 주머니 시계, (2) 모형 돛, (3) 조개 껍질이라는 것을 알게 된다. 이 모든 정보는 시합의 첫 번째 항목의 GPS 좌표에서부터 시작된다는 것을 알 수 있다.

리스트의 항목은 geocaching과 매우 유사한 기법을 통해서 메모리 안에서 모두 연결된다. 우리는 우선 데이터를 담을 방수 상자가 필요하다. 따라서 우리는 인접해 있는 메모리 격실 한 쌍으로 구성된 상자, 즉 **노드**(node)라는 것을 정의해야 한다. 노드의 첫 번째 부분은 리스트의 항목을 담고 있으며 두 번째 부분은 리스트의 다음 항목의 메모리 주소를 담고 있다.

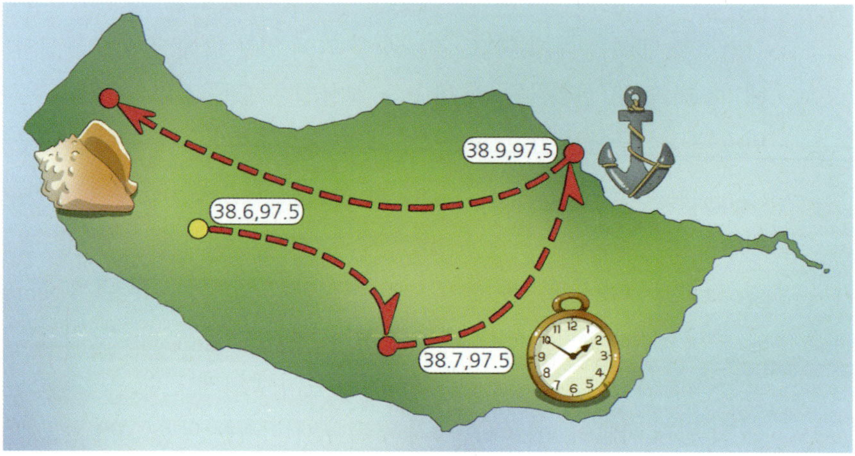

그림 7.7 Geocache 시합

관례적으로 우리는 노드의 두번째 부분이 숫자 0의 값을 가지고 있다면 리스트에는 더 이상의 항목은 없는 것으로 간주한다. 리스트의 **앵커**(anchor)는 리스트 첫 번째 노드의 메모리 주소가 된다.

그림 7.8은 그림(Paintings) 리스트의 항목들이 메모리 안에서 어떻게 연결되어 있는지를 보여준다. 이 그림의 (a)에서 16개의 메모리 격실들과 각 격실들이 담고 있는 데이터를 보여준다. 이 데이터의 적절한 해석은 (b)에서 보여지는 데, 여기서 하나의 노드를 구성하는 한 쌍의 격실들은 각각 그룹지어 있으며 노드들을 연결하는 선들에 의해 연결상태가 보여진다.

처음에는 첫 번째 노드의 메모리 주소를 나타내는 리스트의 앵커 만을 알 수 있다. 이 예에서, 위치 3에 있는 앵커 노드는 메모리 위치 3과 4의 두 격실로 구성되어 있다.

리스트의 첫 항목은 위치 3에 저장되며 다음 항목의 위치는 위치 4에 저장되어 있다. 다른 말로, 위치 4는 다음 항목을 저장하고 있지 않으며 그보다는 다음 항목의 위치를 저장한다. 우리는 The Card Players는 리스트의 첫 항목이고 다음 항목은 위치 12에 저장되어 있음을 알고 있어야 한다. 위치 12로 이동함에 따라 우리는 리스트의 다음 항목이 No.5, 1948이라는 것을 알 수 있으며 다음 항목의 위치는 1이라는 것도 알 수 있다.

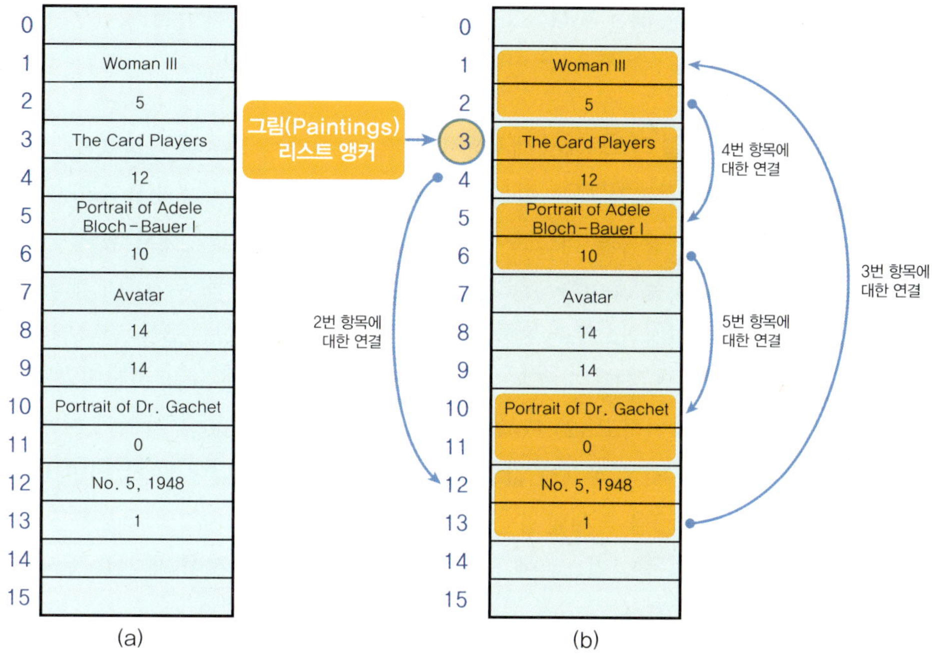

그림 7.8 다섯 개의 그림 리스트를 항목을 연결 방법을 사용하여 메모리에 저장하기.
(a) 메모리 상태 (b) 메모리 상태에 대한 해석

위치 1로 이동하게 되면 우리는 리스트의 다음 항목은 Woman III이고 그 다음 항목의 위치는 5라는 것을 알 수 있다. 위치 5로 이동하게 되면 우리는 Portrait of Adele Bloch-Bauer I이 리스트의 다음 항목이고 이 그림 다음의 항목은 위치 10에 있다는 것을 알 수 있다. 위치 10으로 이동하게 되면, 우리는 리스트의 다음 항목은 Portrait of Dr. Gachet이고 다음 항목의 위치가 0으로 되어 있으므로 리스트에서 더 이상의 항목은 없다는 것을 알 수 있다. 값 0은 메모리 위치를 나타내는데 사용될 경우 리스트의 마지막을 나타내는 특수값이라는 것을 생각하도록 하자.

7.2.2.2 연결 리스트의 요소들에 접근하기

아마 연결 리스트의 유일한 단점은 리스트의 색인만을 가지고 항목에 접근하는데 어려움이 있다는 것이다. 리스트의 N번째 항목을 알기 위해서 우리는 앵커에서 부터 출발해서 정확히 N-1번 연결을 통해 이동해야 한다. 그림 7.8의 리스트의 4번째 항목을 찾기 위해서, 우리는 앵커에서 출발해서 첫 번째 연결 정보를 따라 위치 12로 이동하고 두 번째 연결 정보를 따라 위치 1로 이동하며, 세 번째이며 최종인 연결정보를 따라 위치 5로 이동해야 한다. 그곳에서 우리는 리스트의 네번째 항목인 Portrait of Adele Bloch-Bauer I을 찾을 수 있다.

7.2.2.3 연결 리스트에서 제거하기

하지만 제거하고자 하는 항목이 있을 경우, 리스트에서는 매우 쉽게 제거될 수 있다. B라고 불리는 항목을 리스트에서 제거하려고 한다고 생각해보자. 첫 단계는 B 바로 앞의 항목을 찾는 것이다. 우리는 단순히 A의 다음 항목 위치정보를 B 다음 항목이 있는 위치로 변경함으로써 B를 제거할 수 있다. 이는 항목 B를 건너뛰어 리스트를 재연결하는 것이다. 그림 7.8의 리스트에서 우리는 (1) 이 그림 직전의 항목이 Woman III라는 것을 발견하고 (2) Portrait of Adele Bloch-Bauer I 항목의 다음 항목 주소가 10이라는 것을 찾은 후 (3) 값 10을 메모리 위치 2에 덮어 쓰게 되면 Portrait of Adele Bloch-Bauer I을 삭제할 수 있다. 여러분은 메모리 위치 2의 내용을 5에서 10으로 바꾼 후 어떤 그림들이 리스트에 있는지를 파악하여 이 과정이 제대로 동작하는지를 신중하게 확인해야 한다.

7.2.2.4 연결 리스트로 삽입하기

연결 리스트로 항목을 삽입하는 것은 삭제하는 것과 그 과정이 유사하다. 인접한 두 항목이 A와 C인 리스트를 생각해보자. 우리가 B를 A와 C사이에 삽입하고자 한다면 우리는 A의 다음 항목의 위치를 B의 위치로 수정하고 B의 다음 항목 위치를 C의 위치로 수정하면 된다. 삽입을 위해서는 메모리 위치 두 개를 수정하는 것만으로 충분하다.

그림 7.9의 리스트에 새로운 그림을 삽입하는 경우를 생각해보자. 아마 새롭게 뜨는 미술가가 최근에 Computational Abstraction이라는 그림을 역대 두 번째로 비싼 가격에 판매했을 수 있다. 따라서 우리는 이 그림을 리스트의 두 번째 항목으로 삽입해야 한다. 이를 위한 첫 단계는 리스트의 노드로 사용하기 위한 두 개의 사용되지 않은 메모리 격실을 확보하는 것이다. 14와 15번 메모리 격실이 사용되고 있지 않으므로 우리는 이 한 쌍의 메모리 격실이 노드로 사용하기로 한다.

노드의 첫 번째 값은 리스트 항목의 값을 가지게 되므로, Computational Abstraction이라는 이름을 메모리 위치 14에 넣는다. 우리는 그 후 새롭게 만든 노드가 정확한 순서로 리스트에 나타나도록 하기 위해서 일부 항목들의 연결 내용을 바꾼다. 연결 내용을 바꾸는 것은, 4번 소자에 The Card Players 다음 노드의 위치가 담겨져 있기 때문에, 4번 메모리 격실의 값을 14로 바꿈으로써 달성된다. 마지막으로, No. 5, 1948은 새로 삽입된 항목 다음에 위치하므로, 값 12를 15번 메모리 격실의 값으로 해 준다. 이 과정은 그림 7.9에 나타나 있으며 값이 바뀐 메모리 격실은 채색되어 나타나 있다.

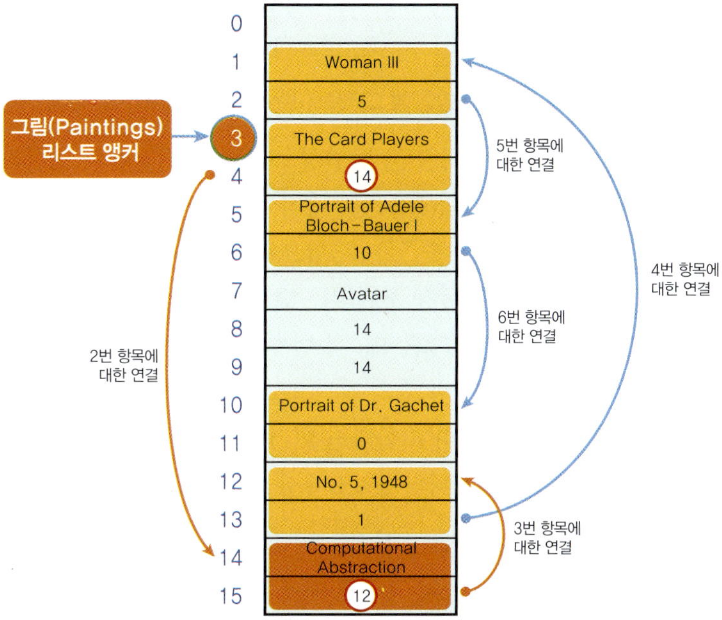

그림 7.9 리스트에 새 요소를 삽입하기 위해서는 새로운 노드(셀 격실 14, 15)를 만들어야 하며 새로운 노드를 가리키기 위해 기존의 연결 상태를 변경시켜야 한다.

7.2.2.5 연결 리스트 요약

리스트의 삽입과 삭제는 삽입하거나 삭제할 부분에 대한 연결 구조를 새로 만들어야 할 때에만 느려진다. 따라서 리스트의 처음에 삽입하거나 리스트의 첫 요소를 삭제하는 경우에는 첫 항목은 찾기가 가장 쉬우므로 매우 빠르게 수행된다. 독자들은 아마도 항목이 실제로 리스트의 처음에 삽입되는지 여부 또는 리스트의 첫 항목이 실제로 삭제되는지 여부에 대해 궁금해 할 수 있다. 대부분의 실제 프로그래밍 상황에서 존재하는 다소 사소하고 자세한 것은 여기서 감추려고 한다. 실제 프로그래밍 언어에서 앵커는 변경될 수 있도록 허용하고 있으며 이를 통해 리스트의 첫 요소가 매우 효율적이며 편리하게 다루어지게 된다. 추가로 리스트의 항목은 메모리 상에서 서로 인접해 있을 필요가 없으며 각 항목들의 크기가 작은 편이기 때문에 항목을 저장할 공간을 쉽게 찾을 수 있다.

7.3 그래프

실생활의 많은 객체들과 개념들은 그래프로 모델링이 된다. 그래프는 정점들과 간선들로 구성된 추상화된 수학 개념이다. **정점**(node)은 실 생활에서의 항목을 의미하며 **간선**(edge)은 두 개의 정점을 이어주는 관계를 의미한다. 이 책에서는 정점들을 잇는 간선들이 방향성을 가지는 **방향성 그래프**(directed graph)에 대해서만 다루도록 한다.

정형적인 표현을 사용하자면, 방향성 그래프는 정점들의 집합과 방향성을 가진 변들의 집합이라고 말한다. **집합**(set)은 수학적 관점에서 보면 집합에 전혀 중복되는 요소가 없이 모든 항목이 구별될 수 있는 집합으로 정의된다. 다른 말로 방향성 그래프는 모두가 구별되는 정점들과 모두가 구별되는 방향성을 가진 간선들의 집합이다. 방향성을 가진 간선은 아크(arc)라고도 하는데, 첫 번째 정점에서 두 번째 정점으로 단방향으로 연결이 되어 있는 순서가 있는 한 쌍의 정점으로 정의된다. 만약에 그래프가 정점 A에서 정점 B로의 아크를 가지고 있다고 한다면 이러한 아크를 (A, B)라고 쓴다. 이는 A에서 B로 연결이 되어 있다는 것을 나타내며 B에서 A 방향으로는 연결되어 있지 않음을 의미한다.

그래프 G=(V, E)에서 G는 정점들의 집합 V와 아크들의 집합 E로 구성되어 있음을 의미한다. 예를 들면, 다음의 그래프 예에 대한 정의를 생각해보자.

V = A, B, C, D, E

E = (A,E), (A,B), (B,A), (B,D), (C,E), (D,C), (E,B), (E,C), (E,D)

G = A, B, C, D, E, (A,E), (A,B), (B,A), (B,D), (C,E), (D,C), (E,B), (E,C), (E,D)

이 예에서 정점들의 집합 V는 A, B, C, D, E로 주어지고 아크들의 집합 E는 (A,E), (A,B), (B,A), (B,D), (C,E), (D,C), (E,B), (E,C), (E,D)로 주어진다. 그래프는 보통 정점들을 점으로 아크들을 점과 점을 잇는 화살표를 가지는 선으로 표현하는 도형으로 그려진다. 그림 7.10은 그래프 G가 어떻게 그려지는 지를 보여준다. 다섯 개의 점 각각은 정점의 이름이 붙여지며 아크들은 첫번째 점에서 다음 점으로 향하는 화살표로 그려진다. 그래프의 정점이 공항이라면 아크들은 한 공항에서 다른 공항으로 향하는 항공편을 나타낸다. 그림 7.11 그래프의 경우 정점 A는 시애틀을, B는 로스엔젤리스를, E는 덴버, C는 시카고, D는 마이애미를 나타낸다. 아크는 시애틀에서 로스엔젤리스와 덴버로 가는 직항 항공편이 있다는 것을 말하며 덴버에서 시애틀로 가는 직항 항공편은 없다는 것을 나타낸다. 또한 이 그래프는 만약 덴버에서 마이애미로 왕복 항공편을 원한다면 돌아올 때에는 시카고를 경유해야 함을 나타낸다.

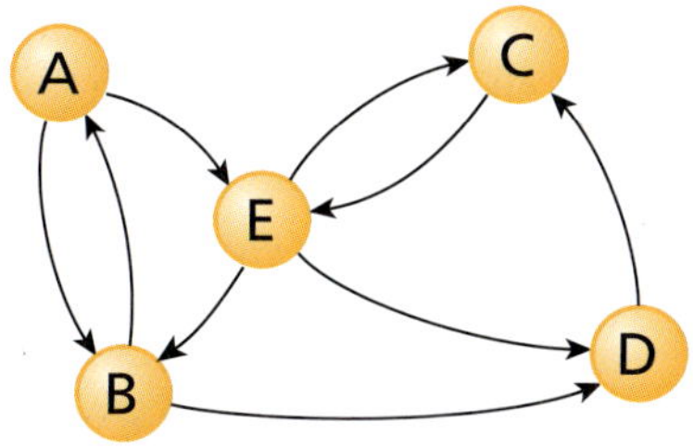

그림 7.10 그래프 G가 도형으로 그려진다. G는 다섯 개의 정점과 아홉 개의 아크를 가지고 있다.

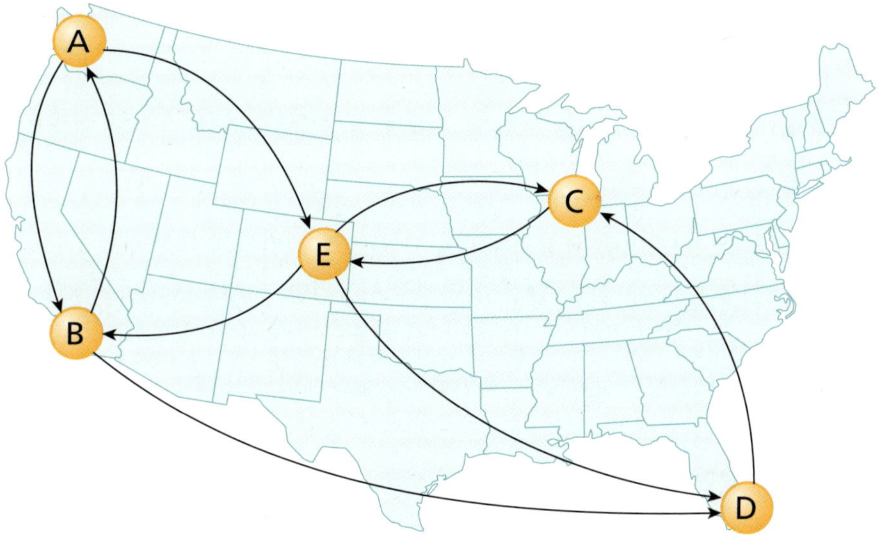

그림 7.11 미국내 다섯 도시 간의 항공편을 모델링한 그래프.

도로 지도에서도 교차로를 정점으로 하고 각 아크가 도로 차선을 나타내도록 한다면 그래프로 모델링 할 수 있다. 그림 7.12는 그림 7.10의 그래프가 어떻게 도로 지도로 표현되는 지를 보여준다. 이 지도에서 7번 대로(7th Avenue)는 왕복 도로 W. Oak도로와 Vine 도로를 가로지르는 왕복도로이다. 꼭지점 A는 W. Oak 도로와 7번 대로와의 교차로를 나타내며 꼭지점 B는 Walnut 도로와 7번 대로, Vine 도로와의 교차로를 나타낸다. 꼭지점 E는 W. Oak, E. Oak, Walnut, Peach Tree 도로들에 연결되어 있는 로터리를 나타낸다.

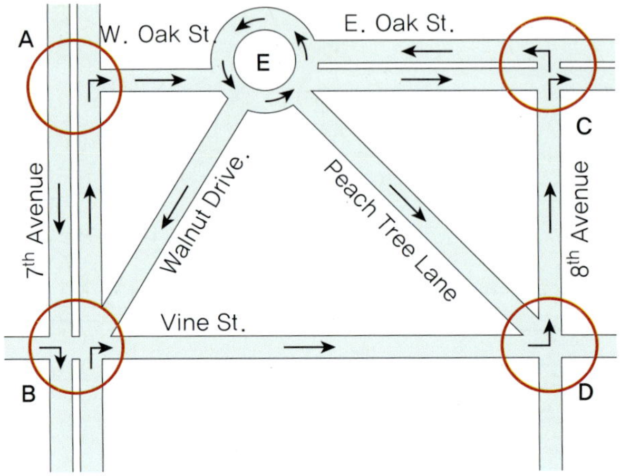

그림 7.12 도로 지도를 모델링하는 그래프. 각 정점은 교차로를 나타내고 각 아크는 교차로 사이의 도로를 나타낸다.

그래프는 광범위한 실세계의 문제들과 그 해법들에 대한 본질을 표현할 수 있기 때문에 계산적 사고의 수 많은 영역에서 사용된다. 그래프는 컴퓨터 네트워크(예를 들면, 인터넷)를 모델링 할 수 있는데 이때 컴퓨터를 정점으로 컴퓨터 간의 연결은 아크로 표현하여 모델링 할 수 있다. 첵커스[2]나 체스 게임도 또한 그래프로 표현될 수 있는데 여기서 게임 보드의 모든 위치는 정점들로 플레이어가 움직이는 말들의 이동 내용은 아크로 표현할 수 있다. 화학적 분자구조는 각 정점을 원자들로, 원자 간의 연결 내용을 아크로 묘사함으로써 그래프로 모델링 된다. 전기회로는 각 정점이 회로의 컴포넌트 간의 전기적 연결 상태를 나타내게 하고 아크들을 레지스터나 축전기를 나타내도록 함으로써 그래프로 표현한다. 전국 전력망 역시 각 정점을 변압기로 아크를 변압기들을 연결하는 전선으로 나타낸다면 그래프로 모델링이 될 수 있다. 대학 교과과정은 각 정점이 과목을 아크는 과목 간의 선수 과목 관계를 나타내도록 하여 그래프로 표현될 수 있다.

7.3.1 그래프 용어와 특성

그래프는 특정한 실제의 개념 또는 객체들의 핵심 본질을 나타내는데 사용되는 수학적 모델이다. 그래프는 때때로 그래프 자체의 전반적인 구조를 기술하는 여러 특성들에 의해 특징 지어진다. 이 책에서 주요 특성들을 나열하고 있으며 특성의 이해를 위해 그림

2 체크무늬의 보드를 사용하며 대각선으로만 이동할 수 있고 상대방의 말을 뛰어 넘음으로서 상대방의 말을 잡을 수 있는 보드 게임.

7.13의 그래프 G를 참고하도록 한다.

- **인접성**(Adjacency)－U와 V가 임의의 그래프에서의 정점이라고 가정한다. 만약 그래프에서(U, V)인 아크가 존재한다면 정점 U가 정점 V와 인접한다고 말한다. 예를 들면 아크(D, C)가 G에 있다면 정점 D는 C에 인접한다. 아크(C, D)는 G에 없기 때문에, C는 D에 인접해 있지 않다.
- **루프**(Loop)－루프는 아크의 첫 정점과 두 번째 정점이 일치하는 아크를 말한다. 그래프 G는 루프를 가지고 있지 않다.
- **입력차수**(In-degree)－정점 V의 입력차수는 V를 두번째 정점으로 하는 아크의 숫자를 말한다. 정점 E의 입력차수는 2인데, G에서는 E를 두번째 정점으로 하는 아크가 (A, E)와 (C, E) 두 개 뿐이기 때문이다.
- **출력차수**(Out-degree)－정점 V의 출력차수는 V를 첫 정점으로 하는 아크의 숫자를 말한다. 정점 E의 출력차수는 3인데, G에서 E가 처음 정점인 아크가(E, B), (E, C), (E, D) 세 개가 되기 때문이다.
- **위수**(Order)－그래프의 위수는 그래프 정점들의 갯수를 말한다. G의 위수는 5개의 정점들이 있으므로 5이다.
- **크기**(Size)－그래프의 크기는 그래프 아크의 개수를 말한다. G의 크기는 9개의 아크가 있으므로 9이다.
- **경로**(Path)－경로는 그래프 내의 아크로 표시되는 인접한 정점들로 이루어진 정점들의 순서를 말한다. 또한 정점 하나만을 가지는 경우에도 경로이다. 예를 들면, 일련의 정점들 [A, E, C]는 아크(A, E)와 (E, C)가 그래프 안에 있으므로 경로이다. [A, B, E]는 아크(B, E)가 그래프에 없으므로 경로가 아니다.
- **경로 길이**(Path length)－경로에 있는 아크들의 수를 경로의 길이라고 한다. [A, E, C]의 길이는 2이다.
- **사이클**(Cycle)－사이클은 그 길이가 0보다 크며 처음과 마지막 정점이 일치하는 경로를 말한다. 사이클이 없는 그래프를 비순환적 그래프라고 한다. 예를 들면, [A, B, A]는 사이클이며 그래프 G는 비순환적이 아니다.

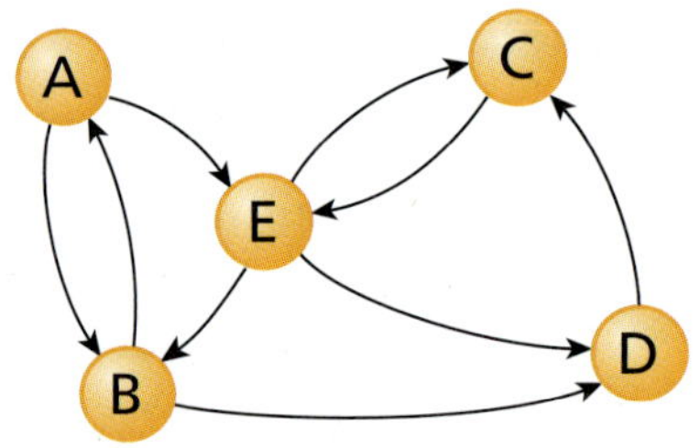

그림 7.13 그래프 G

7.3.2 저장

그래프가 배열과 비슷한 기법으로 메모리에 저장될 수 있음에도 불구하고, 여기서는 그래프를 연결구조를 사용하여 표현할 수 있는 방법에 대하여 설명하고자 한다. 리스트는 첫 원소의 입력차수는 1이고 마지막을 제외한 모든 원소들의 출력차수가 1인 그래프로 간주될 수 있다. 그래프와 리스트의 핵심적인 차이점은 그래프의 정점들이 1 이상의 출력차수를 가질 수 있다는 점이다.

리스트를 연결구조를 사용한 리스트로 저장할 경우, 각 원소들의 출력차수는 1이라고 간주한다. 리스트의 각 원소는 그 다음에 쓰여진 메모리 주소에 의한 단일 연결에 의해 메모리 내에서 연결된다. 우리는 그래프에서는 이러한 가정을 사용할 수 없는데, 그 이유는 그래프 내에서는 하나의 정점이 여러 정점과 연결되기 때문이다. 우리는 그래프에서 모든 정점의 출력차수가 1이라고 전제할 수 없기 때문에 정점의 값과 함께 각 정점의 출력차수를 저장해야 한다.

우리는 정점의 값(정점의 이름)을 우선 저장하고 정점의 출력차수를 그 다음 메모리 위치에 저장함으로써 그래프를 메모리에 저장할 수 있다. 이후, 정점의 출력차수인 N개의 연결을 저장한다. 예로서, 그림 7.13 그래프를 메모리에 저장하는 한 가지 방법을 보여주는 그림 7.14를 생각해보자. 이 그림에서 우리는 임의의 정점 A를 앵커 정점으로 선택하며 그래프의 앵커가 A의 메모리 위치에 저장된다는 점을 주시해서 보자. 즉, 그래프의 앵커는 10의 위치에 있다.

그림 7.14의 정점 A를 생각해보자. 숫자 2가 정점 A의 바로 다음 메모리 공간에 저장되기 때문에, A의 출력차수는 2라는 것을 알 수 있다. 그리고 메모리에 있는 다음 두 개의 값들은 A에 인접해 있는 정점들에 대한 연결 내용임을 알 수 있다.

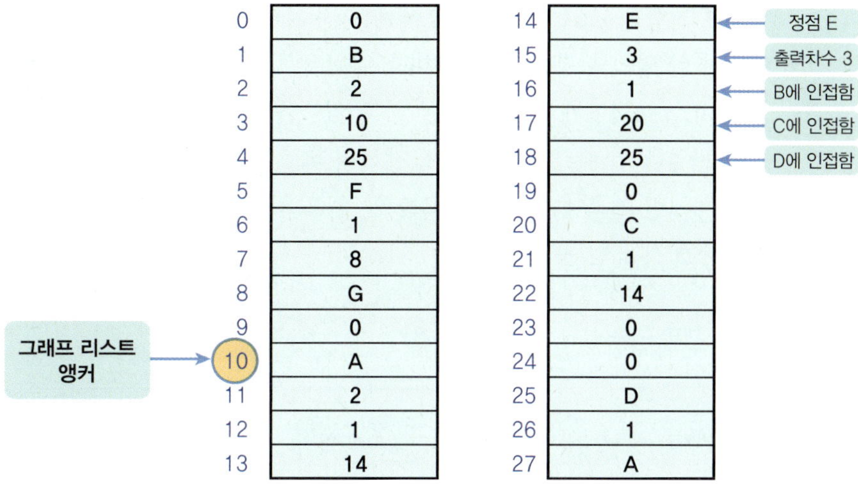

그림 7.14 그래프 G는 선형 메모리에 저장된다.

이 예에서, 정점 B(메모리 위치 1에 저장됨)와 E(메모리 위치 14에 저장됨)는 A에 인접해 있다. 정점 E는 출력차수가 3이고 정점 B, C, D에 인접해 있다. 이러한 표기법은 그래프의 모든 정점들이 앵커로부터 시작된 아크들의 연결을 통해서 접근가능할 때에만 사용된다.

7.4 계층

계층은 요소들이 레벨 별로 배치되도록 하는 배치방법이다. 계층에서의 각 구성원은 바로 밑에 많은 구성원들을 가질 수 있으며 바로 위에는 하나의 구성원 만을 가질 수 있다. 실제로 많은 개념들은 구성원들의 계층화에서 유래된 것이다. 우리는 여러가지 자료들이 실제로 자연적으로 계층화되어 있다는 예를 간략하게 살펴볼 것이다.

7.4.1 조직 차트

조직 차트(organizational chart)는 조직의 구조를 나타내는 다이어그램이며 조직을 구성하는 사람들간의 관계와 보고체계를 보여준다. 조직 차트는 계층의 레벨이 조직내 관리 계급을 반영하도록 하는 계층을 말하며 계층의 구성원들은 조직내의 개인들을 나타낸다.

그림 7.15는 인터넷 쇼핑몰 아마존의 조직 차트를 단순화한 것이다. 이 차트에서 한 명의 대표 제프리 베조가 계층의 최상단 "루트(root)"에 위치하고 있다. 네 명의 사람들이

부대표 직함을 달고 제프리 베조에게 직접 보고를 할 수 있다. 여기에는 네 명의 이사가 있으며 한 명의 부장이 있다. 토마스 수탁은 차트에서 팀 스톤 위에 위치하므로 팀 스톤은 토마스 수탁에게 직접 보고를 하고 있음을 알 수 있고, 토마스 수탁은 팀 스톤의 직속 상관임을 알 수 있다. 추가로, 제프리 베조는 토마스 수탁 위에 있으므로 토마스 수탁은 제프리 베조에게 직접 보고를 할 수 있으며, 제프리 베조는 토마스 수탁의 직속 상관이라는 것도 알 수 있다.

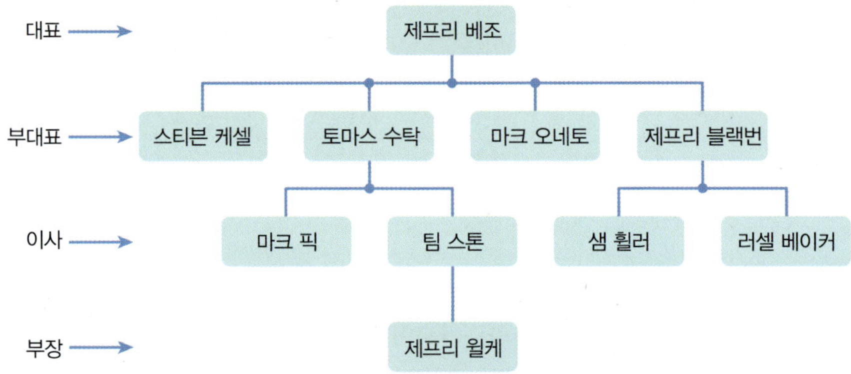

그림 7.15 Amazon.com의 간략화된 조직 차트는 회사 조직 내의 4 단계 직급 체계를 보여준다.

7.4.2 가계도

가계도(family tree)는 조상과 그들의 후손들 사이의 유전적인 관계를 나타내는 그림이다. 가계도의 밑 레벨에서는 최근의 가족 구성원들을 포함하며 윗 레벨에서는 여러 세대 이전의 조상들을 포함한다. 가계도에서 모든 개인은 아버지와 어머니를 가지고 있기 때문에 양부모 정보를 모두 가계도에 포함시킨다면 순수한 의미의 계층은 아닌 것이 된다. 개인이 양부모를 상위에 포함시키면 계층의 모든 구성원들은 오직 하나의 구성원만을 상부에 놓아야 한다는 조건을 깨뜨린다. 하지만 가계도가 아버지 또는 어머니 한 쪽만을 보여주도록 제한한다면 가계도는 가족 구성원 계층을 적절하게 나타내게 될 것이다.

반지의 제왕 3부작[3]의 저자 J. R. R. 톨킨은 배긴스의 조상들에 대해 다섯 세대에 걸쳐 묘사하였다. 배긴스 가족은 빌보 배긴스가 입양된 친척 프로도 배긴스와 같이 사는 호빗 마을 근처의 셔에 살았다. 배긴스 일족은 발보 배긴스의 후손들로 알려져 왔다. 빌보 배긴스는 프로도의 아버지 드로고와 같이 발보의 증손자이다. 그림 7.16은 톨킨이 기술한 배긴스 가족의 부계 혈통 가계도를 보여준다.

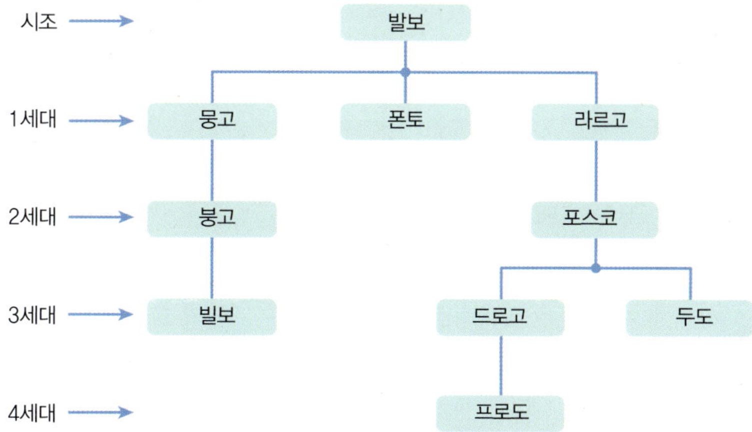

그림 7.16 빌보 배긴스와 프로도 배긴스의 조상을 보여주는 간략화된 가계도

7.4.3 생물학

생물학은 살아있는 생물을 연구하는 학문이다. 다양한 생물 형태를 더 잘 이해하기 위하여, 생물학자들은 살아있는 생물들의 유사한 부분들에 따라 생물들을 분류하였다. 이러한 생물학적 분류는 살아있는 생물들을 종, 속, 과, 문, 계와 같은 그룹으로 나누는 과학적 **분류법**(taxonomy)에 따른다. 각 그룹은 어떻게 분류하느냐에 따라 보다 높고 또는 보다 낮은 그룹으로 계층지어진다.

그림 7.17은 네 가지 종류의 새(대머리 독수리, 새매, 붉은꼬리 매, 말똥가리)에 대한 간단한 분류법의 예를 보여주고 있다. 이 분류법에서 가장 낮은 레벨은 종이라는 것을 보여준다. 새매는 Accipiter 속에 속하며 붉은 꼬리 매와 말똥가리는 Buteo 속에 속한다. 대머리 독수리는 이 분류법에서 보이듯이 어떤 속에도 속하지 않지만 Haliaetus로 알려진 아과에 속한다. Accipiter와 Buteo는 Accipitrinae로 알려진 아과에 속하며 이 모든 종들은 같은과인 Accipitridae에 속한다.

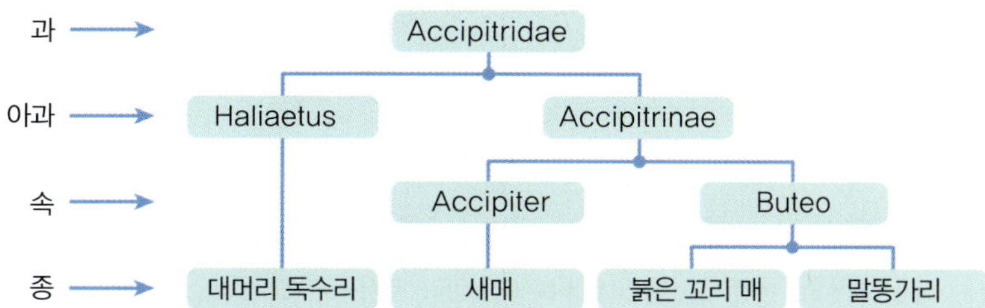

그림 7.17 네 종류의 새에 대한 분류법

7.4.4 언어학

언어학(Linguistics)는 인간의 언어를 정형적이고 과학적으로 연구하는 학문이다. 언어학자들은 인간 언어의 구조 또는 문법을 묘사하는 세련된 모델들을 개발해 왔다. 문법에 대한 연구는 언어적 요소들이 어떻게 서로 관계를 가지는지와 이러한 관계들을 설명하는 규칙에 대해 초점을 맞추고 있다.

구문해석 트리(parse tree)는 언어 문법을 모델링하고 언어 요소들의 의미를 명확하게 하기 위해 문법을 표현해주는 도구이다. 구문해석 트리의 아래 레벨은 단어들의 그룹을 포함하고 있으며 가장 밑의 단계 레벨은 하나의 단어만을 가지고 있다. 높은 단계의 레벨은 어떻게 요소들이 배치되고 분류되었는지를 보여준다.

구문해석 트리의 예는 그림 7.18에 보여지는데, 여기서 문장 "The educated student has learned computational thinking"의 단어들은 의미있는 구문들로 그룹지어진다. 예를 들면, 단어 "computational"은 부사로 단어 "thinking"은 명사로 분류된다. 두 단어 구문 "computational thinking"은 (모든 부사-명사로 이루어진 문장이 그렇듯이) 명사구로 분류되는데, 이는 더 큰 규모의 동사구 "learned computational thinking"의 일부분이며 이 동사구 역시 더 큰 규모의 동사구의 일부가 될 수 있다. 구문해석 트리의 가장 높은 단계의 레벨에서는 일련의 단어들 "The educated student has learned computational thinking"이 하나의 문장을 형성한다.

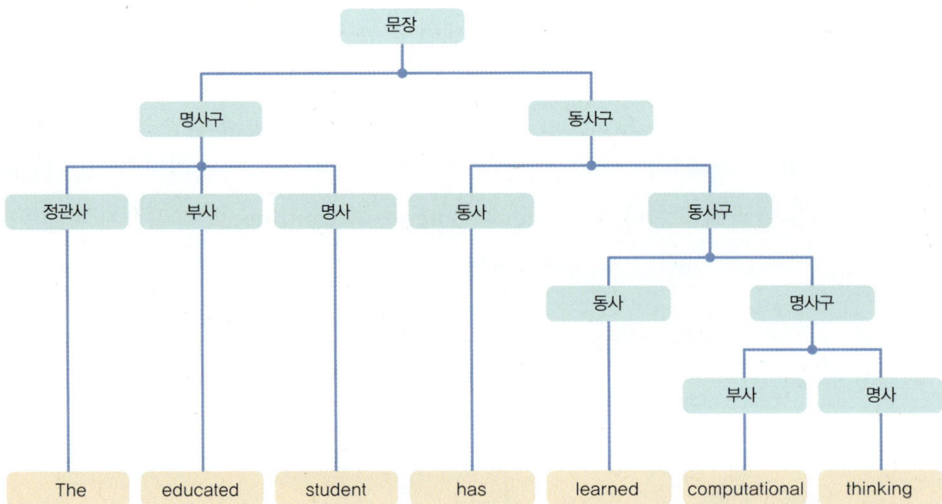

그림 7.18 구문해석 트리에서 보여진 영어 문장의 구조. 이 문장은 하나의 명사구와 하나의 동사구로 이루어져 있다. 이 구문 각각은 다른 문법적인 요소들로 구성된다.

구문해석 트리는 인간 언어에서 언어학적으로 중요한 역할을 할 뿐 아니라, 프로그래밍 언어에서도 중요한 역할을 한다. 컴퓨터 프로그래머가 프로그램을 작성할 때, 프로그램의 구문해석 트리를 생성함으로써 프로그램의 의미와 속성이 이해될 수 있도록 프로그래밍 언어로 표현된다.

역사적으로 중요한 사실을 말하자면 컴퓨터 프로그래밍 언어 영역에서 가장 중요한 발전들 중의 상당수가 노암 촘스키라는 언어학자에 의해 진행되었는데, 그는 철학을 전공했고 컴퓨터와는 관계가 거의 없어 보이는 언어학으로 박사학위를 받았다. 그럼에도 불구하고, 촘스키는 컴퓨터 프로그래밍 언어와 관련된 여러 발견들로 컴퓨터 과학자들에게 아주 높은 평가를 받고 있다. 촘스키는 문법을 수학적으로 면밀하게 모델링한 촘스키 계층과 보편문법 이론으로 그 공로를 인정받고 있다.

7.4.5 트리(Tree)

트리(tree)는 계층 데이터를 모델링하기 위한 그래프의 한 형태이다. 더 구체적으로 말하자면 트리는 다음의 특성을 가지는 그래프이다.

- 그래프의 입력차수가 0인 정점이 정확히 하나이다[3]. 이 정점을 루트라고 부른다.
- 그래프의 루트가 아닌 모든 정점은 입력차수가 1이다.
- 루트에서 다른 정점들 모두에게 도달하는 경로가 존재한다.

그림 7.19는 트리의 예이다. 이 트리는 여덟개의 정점들과 일곱개의 아크로 구성된다. 정점 R은 입력차수 0인 유일한 정점이며 다른 모든 정점들의 입력차수는 1이다. 추가로 R에서 다른 정점들로 가는 경로가 모두 하나씩 있다.

트리에서 하나의 **루트**(root) 정점이 있는 반면에, 여러 개의 말단 정점이 존재한다. 출력차수 0의 정점을 **말단**(leaf) 정점이라고 한다. 그림 7.19에는 T, E, C, A 네 개의 말단 정점이 존재한다. 여러분은 아마도 트리의 루트가 가장 위에 그려지고 다른 정점들이 루트 밑에 위치한다는 점에 놀랄지도 모른다. 더 이상한 점은 말단(leaf) 정점들이 가장 밑에 위치한 다는 것이다. 트리는 관례적으로 위아래가 뒤집혀 그려져 왔는데, 이는 루트가 가장 높은 중요성을 가지고 말단이 서열상 가장 덜 중요하다는 점을 고려해 왔기 때문이다. 그림 7.19는 이러한 관례를 나타낸 것이다.

3 트리의 위수가 0인 경우 트리가 비었다고 말한다. 이러한 경우 루트 정점은 존재하지 않는다.

그림 7.19 트리는 보통 루트(root)가 위로 말단(leaf)이 아래에 위치한 위아래가 뒤집힌 채로 그려진다.

참고문헌

1. Geisel, Theodore(Dr. Seuss), "Too Many Daves" from The Sneetches and Other Stories(New York: Random House, 1961). Dr. Seuss Enterprises, L.P.
2. Peers, Alexandra(January 2012). "Qatar Purchases Cézanne's The Card Players for More Than $250 Million, Highest Price Ever for a Work of Art." Vanity Fair. Retrieved December 18, 2013.
3. Tolkien, J. R. R. Lord of the Rings. (London: Allen & Unwin, 1954)

주요용어

가계도(family tree)
간선(edge)
경로 길이(path length)
경로(path)
구문분석 트리(parse tree)
기준 주소(base address)
디스크(disc)
루트(root)
루프(loop)
리스트(list)
말단노드(leaf node)
메모리(memory)
배열(array)
분류법(taxonomy)
사이클(cycle)
섹터(sector)
아크(arc)
앵커(anchor)
언어학(linguistics)
연결 리스트(linked list)
워드(word)
위수(order)
위치(location)
유알엘(URL)
유향그래프(directed graph)
인덱싱(indexing)
인접성(adjacency)
입력차수(in-degree)

정점(node)

조직차트(organizational chart)

좌표저장(geocaching)

집합(set)

출력차수(out-degree)

크기(size)

트랙(track)

트리(tree)

0 인덱싱(zero indexing)

연습문제

1. 숫자 22, 31, 28, 25, 22의 리스트를 생각해보자. 어떻게 이 리스트가 아래의 메모리에 저장되는 지를 보여라. 아래의 그림은 공간의 제약 때문에 두 열로 나타내었지만 선형으로 구성되었다고 생각하라. 이 리스트의 앵커는 26이다.

Address	Value
20	
21	
22	
23	
24	
25	
26	
27	
28	
29	
30	
31	
32	
33	
34	
35	

Address	Value
36	
37	
38	
39	
40	
41	
42	
43	
44	
45	
46	
47	
48	
49	
50	

a. 이 리스트는 배열로서 저장된다.

b. 이 리스트는 연결 기법을 통해 저장된다.

2. 아래의 다이어그램에서 주어진 그래프가 예제 1에서의 메모리에서 어떻게 저장되는 지를 보여라. 그래프의 앵커는 20이다. 이 문제에는 여러 개의 답이 있을 수 있다.

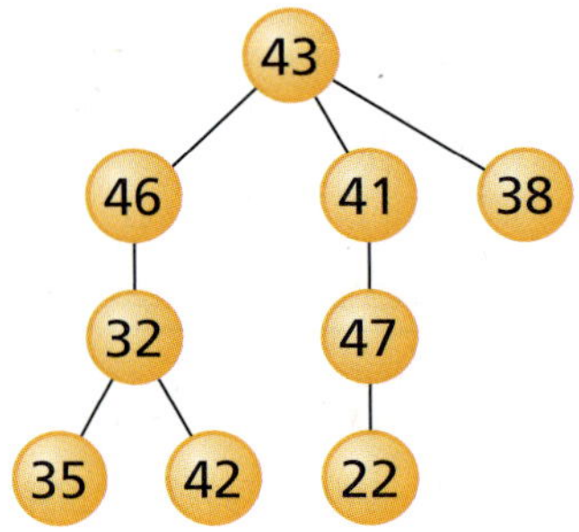

3. 그래프 G = (V,E)에서 V = A, B, C, D, E이고 E = (A, D), (B, E), (C, E), (D, A), (A, B), (E, A)인 그래프를 그려라.

4. 페이스북 같은 소셜 네트워킹 사이트에서 사용자들이 다른 사용자들과 어떻게 연결되었는지에 대한 데이터를 그래프를 사용하여 모델링하여라. 이 예제에서 우리는 '좋아요' 또는 '팔로잉'과 같은 관계를 한 방향 연결로 모델링한다. 이는 자넷(Janet)이라는 사용자가 사용자 프레드(Fred)에 '좋아요'를 누른다고 해서 프레드(Fred)가 자넷(Janet)에게도 '좋아요'를 누르게 되는 것은 아니라는 것을 의미한다.

a. 가상의 소셜 네트워킹 사이트에서의 '좋아요' 관계를 표현하는 간단한 그래프를 그려보아라. 여러분의 그래프는 적어도 다섯 사용자들과 적어도 아홉 개의 '좋아요' 관계가 있어야 한다.

b. 이 그래프에 사이클이 있는가? 그렇다면 그 사이클을 보여라.

c. 여러분이 만든 그래프의 위수와 크기는 얼마인가?

5. 아래의 표에 기술된 데이터를 담고 있는 메모리 격실을 생각해보자. 트리의 앵커는 28이고 이 장에서 설명한 방식대로 트리가 메모리에 저장되어 있다고 가정할 때 메모리의 내용을 보고 이에 해당하는 트리를 그리시오.

Address	Value
20	34
21	3
22	36
23	43
24	47
25	25
26	1
27	32
28	38
29	2
30	25
31	20
32	37
33	0
34	30
35	0

Address	Value
36	46
37	2
38	40
39	34
40	39
41	0
42	32
43	33
44	0
45	45
46	41
47	42
48	0
49	39
50	3

6. 숫자 1/3을 생각해보자. 이 값을 10진수로 표시하게 되면 3이 무한하게 반복되는 0.333333… 이기 때문에 무한한 수의 숫자로 구성된다. 숫자가 무한하게 반복되는 10진수 숫자를 순환소수라고 한다. 다른 예로는 9/11(0.818181…)과 22/7(3.142857142857142857…)이 있다.

a. 연결 리스트를 사용하여 무한한 수의 숫자로 표현되는 순환소수를 저장할 수 있을 지 설명하여라.

b. 예제 1의 메모리에 (a)의 기법을 사용하여 9/11의 값을 어떻게 저장할 지를 보여라.

7. 언어학자들과 컴퓨터 과학자들은 모두 언어를 연구한다. 언어학자들은 인간 언어를 연구하고 컴퓨터 과학자들은 컴퓨터 프로그래밍 언어를 연구한다. 양 측은 모두 언어의 문법적 구조를 표현하기 위해 정확한 규칙들을 사용한다. 다음의 리스트는 가상의 글루파이트(Glewphite) 언어의 문법 규칙을 설명한 것이다. 글루파이트(Glewphite) 문장 "loza glo glargle le argl."의 문법 구조를 보여주는 문법 트리를 그리시오.

- 다음 항목은 Glewphite 언어의 명사들이다
  - argl
  - glo
  - zargl
- 다음 항목은 Glewphite 언어의 부사들이다
  - le
  - gleglom
- 다음 항목은 Glewphite 언어의 동사들이다
  - glargle
  - loza
- Glewphite 문장은 일련의 구문들로 구성되어 있다. 다음 각각은 Glewphite 구문들의 규칙이다.
  - 동사 다음에 부사가 위치하며 그 다음에 명사가 위치한다.
  - 명사 다음에 부사가 위치한다.
  - 동사 다음에 명사가 위치한다.

8. 여러분의 조부모부터 시작하는 가계도를 그리시오. 가계도를 작성할 때 모계 또는 부계 둘 중에 하나만 선택하여 작성하시오. 적어도 세 세대 이상을 포함해야 하며 각 세대 별로 적어도 세 명이 있어야 한다. 만약 가족에 대한 자세한 내용을 모른다면 아는 만큼의 정보를 기술하고 나머지는 가상의 인물로 채워도 된다. 가계도 작성을 마치면 예제 1에서 나오는 메모리에 여러분의 가계도가 어떻게 저장될 지를 보이시오.

9. 그림 7.12에서 기술된 도로 지도 그래프를 정형적으로 정의하시오. 즉, 이 지도를 정점들과 아크들로 표현하시오.

CHAPTER 08

데이터 처리

나는 마법의 공식을 가지고 있지 않다.
승리를 하기 위한 내가 아는 유일한 방법은 열심히 운동하는 것이다.
– 돈 슐라(미식축구 감독)

학습목표

- 폰 노이만 원리를 이해한다.
- 이차원 데이터 배치와 표 모양 정보 검색의 개념을 이해한다.
- 이산 함수와 표와의 관계를 이해한다.
- 문장 처리에 계산식이 어떻게 사용되는지를 이해한다.
- 계산식이 패턴을 정의하고 처리하는 데 어떻게 사용되는지를 이해한다.

컴퓨터 계산이라는 관점에서 보면, 계산식은 값을 계산하는 과정을 표현하는 것 뿐만 아니라 값 자체로도 받아들여 진다. 이 절은 먼저 계산식이 스프레드시트(Spreadsheets) 프로그램에서 어떻게 사용되는 지를 다룬다. 수학 연산자들은 항의 갯수, 결합법칙, 연산 우선순위와 같은 특성을 가지고 있다. 회계처리 프로그램에서의 계산식은 입력값과 프로그램에 의해 생성되는 출력값 사이의 관계를 기술하는 모델로 표현된다.

우리는 나중에 계산식을 통해 숫자 뿐만 아니라 문장들도 처리가 가능하다는 것을 보일 것이다. 스프레드시트 프로그램과는 별개로, 문장 처리 프로세스는 문장을 만들고, 문장의 일부를 검사하고, 문장의 패턴을 정의하기 위해 계산식을 사용한다. 이 절에서는 문장 계산식이 어떻게 DNA를 연구하는데 사용되며 인터넷 검색 성능을 향상시킬 수 있는가를 보여줄 것이다.

8.1 폰 노이만 구조

초기의 컴퓨터는 프로그램-고정형 구조로 설계되었다. **프로그램-고정형 구조**(fixed- program architecture)는 컴퓨터의 명령어가 기계의 실제 하드웨어로 직접 구현되는 구조를 말하는데 컴퓨터 메모리에 미리 저장시켜 놓은 데이터만 처리할 수 있었다. 이러한 컴퓨터에서 프로그램을 변경하기 위해서는 기계 자체를 새로 만들거나 기계 자체를 변경해야 하기 때문에 프로그램이 가능한 기계라고 말할 수 없다.

일부 컴퓨터 시스템은 이러한 프로그램-고정형 구조를 사용하는 것으로 알려져 있다. 예를 들면, 계산기는 약간의 계산 작업을 수행할 수는 있으나, 문장 처리나 메시지 교환과 같은 작업을 위한 프로그램을 만들 수는 없다. 많은 영상 처리는 상당히 많은 계산 작업을 필요로 하고 전용 보조 하드웨어를 통해 성능 향상을 이룰 수 있으므로, 영상처리 시스템도 프로그램-고정형 구조로 만들어진다.

프로그램-고정형 구조와는 반대로 **프로그램-내장형 구조**(stored-program architecture)는 프로그램을 위한 명령어와 데이터를 모두 메모리에 저장한다. 역사상 가장 위대한 수학자로 알려진 존 폰 노이만은 사실 그의 연구 업적들이 앨런 튜링의 업적들에 기반한 것임에도 불구하고 프로그램 내장형 구조를 발명한 창시자로 알려져 있다. 폰 노이만의 1945년 논문 "First Draft of a Report on the EDVAC" [1] 덕분에 프로그램-내장형 구조를 **폰 노이만 구조**(Von Neumann architecture)라고 부른다. 이 논문에서는 처리 유닛, 명령어 레지스터와 프로그램 카운터를 가지는 제어 유닛, 데이터와 명령어를 모두 저장할 수 있는 외부/내부 메모리로 구성된 것으로 컴퓨터를 묘사하고 있다.

폰 노이만 구조는 컴퓨터가 프로그램을 위한 명령어와 데이터를 거의 같은 방식으로 다루도록 되어 있다. 데이터는 프로그램에 의해 변경될 수 있으며, 프로그램 명령어도 자체 명령어들을 바꿀 수 있다. 프로그램이 결과값을 낼 수 있다면, 프로그램은 또한 결과값으로써 명령어들을 만들 수 있다. 즉, 폰 노이만 구조에서는 프로그램이 프로그램을 만들 수 있는 것이다. 이러한 기능을 **자가 수정 코드**(self-modifying code)라고 부른다. 시간이 지나면서 컴퓨터 개발자들은 명령어를 데이터와 동일하게 다루는 것이 놀라운 효력을 지니고 있음을 발견하였다. 현재 사용되는 많은 프로그램들은 어셈블러나 컴파일러 또는 다른 프로그래밍 도구들을 사용하여 만들어진다. 이러한 도구들은 프로그램을 만드는 프로그램이며 프로그램 코드를 데이터와 동일하게 다루는 프로그램이다.

8.2 스프레드시트 프로그램

스프레드시트(spreadsheet) 프로그램은 데이터를 표의 형태로 구성하고, 작업하고, 보여주는 사용자 대화형 프로그램이다. 스프레드시트는 처음에는 재무회계 장부 처리를 위해 개발되었으나, 지금은 보통 표의 형태로 데이터를 저장해서 처리하는 분야에는 어디에서도 사용되고 있다. 우리는 스프레드시트를 프로그램 코드와 데이터 사이에 존재하는 쌍방 관계의 예로서 나타내려고 한다. 우리는 구체적으로 스프레드시트의 프로그램 코드로 표현되는 계산식이 어떻게 데이터를 만들어내고, 스프레드시트가 어떻게 코드를 데이터로 간주하는지를 보여주려고 한다.

8.2.1 스프레드시트 구조

워크시트(worksheet)는 표의 형태로 **셀**(cell)을 구성한 것으로 단일 셀은 행과 열이 교차하는 위치에 놓여진다. 셀은 데이터를 저장하고 있는 상자이다. 각 셀은 고유의 이름을 가지고 있고, 셀에 데이터가 담겨 있으며 데이터는 셀의 이름을 통해 접근될 수 있기 때문에 셀은 프로그램 언어에서의 변수와 같은 역할을 한다.

스프레트시트의 행은 일반적으로 1부터 번호가 매겨지며 열은 알파벳 A부터 이름이 매겨진다. 셀의 이름은 스프레드시트 상의 위치를 반영하여 지어진다. 즉, 셀의 이름은 셀이 위치한 행과 열의 이름을 가지고 만들어 진다. 예를 들면, C열과 4 번째 행에 위치한 셀은 C4라고 이름지어진다. 그림 8.1은 이러한 예를 보여준다.

	A	B	C	D	E
1					
2					
3					
4					
5					

그림 8.1 스프레트시트 구조. C열과 4번 째 행에 있는 셀(회색으로 강조된 셀)의 이름은 C4이다.

스프레드시트의 각 셀은 숫자, 문장과 수식을 포함할 수 있다. 수식은 이미 존재하는 데이터에서 새로운 데이터를 도출하기 위해 사용되는데, 이미 존재하는 데이터는 다른 수식에서 계산된 데이터일 수도 있고 다른 스프레드시트에서 가져온 데이터일 수도 있다. 어떤 셀의 데이터가 변경된다면, 스프레드시트의 다른 모든 셀들은 내부적으로 일관성을 가지기 위하여 데이터 값들을 자동으로 갱신하게 된다. 즉, 셀 데이터를 변경하게 되면 이 변경내용을 자동으로 반영하기 위해 다른 셀들의 데이터도 갱신되는 것이다. 이러한 자동 갱신 기능은 사용자가 특정값을 변경하였을때 즉시 그 결과를 확인할 수 있다는 점에서 매우 유용한 기능이다.

계산식을 담고 있는 셀은 계산식 자체를 보여주는 것이 아니라 계산식에 의해 도출된 데이터 값을 보여준다. 일반적으로 스프레트시트 사용자들은 계산식에 의해 만들어진 결과값에 더 신경을 쓰기 때문에 스프레드시트는 계산식이 만들어낸 결과값 만을 보여주고 있다.

8.2.2 계산식/표현식

계산식은 스프레드시트의 주요한 계산 요소이다. **계산식**(formula)은 입력값을 취해서 출력값을 만들어 내는데 필요한 식이라고 정의된다. 때때로 컴퓨터 프로그래머들은 계산식을 표현식(expression)이라고 말하기도 한다. 이 절에서 우리는 **계산식**(formula)이라는 용어를 사용한다. 정확하고 의미있는 계산식을 쓰기 위해서는 계산식에 등장하는 모든 요소들을 정확히 이해하여야 한다. 여기서 우리는 계산식의 요소를 알아보고 그 의미를 정의할 것이다.

대부분의 스프레드시트 어플리케이션은 등호기호(=)를 계산식 앞에 위치시켜야 한다. 등호기호는 스프레드시트에게 셀 안의 내용이 계산식이라는 것을 인식시키는 역할을 한다.

모든 계산식은 엄격한 내부구조 또는 문법을 따른다. 이러한 구조는 컴퓨터가 입력값에서 출력값을 만드는 일련의 계산단계를 정확하게 결정할 수 있도록 만든다. 계산식은 다음 요소들로 구성되어 있다.

- 숫자 - 3, −18, 5.3이 예이다.
- 연산자 - +, −, *, /이 예이다.
- 셀 참조 - A1과 C4이 예이다.
- 함수 - MAX()와 MIN()이 예이다.

8.2.2.1 숫자

숫자는 가장 간단한 계산식이다. 다른 형태의 계산식은 숫자를 처리해서 결과로서 숫자를 만든다. 이러한 다른 형태의 계산식은 다음 절에 설명한다.

8.2.2.2 연산자

컴퓨터 프로그래밍에서 **연산자**(operator)는 계산적인 동작을 표현하는 기호이다. 그 예로서 + 기호는 수학적인 덧셈을 표현하고, * 기호는 곱셈을 표현한다. 모든 연산자는 **피연산자**(operands)로 불리는 하나 이상의 입력을 필요로 하며 출력으로써 정확히 하나의 출력값을 만든다. 결과값을 생성하기 위하여 피연산자는 연산자의 입력값의 역할을 한다. 그림 8.2는 덧셈 연산을 하는 계산식의 예를 나타낸다. 덧셈 연산에는 1과 6의 두 개의 피연산자가 있다. 전체 표현식은 계산식이 되며, + 기호가 덧셈 연산자의 역할을 하고 있다. 연산자의 결과값은 7이고, 이 계산식에서 단지 하나의 연산자만 있기 때문에 전체 계산식의 결과값은 또한 7이다.

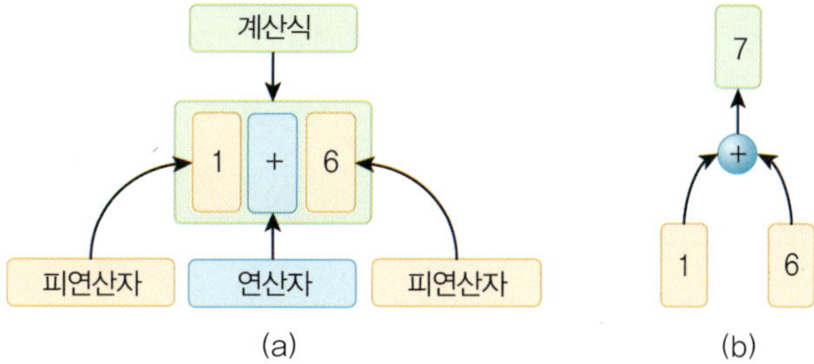

그림 8.2 (a) 덧셈 연산자를 수반하는 계산식의 구조. (b) 연산자는 숫자 6과 1을 입력으로 받아서 7을 출력으로 만든다.

산술 연산자는 덧셈과 뺄셈과 같은 기본 수치 연산을 담당하는 반면에 비교 연산자는 두 값을 비교하는 연산을 수행한다. 스프레드시트에서 사용되는 일반적인 연산자는 그림 8.3과 같이 요약된다.

일반적인 산술 연산자		
연산자	의미	사용예
+	덧셈	2 + 3
−	뺄셈	2 − 3
−	부정	−3
*	곱셈	2 * 3
/	나눗셈	2 / 3
^	지수	2 ^ 3

일반적인 비교 연산자		
연산자	의미	사용예
<	보다 작은	2 < 3
<=	보다 작거나 같은	2 <= 3
=	같은	2 = 3
<>	같지 않은	2 <> 3
>	보다 큰	2 > 3
>=	보다 크거나 같은	2 >= 3

그림 8.3 스프레트시트 계산식에 나타나는 일반적인 연산자

계산식은 여러 개의 연산자를 포함하고 있는 경우가 있는데, 이 경우 하나의 연산자의 연산 결과는 다른 연산자의 피연산자 또는 입력값의 역할을 한다. 예를 들면, 그림 8.4의 계산식은 덧셈과 곱셈 연산자를 포함하고 있다. 이 예에서, 곱셈 결과는 덧셈 연산자의 입력으로 작용한다.

1 + 2 * 3

그림 8.4 두 연산자를 포함하고 있는 계산식. 한 연산자의 결과는 다른 연산자의 입력으로 작용한다.

계산식은 특정 순서에 의해 연산이 진행되며, 하나 이상의 연산자를 가진 계산식의 결과는 연산자가 적용되는 순서에 값이 결정된다. 예를 들면, 우리가 그림 8.4의 계산식에서 곱셈보다 덧셈을 먼저 수행하면 그 결과값은 9가 된다. 반면에 곱셈을 먼저 수행한다면 그 값은 7이 된다.

연산자가 수행되는 순서는 각 연산자들이 어떻게 연관되어 있는지를 표로 나타냄으로써 설명할 수 있다. 예를 들어, 그림 8.4의 숫자 2를 생각해보자. 숫자 2는 덧셈 연산자의 두 번째 피연산자가 될 수도 있고 곱셈 연산자의 첫 번째 피연산자가 될 수도 있다. 이 숫자 2는 덧셈의 피연산자와 곱셈의 피연산자가 동시에 될 수는 없다. 그렇게 된다면 계산식이 1 + 2와 2 * 3의 두 독립된 식으로 나누어지기 때문이다.

논리적으로 생각해 볼 때, 이 계산식에서는 단지 두가지 해석만이 가능하다. 첫 번째 해석에서는 1과 2를 덧셈의 피연산자로 생각하는 것이고 덧셈의 결과를 곱셈의 피연산자로 넘겨주는 것이다. 이 경우 그림 8.5에서 보다시피 덧셈 연산이 곱셈 연산보다 먼저 수

행되어야 한다. 두 번째 해석에서는 2와 3을 곱셈의 피연산자로 받고 곱셈의 결과를 1과 함께 덧셈의 피연산자로 주는 것이다. 두 번째 해석은 그림 8.5에서 보다시피 덧셈 연산이 수행되기 전에 곱셈 연산이 수행하되록 하는 것이다.

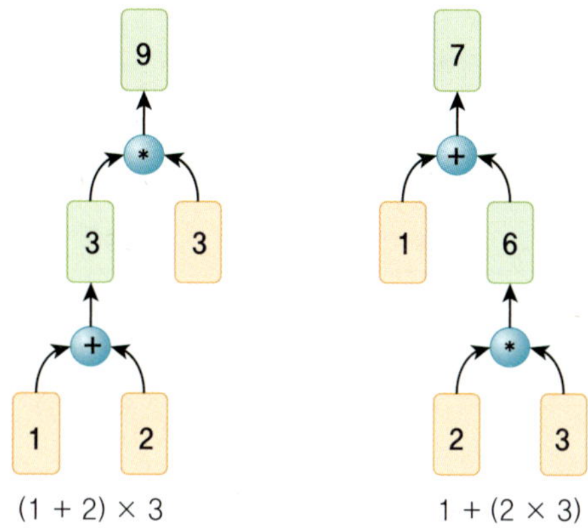

그림 8.5 계산식 1 + 2 × 3의 두 가지 해석법

하나의 계산식이 동시에 두 개의 다른 결과를 만들 수는 없기 때문에, 컴퓨터는 계산식의 연산자가 적용되는 순서를 정할 수 있어야 한다. 연산자를 적용하는 정확한 순서는 각 연산자의 고유한 특성들을 이해함으로써 결정될 수 있다. 이 특성들은 **항수**(arity), **우선순위**(precedence), **결합법칙**(associativity)의 세 가지이다. 이 세 가지 특성을 이해함으로써 하나 이상의 연산자를 포함하고 있는 계산식을 컴퓨터가 정확하게 해석할 수 있게 해준다.

8.2.2.2.1 항수

항수(arity)는 연산자에게 필요한 입력의 갯수를 말한다. 단항 연산자는 하나의 입력을 필요로 하는 연산자를 말한다. 이항 연산자는 두 개의 입력을 필요로 하는 연산자를 말한다. 삼항 연산자는 세 개의 입력을 필요로 한다. 추가로 뺄셈, 곱셈, 나눗셈은 이항 연산자의 예이며, 부정 연산자는 단항 연산자이다. 부정 연산자는 첫 연산자가 0으로 정의된 것을 생략하는 것으로 정의된다. 즉 우리가 "−5"라는 표현식을 사용할 경우, − 연산자는 "0−5"를 의미하는 것으로 이해된다. 대부분의 스프레드시트 어플리케이션이나 프로그래밍 언어에서는 삼항 연산자를 허용하지 않고 있다. 그림 8.6은 각 산술 연산자의 항수를 표시하고 있다.

연산자 항수		
연산자	의미	항수
−	부정	단항
+	덧셈	이항
−	뺄셈	이항
*	곱셈	이항
/	나눗셈	이항
^	지수	이항

그림 8.6 연산자의 항수

8.2.2.2.2 우선순위

우선순위(precedence)는 연산자들이 적용되는 상대적인 순서를 정의한다. 모든 종류의 계산식에서, 계산식에 괄호가 사용되지 않는 한, 가장 우선 순위가 높은 연산자가 먼저 적용된다. 높은 우선 순위를 가지는 연산자는 항상 낮은 우선 순위를 가지는 연산자보다 먼저 적용된다. 일반적인 스프레드시트의 연산 우선순위는 그림 8.7에 나타나있다. 이 표는 부정 연산자가 가장 높은 우선 순위를 가지며, 비교 연산자가 가장 낮은 우선 순위를 가진다. 만약에 한 계산식에 같은 우선 순위를 가지는 다른 연산자가 존재한다면, 우리는 계산의 순서를 정하는 규칙이 필요하다. 우리는 만약 어떤 계산식에 두 개의 같은 우선 순위를 가지는 서로 다른 연산자가 있다면 계산은 좌측에서 우측 순서대로 진행한다는 규칙을 사용하여 이를 해결한다.

연산자 우선순위	
연산자	의미
−	부정
^	지수
*, /	곱셈 나눗셈
+, −	덧셈 뺄셈
〈, 〈=, =, 〈〉, 〉=, 〉	보다 작은, 보다 작거나 같은, 같은, 같지 않은, 보다 크거나 같은, 보다 큰

그림 8.7 연산자 우선순위 표

8.2.2.2.3 결합법칙

결합법칙(associativity)은 계산식의 모든 연산자들이 동일할 경우에 연산자가 적용되는 순서를 결정한다. 예를 들면, 그림 8.8의 두 뺄셈 연산자를 생각해보자.

1 − 2 − 3

그림 8.8 결합법칙은 계산식에서 다수의 동일한 연산자들의 계산 순서를 결정한다.

좌결합(left-associative) 연산자는 왼쪽에서 오른쪽 순서로 연산을 하며, 우결합(right-associative) 연산자는 오른쪽에서 왼쪽으로 연산을 한다. 스프레드시트 어플리케이션에서 모든 연산자는 좌결합 연산자이다. 하지만, 어떤 프로그래밍 언어에서는 우결합으로 연산이 되는 연산자가 있다. 예를 들면, 지수 연산 같은 경우 여러 프로그래밍 언어에서 우결합으로 계산한다.

연산자를 포함하고 있는 계산식을 정확히 이해하기 위해서 연산자의 결합법칙을 아는 것이 필요하다. 그림 8.8의 계산식을 생각해보자. 뺄셈이 우결합법칙을 따른다면, 컴퓨터가 수행하는 뺄셈은 2에서 3을 빼서 −1이 될 것이다. 마지막 계산은 1에서 −1을 빼서 최종 결과값은 2가 된다! 하지만 우리가 뺄셈이 좌결합법칙을 따른다고 정확이 알고 있다면, 우리는 첫 뺄셈 연산은 1에서 2를 빼서 −1이 될 것이다. 마지막 뺄셈 연산은 −1에서 3을 빼서 최종값이 −4가 될 것이다. 이 연산 내용은 그림 8.9에 나타난다.

1 − (2 − 3)	(1 − 2) − 3
우결합 해석	좌결합 해석

그림 8.9 연산자의 결합법칙은 연산자의 의미를 결정한다.

8.2.2.2.4 평가 예

그림 8.10의 예는 복잡한 계산식의 연산자가 어떻게 평가되는지 단계별로 나타내고 있다. 이 예에서는, 덧셈, 지수, 곱셈, 뺄셈, 나눗셈의 다섯 연산자가 있다. 따라서 이 계산식의 결과를 계산하기 위해서는 다섯 개의 단계가 필요하다. 그림의 각 동작은 일련의 평가에서 다음단계로 하나의 화살표를 연결함으로써 나타내고 있다. 각각의 동작과 관련된 특정한 계산식의 요소들은 계산의 각 단계마다 밝게 강조되고 있다.

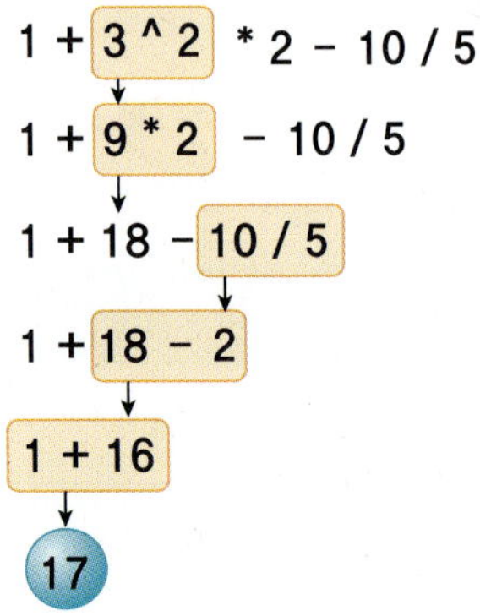

그림 8.10 하나 이상의 연산자를 가지는 계산식의 값을 구하기. 연산자의 순서는 계산식에서 아직 평가되지 않은 연산자들의 우선순위, 결합법칙, 항수에 따라 결정된다.

지수 연산은 가장 높은 계산 우선순위를 가지므로 컴퓨터가 평가하는 첫번째 연산자가 된다. 이 연산자는 3과 2를 적용하여 부분 계산식 3^2를 계산하여 그 결과값으로 9를 내놓는다. 코드와 데이터는 효과적으로 서로 바꿀 수 있으므로 우리는 코드 3^2를 결과값인 9로 대체할 수 있다.

곱셈은 컴퓨터가 평가하는 두 번째 연산자이다. 곱셈과 나눗셈은 동일한 우선순위를 가지고 있지만, 곱셈이 먼저 계산된다. 같은 우선 순위를 가지는 서로 다른 연산자들끼리는 좌측에서 우측 순서로 계산한다는 규칙이 있기 때문이다. 곱셈 연산자가 나눗셈 연산자의 좌측에 있기 때문에, 우리는 곱셈을 나눗셈보다 먼저 수행한다. 9와 2의 곱은 18이기 때문에, 우리는 9 * 2를 결과값인 18로 대체할 수 있다.

세 번째로 평가되는 연산자는 남은 연산자들 중에서 가장 높은 우선순위를 가지는 나눗셈이다. 우리는 10을 5로 나누어 2를 얻는다. 결과값 2는 해당 계산식을 대체한다. 나눗셈을 한 후, 뺄셈을 수행하고 최종 연산자인 덧셈을 수행한다. 다시 말하지만, 덧셈과 뺄셈은 같은 연산 우선순위를 가지지만 좌측에서 우측으로 계산을 하므로 뺄셈을 먼저 수행한다. 덧셈이 마지막으로 수행되는 연산이기 때문에, 덧셈의 결과는 최종값이 된다. 그림 8.10의 예는, 계산식 "1 + 3^2 * 2 − 10/5"에서 숫자 17을 계산하는 과정을 보여주고 있다.

계산식을 수행하는 과정은 때때로 그림 8.11에서 보이는 트리(tree) 구조로 표현될 수 있다. 트리 구조는 연산자들이 서로 얼마나 관련이 있는지와 특정 연산자를 실행한 결과인 피연산자가 다른 연산자에게 어떻게 넘겨지는 지를 명확하게 보여준다. 연산의 순서는 명확하게 정의된다. 연산은 트리의 밑에서 위로 그리고 좌측에서 우측으로 진행된다. 이 계산식에서 연산의 피연산자는 노란색으로 나타나 있고 연산자에 의해 생성되는 값은 녹색으로 나타나 있다.

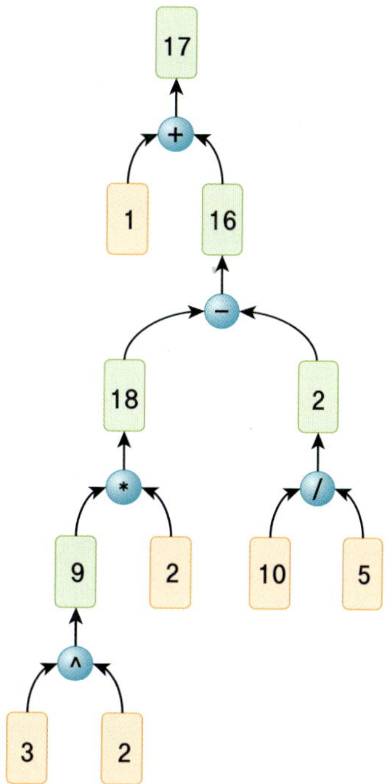

그림 8.11 수식 구조

8.2.2.2.5 괄호

괄호는 연산이 실행되는 순서를 바꾸는데 사용된다. 계산식의 어떤 부분이 괄호로 묶여 있다면 다른 부분보다 높은 우선순위를 가지는 독립된 부분으로 간주된다. 예를 들면, 그림 8.12의 계산식은 7이 아닌 9를 내놓는데, 괄호가 부분식 1 + 2을 분리해서 가장 우선순위가 높은 부분으로 만들어 컴퓨터가 이 부분식을 먼저 실행하기 때문이다. 컴퓨터는 최종적으로 3과 3을 곱하여 값 9를 얻는다.

$$(1 + 2) * 3$$

그림 8.12 괄호는 계산 식의 일부분을 묶어서 해당 부분의 계산 순서를 바꾸는 데 사용된다.

8.2.2.3 셀 참조

스프레드시트는 가치 있는 값을 포함하고 있는 상자로 간주된다. 각 상자는 고유의 이름을 가지고 있으므로, 우리는 상자의 이름을 통해서 상자의 데이터를 접할 수 있는데, 이를 **셀 참조**(cell reference)라고 한다. 컴퓨터가 계산식에서 셀 참조를 발견하게 되면, 참조되는 셀에서 데이터를 가져온다.

예를 들면, 그림 8.13의 계산식을 생각해보자. 이 계산식에서, A2는 셀 참조이고 계산식은 A2 셀에 있는 데이터에 3을 곱해서 최종값을 계산한다. 만약 셀 A2가 값 2를 가지고 있다면, 이 계산식은 값 6을 돌려줄 것이다. 만약 셀 A2의 값이 나중에 바뀐다면, 데이터의 일관성을 유지하기 위해 새롭게 바뀐 A2의 값이 반영되어 계산식의 최종값이 바뀌게 된다. 셀 A2가 다른 계산식을 가지고 있을 수 있다. 그렇다면, 그림 8.13 계산식의 결과값을 내기 위해 A2에 있는 계산식의 결과값이 3에 곱해질 것이다.

3 * A2

그림 8.13 셀 참조를 포함하고 있는 계산식

그림 8.14는 계산식에 데이터를 넣기 위해 셀 참조가 어떻게 사용되는지를 보이고 있다. 스프레드시트에서 아미(Amy), 사라(Sara), 짐(Jim)은 지역 고등학교의 동급생이고 그들은 모두 같은 소셜 네트워킹 사이트를 사용하여 친구들과 교류하고 있다. 이 네트워크에서 아미는 23명의 친구들이 있고, 사라는 10명, 짐은 15명의 친구들이 있다. 이 숫자들은 스프레드시트의 입력 값이 되며 각자 A2, B2, C2에 그 값들이 저장된다.

	A	B	C	D	E
1	아미	사라	짐	총합	평균
2	23	10	15	=A2+B2+C2	=D2/3

그림 8.14 아미, 사라, 짐의 소셜 네트워킹 사이트에 있는 친구들의 수의 합과 평균을 구하기 위한 스프레드시트

세 명의 동급생들은 그들이 하나의 그룹으로서, 연결되어 있는 친구들의 숫자를 파악하고 싶어한다. 따라서 그들은 "= A2 + B2 + C2"를 스프레드시트의 셀 D2에 저장한다. 그들은 셀 D2가 셀 A2, B2, C2의 내용을 더함으로써 하나의 값을 계산하고 있음을 이해한다. 그들은 또한 연결되어 있는 친구들의 평균 숫자를 알고 싶어하며, 그리하여 전체 친구 숫자를 3으로 나눈다. 그들은 "= D2/3"를 셀 E2에 입력한다. 이 계산식은 전체 친구의 숫자를 3으로 나누어 평균값을 구하는 식이다.

그림 8.14의 D2에 있는 계산식은 컴퓨터가 셀 A2, B2, C2의 값을 가지고 모두 더하는 것을 보여준다. 이 예에서, 계산식은 곧 참조된 셀에 저장된 값들을 사용하여, = 23 + 10 + 15로 환산된다. 그림 8.15는 데이터들이 어떻게 셀 D2로 들어가서 48이라는 값을 생성하는지를 보여주고 있다. 계산식 D2의 결과값은 계산식 E2로 들어간다. 셀 D2가 계산식임을 생각해보고, 스프레드시트가 셀 D2의 계산식을 표시하기 보다는 결과값으로 48을 표시하고 있음을 주목해서 보자.

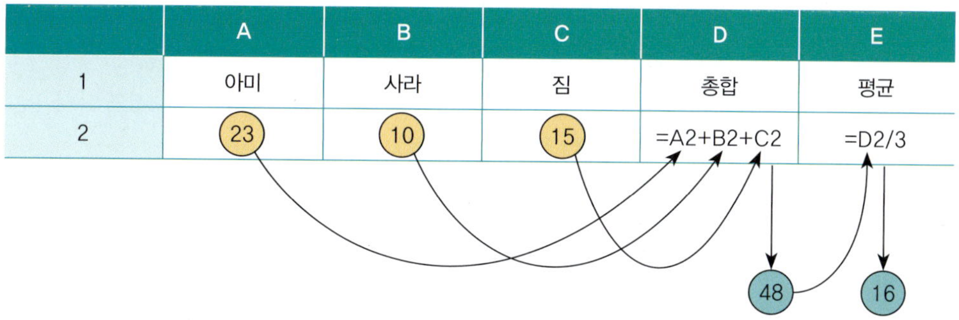

그림 8.15 스프레드시트 안의 데이터의 흐름

그림 8.15의 셀 E2의 계산식은 컴퓨터가 셀 D2의 값을 가져와서 3으로 나누고 있음을 보이고 있다. 셀 D2는 숫자가 아니라 계산식을 담고 있기 때문에 처음에 우리는 수식을 나누어 값을 얻는 것이 가능하다고 믿기 힘들지라도, 컴퓨터는 계산식이 만드는 숫자 즉, 코드가 데이터를 만든다는 것을 인지하고 있다. 따라서, 동급생들의 평균 친구 숫자를 계산하기 위해, 수식 D2가 생성하는 값은 3으로 나누어져서 16이라는 값을 만든다.

스프레드시트의 대부분의 계산식은 다른 셀들에 의존하고 있으며, 따라서 스프레드시트는 계산식이 수행되는 순서를 결정할 수 있어야 한다. 예를 들면 계산식 E2는 D2의 계산식이 값을 만들기 이전에 평가될 수 없다. 스프레드시트는 자신의 **데이터 의존성**(data dependency)을 분석하여 어떤 계산식 순서로 평가가 이루어져야 하는지를 자신이 결정한다. 계산식은 자신이 다른 셀을 참조하고 있다면 그 셀에 의존하고 있다고 말한다. 그림 8.14의 셀 A2, B2, C2는 계산식을 가지고 있지 않기 때문에 다른 셀에 의존하지 않는다. 하지만 셀 D2는 자신의 계산식에서 A2, B2, C2의 값을 참조하고 있기 때문에, 셀 A2, B2, C2에 의존하고 있다. 또한 셀 E2는 D2에 의존하고 있고 D2는 A2, B2, C2에 의존하고 있기 때문에, E2도 A2, B2, C2 각각에 의존하고 있음을 알 수 있다.

만약 스프레드시트가 많은 계산식을 가지고 있다면, 이 스프레드시트는 먼저 각 계산식들 간의 의존성을 분석하여 어떤 계산식이 먼저 수행되어야 하는 지를 결정해야 한다.

스프레드시트는 데이터 의존성 그래프를 만들어 이러한 분석을 수행할 수 있다. 데이터 의존성 그래프는 셀들 간에 존재하는 의존성을 보여주는 방향성 그래프의 모양을 가진다. 데이터 의존성 그래프에서, 각각의 의존성은 하나의 셀과 이 셀이 의존하는 셀을 화살표로 연결하여 표현한다. 그림 8.16은 데이터 의존성 그래프를 보여주며, 스프레드시트 프로그램이 어떻게 그러한 그래프를 분석하여 계산식이 평가되는 순서를 결정하는지를 보여준다. 이 예에서, 셀 A2, B2, C2는 실제값을 가지고 있으므로 의존성이 없다. 이 점은 의존성 그래프에서 확인할 수 있는데, 이 셀들은 밖으로 향하는 화살표를 가지고 있지 않다. D2는 값을 가지고 있는 셀들에만 의존하기 때문에 계산식 D2가 가장 먼저 계산되어야 한다. D2가 값을 만들어 내면 그 값은 E2로 전달되며 E2는 더 이상의 의존성 관계가 없으므로 E2의 값이 즉시 계산될 수 있다.

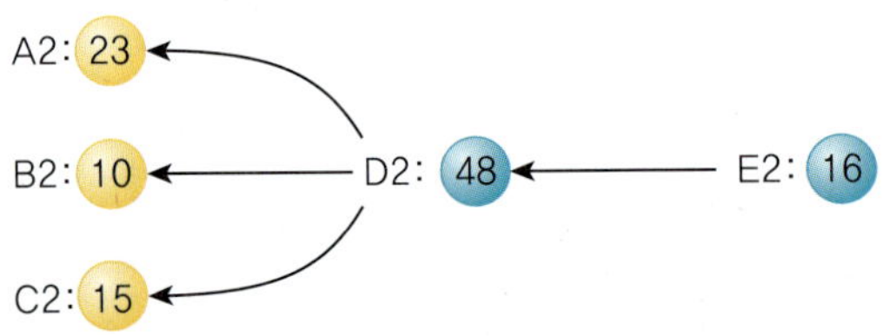

그림 8.16 계산식이 계산 되는 순서는 데이터 의존성에 의해 결정된다.

스프레드시트의 계산식은 자신이 의존하고 있는 값들이 변경될 때마다 다시 계산된다. 예를 들어, 만일 스프레드시트의 사용자가 셀 A2의 값을 26으로 바꾸면 D2는 다시 계산되어 값 51을 만들게 되고 그 다음에 E2가 바로 다시 계산되어 값이 17로 변경된다. 이러한 방법으로 스프레드시트는 모든 값들과 모든 계산식들이 최신의 값을 가지도록 하며 내부적으로 일관성이 유지되는 값을 항상 표시하게 된다.

8.2.2.4 함수

컴퓨터 과학에서 **함수**(function)는 주어진 입력값으로부터 출력값을 도출하는 일련의 명령어들을 말한다. 비록 어떤 함수들은 입력값이 없을 경우에도 값을 만들기도 하지만, 대부분의 함수들은 입력을 필요로 하며 이 값을 사용하여 정확한 결과값을 만들어 낸다. 함수는 이름 다음에 쉼표로 구분지어지는 입력값의 목록을 넣음으로써 사용되거나 호출된다. 함수의 입력값들은 함께 무리지어 있다는 것을 나타내기 위해여 괄호로 둘러 싸여 표시된다. 스프레드시트가 함수를 평가하면 함수는 하나의 결과값을 내놓는다. 그림 8.17은 함수를 정확히 사용할 수 있는 문법을 보여준다.

functionName (input1 , input2 , ..., inputN)

그림 8.17 함수를 사용하는 방법. 함수의 이름 다음에 괄호 안에 입력값을 넣는데 입력값들은 쉼표로 분리된다.

8.2.2.4.1 범위

일반적으로 스프레드시트 함수는 **max, min, average, sum**을 포함한다. 각 함수들은 특정 범위 내의 셀들을 입력값으로 받아들이며, 그 범위내의 데이터에 의존하여 결과값을 만든다. 스프레드시트에서, 셀의 **범위**(range)란 스프레드시트의 여러 행과 열에 걸쳐 확장하게 되는 네모 모양의 부분 영역을 말한다. 범위를 지정하기 위해서는 해당 범위의 좌상단 끝의 셀의 이름을 입력한 후, 콜론(:)을 입력하고 우하단 끝의 셀 이름을 차례로 입력한다. 예를 들면 A2:C3와 같은 방식으로 지정되는 범위는 그림 8.18에서 강조되듯이 셀 A2, B2, C2, A3, B3, C3을 포함한다.

	A	B	C	D
1	3	1	0	2
2	5	2	0	4
3	7	3	1	2
4	3	4	4	1

그림 8.18 푸른 색으로 강조된 A2:C3의 범위

max, min, average, sum 함수의 각각은 범위를 입력으로 받아서, 범위에 따라 결과값을 계산한다. 이들 함수는 그림 8.19에 나타나 있다. 그림 8.18의 범위 A2:C3에 있는 셀들에 대하여 각 함수들을 적용한 결과값들은 그림 8.19의 두 번째 열에 나타나 있다.

함수	결과값	함수설명
Max(A2:C3)	7	적용범위 내의 모든 셀의 값 중에 최대 값을 구한다.
Min(A2:C3)	0	적용범위 내의 모든 셀의 값 중에 최소 값을 구한다.
Sum(A2:C3)	18	적용범위 내의 모든 셀 값의 합을 구한다.
Average(A2:C3)	3	적용범위 내의 모든 셀 값의 평균값을 구한다.

그림 8.19 max, min, sum. average 함수들의 예

세 명의 친구들의 소셜 네트워킹의 친구목록을 분석하는데 스프레드시트를 사용했던 사례를 다시 생각해보자. 그들이 함수에 대해서 배웠다면 그들은 sum과 average 함수를 사용하여 스프레드시트의 내용을 다시 작성할 것이다. 그들은 D2의 계산식 = A2 + B2 + C2를 보다 더 간결한 = SUM(A2:C2)로 바꿀 것이다. 이 계산식에 의해 생성되는 값은 A2:C2 범위 안에 있는 셀들의 값을 모두 더한 것이다. 또한 average함수를 사용하면 그들이 원하는 값이 정확하게 산출되므로 E2 계산식을 = D2/3에서 = AVERAGE(A2:C2)로 바꿀 것이다. 이러한 변화는 그림 8.20에 나타나 있다.

	A	B	C	D	E
1	아미	사라	짐	총합	평균
2	23	10	15	=SUM(A2:C2)	=AVERAGE(A2:C2)

그림 8.20 결과 값을 계산하기 위하여 함수를 사용하기

요약하면, 우리는 스프레드시트의 예를 사용하여 코드와 데이터를 서로 바꾸는 것이 가능할 때의 위력을 보여주었다. 우리는 또한 컴퓨터가 계산식을 평가하기 위해 어떻게 연산자의 항수, 우선순위, 결합법칙 그리고 의존성 그래프를 사용하는지를 보았다. 여기서 소개되었던 개념들은 스프레드시트의 범위를 벗어나 많은 분야에서 적용되고 있다. 이 장의 나머지 부분에서는 숫자가 아닌 문장이나 문장의 패턴을 처리하기 위해 컴퓨터가 어떻게 사용되는 지에 대하여 설명할 것이다.

8.3 문장처리

컴퓨터에 저장된 많은 정보가 숫자로 저장되고 있음에도 불구하고, 데이터의 대부분은 숫자가 아닌 문장으로 저장된다. 예를 들면, 여러분의 이름, 사회안전번호, 주소, 페이스북 상태 등은 모두 문장으로 표시된다. 이 장에서 우리는 문장으로 표현되는 정보를 컴퓨터가 어떤 식으로 생성하고, 처리하고, 추론하는 지를 알아볼 것이다.

컴퓨터 프로그래머는 문장을 말할 때 **문자열**(string)이라는 용어를 사용한다. 문자열은 단순히 문장의 한 조각을 의미하며, 좀더 공식적으로 말하자면, 순서가 정해져 있는 연속된 문자들을 의미한다. 여러분은 문자라는 것이 키보드에서 키 하나를 누를 때 화면에 출력되는 것으로 생각할 수 있다. 문자들은 일반적으로 알파벳 하나로 간주되지만, 쉼표, 세미콜론(;), 물음표와 같은 구두점들도 문자로 간주된다. 심지어 탭(tab)이나 줄바꿈표 같은 화면에 출력되지 않는 기호들도 문자로 간주된다. 문자열의 길이는 문자열

에 담겨있는 문자들의 갯수를 말한다. 문자열의 길이는, 문자열이 아무 문자도 담고 있지 않다면 0이 될 수 있으며, 그렇지 않다면 0보다 크게 된다. 어떤 문자열도 음의 값을 가지는 문자들을 가지고 있을 수 없기 때문에 음의 값을 길이로 가지지는 않는다.

8.3.1 문자열 기초

대부분의 프로그래밍 언어에서 문자열 데이터는 문장을 둘러싸고 있는 큰 따옴표에 의해 표기된다. 예를 들면 "Hello"는 다섯 개의 문자를 가지고 있는 문자열이다. 큰 따옴표에 의해 둘러싸인 연속된 문자들을 **문자열 상수**(string literal)라고 한다. 큰 따옴표는 문자열 자체의 한 부분은 아니다. 큰 따옴표는 큰 따옴표 안의 문장이 문자열 상수라고 컴퓨터에게 알려주는 역할을 한다.

키보드가 숫자를 포함하고 있으므로, 당연히 문자열은 알파벳 문자와 함께 숫자들도 포함한다. 예를 들면 문자열 "04/13/65"을 생각해보자. 길이가 8인 이 문자열은 두번째와 다섯 번째에 있는 문자는 슬래쉬(/)이고 나머지는 숫자로 구성되어 있다. 우리가 이 문자열 상수를 볼 때 우리는 날짜를 기록한 문자열이라는 것을 바로 알아차릴 것이다. 이 문자열 상수는 1965년 4월 13일을 말한다. 그러나 만약 우리가 이 문자열에서 큰 따옴표를 제거한다면 컴퓨터는 이것을 문자열이 아니라 수식으로 이해할 것이다. 컴퓨터는 4를 13으로 먼저 나누고 그 결과값을 다시 65로 나눌 것이다.

문자열의 문자들은 각 문자의 위치에 대한 색인 번호가 매겨지는데, 첫번째 문자는 0번으로 하며, 두 번째 문자는 1번, 이런 식으로 번호가 매겨진다. 만약 "Hello"라는 문자열을 생각해 볼 때, 0번째 문자는 H이고 1번째 문자는 e, 4번째 문자는 o이다. 그림 8.21은 문자열의 각 문자에 대해 어떻게 번호를 매기는 지를 보여준다. 상단 행은 각 문자들의 색인 번호를 가리키며 각 문자들은 두번째 행에서 나타난다.

0	1	2	3	4
H	e	l	l	o

그림 8.21 문자열 "Hello"의 각 문자들에 색인(차례) 번호를 매긴 것. 색인 번호는 0부터 시작한다.

문자열 "Hello"의 길이는 5이며 그 문자열의 가장 큰 색인 번호는 4라는 것을 주목하자. 이를 통하여 길이가 N인 문자열의 가장 큰 색인 번호는 N-1이라는 것을 알 수 있다. 문자열에서 위치는 0이 가장 작은값이므로, 길이 N의 문자열에 대해 가능한 색인의 위치 값은 0에서 부터 N-1의 값을 가지게 된다.

8.3.2 문자열 연산

8.3.2.1 색인(indexing)

문자열 내의 개별 문자를 알아내기 위해, 문자열은 위치를 사용하여 분석된다. 주어진 문자열 상수에 대하여, 대괄호([])를 사용하여 특정 위치에 있는 문자를 가져올 수 있다. 이를 **색인**(index) 연산이라고 한다. 그림 8.22는 우리가 "popcorn"이라는 문자열 상수에서 어떻게 네 번째 문자를 가져올 수 있는 지를 보여준다.

색인의 예
"popcorn"[3]

그림 8.22 색인은 문자열 상수에서 개별 문자를 얻고자 할 때 사용될 수 있다.

네번째 문자는 3으로 색인 번호가 매겨지며, 우리는 문자열 상수 다음에 나오는 대괄호 안에 숫자 3을 기입한다.

문자열의 길이를 찾는 예
"popcorn".length

그림 8.23 문자열의 길이를 얻는 방법. 길이는 정수 숫자로 표현된다.

이 표현식은 하나의 글자 c만을 가지는 문자열을 생성한다. 물론, 우리가 대괄호 안에 유효하지 않은 색인 번호를 넣는다면, 오류로 인식될 것이다. 예를 들면 표현식 "popcorn"[15]는 오류로 인식되는데, 유효한 색인번호가 0에서 6까지이기 때문이다.

8.3.2.2 길이(length)

문자열 상수의 **길이**(length)는 문자열 다음에 ".length"라는 문자열을 추가로 입력하여 얻을 수 있다. 그림 8.23은 우리가 문자열 "popcorn"의 길이를 어떻게 구할 수 있는 지를 보여준다. "popcorn".length는 문자열 "popcorn"의 길이가 7이므로 값 7을 내놓는다. 즉, 코드 “popcorn”.length는 코드가 만드는 값 7로 교체된다.

8.3.2.3 연결(concatenation)

문자열 **연결**(concatenation)은 흔하게 사용되는 또 다른 문자열 처리 연산이다. 문자열 연결은 두 개의 문자열을 받아서 두 문자열들을 조작하여 결과값으로 새로운 형태의 문자열로 만드는 연산이다. 조금은 이상하지만, 문자열 연결은 보통 +기호로서 표현된다. 보통은 +연산은 두 숫자를 더하는 산술연산을 의미하지만, +기호는 두 개의 문자열에 대한 연결 연산을 위해서도 사용된다. 그림 8.24는 “pop”과 “corn”이 “popcorn”을 만들기 위해서 어떻게 연결되는지를 보여준다.

문자열 연결의 예
“pop” + “corn”

그림 8.24 새로운 문자열을 만들기 위해 문자열 들을 연결할 수 있다.

8.3.2.4 이름(naming)

이 책의 앞부분에서 우리는 변수가 숫자 값을 언급하기 위해서 어떻게 사용되는지를 보여주었다. 좌방향 화살표(←)를 사용하는 이름 연동(naming binding) 연산을 통해 변수에 데이터가 연동된다는 것을 기억하자. 그림 8.25는 문자열 변수를 사용하여 문자열 상수를 참조하는 방법을 보여준다. 이러한 일련의 명령어들에서, 우리는 컴퓨터에게 (1) 이름 x에 문자열 “pop”을 연동하고, (2) 이름 y에 문자열 “corn”을 연동하고, (3) 이름 z에 변수 x와 y를 연결함으로써 생성된 문자열 “popcorn”을 연동할 것을 요청할 수 있다.

문자열 변수의 예
x ← “pop” y ← “corn” z ← x + y

그림 8.25 문자열을 사용한 이름 연동. 변수 x, y, z는 “pop”, “corn”, “popcorn”이 저장된 공간의 이름이다.

문자열 자체와 문자열의 이름을 구분하기가 어렵기 때문에 문자열 처리과정은 변수가 문자열을 참조할 때 혼란을 주게 된다. 컴퓨터 과학자들은 이름은 특정 **이름 공간**(name space)안에서 효력을 가진다고 말한다. 그림 8.25의 변수 x, y, z는 프로그램의 이름 공간에서 효력을 가지고 있으며, 문자열 "pop", "corn", "popcorn"은 프로그램의 **값 공간**(value space)에서 효력을 가진다. 문자열을 처리할 때, 문자열의 이름과 문자열의 값을 구분하여 생각하는 것이 매우 중요하다.

8.3.2.5 부분 문자열(substring)

색인 연산을 통해 문자열의 개별 문자값을 얻을 수 있음에도 불구하고, 때때로 문자열의 일부분만 얻기를 원할 때가 있다. 부분 문자열(substring) 함수는 문자열에서 추출하기를 원하는 문자열의 첫 번째와 마지막 색인을 알고 있는 경우에 문자열의 해당 부분을 얻을 수 있게 해준다. 부분 문자열(substring) 함수의 예는 그림 8.26에 나타나 있다. 부분문자열 함수는 문자열 "computational thinking"와 연동된 변수 x에 적용된다. 우리는 컴퓨터에게 첫 문자가 색인 3인 문자에서부터 마지막 문자가 색인 5인 일련의 문자들을 요청할 수 있다. 혹시 이 단락을 읽고 있는 중에, 여러분은 오류가 있는 것은 아닐까 하는 생각을 할 수도 있다. 그림 8.26은 부분 문자열 함수의 두 번째 입력에 숫자 6을 사용했기 때문이다. 숫자 6은 결과값 바로 다음의 첫번째 문자의 색인을 의미한다. 따라서 이 부분 문자열 함수에 의해 만들어진 부분 문자열의 마지막 문자는 원래의 문자열의 색인 6인 문자가 아니라 색인 5인 문자이다. 컴퓨터가 이 코드를 실행하게 되면, 변수 x의 색인 3에서 색인 5까지의 문자열 "put"이 변수 y에 연동된다.

부분 문자열의 예
x ← "computational thinking" y ← x.substring(3, 6)

그림 8.26 substring 함수에 의해 새로운 문자열을 만들 수 있다.

8.3.2.6 검색(searching)

때때로 문자열 상수에서 특정 문자의 색인 위치를 찾는 것이 유용할 때가 있다. 예를 들면, 메일 주소 "elvispresly@heartbreak.hotel.com"을 생각해보자. 우리는 이 문자열에서 사용자 이름과 메일 서비스이름으로 분리하기 위해, 어디에 @이 위치하는지 알아야 할 때가 있다. **색인위치(indexOf)** 함수는 특정 문자를 찾기 위해 문자열 상수를 검색하여 해당 문자의 위치표시를 결과값으로 반환한다. 그림 8.27은 문자열 상수 "popcorn"에서 소문자 c가 최초로 나오는 부분의 색인을 어떻게 찾는지를 보여준다. 이 예에서, 이 코드에 의해 만들어지는 값은 소문자 c가 문자열 상수 "popcorn"의 색인 3인 위치에 있기 때문에 숫자 3이다. 즉, 코드 "popcorn".indexOf("c")는 이 코드가 만드는 숫자 3으로 대체가 된다. 대신에 우리가 소문자 z가 나오는 위치를 찾고자 한다면 −1을 낼 것이다. −1은 유효하지 않은 색인 값으로, 이를 통해 문자 z는 문자열 상수 "popcorn"에 포함되지 않는 문자임을 알려주게 된다.

IndexOf를 사용한 검색
x ← "popcorn".indexOf("c")

그림 8.27 indexOf 함수를 사용하여 "popcorn"에 있는 문자 c의 색인 번호 찾기

8.3.2.7 사례 연구: 메일 주소 처리

우리는 컴퓨터 시스템에서 문자 데이터가 숫자 데이터보다 더 흔하게 사용되고 있다는 점을 이미 역설하였다. 본 사례 연구에서, 우리는 가장 일반적인 문자 데이터인 메일 주소들이 어떻게 자동적으로 처리되고 상용 목적으로 분석되는지를 생각해 보고자 한다.

우리는 대학생에게 티셔츠를 파는 회사를 만들려고 한다. 우리는 사용자가 우리의 카탈로그를 찾아보고 물건을 주문하기 위해서 사용자가 따라야 하는 절차를 만들어야 한다. 우리는 모든 사용자에 e메일 주소와 패스워드를 제공할 것을 요구한다. e메일 주소는 두 개의 부분으로 나뉘는 데, 하나는 사용자 이름(로컬 파트라고 하기도 한다)이고 다른 하나는 호스트 사이트(도메인 파트라고 하기도 한다)이다. 이 두 부분은 @ 기호에 의해 구분된다. 그림 8.28은 e메일 주소가 어떻게 @기호에 의하여 구분되는지를 보여주고 있다.

그림 8.28 메일 주소는 로컬(사용자 이름)과 도메인(호스트 사이트)의 두 파트로 나누어져 있다.

사용자가 대학생이라는 것을 증명하기 위해, 우리는 e메일 주소가 edu로 끝나야 한다는 규정을 만든다. 이 e메일 주소의 끝 부분은 도메인 확장자로 불려진다. 관례적으로

edu라는 도메인 확장자를 가지는 e메일 주소는 교육기관용으로 간주된다. 또한, e메일 호스트 사이트에서 사용자 이름을 분리하여 각 교육기관과 관련된 사용자 수를 파악할 수 있도록 한다.

웹 등록 시스템에서는 반드시 사용자로부터 e메일 주소를 입력 받아야 하며, 이로부터 사용자이름, 메일 호스트 사이트, 도메인 확장자의 세 문자열을 추출하게 된다. 예를 들면, bob.dylan@love.and.theft.edu라는 e메일 주소를 생각해 보자. 이 e메일 주소는 길이가 28이며 사용자 이름은 bob.dylan, 메일 호스트 사이트는 love.and.theft.edu, 호스트 사이트의 도메인 확장자는 edu로 구성되어 있다.

이 e메일 주소에서 세 조각의 문자열을 추출하기 위해, 우리는 그림 8.29의 문장 처리 명령어들을 사용할 수 있다. 명령어 readAddressFromUser는 사용자 등록 웹페이지에서 사용자가 단지 문장을 입력하는 텍스트 입력 필드를 가지고 있음을 나타낸다. 기호 @가 색인 9에 나타나기 때문에, 우리는 사용자 이름은 9개의 문자로 구성되어 있음을 알 수 있으며 따라서 우리는 부분 문자열(substring) 명령어를 사용하여 해당 문자열을 얻을 수 있다. 또한 @가 색인 9에 나타나기 때문에, 메일 호스트 사이트의 주소는 색인 10부터 시작하는 나머지 문자열을 구함으로써 얻을 수 있다. 28이 전체 문자열의 길이이기 때문에 마지막 세 문자는 28-3, 28-2, 28-1의 색인을 가지게 된다.

bob.dylan 메일 주소의 e메일 분석

```
address ← readAddressFromUser()
username ← address.substring(0, 9)
hostsite ← address.substring(10,28)
extension ← address.substring(25,28)
```

그림 8.29 e메일 주소에서 정보를 추출하기

이 코드를 통해 e메일 주소 bob.dylan@love.and.theft.edu에서 사용자 이름, 호스트 사이트, 도메인 확장자를 정확히 얻을 수 있음에도 불구하고, 다른 e메일 주소에도 이 코드가 제대로 동작하는 것은 아니다. 예를 들면, 그림 8.29의 코드를 elvis.presley@heartbreak.hotel에 바로 실행하게 되면, 사용자 이름은 elvis.pre가 되고, 호스트 사이트는 ley@heartbreak.hot이 되며, 도메인 확장자는 hot이 된다. hot이 좋은 도메인 확장자 이름이 될 수는 있겠지만, 현재까지는 hot이라는 이름을 가진 도메인 확장자는 없다.

그림 8.29의 코드는 모든 유효한 e메일 주소에 정확하게 동작되도록 재구성될 수 있다. 이 코드에서는 모든 e메일에 적용될 수 없는 두 가지 가정을 하고 있다. 하나는

@가 색인 9에 위치한다는 것이고 두번째는 e메일의 길이는 28이라는 것이다. 첫 번째 가정은 "address.substring(0,9)"에 코딩되어 있는데, @가 색인 9의 위치에 있다고 생각하기 때문에 9라는 숫자를 사용한 것이다. 첫 번째 가정은 "address.substring(10, 28)"에도 코딩되어 있는데 숫자 10은 @다음에 나오는 첫 번째 문자의 색인이라고 가정하기 때문에 숫자 10을 사용한 것이다. 두 번째 가정은 "address.substring(10, 28)"에도 코딩되어 있다. 28이 전체 e메일 주소의 길이라고 가정하기 때문이다.

우리는 e메일 주소에서 @가 처음으로 나오는 위치의 색인을 먼저 찾고 다음으로 주어진 e메일 주소의 길이를 찾음으로써 이러한 가정을 제거할 수 있다. 우리는 이러한 값들을 사용하여 사용자가 입력한 e메일 주소에서 사용자이름, e메일 호스트 사이트 이름, 도메인 확장자를 추출할 수 있다. 이를 반영한 코드는 그림 8.30에 나타나있다.

모든 유효한 e-메일 주소에서의 분석

```
address ← readAddressFromUser()
ampersatIndex ← address.indexOf("@")
length ← address.length
username ← address.substring(0, ampersatIndex)
hostsite ← address.substring(ampersatIndex+1, length)
extension ← address.substring(length-3, length)
```

그림 8.30 e메일 주소에서 정보를 추출하기

e메일 주소 elvis.presley@heartbreak.hotel를 처리하기 위해 이 코드를 사용한다고 가정해 보자. 우리는 우선 @가 색인 위치 13에 나온다는 것을 indexOf 함수를 사용하여 알 수 있다. 그리고 이 e메일 주소의 길이가 34라는 것도 파악할 수 있다. @가 색인 13의 위치에 나타나기 때문에, 우리는 사용자 이름이 색인 0에서 13까지(색인 13의 문자는 제외하고)의 문자들로 구성되어 있음을 알 수 있다. 또한 @이 색인 13의 위치에 있고 e메일 주소의 길이는 34이기 때문에, 우리는 호스트 사이트가 색인 14부터 34까지에(색인 34의 문자는 제외하고) 위치한 문자들로 구성되어 있음을 알 수 있다. 마지막으로 도메인 확장자는 색인 34 - 3에서 34까지에(색인 34의 문자는 제외하고) 위치한 문자들로 구성되어 있다는 것을 알 수 있다.

8.3.2.8 사례연구: 날짜 처리하기

유럽식 날짜 형식은 미국식 날짜 형식과 반대로 되어 있다. 대부분의 미국인들은 월(month)을 먼저 쓰고 일(day)을 다음에 쓰지만, 유럽 사람들은 일(day)을 먼저 쓰고 월을 쓴다. 1965년 4월 13일은 미국식으로 04/13/1965이지만 유럽식으로는 13/04/1965이다. 사용자가 날짜를 입력하는 웹사이트를 만든다고 가정해보자. 아마도 사용자의 생일이나 운전면허 취득일을 요구할 것이다. 유럽 사람들이 날짜를 유럽식으로 입력하게 되면 미국에서는 이를 미국식으로 전환하여, 서버의 데이터베이스에 유럽 사용자들의 날짜를 미국 사용자들과 같은 형식으로 저장하기를 원할 수 있다. 우리는 문장 처리 연산을 사용하여 날짜 전환 작업을 할 수 있다.

우리는 사용자가 날짜를 문장 형식으로 입력할 수 있게 하는 텍스트 필드를 가진 웹페이지를 만든다. 웹 코드는 유럽 사용자들이 입력한 어떤 문장도 받아들여서 미국식 형식으로 전환하여야 한다. 이 작업은 (1) 월 정보 추출, (2) 일 정보 추출, (3) 년 정보 추출, (4) 미국식 날짜를 완성한는 몇 가지 특별한 단계로 구성되어 있다. 이 단계들은 그림 8.31의 코드에 나타난다.

유럽식 날짜 표기를 미국식으로 전환하기

```
edate ← readDateFromUser()
day ← edate.substring(0, 2)
month ← edate.substring(3, 5)
year ← edate.substring(6, 10)
adate ← month + "/" + day + "/" + year
```

그림 8.31 유럽식 날짜를 미국식으로 전환하기

첫 번째 단계는 사용자가 텍스트 필드에 입력한 문장을 추출하는 것이다. 이 동작은 readDataFromUser 함수로 표기된다. 날짜를 나타내는 문장을 얻은 후, 우리는 일, 월, 년의 문자열을 추출한다. 최종 명령어는 문자열 연결 함수를 사용하여 월 다음에 일이 나오는 미국식 날짜 형식에 맞도록 새로운 문자열을 만드는 것이다.

8.4 패턴

패턴은 문장의 자료들을 처리하는 매우 유용한 기법이다. 패턴은 한 문자열은 가지고 있고 다른 문자열은 가지고 있지 않은 속성을 말한다. 즉, 패턴은 특정 문자열이 패턴에 의해 정의된 집단에 속하는지 그렇지 않은 지를 결정하는 하나의 방법이다.

그림 8.32는 패턴의 개념을 보여준다. 첫 번째 열에 있는 문자열은 잘 알려진 패턴에 속한다는 것을 쉽게 알 수 있다. 예를 들면, 문자열 “123-45-6789”는 미국의 모든 사회보장번호가 지켜야 하는 패턴을 따르고 있다. 미국 사회보장번호의 패턴은 3개의 숫자 다음에 대쉬(-)가 나오고, 2개의 숫자 다음에 대쉬(-)가 나오고 그 다음 4개의 숫자로 구성되어 있다. 이 패턴과 일치하는 문자열은 미국 사회보장번호에 속하는 것으로 충분히 생각되어 질 수 있으며, 이 패턴에 맞지 않는 문자열은 미국 사회보장번호가 아니다.

컴퓨터 프로그래밍에서, 패턴은 정규식으로 알려져 있다. **정규식**(regular expression)은 패턴을 정의하게 되는데 주어진 문자열은 정의된 패턴과 일치하거나 일치하지 않을 수 있다. 정규식은 문장 데이터를 처리하는 매우 강력한 기법인데, 특히 방대한 문서 데이터베이스에서 특정 요소를 찾는데 탁월하다.

자주 쓰이는 문장 패턴	
문자열 상수	**패턴 종류**
“123-45-6789”	미국 사회보장번호
“999-999-9999”	전화번호
“beatles@sub.edu”	메일 주소
“04/13/1963”	날짜
KMOX	라디오 방송국 약자
“1234-1234-1234-1234”	신용카드 번호
“XOXO”	허그와 키스
PG-13	미국 영화협회 영화 등급

그림 8.32 자주 쓰이는 문장 패턴

우리는 우선 패턴을 어떻게 만드는지를 묘사할 것이며, 아주 방대한 문서 데이터베이스에서 잘 보이지 않는 작은 부분을 패턴을 통해 어떻게 찾을 수 있는지 보일 것이다.

8.4.1 패턴을 어떻게 사용하는가?

다음의 규칙들은 우리가 어떻게 유효한 패턴을 사용할 수 있는지와 우리가 사용하는 패턴의 의미를 어떻게 알 수 있는지를 설명하고 있다(그림 8.33). 우리는 이 규칙들을 확장하여 좀 더 정확하고 강력한 패턴을 사용할 수 있도록 할 것이다.

8.4.1.1 사례 연구: 허그와 키스 패턴

그림 8.32에서 표현된 허그와 키스 문자열에 대한 패턴을 사용한다고 가정해보자. 허그와 키스 패턴은 우리가 사용할 수 있는 가장 간단한 형태의 패턴 중에 하나인데, 이 패

턴은 매치되는 문자열 상수가 하나 밖에 없을 정도로 아주 간단하기 때문이다. 이 패턴은 다양함이 없기 때문에 고정 패턴이라고 한다.

우리는 이 패턴을 XOXO라고 정의한다. 그림 8.33의 규칙을 XOXO의 여러 요소에 적용함으로써 우리는 XOXO가 그림 8.33 규칙에 따른 패턴이라는 것을 보일 수 있다. 우선 우리는 규칙 1에 따라 단일 문자 X가 패턴이고 단일 문제 O가 패턴이라는 것을 알 수 있다. XO 역시 패턴이 되는데, 규칙 3a에 의해 패턴 X 다음에 패턴 O가 순서대로 나오는 것이 패턴이 되기 때문이다. 최종적으로 우리는 규칙 3a에 의해 XOXO가 패턴 임을 알 수 있는데, 패턴 XO 다음에 패턴 XO가 순차대로 나오기 때문이다. 순차화(sequencing)는 서브 패턴들의 순서를 표현한다.

패턴 작성의 기본 규칙

1) (몇 개의 특수문자들을 제외하고) 모든 단일 문자는 패턴이다. 그 문자는 해당 문자를 표현한다.
2) 마침표(.)는 패턴이다. 마침표는 단일 문자를 표현하며 마침표는 특수문자이다.
3) A와 B가 모두 패턴이라면, 다음의 내용도 특수문자이다.
   a) AB: 순차패턴으로 A다음에 패턴 B가 나온다는 것을 나타낸다.
   b) A|B: 교대패턴으로 패턴 A 또는 패턴 B 중 하나가 나온다는 것을 나타낸다.
   c) (A): 패턴 A를 그룹짓는 것을 말한다. 괄호는 특수문자이다.

그림 8.33 패턴 작성에 대한 기본 규칙

8.4.1.2 사례 연구: MPAA 영화 등급 패턴

다른 예로서, 미국 영화 협회(MPAA) 영화등급 시스템에 대한 패턴을 작성하는 것을 생각해보자. 이 시스템에는 다섯 단계의 등급이 있으며, 이들은 G, PG, PG-13, R, NC-17이다. 그림 8.33의 규칙 1을 적용하면, 문자 C, G, N, P, R, -, 1, 3, 7이 모두 패턴이 된다. 그리고 규칙 3a에 따라 순서를 적용하여 고정 패턴 PG, PG-13, NC-17을 만들 수 있다. **교대**(alternation)란 두 개의 부분 패턴 중 하나가 선택 가능한 경우를 말하며, or 라는 말로 읽는다. 간단한 예를 들면, 규칙 3a를 패턴 G와 PG에 적용하여 G|PG를 만드는 경우를 생각해보자. 이 패턴은 "G 또는 PG"라고 이해할 수 있다. 우리는 규칙 3a를 더 적용하여 MPAA 등급 시스템의 패턴을 "G|PG|PG-13|R|NC-17"로 만들 수 있다. 이 패턴이 의미하는 것은 MPAA 등급은 "G", "PG", "PG-13", "R", "NC-17" 중 하나라는 것이다.

8.4.1.3 사례 연구: 미국 사회보장번호

우리는 미국 사회보장번호에 대한 패턴을 다루고자 한다. 미국의 사회보장번호를 표시하는 것은 상대적으로 쉬운 것임에도 불구하고, 이에 대한 패턴은 길고 지루한 것이 될 수 있다. 이 사례는 패턴을 작성하기 위한 강력하고 명확한 기법을 제공해주는 확장된 규칙들을 사용하기 위한 것이다.

미국의 사회보장번호는 세 개의 숫자와 대쉬(-), 두 개의 숫자와 대쉬(-) 그리고 네 개의 숫자로 구성되어 있다. 여기에는 10개의 숫자가 있으며 각 숫자는 교대를 통해 패턴으로 표현할 수 있다. 패턴은(0|1|2|3|4|5|6|7|8|9)으로 주어진다. 이 패턴은 ()를 사용하는데 이는 숫자가 포함된 패턴의 부분 패턴과 구분하기 위한 것이다.

숫자를 표현하는 패턴을 알기 때문에 우리는 그림 8.34와 같은 사회보장번호 패턴을 작성할 수 있다. 이 패턴은 말로 쓰면 미국 사회보장번호는 "숫자; 숫자; 숫자; 대쉬; 숫자; 숫자; 대쉬; 숫자; 숫자; 숫자; 숫자"의 순서로 구성되어 있다고 할 수 있다. 이 패턴은 맞기는 하지만 길고 읽기 지루하게 작성되어 있다. 이와 같은 예로부터 컴퓨터 프로그래머들은 패턴을 작성하는 더 좋은 기법을 고안하게 되었다. 향상된 규칙에 의한 향상된 기법은 다음 절에 나타난다.

미국 사회보장번호 패턴
(0|1|2|3|4|5|6|7|8|9) (0|1|2|3|4|5|6|7|8|9) (0|1|2|3|4|5|6|7|8|9)– (0|1|2|3|4|5|6|7|8|9) (0|1|2|3|4|5|6|7|8|9)–(0|1|2|3|4|5|6|7|8|9) (0|1|2|3|4|5|6|7|8|9) (0|1|2|3|4|5|6|7|8|9) (0|1|2|3|4|5|6|7|8|9)

그림 8.34 기본 규칙을 사용한 미국 사회보장번호 패턴

8.4.2 반복 규칙

그림 8.35는 여러가지 추가 패턴 작성 규칙을 나타낸다. 이 추가 규칙들은 프로그래머들이 패턴 내에서 반복이 허용되는 횟수를 지정하도록 하기 위해서 만들어진 것이다.

반복 규칙

4) 만약 A가 패턴이라면
   a) A*: A가 0번 이상 반복된다는 것을 나타낸다. *는 특수문자이다.
   b) A+ : A가 1번 이상 반복된다는 것을 나타낸다. +는 특수문자이다.
   c) A? : A가 0번 또는 1번 나온다는 것을 나타낸다. ?는 특수문자이다.
   d) A{m}: A가 정확히 m번 반복됨을 나타낸다. {}는 특수문자이다.
   e) A{m, n}: A가 최소 m번 최대한 n번 반복된다는 것을 나타낸다.
   f) A{m,}: A가 최소 m번 반복된다는 것을 나타낸다.

그림 8.35 패턴 작성을 위한 반복 규칙

반복(repetition)을 통해서 우리는 미국 사회보장번호 패턴을 다시 정확하게 작성할 수 있게 된다. 우리는 사회보장번호가 세 숫자, 두 숫자, 네 숫자가 연결되어 이루어졌음을 알고 있다. 3, 2, 4가 정확한 반복 횟수이기 때문에 우리는 숫자의 반복 패턴을 만들기 위해서 규칙 4d)를 사용할 수 있다.

그림 8.36은 반복 규칙을 사용하여 어떻게 사회보장번호 패턴을 만들 수 있는지를 보여준다. 규칙 4d)를 사용하여, 이 패턴의 시작부분에서, 정확히 세 개의 숫자로 사회보장번호가 시작되도록 만든다. 그 다음에 대쉬가 나와야 하며, 규칙 4d)에 따라 정확히 두 개의 숫자가 나와야 한다. 마지막으로 대쉬가 나오고 정확히 네 개의 숫자가 나오도록 하면 패턴이 끝나게 된다.

반복 규칙을 사용한 미국 사회보장번호 패턴
(0|1|2|3|4|5|6|7|8|9){3}-(0|1|2|3|4|5|6|7|8|9){2}-(0|1|2|3|4|5|6|7|8|9){4}

그림 8.36 반복 규칙을 사용한 미국 사회보장번호 패턴

반복 문자는 앞의 패턴이 나온 직후에만 적용됨을 주지해서 보자. 즉, *, +, ?, m, n이 나올 때마다 반복은 바로 앞의 패턴에만 적용된다. 이 사례에서 보면, 숫자 그룹은 반복 제어 문자가 나오기 직전에 나타나야 하며, 따라서 단지 하나의 숫자만이 반복 가능하다. 예를 들면, 대쉬 직후에는 반복 문자가 없으므로, 대쉬는 반복이 허용되지 않는다.

반복을 사용한 또 다른 예를 보면, 허그와 키스 패턴을 확장하여 패턴 XO를 한번 이상 반복하는 문자열을 담고 있는 것을 생각해 보자. 우리는 확장된 허그와 키스 패턴에 맞는 문자열이 "XO", "XOXO", "XOXOXO", "XOXOXOXO"와 같은 무한한 갯수의 문자열 중의 하나임을 알고 있다. 패턴(XO)+는 이러한 확장된 허그와 키스 패턴의 문자열을 표현하고 있는데, (XO)의 + 기호가 하나 이상의 반복을 나타내고 있기 때문이다. ()는 매우 중요한데 만약 이를 생략하고 XO+를 사용한다면 이는 문자 X와 하나 이상의 O로 구성된 문자열을 의미하기 때문이다.

8.4.3 문자 클래스 규칙

문자 클래스(character class)는 문자들을 간결하게 정의하는 패턴이다. 예를 들면 Digit은 문자 클래스를 말한다. Digit은 0, 1, 2, 3, 4, 5, 6, 7, 8, 9 열 개의 문자의 집합으로 정의된다. 패턴 작성 규칙은 고유한 문자 클래스를 정의할 수 있게 해주고 미리 정의된

일반적으로 사용되는 특수 문자 클래스들을 제공한다. 이러한 문자열 클래스의 규칙은 그림 8.37에 나타나는데, 여기서 각 부칙들은 사전에 정의된 문자 클래스에 대한 특정한 이름을 제공해 준다.

그림 8.37과 같은 미리 정의된 문자 클래스는 많은 편리함를 준다. 문자 클래스는 단어에 나올 수 있는 어떤 종류의 문자들도 포함한다. 예를 들면, 알파벳 문자들이 여기에 속하며 0에서 9까지의 숫자들도 기술적인 면에서 여기에 속한다. **단어 클래스**(word class)에 속하지 않는 문자들은 ?, @, :, #과 같은 기호들이다. 이 클래스에 속하지 않는 문자들은 비단어 클래스에 속한다.

문자 클래스 규칙

5) 대괄호([])는 문자 클래스를 표시한다. 괄호안의 각 문자는 문자 클래스에 속하게 된다. 문자 클래스 안의 대쉬(−)는 문자의 범위를 나타낸다.
   a) \d : 하나의 숫자를 표시한다.
   b) \D : 숫자가 아닌 문자를 표시한다.
   c) \w : 단어를 구성하는 비단어 문자를 표시한다. (a−z, A−Z, 0−9).
   d) \W : 단어를 구성하지 않는 문자를 표시한다.
   e) \s : 스페이스, 탭, 줄바꿈과 같은 공백 문자를 표시한다.
   f) \S : 공백문자가 아닌 문자를 표시한다.

그림 8.37 패턴 작성에 사용되는 문자 클래스 규칙

공백 문자(white space character) 클래스는 단어들을 분리할 때 사용되는 문자들이며, 워드프로세서에서의 스페이스(space)을 통해 만들어진다. 예를 들면, 이 클래스에 속하는 공백 문자들은 문서 작성시 키보드의 스페이스바를 누르게 되면 나오는 문자로서 문서에서 빈 칸을 만들게 된다. 빈 칸 문자의 또 다른 예는 탭과 (키보드의 엔터 키를 누를 때 나오는) 줄바꿈 문자이다.

문자 클래스는 사회보장번호를 작성할 때 사용될 수 있는 매우 간결한 기법을 제공해 준다. 우선, 문자 클래스를 사용하여 숫자를 표현하게 되는데 아래의 패턴 중의 하나를 사용한다.

[0123456789] – 이것은 대괄호 안의 문자 중에서 하나를 표기하는 패턴이다.

[0-9] – 이것은 0에서 9까지 범위에 있는 하나의 문자를 표기하는 패턴으로 대쉬 기호에 의해 범위가 표현된다. 대쉬 기호가 문자 클래스를 표현하는데 사용될 경우 특별한 의미를 가지고 있음을 알아야 한다.

\d – 이것은 숫자를 표기하는 패턴이다. 이는 클래스 [0-9]나 [0123456789]와 같다.

우리는 사회보장 패턴에서 단일 숫자를 표시하기 위해 숫자 문자 클래스를 사용할 수 있다. 그림 3.38은 최종적으로 완성한 미국 사회보장번호 패턴을 나타낸다.

반복과 문자 클래스를 사용하는 미국 사회보장번호 패턴
\d{3}-\d{2}-\d{4}

그림 8.38 반복과 문자 클래스를 사용하는 미국 사회보장번호 패턴

8.4.4 사례 연구: DNA 염기서열

데옥시리보 핵산(DNA)은 모든 생물에 사용되는데 생물의 유전 정보를 담고 있는 분자이다. DNA는 알려진 모든 종류의 생물에 필수적이다. 인간 DNA는 수십억 조각의 유전 코드로 구성되어 있다. 생물학자들은 DNA분자의 유전자를 A, C, G, T라는 네 개의 문자의 연속된 형태(역자 주: DNA 염기서열)로 표현하고 있다. 즉, DNA 코드는 문자열이라는 것이다! DNA 염기서열의 각 문자는 DNA 염기서열을 구성하는 기본 재료의 역할을 하는 뉴클레오타이드(nucleotide)를 나타낸다. 문자 A는 아데닌(adenine), C는 시토신(cytosine), G는 구아닌(guanine), T는 티아민(thymine)의 약자이다. DNA의 길이와 문자들의 순서는 DNA 분자의 생물학적 기능을 결정한다.

인간 게놈 프로젝트(HGP)는 인간 게놈의 DNA 염기서열을 밝히는 일을 하는 국제 연구 프로젝트이다. 일반적인 DNA 염기서열을 규명하는 작업은 2003년경에 대부분 완료되었으나, 현재 이 프로젝트는 많은 시간을 필요로 하는 자료를 분석하는 작업을 진행하고 있다. DNA 염기서열을 위한 데이터베이스는 수 기가바이트의 데이터로 구성되어 있으며 간단히 말해서 매우 긴 길이의 문자열로 이해되고 있다.

과학자들은 작은 부분의 유전자 코드를 찾기 위해 DNA 염기서열을 분석하고 있다. 수억 개의 C, G, A, T를 가지고 있는 문자열에서 작은 일부 염기서열을 발견하는 작업은 짚단에서 바늘을 발견하는 것보다 더 어렵다고 여겨진다. 그림 8.39는 대규모의 DNA 염기서열에서 아주 간단한 형태의 문자열을 찾는 작업의 어려움을 묘사한 것이다. 예를 들면, 그림 8.39에서 보이는 DNA 염기서열의 작은 일부분에서 CATT라는 문자열을 찾는 경우를 생각해보자. CATT는 정확히 하나가 존재한다. 찾을 수 있겠는가?

DNA 데이터베이스에서 검색하기
CAGACTTTCAGAACTGTCAGTTCCCCGGATTTTACCCATCACATTTTGCTACTACTTTC TACTACTATATACTTTTCCAATTTCATACGGGTACTATTATCCATACTCTACTATTAC

그림 8.39 CATT 염기서열 찾아보기

패턴은 문장을 검색하는 간결한 기법을 제공한다. 그림 8.39의 예에서, 우리는 패턴 CATT를 작성할 수 있으며, 컴퓨터에게 DNA 문자열에서 이 패턴이 발생하는 모든 경우를 찾으라고 명령할 수 있다. 대규모 데이터베이스에서 컴퓨터가 얼마나 효율적으로 검색을 할 수 있게 하는가는 이 책의 범위를 벗어난 것이지만, 패턴이 이 장에서 기술된 규칙에 따라 만들어졌다면 실제로 컴퓨터는 해당 패턴을 효율적으로 검색할 수 있다.

과학자들은 때때로 CATT와 같은 고정 패턴보다 더 복잡한 형태의 문자열을 검색하기도 한다. 예를 들면, 과학자들은 AC로 시작해서 하나 이상의 T가 나오고 하나의 C로 끝나는 염기서열을 찾고 싶어할 수 있다. 우리는 이러한 패턴을 ACT+C로 정의 할 수 있는데, 여기서 T+는 하나 이상의 T 문자가 나타남을 표기한 것이다. 만약에 우리가 그림 8.39에서 이러한 패턴에 맞는 모든 문자열을 발견하도록 컴퓨터에게 명령한다면, 컴퓨터는 여러 결과물을 만들어 낼 것이다. 부분 문자열 ACTC는 한번 나타나고, ACTTT는 두 번 나타나며, ACTTTTC는 한 번 나타난다.

AC로 시작해서 AG로 끝나고 중간에 GAA를 포함하고 있는 더 복잡한 염기서열을 생각해보자. 우리는 이 패턴을 AC.*GAA.*AG라고 작성할 수 있다. 이 패턴은 마침표를 가지는 서브 패턴을 담고 있다. 마침표는 임의의 문자를 의미하며 그리하여 마침표를 가지는 패턴은 임의의 문자가 0번 또는 그 이상 나오는 염기서열을 표기한다는 점을 상기해 보자. 따라서 이 패턴은 AC로 시작하고, 0개 이상의 임의의 문자가 나온 후에, GAA가 나오고, 다시 0개 이상의 임의의 문자가 나오면서 최종적으로 AG로 끝나는 염기서열을 의미한다. 그림 8.39에는 이 패턴이 ACTTTCAGAACTGTCAG라는 부분 문자열로 한번 나온다.

그림 8.40은 이 패턴에 대한 부분 문자열이 DNA 염기서열에서 실제로 어떻게 일치하는가를 보여주고 있다. 각 고정된 서브 패턴인 AG, GAA, AG는 그림 8.40의 문장

에 단지 한번씩만 일치함에도 불구하고, 마침표로 되어 있는 서브 패턴이 어떤 문자와도 일치가 되기 때문에 전체 패턴이 일치하게 된다. 이 예에서, 첫번째 마침표 패턴은 TTTCA 문자열과 대응되며, 두번째 마침표 패턴은 CTGTC와 대응된다.

그림 8.40 패턴 AC.*GAA.*AG.에 일치하는 문장

8.4.5 사례 연구: 웹 검색과 엔론 공식 문서

구글, 빙, 야후와 같은 웹 검색 엔진은 방대한 양의 문서 자료들을 고정 패턴 검색을 사용하여 사용자가 검색할 수 있게 해준다. 웹의 검색어 "popcorn"은 인터넷의 모든 문서에서 패턴 POPCORN이 나오는 모든 경우를 검색하는 것을 의미한다. 미래의 검색 엔진은 훨씬 세련된 패턴에 대한 검색을 지원할 것이다. 아마도 여러분은 e메일 주소, 주민등록번호, 신용카드 번호, ISBN 번호, 웹 상에 존재하는 날짜와 같은 것들을 찾고 싶어할 것이다. 때때로 변호사와 법무법인 직원들은 엄청난 양의 문서 자료에서 세련된 패턴을 사용하여 검색을 하고 싶어할 수 있다. 우리는 이미 잘 알려진 엔론[1]의 사례를 탐구하고 엔론 사태와 관련된 많은 공식 문서에서 어떻게 패턴이 세련된 검색을 할 수 있도록 해주는 지를 보여줄 것이다.

엔론은 텍사스 휴스톤에서 케네스 레이에 의해 1985년에 설립된 에너지 대기업이다. 설립된 지 수 년 후에 제프리 스킬링이 고용되었고, 그는 회계의 빈틈과 특수 자산 및 허술한 재정보고서를 통하여 실패한 거래와 프로젝트에서 생기는 수 십억 달러의 빚을 숨길 수 있었다. 회사 재정 담당자인 앤드류 패스토와 다른 임원들은 엔론의 대표이사와 이사회를 잘못된 방향으로 이끌었을 뿐 아니라 회계법인 앤더슨 컨설팅이 문제점을 무시하도록 압력을 행사했다. 2000년 중순에 90달러가 훨씬 넘었던 주가가 2001년 11월에 1달러 미만으로 곤두박질 쳤음을 생각할 때, 엔론의 주주들은 거의 110억 달러를 손해를 보았다고 간주할 수 있다. 이 사태를 조사하기 위한 작업중의 하나로, 미국 정부는 최고 경영진들의 e메일을 공개하였다. 우리는 법률 전문가가 패턴을 사용하여 어떻게 문서 데이터베이스에서 유용한 법적 정보를 추출하는 가를 생각해 볼 것이다.

1 분식회계로 엄청난 사회적 파문을 일으킨 미국의 에너지 회사

사람들은 e메일에서 강조하고 싶은 단어들이 있으면 대문자로 표시하는 경향이 있다.[2] 따라서 법무팀은 대문자만을 포함하고 있는 단어들의 목록을 작성하도록 결정한다. 법무팀은 그림 8.41의 패턴을 사용하기로 한다. 이 패턴은 하나 이상의 대문자 반복으로 구성되어 있다. 법무팀은 방대한 e메일 데이터베이스를 검색하였으며 그 결과에 놀라게 되었다.

대문자로만 된 단어 패턴 (잘못 작성됨)
[A-Z]+

그림 8.41 대문자 만으로 구성된 단어를 찾는 잘못된 패턴

그림 8.41의 패턴은 대문자만으로 구성된 단어를 찾을 수 없기 때문에 정확하지 않은 패턴이다. 이 잘못된 패턴은 문자열이 대문자만으로 구성된 단어 뿐만 아니라 문자열의 일부가 연속된 대문자로 구성된 단어도 찾게 된다. 예들 들면, 실제 엔론의 e메일 데이터베이스에서 일부만 추출한 그림 8.42의 문장에서 이 패턴과 일치하는 단어를 찾는 경우를 생각해보자. 이 패턴은 확실히 대문자만으로 구성된 PRIVILEDGED, AND, CONFIDENTIAL을 찾을 뿐만 아니라 (Subject에서) S, (Enron에서) E, (Livingston에서) L, (County)에서 C를 찾게 된다. 이 단어들은 하나 이상의 대문자를 가지고 있고 따라서 패턴과 일치하게 된다.

법무팀은 단어는 단어구성에 쓰이지 않는 문자(역자 주: 빈칸, 줄바꿈 문자 같은 문자)들로 둘러싸야 있어야 함을 인식하고 이 패턴을 수정한다. 즉, 어떤 단어가 대문자로만 연속된 단어라면, 그 단어의 앞 뒤에는 단어 구성에 쓰이지 않는 문자가 위치해야 한다는 것이다. 법무팀은 단어 구성에 쓰이지 않는 문자에 대한 클래스가 사전에 정의되어 있으며 /W로 표기된다는 점을 기억한다. 그림 8.43은 수정된 대문자 단어에 대한 패턴이다.

엔론 e메일 데이터베이스 일부
Subject: Enron – Livingston County PRIVILEGED AND CONFIDENTIAL

그림 8.42 대문자 만으로 구성된 단어를 찾는 정확한 패턴

이 패턴에 따라 그림 8.42의 문장을 검색하면, 단지 PRIVILEDGED, AND, CONFIDENTIAL 세 개의 단어 만이 패턴에 일치하는 것으로 나타났다. Subject의 S는 u가 단어구성에 쓰이는 언어이므로 이 패턴과 일치하지 않는다. 마찬가지로, E, L, C 역시 패

2 영어 메일의 경우에 해당한다.

턴과 일치하지 않는다.

법무팀이 대문자만으로 구성된 단어를 찾을 수 있는 좋은 패턴을 만들었음에도 불구하고, 그들은 아직도 e메일 데이터베이스에서 불필요한 단어들이 검색되고 있음을 깨닫는다. I, RE, CC, TO, FROM 등과 같은 단어들은 e메일에서 매우 자주 나오며, 검색 결과에서 이러한 값들을 배제해야 한다고 생각한다. 그들은 e메일 데이터베이스에서 최종적으로 연속된 대문자 단어들을 찾기로 결정하였다. 법무팀은 연속된 대문자 단어가 3 단어 이상의 길이를 가져야 한다고 결정한다. 따라서 법무팀은 그림 8.44에 보이는 패턴을 만든다. 이 패턴은 적어도 세 개의 단어로 구성된 대문자 단어에 대하여 정의한다. 그림 8.42에서 이 패턴은 정확히 한번 일치하게 된다. "PRIVILEGED AND CONFIDENTIAL"이 이 패턴을 만족시킨다.

대문자로만 된 단어 패턴
\W[A-Z]+\W

그림 8.43 엔론 e메일 데이터베이스의 일부 문장

최소 3개의 연속된 대문자 단어 패턴
\W([A-Z]+\W){3,}

그림 8.44 최소 3개 이상의 연속된 대문자 단어 문자열을 찾는 정확한 패턴

그림 8.45는 "PRIVILEGED AND CONFIDENTIAL"이 어떻게 그림 8.44의 패턴과 일치되는지를 보여준다. 첫 문자는 스페이스이고 패턴의 첫번째 \W와 일치한다. 스페이스 다음에는 [A-Z]+\W와 3번 일치하게 된다. 이 때 일치하는 부분은 하나의 대문자로 시작해서 스페이스로 끝나게 된다.

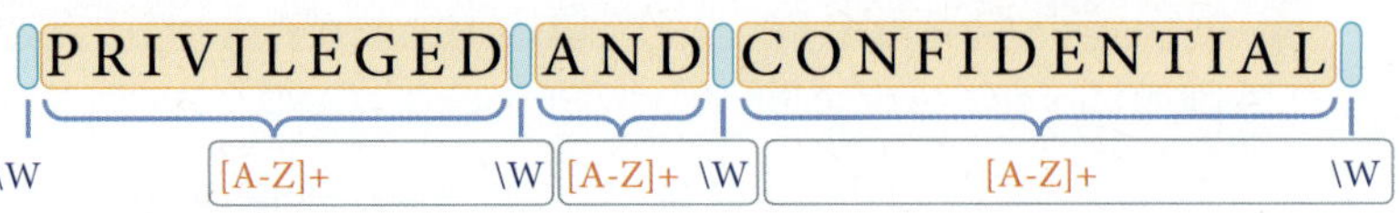

그림 8.45 패턴\W([A-Z]+\W){3,}과 주어진 문장이 일치함을 보인다.

참고문헌

1. Von Neumann, John. "First Draft of a Report on the EDVAC,"1945.

주요용어

값 공간(value space)
결합법칙(associativity)
계산식(formula)
교대(alternation)
공백 문자(white space character)
단어 문자(word character)
데이터 의존성(data dependency)
문자(character)
문자 클래스(character class)
문자열(string)
문자열 상수(string literal)
  연결(concatenation)
  색인(indexing)
  색인위치(indexOf)
  길이(length)
  부분문자열(substring)
반복(repetition)
범위(range)
셀(cell)
순차화(sequencing)
스프레드시트(spreadsheet)
연산자(operator)
우결합(right-associative)
우선순위(precedence)
워크시트(worksheet)
이름공간(namespace)
자가 변경 코드(self-modifying code)
정규식(regular expression)
좌결합(left-associative)
최대(max)
최소(min)
패턴(pattern)
평균(average)
폰 노이만 구조(von Neumann architecture)
프로그램 고정형 구조(fixed program architecture)
프로그램 내장형 구조(stored program architecture)
피연산자(operand)
함수(function)
합(sum)
항수(arity)

연습문제

1. 다음 계산식에서 생성되는 값을 구하라. 추가로, 그림 8.11의 계산 과정을 참고해서 계산 과정에 생성되는 중간 계산 절차와 그 값도 구하라. 이 계산에 사용되는 우선순위와 결합법칙은 이 책에서 다루는 내용에 따라야 한다.
   a. 3 + 2 ^ 3 * 4
   b. 5 * 3 * (2 + 3) − 4
   c. 1 + 1 + 4 / 1 + 1
   d. 3 * 3 + 3 − 3 / 3
   e. 5 * (3 +(6 / 3 − 1))

2. 표현식 "1 − 0 − 1"의 결과를 다음의 가정에 따라 구하라.

a. 뺄셈은 우결합 법칙에 따른다.

b. 뺄셈은 좌결합 법칙에 따른다.

3. 다음 그림의 스프레드시트을 보고 다음 질문에 답하라.

	A	B	C	D	E
1	5	3	3	=sum(A1:C1)	=D1/3
2	2	6	4	=sum(A2:C2)	=D2/3
3	1	5	3	=sum(A3:C3)	=D3/3
4					

a. 셀 D1, D2, D3, E1, E2, E3의 계산식은 어떤 값들을 표시하는가?

b. D열 1행부터 3행까지의 값의 합을 구해 셀 D4에 넣고자 한다면 D4에는 어떤 계산식을 넣어야 하는가? 답을 내기 위해서 함수를 이용하도록 한다.

c. 셀 E1에서 E3까지의 값의 평균을 구해 셀 E4에 넣고자 할 때 어떤 계산식을 E4에 넣어야 하는가?

d. c에서 다룬 D4의 계산식을 반영하는 의존성 그래프를 그려라.

e. A행에서 C행, 1열에서 3열까지 범위 내의 숫자중에 최대값을 계산하는 계산식을 작성해라. 여러분이 만든 계산식은 향후에 해당 범위의 값이 변경되어도 변경내용을 반영할 수 있어야 한다.

f. 사용자가 계산식 "=sum(A1:D1)"을 셀 A1에 사용할 경우 발생하는 오류에 대해 기술하여라.

4. 색인(indexing), 길이(length), 색인위치(indexOf), 부분문자열(substring), 연결(concatenation)을 다음 작업에 사용하고자 한다. 각 작업마다, 해당 작업을 수행하기 위하여 문자열 처리 함수를 사용하는 단계별 절차를 기술하라.

a. 여러분 이름의 세 글자 이니셜을 생각해보자. 세 글자 이니셜 문자열을 받아 여러분의 성과 이름만을 나타내는 두 글자 이니셜로 만드는 코드를 작성해보자. 예를 들면, Martin Luther King의 세 글자 이니셜은 "MLK"이고 여러분의 코드

는 이를 가지고 문자열 “MK”를 만들어야 한다. 여러분의 코드는 세 글자 이니셜 문자열에 대해 작동해야 한다.

b. 이름, 쉼표, 성으로 구성된 문자열에서 그 순서를 역으로 바꾸는 코드를 작성해 보자. 여러분의 코드는 어떤 문자열이 주어지던지 상관없이 동작해야 한다.

c. URL의 첫 부분은 scheme라고 불리는 부분을 가지고 있다. 일반적으로 사용되는 scheme는 http, https, mailto이다. :는 항상 URL에서 scheme와 나머지 부분을 구분하기 위해 사용된다. 임의의 URL에서 scheme을 추출하기 위한 코드를 작성하라.

d. 신용카드 번호는 보통 14에서 19자리의 숫자로 구성되어 있다. 신용카드의 첫 6 숫자는 신용카드 발급회사를 나타내기 위한 것이며 나머지 숫자는 사용자의 계정 번호를 나타내기 위한 것이다. 신용카드 발급회사 번호와 신용카드 사용자의 계정번호를 추출하는 코드를 작성해라. 여러분은 주어진 문자열이 –이나 다른 기호를 사용하지 않고 오직 숫자만으로 구성되어 있다고 가정할 수 있다.

e. tic–tac–toe는 3x3 격자 안에 사용자가 X나 O 마크를 교대로 기입하는 게임이다. 세 개의 동일한 마크를 일렬로 기록하는 사람이 승자가 된다. tic–tac–toe 게임의 상태를 X, O, 스페이스로 구성된 9자의 문자열로 표현한다고 가정해보자. 9개의 문자는 각 열 별로 배치된다. 이 tic–tac–toe 문자열에 대해 두 개의 3 글자 대각선을 만드는 코드를 작성한다. 문자열 “XOOXOXOX”는, 예를 들면, 두개의 대각선 “XXX”와 “XX”를 가지고 있다.

5. 다음 각각의 문자열 집합에 대한 패턴을 작성해 보자. 주어진 문자열이 해당 문자열 집합에 속한다면 패턴과 일치해야 하며 그 문자열을 부정하지 말아야 한다.

a. 이진 숫자. 이진 숫자는 숫자 0과 1로 이루어진 임의의 길이의 문자열이다. 이진 숫자는 한자리 숫자인 경우를 제외하면 0으로 시작해서는 안된다. 유효한 이진 숫자의 예는 다음과 같다.

- 0
- 1010
- 101101000101010101010101010101000001010000000

b. 전화번호. 이 연습문제에서는 전화번호가 세자리 지역코드를 가지고 있으며 선택적으로 괄호 안에 지역코드를 넣을 수 있다. 지역코드 다음은 빈칸이 오게 되

며 그 다음에 세자리 국번과 대쉬, 네 자리 번호가 위치하게 된다. 유효한 전화번호의 예는 다음과 같다.

- (555) 329−1559
- 123 456−7890

c. 미국 라디오 방송국의 이름. 미국 라디오 방송국은 셋 또는 네 자리 알파벳 문자로 된 약자를 가지고 있다. 미시시피 강 서쪽에 있는 방송국은 K로 시작하고 동쪽에 있는 방송국은 W로 시작한다. 방송국 이름은 모두 대문자로 되어 있다. 유효한 방송국 이름은 다음과 같다.

- WXHO
- KDKA
- KMOX
- WWV

d. 미국 연봉 등급제. 미국 정부에 의해 고용된 사람들은 그들의 연봉을 결정하는 연봉 등급을 가지고 있다. 연봉 등급은 E, W, O로 시작하는 코드이다. 첫 문자 다음에는 대쉬이며 하나 또는 두개의 숫자가 그 다음에 나타난다. 유효한 O 연봉 등급은 1에서 10까지 있다. 유효한 연봉 등급은 다음과 같다.

- E−1
- E−9
- W−5
- O−1
- O−10

e. 1에서 10까지의 로마 숫자. 이 범위의 유효한 로마 숫자의 예는 다음과 같다.

- I
- II
- IV
- X

6. 숫자 0과 1만을 포함하는 문자열을 생각해보자. 다음에 나오는 항목에 대한 패턴을 작성하시오.

a. 시작과 끝이 다른 숫자를 가지는 문자열. 예를 들면 다음과 같다.

- 01
- 0111010001
- 1000101010101010

b. 짝수의 0을 가지는 모든 문자열. 예를 들면 다음과 같다.

- 10001100001
- 00001100
- 000000

7. 각 항목에 대해 패턴을 작성하시오.

a. m으로 시작해서 ing로 끝나며 문자열의 길이가 정확히 7인 영어단어

b. b로 시작하여 e, d, k로 끝나지 않는 문자열의 길이가 정확히 4인 영어단어

c. 문자 a, e, i, o, n, t로만 구성되고 길이가 최소 3인 영어단어

d. 문자 n을 정확히 3개 가지고 있는 단어

8. 다음 패턴을 단순하게 만들어라.

a. (X+|X)O{1}X

b. (staff|drill|staffsargent|drillsargent|staffmaster|drillmaster)

c. (O|X|X1,|O1,){0,}XXXXXXXXX+(O|X|OX|XO)+⟨*ProblemsU1466O3197E End Here*⟩

COMPUTATIONAL THINKING
for The Modern Problem Solver

CHAPTER 09

소프트웨어 검증과 확인

정확하게 만드는 것보다 잘못된 부분을 들추어 내는 것이 훨씬 더 쉽다.

– 벤자민 디스레일리(영국정치가, 작가)

학습목표

- 많은, 대부분은 아니지만, 컴퓨터 오류라고 불리는 것들은 사실은 사람에 의한 오류이며 보통은 데이터를 잘못 입력해서 생기는 오류라는 것을 이해한다.
- 명세서에서 정확한 것이 무엇인가가 정의되지 않으면 정확성은 불가능하다는 것을 이해한다.
- 검증과 확인 사이의 차이점과 그들이 중요한 이유를 설명할 수 있다.
- 소프트웨어의 정확성을 증명하는 것은 가능하지만 이러한 증명은 비용과 복잡성 때문에 극히 드물게 사용되고 있다는 점을 깨닫는다.
- 정확성과 관련해서 소프트웨어 테스트의 한계를 안다.
- 입력 조건들과 예상 행위를 정의하는 테스트 케이스들로 구성된 기본 테스트 모음을 그림으로 그릴 수 있다.
- 화이트 박스 테스트와 블랙 박스 테스트와의 차이점과 각 테스트의 장점을 설명할 수 있다.
- 주어진 활동 다이어그램에 대한 테스트 모음을 분석하고 명령어 적용범위를 실제로 사용하여 증명할 수 있다.
- 명령어 적용범위와 경로 적용범위와의 차이점을 설명하고 왜 경로 적용범위는 일반적으로 가능하지 않은지를 설명할 수 있다.
- 테스트에서 균등 분할과 그 역할을 파악한다.
- 경계값 분석을 사용하여 하나 또는 두 개의 간단한 입력에 대한 테스트 모음을 만들 수 있다.

다양한 소프트웨어 제품을 파는 회사에서 다음과 같은 광고를 한다고 하자. "여러분의 컴퓨터 에러를 몇 분 내에 고쳐드립니다!" 하지만 이 회사에서 말하는 것 또는 컴퓨터에 모든 책임을 지우려는 사람들이 의미하는 것은 **컴퓨터 오류**(computer error)라는 것이다. 이번 장에서는 사람들이 컴퓨터 오류라고 말하는 다양한 문제들을 다루려고 한다. 더 나아가서 우리는 이러한 문제를 줄이기 위해 여러분이 알아야 하는 방법들을 살펴보고자 한다.

9.1 "컴퓨터 오류"란 보통은 …

불행하게도 보통 사람들이 컴퓨터 오류 또는 결함이라고 부르는 것은 사실 사람의 실수에 의한 것이다. 그 이유는 아마도 사람들이 문제에 대한 책임을 피하려 하기 때문일 수도 있고, 컴퓨터 내부의 내용을 잘 모르거나 모른다는 것에 대한 두려움 때문일 수도 있으며, 말없는 컴퓨터를 희생양으로 삼기 위함일 수도 있다. 어떤 이유에서든 컴퓨터는 자주 표적이 된다. 처음부터 언급했듯이, 문제가 있다면 컴퓨터의 자체적인 문제보다는 사람의 실수 때문일 가능성이 매우 높다는 점을 잘 알고 있어야 한다. 만약 여러분의 은행 계좌에 문제가 생긴다면 은행의 컴퓨터 연산에 잘못이 있을 확률이 은행 직원이 잘못 입력했을 확률보다 훨씬 낮다고 생각하면 된다.

그림 9.1은 컴퓨터 오류라고 불리는 것들이 발생하는 일곱 가지 원인을 제시하고 있다. 일곱 가지 원인 중에 단지 두 가지인 하드웨어 고장과 소프트웨어 고장만이 컴퓨터에 책임을 물을 수 있으며 아마도 가장 발생하기 힘든 것들이다. 가장 많이 발생하는 처음 세 가지 원인들은 사람에 의한 오류라고 생각되어지는 것들이다. **부정확한 자료 입력**(Incorrect data entry)은 어떤 사람이 컴퓨터에 잘못된 값을 입력했을 때 발생한다. 은행원이 잘못된 금액을 여러분의 예금계좌에 입력했을 때, 여러분이 웹 페이지의 메뉴에서 실수로 위스콘신[1] 대신에 와이오밍[2]을 선택했을 때, 의사가 여러분의 진료기록을 보려고 실수로 여러분의 여동생 이름을 입력했을 때, 이 모든 경우는 부정확한 자료 입력의 사례들이다. 컴퓨터 오류의 모든 원인들 중에서, 부정확한 자료 입력은 가장 흔하게 발생한다. 진실을 간단히 말하자면, 사람은 항상 실수를 하며, 우리가 더 많은 자료의 값을 입력하면 할수록 실수를 할 확률이 더 높아진다.

1 미국의 지명이름

2 미국의 지명이름

- 부정확한 자료 입력
- 시스템 이해 부족
- 컴퓨터 출력 결과의 부정확한 해석
- 물리적 피해
- 하드웨어 고장
- 소프트웨어 결함
- 보안 결함

그림 9.1 "컴퓨터 오류"의 원인들

때때로 사람의 오류는 시스템에 대한 이해부족(system misunderstanding)으로 설명되기도 하는데, 시스템 사용자나 관리자가 시스템이 어떻게 동작하는지에 대해 정확히 이해하지 못했기 때문이다. 여기 약간의 일반적인 사례가 있다.

- 메일 사용자가 답장과 전체답장 버튼의 차이를 모른다.
- 웹 브라우저의 단어 자동완성 기능에 의해 완성된 단어 철자가 사용자가 의도했던 것과 다르다.
- 카메라의 자동 포커스 기능은 사진을 흐리게 찍도록 하는데, 사용자가 움직이는 사물을 선명하게 찍히기 위해서는 카메라 셔터 속도를 높여야 하는 것을 몰랐기 때문이다.
- 스마트폰의 작은 키패드로 인해 입력 오류가 생긴다.
- 컴퓨터의 터치패드 입력이 잘못되는 경우인데, 두 번째 손가락이 실수로 터치패드에 닿았기 때문이다.
- 가게의 결제 시스템이 새로 변경되어 익숙하지 않기 때문에 가게 점원이 여러분의 구매에 대해 다시 한번 더 입력해 줄 것을 요청하며 공손하게 사과한다.

우리는 새로운 컴퓨터 프로그램을 사용할때, 그 사용법을 혼동하게 되는데, 이에 대한 사람들의 일반적인 반응은 임의로 추측하는 것이다. 자주 일어나는 일이지만 잘못된 추측을 한다면 오류가 발생한다. 이러한 오류는 자료입력 오류라고 불리지만, 오류의 원인이 자주 인용되는 무지에서 시작된 것이기 때문에 여기서는 앞의 자료입력 오류와는 구분 지어져야 한다.

컴퓨터 오류의 세 번째의 원인은 사람에 의한 오류이며, **컴퓨터 출력 결과에 대한 부정확**

한 해석(improper interpretation of computer output)이다. 여러분이 입력을 잘못했을 경우와 같이 여러분은 출력을 잘못 읽을 수 있다. 온라인 구매 가격에 있는 0의 개수를 잘못 파악할 수 있다. 연말 정산에서 제시된 세금표에서 다른 행의 내용을 잘못읽을 수 있다. 아마 차량 운전자는 도로의 소음 때문에 네비게이터의 음성 지시를 잘못 알아들을 수 있다.

컴퓨터의 처리 능력은 매우 복잡한 계산을 가능하게 만들지만, 컴퓨터가 만든 모든 자료를 해석하는 것은 힘든 일이다. 우리는 도플러 레이더 자료와 위성사진을 가지고 기상예보를 할 수 있지만, 기상예보는 항상 부정확함에 시달린다. 컴퓨터는 주식 거래 기록을 무한하게 분석할 수 있지만, 내일 다우 존스 주가[3]가 얼마가 될지는 항상 미스테리이다.

컴퓨터의 **물리적 피해**(physical damage)가 반드시 사람에 의한 실수 때문이라고 할 수는 없지만, 주로 사람의 부주의함 때문에 생긴다. 물리적 피해의 형태는 물리적 파손, 침수, 화재의 세 가지 형태로 나뉘어 진다.

현대 컴퓨터의 많은 부품들은 충격에 민감하다. 우리가 알고 있는 LCD 화면의 파손은 노트북 컴퓨터나 휴대폰을 떨어뜨렸을때 발생한다. 디스크 드라이브나 심지어 어떤 전기회로들은 흔들림 또는 충격에 의해 고장이 난다.

대부분의 전기 제품들은 침수에 민감한데, 특히 물에 잠겨졌을 때 전원이 켜져 있으면 더 문제가 생긴다. 물에 젖은 컴퓨터를 처리하는 가장 좋은 방법은 기기를 끄고, 케이스를 열어 가능한한 대부분의 회로를 개방하여 몇 시간 동안 건조한 장소에 두는 것이다.

불에 의한 손상은 온도에 따라 발생한다. 컴퓨터는 많은 플라스틱, 화합물, 금속 부분으로 구성되어 있는데, 모두 건물에 불이 날 경우 녹는 물질들이다.

하드웨어 고장(hardware failure)은 컴퓨터 하드웨어에 의해 발생하는 오류이지만, 물리적 손상에 의해 생기는 오류는 아니다. 실제로는 현대의 전자기기들은 하드웨어 고장이 거의 나지 않으며, 만약에 그렇다고 하더라도 그 오류는 사용한지 첫 몇 주 내에 발생한다. 시간에 따라 용량이 감소하는 배터리를 제외하고는 컴퓨터의 비기계적인 부품들은 닳지 않는다. 또한, 컴퓨터 메모리의 오류 검사 체제는 메모리 오류가 날 확률을 매우 감소시킨다.

---

3 미국 다우 존스 회사에 의해 작성되는 미국 주가 평균값

그렇다면 어떤 종류의 하드웨어 오류가 생기는가? 컴퓨터에서 가장 오류가 생기기 쉬운 곳은 디스크 드라이브, CD/DVD 플레이어, 마우스와 같은 기계적으로 동작하는 장치이다. 디스크 드라이브가 수 년의 동작 후에 고장이 나서 저장된 데이터를 잃어버리는 것은 드문 일이 아니다.

간혹 하드웨어 오류를 발생시키는 또 다른 일들이 있다. 정전은 관련된 전기 시스템을 마비시킨다. 감마 방사선이나 강력한 자기장의 움직임은 극히 드물게 발생하지만 컴퓨터의 일부분을 마비시킨다고 알려져 있다. 우리 대부분은 이러한 상황에 영향을 받지 않지만 인터넷을 통해 수백만 대의 컴퓨터가 연결되어 있는 상황은 서버의 하드웨어 오류를 발생시킬 확률을 높여준다.

컴퓨터 오류라고 분류될 만한 가장 공평한 두 가지 원인중의 하나인, **소프트웨어 결함**(software faults)은 하드웨어 오류보다 더 일반적인 것이다. 소프트웨어 결함은 때때로 **버그**(bug) 또는 **실수**(flaw)라고 불리며, 컴퓨터 프로그램이 정확하지 않아서 발생한다. 이 장의 대부분의 내용은 소프트웨어 결함에 대해 다룬다.

컴퓨터 오류를 발생시키는 마지막 원인은 **보안 결함**(security breaches)이다. 보안 결함은 컴퓨터가 외부로부터 공격받아서 원하지 않는 방향으로 동작하게 될 때 발생한다. 이 책의 12장은 컴퓨터 보안에 대한 내용을 다룰 것이며, 어떻게 보안 결함이 발생하는지에 대해 자세히 설명할 것이다.

9.2 소프트웨어 정확성

사람들이 컴퓨터의 "정확성"에 대해 말할 때, 그들은 소프트웨어의 정확성을 의미하고 있는 것이다. 9.1절에서 언급했다시피, 하드웨어 오류는 상대적으로 드물게 발생한다. 따라서 컴퓨터(사람이 아니라) 오류가 관심의 대상이라면, 소프트웨어가 일반적으로 문제의 원인이 된다. 실제로는 꽤 복잡한 컴퓨터 프로그램은 모두 오류를 가지고 있다고 봐도 된다. 운이 좋게도, 우리 중 대부분은 이러한 오류를 경험하지 못하게 되고 컴퓨터 시스템의 대부분은 정확하게 동작한다.

이러한 문제를 파고들기 이전에, 우리는 **정확성**(correctness)의 의미를 명확하게 할 필요가 있다. 컴퓨터라는 것은 (소프트웨어를 통하여) 그들이 수행하도록 "명령받은 대로" 동작하는 기계일 뿐이다. 이 말은 컴퓨터 시스템이나 프로그램은 그 자체만으로는 정확하거나 부정확하다고 말할 수 없다는 것이다. 사용자는 프로그램이 동작하는 방식을 좋아하지 않을 수는 있지만, 이는 프로그램이 정확하지 않다는 것을 의미하지는 않는다. 만약 여러분의 워드 프로세서가 문장의 시작 문자를 자동으로 대문자로 만든다고 생각해보자. 여러분이 용어 목록을 한 줄에 한 단어씩 입력 할 때, 여러분은 워드프로세서가 자동으로 첫자를 대문자로 변환시키는 것을 원하지 않을 수 있다. 분명히 여러분은 자동 대문자 변환 기능이 귀찮다고 생각할테지만, 이러한 자동 대문자 변환 기능이 정확하지 않다고 말할 수 있겠는가? 단편 수필을 쓰고 있는 여러분의 친구가 자동 대문자 변환 기능을 좋아하는 경우를 고려해보자. 여러분의 친구에게는 자동 대문자 변환 기능이 정확하며 편리한 것이 될 것이다.

핵심은 컴퓨팅 시스템과 컴퓨터 소프트웨어는 특정 의도에 맞느냐 아니냐에 따라 정확하다고 또는 부정확하다고 간주된다는 것이다. 만약 시스템이 의도한 대로 동작한다면 시스템은 정확하다고 말할 것이다. 즉, 기대한 대로 동작한다면 정확하다고 얘기할 것이다.

컴퓨터 프로그램이 만들어 질 때, 프로그램이 만들어지기를 원하는 사람을 **고객**(customer)이라고 한다. 정확히 만들어진 소프트웨어는 고객이 원하는 바를 만족하도록 설계된다. 4장에서 설명했듯이, 소프트웨어를 만드는 과정의 첫 번째 작업 중의 하나는 문제를 정의하는 것이다. 문제 정의 작업에서 생기는 요구사항들은 고객이 원하는 내용을 표현하는데 그 의도가 있다. 불행하게도, 작성된 요구사항들이 항상 고객의 요구와 잘 일치하는 것은 아니다. 고객이 생각을 바꿀 수도 있다. 시간이 지남에 따라 소프트웨어의 목적이 바뀔 수도 있다. 흔한 일이지만, 요구사항들이 정확하게 분석되지 않았을 수도 있다. 어떤 이유에서든 요구사항들이 고객이 원하는 바와 어느 정도 다르게 작성되는 것은 매우 흔하게 발생한다. 이 점은 두 가지 종류의 정확성을 요구하게 된다.

1. 소프트웨어는 고객의 요구에 맞게 정확하게 동작할 수 있다.
2. 소프트웨어는 작성된 요구사항에 맞게 정확하게 동작할 수 있다(요구된 소프트웨어 동작들에 대한 문서화된 형태를 **명세서**(specification)라고 정의한다).

검증과 확인(verification and validation, V&V)은 소프트웨어 공학자들이 정확성을 보증하기 위해 수행하는 과정이다. 확인(Validation)은 앞의 정확성에 대한 리스트의 첫 번째 요소인 상품이 고객의 요구에 맞는가를 보장하기 위한 과정이다. 검증(Verification)은 정확성에 대한 두 번째 요소인 상품이 요구사항에 맞게 되었는가를 보장하기 위한 과정이다. 그림 9.2는 V&V를 보여준다.

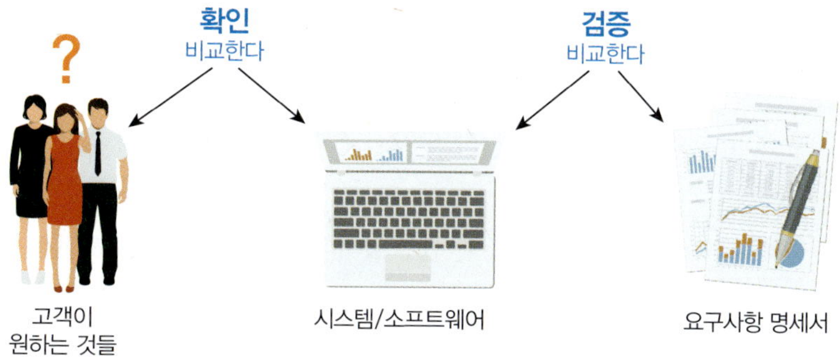

그림 9.2 두 종류의 정확성과 그들이 보장하기 위한 방법

문서의 **의도**(intent)를 이해하는 것보다 문서에서 공식적으로 드러난 부분을 이해하는 것이 더 쉽듯이, 소프트웨어 시스템을 확인하는 것보다 검증하는 것이 더 쉽다. 검증은 우리가 요구사항 명세서를 작성한 후에야 수행할 수 있다. 소프트웨어 요구사항은 명세서의 가장 일반적인 형태이지만, 명세서의 한 종류로만 제한되지는 않는다. 6장에서 보았다시피, 컴퓨터 과학자들은 컴퓨터 프로그램의 행동을 그림, 논리, 자연 언어를 사용하여 다양한 방법으로 규정한다. 소프트웨어의 행동을 규정하는 이러한 다양한 형태의 문서들이 소프트웨어의 정확성을 검증하기 위해 사용된다. 이 장의 나머지 대부분은 검증 도구와 기법을 다룰 것이다. 확인에 대해서는 유용성이 있는 일부 방법들을 다룰 것이다.

소프트웨어 개발과정에서 고객의 참여는 아마도 확인 프로세스를 진행하기 위한 가장 중요한 요소일 수 있다. 어떤 소프트웨어 개발과정에서는 소프트웨어 개발팀의 일원으로 고객(또는 고객 대표)이 참여하는 것이 가장 좋은 방법이라는 것을 알게 되었다. 이것이 의미하는 것은, 만약 은행이 새로운 온라인 은행 시스템을 위해 소프트웨어 개발 회사와 계약할 경우, 은행은 전산 업무에 대해 잘 알고 있는 직원 중의 한 명을 개발 프로젝트에 참여시키는 것이 현명할 수도 있다는 것을 말한다. 마찬가지로, 자동차 제조사는 안정성 제어용 소프트웨어를 개발하는 외주 업체에 자사 직원을 참여시킬 수도 있다. 이러한 소프트웨어 개발과정에서의 통합적인 참여는 왜 비컴퓨터 기술자들도 컴퓨터 과학을 이해해야 하는지에 대한 또 다른 이유를 제공해 준다.

확인 프로세스에서 수반되는 다른 기법들은 아래와 같다.

- **베타 테스트**(beta testing) – 선택된 사용자들이 거의 완성된 시스템을 사용해보고 의견을 말하게 한다.

- **사용성 테스트**(usability testing) – 개개인이 시스템의 외관과 느낌을 탐색하도록 한다.
- **인수 테스팅**(acceptance testing) – 고객이 최종 구매에 앞서 시스템을 확인하는 모든 과정을 말한다.

고객은 명성있는 소프트웨어 개발팀이 여러 종류의 검증과정을 책임지기를 기대하지만, 확인 프로세스는 고객의 책임이 되는 경향이 있다. 베타 테스팅, 사용성 테스팅, 인수 테스팅은 모두 확인을 위한 가장 좋은 방법들이다. 이 모든 방법들은 때때로 컴퓨터 과학자가 아닌 그리고 소프트웨어 개발사와 관계없는 사람들의 참여에 의존한다. 다음 절에 나오는 검증을 위한 기법들은 모두 확인 테스트에 적용할 수 있다.

9.3 검증

궁극적으로는 고객이 원하는 것들이 구현되어야만 정확하다고 말할 수 있다. 하지만, 고객들은 때때로 자신이 뭘 원하는지 모르거나 또는 자신들이 원하는 것을 명확하게 표현하지 못하는 경우가 많다. 게다가 더 나쁜 상황은 고객이 원하는 바는 시간이 지남에 따라 바뀐다는 것이다. 이 모든 사실들은 잘 작성된 요구사항이 필요하다는 것을 말해준다. 요구사항들은 고객이 바라는 것들을 물리적으로 표기하는 것을 의미한다. 문서화된 요구사항 덕분에 고객은 무엇이 만들어질 것인지를 알 수 있다. 문서화된 요구사항 덕분에 소프트웨어 개발자들은 무엇을 만들어야 하는지 알 수 있다.

4장에서 설명했듯이, 요구사항은 명확하고, 일관성 있으며, 완전해야 한다. 그렇지않으면 검증이 불가능하다. 요구사항이 쓸만한 것인지 여부를 결정하는 좋은 방법은 "요구사항이 검증이 가능한가?"라는 질문을 하는 것이다. 검증이 가능하다라는 것은 소프트웨어가 요구사항을 만족시킨다는 것을 보장할 만한 좋은 수단이 있다는 것을 의미한다.

부정확함은 형편없고 검증할 수 없는 요구사항이 생기는 주요 원인이다. 예를 들면 다음 요구사항을 생각해보자.

요구사항 S1 – 프로그램이 안전해야 한다.

S1은 검증하기에는 너무 모호하다. **안전**(secure)하다는 것의 의미는 무엇인가? 이런 종류의 안전은 사생활에 대한 것인가 아니면 시스템 고장에 대한 것인가 아니면 다른 종류의 안전인가? 다음 두 가지 요구사항은 검증가능하다는 관점에서 보면 보다 더 정확한 요구사항이다.

요구사항 S2 – 모든 사용자는 사용자 이름과
패스워드를 가지고 로그인을 해야 한다.

요구사항 S3 – 모든 사용자 관련 자료는
프로그램에 의해 암호화되어야 한다.

두 번째 예로서, 시스템 성능에 대한 아래의 모호한 요구사항을 생각해 보자.

요구사항 E1 – 프로그램은 빨라야 한다.

E1은 분명히 수용될 수 없는 요구사항임에도 불구하고, 검증이 가능하도록 하기 위해 성능을 표현하는 여러 가지 방법들이 있다. 아래는 받아들여질 만한 대체 요구사항이다.

요구사항 E2 – 시스템은 새로운 검색어를 입력하는
모든 사용자 입력에 대해 0.5초 내로 반응을 해야 한다.

수용될 수 없는 요구사항인 S1과 E1은 모두 **비기능성 요구사항**(nonfunctional requirements)이다. 비기능성 요구사항은, 이전에 설명했다시피, 성능, 보안, 이동성, 신뢰성, 안전, 문서화, 물품 인도, 사용자 친화성 등과 같은 것에 대한 요구사항이다. 비교하자면, 기능적 요구사항은 소프트웨어의 특정 동작들을 기술한다. 여러분은 이렇게 생각하면 된다. 기능적 요구사항은 소프트웨어가 **무엇**(what)을 하는 가를 정의하고, 비기능적 요구사항은 소프트웨어가 **어떻게 잘**(how well) 동작하는 가를 정의한다. 비기능적 요구사항은 검증가능한 방법으로 정의하기가 어려우므로, 좋은 소프트웨어 기술자가 되려면 기능적, 비기능적 요구사항을 정의하는데 주의를 기울여야 한다.

정확한 요구사항 또는 정확한 명세서가 작성되면, 소프트웨어 기술자들은 정확성을 검증하기 위해 두 가지 방법을 사용한다.

1. 정확성 증명
2. 소프트웨어 테스팅

정확성 증명(proof of correctness)은 소프트웨어가 명세서에 맞춰서 동작하는지를 보증하는 유일한 방법이다. 프로그램의 정확성을 증명하는 방법은 수학 정리의 정확성을 증명하는 방법과 유사하다. 컴퓨터 과학자들은 여러 정확한 규칙들과 조작들을 통하여 프로그램이 실행되면 명시된 대로 수행된다는 것을 보여줄 수 있다. 이 때 사용되는 규칙은 각 프로그래밍 언어에서의 명령어들의 행위들과 (논리의) 연역적이고 귀납적인 추론에 대한 수학적 방법들에 기반한 것이다.

실질적으로, 프로그램들의 정확함은 거의 증명되지 않는다. 그 이유는 대부분 비용 때문이다. 보통의 프로그램에 있어서 정확성 증명은 상당한 양의 시간을 요구한다. 더욱이, 명세서가 형식 논리로 명시되어 있지 않으면 증명은 불가능하며, 형식 논리로 명세서를 표기하는 것은 많은 시간을 소모한다. 또 다른 단점은 일부 뛰어난 컴퓨터 과학자들만이 소프트웨어의 정확성을 증명할 수 있으며, 심지어 그들조차 증명할 때 실수를 한다는 것이다.

프로그램의 정확성 증명에 대한 마지막 문제점은 알고리즘의 본성과 관련이 깊다. 명제논리는 명제(사실)에 기반해서 완성된다. 그러나, 전통적인 명제논리는 실행에 대한 설명, 즉 시간이 지나면서 사실이 바뀌는 것을 설명하지 못한다. 반대로 컴퓨터 프로그램은 각 명령어를 실행하면서 상태를 바꾸려는 목적을 가지고 작성된다. 시간의 경과에 대한 관점은 프로그램 내의 복잡한 자료구조와 함께 컴퓨터 프로그램을 정형적으로 추론하는 것을 보다 더 어렵게 만든다.

이러한 모든 단점에도 불구하고, 프로그램의 정확함을 증명하는 것은 소프트웨어가 명세서를 만족시킨다는 것을 전적으로 확신하게 하게 유일한 방법이다. 많은 비용이 드는 프로그램의 정확성 증명이 정당화되는 사례가 일부 있는데, 보통 소프트웨어 고장과 관련된 비용이 크고, 중요도가 아주 높으며 코드의 길이가 상대적으로 길지 않을 때가 이러한 경우이다. 교통 통제 시스템과 고감도 의료 기기가 그러한 경우의 예로 들 수 있으며, 이 경우 소프트웨어 오류가 인명 피해를 유발할 수도 있으므로 소프트웨어의 정확성을 증명하는 것을 정당화 할 수 있다.

9.4 소프트웨어 테스팅

프로그램이 정확하다는 것을 증명할 수 없다면, 우리는 그 다음 대안인 **소프트웨어 테스팅**(software testing)으로 가야한다. 이름이 의미하듯이, 소프트웨어 테스팅은 프로그램을 실행하고 그 행동을 관찰하는 것으로 구성되어 있다. 관찰된 행동은 명세서에 기록된 요구되는 행동과 비교된다. 시스템의 행동과 명세서의 요구된 행동이 일치하게 되면 테스트가 성공한 것이고, 테스트에서 명세서와 시스템 행동 간에 일치하지 않는 점이 발견되면 테스트가 실패한 것이다.

소프트웨어 테스팅에 관하여 가장 중요하게 생각해야 할 점은 어떤 프로그램이든지 **소프트웨어 테스팅이 프로그램의 정확성을 보증하지는 않는다**라는 점이다. 비록 테스팅이 섬세하게 이루어졌다고 하더라도 소프트웨어 고장이 발생하는 수많은 사례들이 있다. 2007년 2월 11일에 (스텔스 전투기로 알려진) F-22 랩터 12기가 처음으로 아시아로 파견되었다. 12기 전투기 모두 날짜 변경선을 통과하자마자 네비게이션을 포함한 통신 시스템 일부와 연료 시스템의 동작이 정지하였다. 이 고장은 소프트웨어 버그때문에 생긴 일이다. 확실히 이 비행기들은 날짜 변경선에 대한 부분이 테스팅되지 않았다. 운이 좋게도 이 비행기들은 급유기에 의해 보호를 받고 있었고 하와이로 안전하게 돌아갈 수 있었다. 이 사례는 테스팅 과정에서 잡히지 않았던 소프트웨어 고장의 수많은 사례 중 하나일 뿐이다.

소프트웨어 테스팅이 정확성을 보증하지 않는 이유는, 각각의 테스트는 단일 환경에서의 단일 프로그램 실행으로 구성되기 때문이다. 만약, 테스트가 성공한다면, 테스트를 하는 사람은 프로그램이 어떤 환경에서 잘 돌아간다고 결론을 지을 수 있다. 하지만 해당 프로그램은 아직도 테스트를 하지 못한 또 다른 환경에서는 실패할 수 있는 것이다.

예를 들면, 그림 9.3에서 보이는 일반적인 로그인 패널을 사용하여 사용자가 로그인을 하는 프로그램을 생각해보자. 우리는 유효한 사용자 이름과 패스워드를 사용하여 테스트를 할 수 있을 것이다.

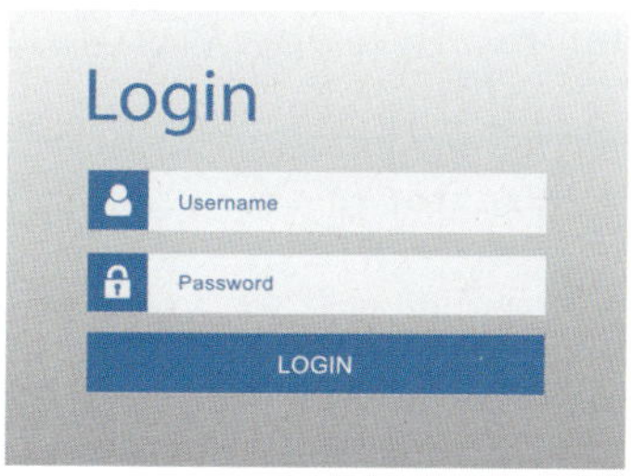

그림 9.3 로그인 패널

그림 9.4는 이 테스트에 대해 작성한 테스트 케이스를 보여준다. 이 테스트 케이스의 입력 조건은 변수 이름 즉, 이 경우에는 사용자 이름이고 예상 행위는 프로그램이 주어진 입력에 대해 정확하게 어떤 행위를 해야 하는가를 설명한다. 이 사례에서, 우리는 사용자 이름 Alisha Armstrong과 패스워드 2Dogs@Home의 쌍이 유효한 로그인 입력 값이라고 가정한다.

입력 조건	예상 행위
사용자 이름 = Alisha Armstrong 패스워드 = 2Dogs@Home	프로그램은 로그인이 제대로 되었다는 메시지를 보여 주어야 한다.

그림 9.4 로그인 패널에 대한 테스트 케이스

만약 그림 9.4와 같은 테스트 케이스(test case)가 성공한다면 (즉, 프로그램이 주어진 입력에 따라 실행되고 표의 예정 행위대로 실행된다면) 테스트 하는 사람은 이 경우에 프로그램이 올바르게 동작한다는 것을 알게 될 것이다. 하지만 다른 유효한 사용자 이름과 패스워드 조합의 로그인에는 프로그램이 제대로 동작하지 않을 수 있다. 완벽하게 정확성을 확신할 수 있는 유일한 방법은 가능한 모든 사용자 이름과 패스워드 조합을 모두 테스트해 보는 것이다. 하지만 이러한 조합의 테스트 케이스의 갯수는 너무 많아서 적절한 시간 내에 관리자가 모두 다 시도해 보는 것은 불가능하다.

그러므로 하나의 테스트 케이스가 한가지 환경만을 고려한다면, 테스트 케이스를 사용하여 어떻게 정확성을 확신하게 만들 수 있을까? 이 문제에 대한 해답은 여론조사와 유사하다. 유권자는 선거의 결과를 예측하는 것이 유권자 한 명의 의견으로는 부족하다는 것을 알고 있다. 하지만 세밀하게 선택된 여러 명의 유권자들의 의견은 결과를 예측하기에 충분한 확신을 준다. 유사하게 소프트웨어를 테스트 하는 사람은 하나가 아닌 여러 개의 테스트 케이스를 사용해야 하며, 이러한 테스트 케이스는 소프트웨어의 정확성을 확신할 수 있도록 신중하게 선택되어야 한다. 이러한 테스트 케이스의 집합을 **테스트 모음**(test suite)라고 한다. 물론 어떤 테스트 모음도 정확성을 절대적으로 보증하지 않는다. 하지만 효과적인 테스트 모음은 많은 소프트웨어 오류를 잡아낼 수 있다. 이 절의 나머지 부분은 효율적인 테스트 모음을 설계하는 방법을 살펴볼 것이다.

테스트 케이스들은 테스트 모음을 구성할 뿐만 아니라, 소프트웨어 개발과정의 각 단계마다 테스트가 실행되어야 한다. 이것은 **계층화**(layering)라고 불리는 분할 정복의 특수한 형태에서 나온다. 문제해결에서 계층화 접근 방법은 양파의 껍질을 벗기는 것과 같다. 양파의 내부는 많은 껍질로 되어 있고 각 껍질은 독립적으로 분리된다. 소프트웨어 개발에서 계층을 보는 방법 중의 한가지는 프로그래머가 작성한 각각의 소프트웨어 구성요소들을 하나의 계층으로 보는 것이다. 여러 개의 구성요소들이 모여 또 다른 계층의 소프트웨어 모듈을 구성한다. 이 모듈들은 세번째 계층인 부분 시스템을 형성하고 이 부분 시스템은 최종 계층인 완전한 소프트웨어 시스템을 형성한다. 테스트에 대한 계층적 접근방법은 소프트웨어를 각 계층별로 테스트 하자는 것이다. 이것은 각 프로그래머가 개발한 구성요소들이 실제로 시스템에 통합되기 전에 구성요소 수준에서 독립적으로 테스트가 되어야 한다는 것을 의미한다. 마찬가지로 모듈이나 부분 시스템도 또한 독립적인 테스트 모음에 의해 테스트되어야 한다. 사용성 테스트, 베타 테스트, 인수 테스트는 또 다른 수준의 계층 테스트가 필요하다. 테스트의 각 계층은 소프트웨어의 각기 다른 면들을 테스트하며, 정확성에 대한 더 높은 확신을 주게 된다. 테스트에 대한 계층적 접근방식으로부터 얻는 또 다른 부가적인 이익은 어떤 계층은 소프트웨어 개발 과정 초기에 테스트를 하게 되는데, 이것은 초기에 적은 비용으로 오류를 수정하게 되는 것이다.

좋은 테스트 모음을 만드는 것은 코드를 개발하는것 만큼 어려운 것이다. 따라서, 좋은 테스트 모음은 신중하게 관리되어 소프트웨어의 후속 버전에도 재적용될 수 있도록 하여야 한다. 테스트 모음의 재적용은 너무나 일반적인 것이라서 컴퓨터 과학자들에게 **회귀 테스트**(regression testing)라고 불린다. 컴퓨터 프로그램에 새로운 기능을 추가하거나 또는 버그를 수정할 때마다, 새로운 버그가 생기는 것을 피하기 위하여 회귀 테스트를 실행하는 것은 필수적이다.

소프트웨어 개발과정에서의 또 다른 어려운 점은 소프트웨어 테스트는 본질적으로 소프트웨어 개발과 상반된다는 것이다. 소프트웨어 개발은 소프트웨어가 동작하도록 제품을 만드는 것인데 반해, 소프트웨어 테스트는 제품이 동작하지 않는 상황을 발견할 수 있도록 설계된다. 컴퓨터 과학자들은 정확한 프로그램을 만들도록 교육받지만, 테스트를 하는 사람의 역할은 정확하지 않는 결과를 도출하는 테스트 케이스를 발견하는 것이다.

소프트웨어 개발과 테스트 간의 이분법이 의미하는 것은 소프트웨어 개발과정과 소프트웨어 테스트과정은 분리되는 것이 가장 좋다는 것이다. 소프트웨어를 테스트하기 위해 가능한한 독립된 팀을 운영하는 것이 최고이다. 때때로 테스트를 하기 위해 외부의 회사에서 사람을 고용하기도 하고, 비컴퓨터 과학자를 쓰기도 한다. 대규모 소프트웨어 회사들은 **소프트웨어 품질관리**(software assurance)팀이라고 불리는 곳에서 사내 테스트를 수행한다.

모든 테스트는 블랙박스와 화이트박스 테스트, 두 가지 카테고리로 나뉘어 진다. **블랙박스 테스트**(black box testing)에서 테스트하는 사람은 실제 프로그램 내부 명령어를 접할 수 없다. 프로그램 내부 실행 방법에 대한 어떠한 추가적인 정보도 없이 프로그램 코드를 실행하여 테스트를 수행한다는 점에서 해당 소프트웨어를 블랙 박스와 유사하다고 보는 것이다. 프로그램에 대한 내부 지식이 없다는 점은 테스트를 하는 사람이 순수하게 기능적 요구사항에만 의존하여 테스트 케이스를 만들도록 한다. 블랙 박스 테스트는 **기능 테스트**(functional testing)라고도 알려져 있다. 블랙 박스 테스트와는 반대로, **화이트 박스 테스트**(white box testing)는 소프트웨어를 구성하는 명령어들에 대한 지식을 필요로 한다. 9.5절에서 화이트 박스 테스트에 대한 상세한 부분을 다룬다. 9.6절은 블랙박스 테스트에 대한 내용을 다룬다.

9.5 화이트 박스 테스트

테스트의 효율성은 테스트 모음을 구성하는 테스트 케이스들을 어떻게 선택하느냐에 따라 달라진다. 좋은 테스트 케이스를 만드는 한가지 방법은 프로그램의 구조를 검사하고 프로그램의 실행 흐름을 파악하는 것이다. 프로그램의 실행 흐름은 화이트 박스 테스트에 사용하기 때문에 화이트 박스 테스트는 **구조 테스트**(structure testing)라고도 불린다.

화이트 박스 테스트 모음은 **명령문 적용범위**(statement coverage)라고 불리기도 하는데, 프로그램의 모든 명령어가 테스트 모음의 적어도 하나의 테스트 케이스에 의해 최소 한번은 실행되어야 함을 필수로 하고 있다.

즉, 테스트 모음은 프로그램 코드의 일부분이 실행되지 않은 채로 테스트를 마치는 것을 허용하지 않는다는 것이다. 하지만, 어떤 명령어가 성공적으로 실행되었다고 해서 같은 명령어가 다른 환경에서 실행되었을 때 실패하지 않는다는 것을 의미하는 것이 아님을 이해할 필요가 있다.

화이트 박스 테스트에서의 효과적인 형태로 **경로 테스트**(path testing)라는 것이 있다. 이러한 형태의 테스트는 제어 흐름의 분석을 필요로 하며 활성 다이어그램에서 묘사된 내용을 평가하는데 사용될 수 있다. 그림 9.5는 6장에서 인용된 온라인 구매에 대한 활동 다이어그램이다.

경로 테스트가 완전해 지려면, 활동 다이어그램의 시작부터 끝까지의 모든 경로가 최소한 하나 이상의 테스트 케이스로 실행이 될 수 있어야 한다. 그림 9.5의 활동 다이어그램에서 완전한 경로 테스트가 이루어지기 위해서는 네 개의 테스트 케이스가 필요하다. 하나는 PayPal[4]을 통한 결제이고 나머지 세 개는 서로 다른 신용카드 회사를 통한 결제이다.

4 미국의 온라인 안전결제 시스템

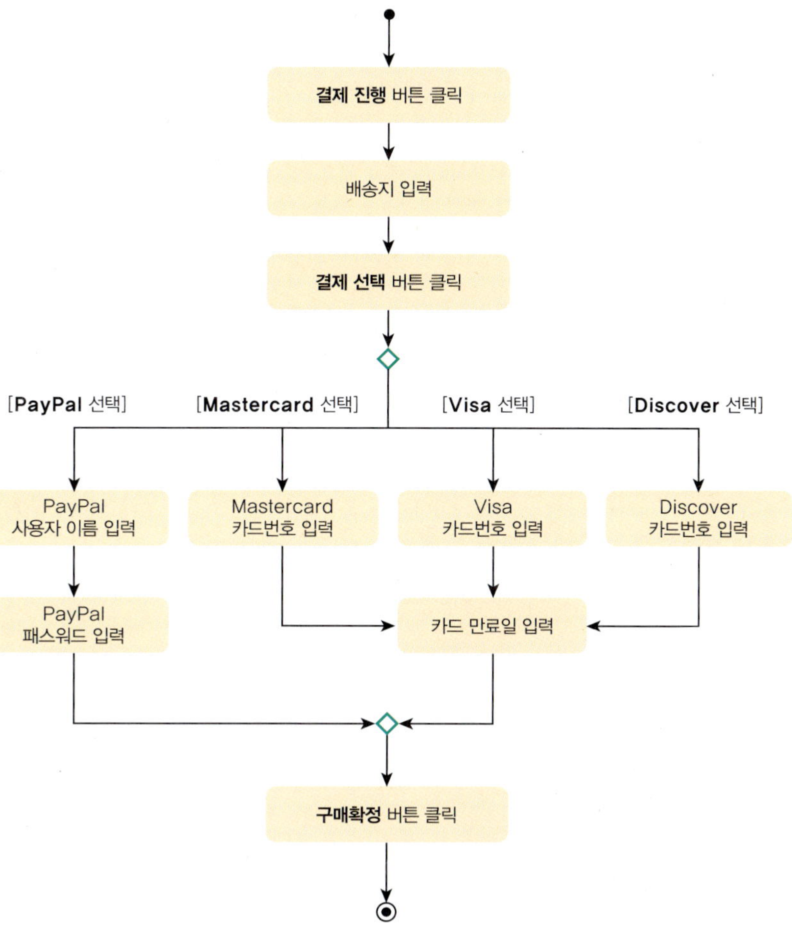

그림 9.5 온라인 구매 결제에 대한 활동 다이어그램

또 다른 사례는 6장에서 제시되었던 그림 9.6의 활동 다이어그램을 통해 보여진다. 여기에는 세 가지의 가능한 운전경로에 대응하는 세 가지 경로가 나타나 있다. 하나는 볼티모어-워싱턴 파크웨이의 교통상황이 원활할 때 운전하는 경로이다. 나머지 둘은 볼티모어-워싱턴 파크웨이의 교통체증이 심할 때인데, 하나는 US-50을 통해서 다른 하나는 US-29 고속도로를 통해서 운전하는 경로이다. 그림 9.7은 모든 경로에 대해 테스트를 하게 되는 세 가지 테스트 케이스에 대한 테스트 모음을 나타낸다.

그림 9.6에 나타나 있듯이, 경로 테스트를 완전하게 하기 위해서, 각 활동에 고유 번호를 부여하는 것은 도움이 된다. 그림 9.7의 테스트 모음은 번호가 부여된 각 경로를 실행하는 활동들에 따라 테스트 케이스 별로 분석된다.

테스트 케이스	실행되는 활동
볼티모어 파크웨어 테스트 케이스	1-8
US-50 경로	1, 9-15, 6-8
US-29 경로	1, 9-13, 16-19

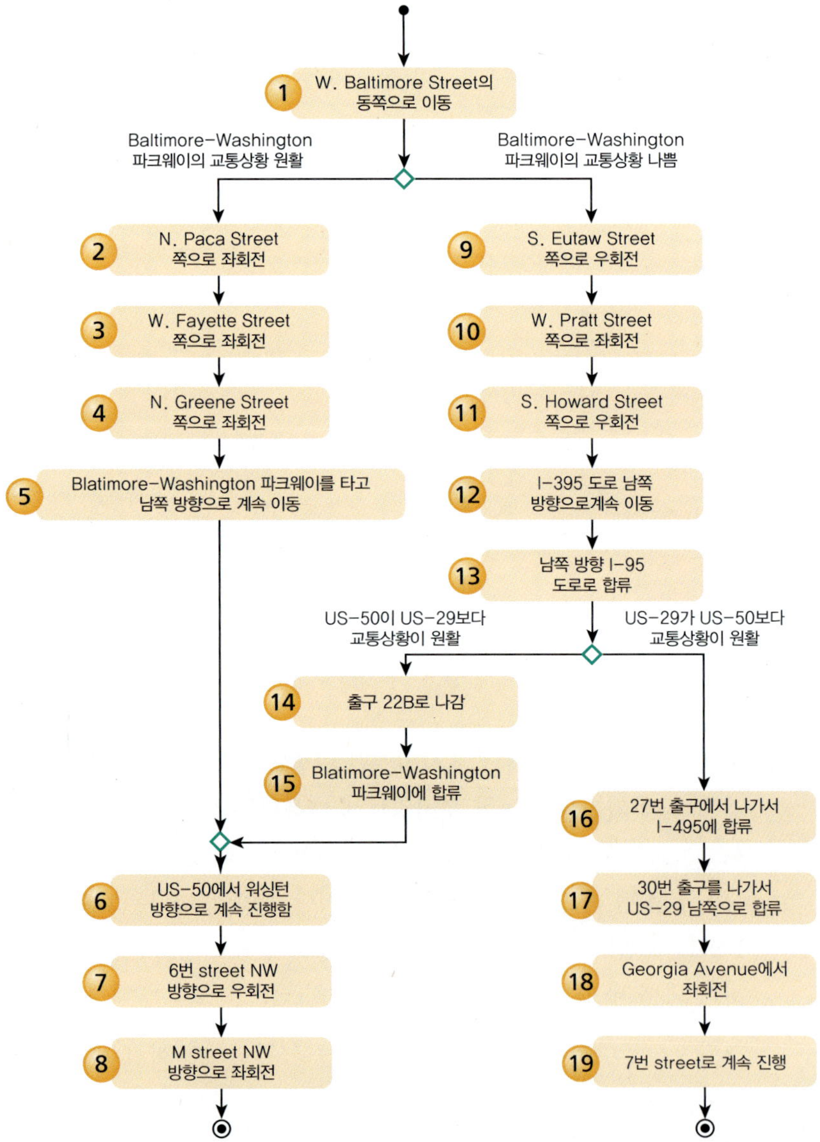

그림 9.6 매릴랜드의 볼티모어에서 워싱턴 시로 여행을 하는 활동 다이어그램

테스트 케이스	입력 조건	기대 행위
볼티모어 파크웨이	볼티모어 파크웨이 교통상황 좋음	워싱턴 시 도착
US-50	볼티모어 파크웨이 교통체증 중이며 US-50이 US-29보다 교통상황이 좋음	워싱턴 시 도착
US-29	볼티모어 파크웨이 교통체증 중이며 US-50이 US-29보다 교통상황이 안 좋음	워싱턴 시 도착

그림 9.7 그림 9.6에 대한 완전한 경로 적용범위 테스트 스위트

명령어/활동에 숫자를 부여하는 것은 테스트 모음에 의해 얻어지는 명령문 적용범위를 정당화하기 위해서도 사용될 수 있다. 그림 9.8의 표에는 각 테스트에 의해 실행되는 활동에 대한 체크를 포함한다. 표의 모든 열에 대해서 적어도 하나의 체크가 있다면, 명령문 적용범위는 완성된 것으로 본다.

Test Case	1	2	3	4	5	6	7	8	9	10	11	12	13	14	15	16	17	18	19
볼티모어 파크웨이	✓	✓	✓	✓	✓	✓	✓	✓											
US-50	✓					✓	✓	✓	✓	✓	✓	✓	✓	✓	✓				
US-29	✓								✓	✓	✓	✓	✓			✓	✓	✓	✓

그림 9.8 그림 9.6에 대한 명령문 적용범위를 보장하기

완전한 경로 테스트에 대해 모든 가능한 명령어의 조합이 가능할 수는 있지만 완전한 경로 테스트는 불가능하다는 주장이 있다. 특히, 루프를 포함하고 있는 알고리즘에 대해서는 완전한 경로 테스트가 불가능하다는 것이다. 예를 들면, 그림 9.9의 전화를 거는 활동 다이어그램을 생각해보자(이 역시 6장에 나왔던 것이다).

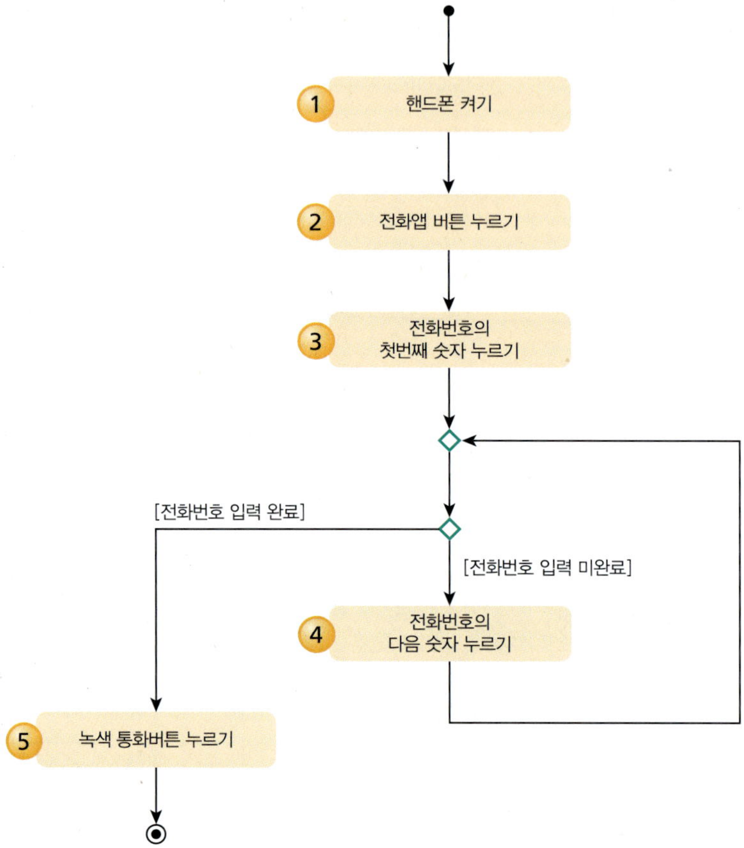

그림 9.9 전화를 거는 활동 다이어그램

이 활동 다이어그램에서의 한 경로는 녹색 통화 버튼을 누르기 전에 단지 하나의 숫자만을 누르는 것이다. 두 번째 경로는 통화 버튼 이전에 두 개의 숫자를 누르는 것이고 다음과 같이 경로는 기술된다.

테스트 케이스 1 – 1에서 3, 5

테스트 케이스 2 – 1에서 3, 4, 5

테스트 케이스 3 – 1에서 3, 4, 4, 5

테스트 케이스 4 – 1에서 3, 4, 4, 4, 5

테스트 케이스 5 – 1에서 3, 4, 4, 4, 4, 5

테스트 케이스 6 – 1에서 3, 4, 4, 4, 4, 4, 5

```
...
(이하 생략)
```

문제는 추가되는 경로들은 활동 4를 더 많이 반복하는 경로일 뿐이라는 것이다. 따라서 우리는 이와 같이 무한한 수의 경로가 존재하는 경우에 완전한 경로 테스트는 불가능하다는 것을 알 수 있다. 대부분의 소프트웨어는 루프를 포함하고 있기 때문에, 프로그래머는 다수의 루프 반복을 탐색하는 테스트 케이스를 포함시키고 있으며 명령문 적용범위를 달성하기 위해 경로 적용범위를 추정하는데 최선을 다할 필요가 있다.

9.6 균등 분할을 통한 블랙박스 테스트

프로그램의 내부 구조에 대한 정보를 가지고 있지 않거나 컴퓨터 과학자가 아니기 때문에 프로그램의 내부 구조를 알 수 없다면, 두 번째 테스트인 블랙박스 테스트를 선택할 수 있다. 블랙 박스 테스트는 테스트 하는 사람이 테스트 모음의 각 테스트를 실행하고 프로그램이 실제 의도되었던 대로 행동하는지를 비교한다는 점에서는 화이트박스 테스트와 별 차이는 없다. 차이점은 단지 테스트가 어떤 방식으로 선택되느냐 하는 점이다. 테스트 하는 사람은 실제 코드를 볼 수 없으므로, 블랙 박스 테스트는 명령어 적용범위나 경로 적용범위 같은 기법들을 사용할 수 없다. 대신 모든 테스트는 소프트웨어 요구사항에 따라서 작성되어야 한다.

블랙박스 테스트의 가장 큰 장점은, 테스트 하는 사람이 코드를 볼 필요가 없으므로, 프로그래밍 경험이 거의 또는 전혀 필요 없다는 점이다. 예를 들면, 크랩스라고 불리는 주사위 게임을 생각해 보자. 이 예에서, 모든 요구사항들은 명세서로 주어진다. 그림 9.10은 이러한 요구사항들이다.

일련번호: C1

이름: 컴 아웃(Come Out) 롤

동작: 크랩스게임은 두 개의 주사위를 한번 이상 던지는 것으로 구성되는 게임이다. 게임을 시작할 때 주사위를 던지는 것을 컴 아웃(Come Out)이라고 한다. 만약 주사위 결과가 2, 3, 12 인 경우 크랩 아웃에 의해 게임에 지게 된다. 만약 주사위 결과가 7 또는 11 인 경우 내츄럴 위너(natural winner)가 된다. 만약 다른 결과가 나온다면(예를 들면 4, 5, 6, 8, 9, 10), 이 주사위는 포인트가 되며 다음 주사위 던지기는 포인트 롤(point roll)이 된다(요구사항 C2 참조).

일련번호: C2 :

이름: 포인트 롤

동작: 플레이어는 주사위를 다시 던진다. 만약 두 주사위의 합이 7이라면 세븐 아웃에 의해 게임에 지게 된다. 만약 주사위의 합이 포인트(컴 아웃 주사위 던지기에서 던졌던 주사위의 합)와 같다면, 포인트를 맞추었으므로 게임에서 이기게 된다. 만약 두 주사위의 합이 7이나 포인트와 다른 값이라면 포인트 롤은 계속 반복된다.

일련번호: C3

이름: 플레이 계속

동작: 크랩 아웃, 세븐 아웃, 내츄럴 위너, 포인트 득점이 나오면, 플레이어는 새로운 게임을 시작할 수 있다 (새로운 게임을 시작하는 내용은 요구사항 C1을 참조한다).

그림 9.10 크랩스 게임의 요구사항들

어떤 테스트 케이스를 만들지 결정하는 일반적인 기법들 중에 **균등 분할**(equivalence partitioning)이라고 알려진 개념이 있다. 균등 분할이라는 개념은 모든 입력 조건을 여러 그룹으로 나누는데, 각 그룹이 명세서에 의거해서 동일한 속성을 가지도록 그룹을 나눈다. 크랩스 게임에서는 입력 조건을 아래와 같은 네개의 그룹으로 나누는 것이 가장 좋아 보인다.

1. 크랩 아웃(Crapping Out) 그룹 – 두 개의 주사위를 던졌을 때 주사위 값의 합이 2, 3, 12 인 경우
2. 내츄럴 위너(Natural Winner) 그룹 – 두 개의 주사위를 던졌을 때 주사위 값의 합이 7 또는 11 인 경우
3. 포인트(Point) 그룹 – 두 개의 주사위를 던졌을 때 주사위의 값의 합이 4, 5, 6, 8, 9 , 10인 경우
4. 오류 그룹 – 두 개의 주사위를 던졌을 때 주사위의 값의 합이 2 미만 또는 12를 초과한 경우

주사위 값의 합 2, 3, 12가 모두 같은 결과(크랩 아웃)를 내기 때문에 같은 그룹에 속하게 되는 점을 알수 있다. 마찬가지로 7과 11이 나오면 플레이어는 이기게 되며, 다른 유효한 주사위 값이 나오면 주사위를 추가로 던지게 된다. 테스팅에서 유효하지 않은 경우를 간과해서는 안된다. 주사위의 합이 2 미만이 되거나 또는 12 이상이 되는 경우는 실제 주사위로는 불가능하지만 컴퓨터 프로그램에서는 생길수 있는 일이다.

균등 분할은 피자를 자르는 것과 비슷하다. 여러분은 피자를 자를 때 각 조각마다 하나의 페페로니가 올려 있기를 원할 수 있다. 같은 방식으로 모든 가능한 입력 조건은 각 동치 분할 그룹마다 하나씩의 입력 조건을 가져야 한다(그림 9.11).

그림 9.11 피자 자르기는 균등 분할과 같다.

균등 분할 그룹에서 테스트 모음을 만들 때 여러분은 모든 그룹에서 적어도 하나의 테스트를 만들어야 한다. 그림 9.12는 균등 분할을 이용하여 입력 주사위의 합이 테스트로 선택된 경우를 보여준다.

테스트 케이스	입력 조건	예상되는 행동
크랩 아웃	주사위의 합이 3	플레이어는 크랩 아웃된다.
내츄럴 위너	주사위의 합이 11	플레이어는 내츄럴 위너가 된다.
포인트	주사위의 합이 4	플레이어는 포인트를 얻고 다시 주사위를 던진다.
오류	주사위의 합이 −4	프로그램은 잘못된 주사위 합이라는 것을 보고한다.

그림 9.12 크랩 게임의 주사위 합에 대하여 균등분할을 사용한 테스트 모음

이러한 테스트가 모든 경우의 수를 모두 다 시도하는 것은 아님을 주목해야 한다. 예를

들면, 주사위 합이 5인 경우는 그림 9.12의 테스트에서 전혀 고려되지 않고 있다. 역시, 동치 그룹에서 어떤 특정 값을 선택하기 위해 특별히 뭔가를 하지는 않는다. 예를 들면, 크랩 테스트는 2나 12의 값을 사용하지 않는데 이는 같은 동치 그룹에 속해있는 값 3이 테스트에 있기 때문이다.

피자를 자르는 방법은 여러가지가 있다. 어떤 식당에서는 쐐기 모양으로 피자를 자르는 반면에 다른 식당에서는 사각형으로 자른다. 균등 분할을 할 때 단지 한 가지 방법만이 필요한 것은 아니다. 동치 분할을 할 때 어떤 사람은 오류 그룹을 둘로 나누고, 하나는 2 미만을 나타내고 다른 하나는 12를 초과하는 값을 가지는 그룹을 나타내도록 하여, 다섯 개의 그룹으로 나눌 수 있다.

앞의 균등 분할을 고려한 분석은 첫 주사위를 던질 때만을 고려한 것이다. 하지만 우리가 전체 크랩스 게임에서의 테스트를 작성하고자 할 경우 어떻게 할 것인가? 그림 9.13은 전체 게임에서의 테스트 모음을 보여준다.

테스트 케이스	입력 조건	예상되는 행동
크랩 아웃	주사위의 합이 3	플레이어는 크랩 아웃된다.
내츄럴 위너	주사위의 합이 11	플레이어는 내츄럴 위너가 된다.
세븐 아웃	주사위의 합이 4이고 그 다음에 던지는 주사위의 합이 3, 5, 7 이다.	플레이어는 세븐 아웃된다.
포인트 만들기	주사위의 합이 8이고 그 다음에 던지는 주사위의 합이 2와 8이다.	플레이어는 포인트를 얻고 승리한다.
오류	주사위의 합이 −4	프로그램은 잘못된 주사위 합이라는 것을 보고한다.

그림 9.13 크랩 게임의 균등 분할을 사용한 완전한 테스트 모음

단지 하나의 균등 분할 그룹이 추가되었다. 이전의, 포인트라는 그룹은 주사위의 합이 2, 3, 7, 11, 12가 아닌 경우를 대표하였다면, 포인트 그룹은 두개의 그룹으로 대체된다. 세븐 아웃 그룹은 주사위를 계속 던져서 두 주사위의 합이 포인트 값이 되기 전에 먼저 7이 되는 경우를 나타내는 경우이다. 포인트 맞추기 그룹은 주사위를 계속 던져서 주사위 값의 합이 7이 되기 전에 포인트 값이 되는 경우를 대표한다.

9.7 경계값 분석

소프트웨어 테스팅[1]에 관한 책의 저자인 보리스 바이저는 “버그는 구석에 잠복하며 경계선에서 뭉친다.”고 말했다. 바이저가 말하고자 하는 핵심은 소프트웨어 개발자들은 프로그램이 정상적인 상황에서 동작하도록 프로그램을 설계하며 이는 덜 정상적인 상황에서는 고장이 날 확률이 높다는 것을 의미한다. 이러한 생각은 블랙박스 테스트를 설계할 때 균등 분할과 관계는 있지만 여러모로 다른 **경계값 분석**(boundary value analysis)이라고 알려진 방법을 사용하게 된다.

입력 조건 값에 경계값 분석을 사용하게 되면, 우리는 적어도 네 가지의 서로 다른 테스트를 구성할 수 있다.

1. 경계선에 있는 값을 입력으로 하는 테스트
2. 경계선 안쪽에 있는 값을 입력으로 하는 테스트
3. 경계선 밖에 있는 값을 입력으로 하는 테스트
4. (경계선 안에 있으며) 좀 더 일반적인 값을 입력으로 하는 테스트

위의 테스트 중에서 마지막 테스트를 “중간값”에 의한 일반적인 종류의 테스트라고 한다면, 나머지는 경계선 근처 또는 경계선 위의 입력 값을 실행하는 테스트이다. 입력 값이 오류를 발생시키는 상황을 고려하는 것이 매우 중요한데, 테스트 중의 하나가 경계값 밖의 값을 가지도록 하는 것에 대한 이유이다.

때때로 입력값은 최대값과 최소값으로 범위가 지정되는 경우가 있다. 이러한 경우, 경계값 테스트는 일곱 가지의 테스트로 나누어 진다.

1. 최소값을 입력조건으로 하는 테스트
2. 최소값보다 약간 큰 값을 입력조건으로 하는 테스트
3. 최소값보다 작은 값을 입력조건으로 하는 테스트
4. 최대값을 입력조건으로 하는 테스트
5. 최대값보다 약간 작은 값을 입력조건으로 하는 테스트
6. 최대값을 큰 값을 입력조건으로 하는 테스트
7. 최소값과 최대값 사이의 중간값을 입력조건으로 하는 테스트

예를 들면, 우리가 자동차의 안정성 제어 시스템 소프트웨어를 만들고 있다고 가정해보자. 이 소프트웨어는 자동차가 뒤집어지는 것을 방지하기 위해 설계되는데, 두 가지 중요한 입력 조건은 자동차의 현재 속도와 자동차가 기울어져 있는 각도가 된다. 우리가 개발중인 소프트웨어는 자동차가 0 mph(mile per hour: 시간당 마일수)에서 150 mph로 달리는 동안에 동작해야 한다. 경계값 분석을 위해 우리가 사용하는 테스트 모음은 그림 9.14와 같이 적어도 7가지의 테스트를 담고 있어야 한다.

다수의 입력 조건이 있을 때, 완전한 경계값 분석 테스트를 위한 테스트의 갯수는 급속도로 증가하게 된다. 자동차의 안정성 제어 시스템의 예로 돌아와서, 자동차의 허용된 기울기가 −45°에서 45° 사이라고 하자. 모든 경계값에 대해 테스트를 하는 것은 입력 조건의 모든 조합에 대한 테스트를 수반한다.

테스트 케이스	입력 조건	예상되는 행동
최소값에서	차량 속도 = 0 mph	차는 움직이지 않는다.
최소값 + 1	차량 속도 = 1 mph	차가 뒤집히지 않는다.
최소값 −1	차량 속도 = −1 mph	차의 뒤집힘 방지 소프트웨어 작동하지 않는 상태로 후진한다.
최대값	차량 속도 = 150 mph	차가 뒤집히지 않는다.
최대값 − 1	차량 속도 = 149 mph	차가 뒤집히지 않는다.
최대값 + 1	차량 속도 = 151 mph	차량은 지나치게 고속으로 운전하고 있다는 경고 메시지를 준다.
일반적인 경우	차량 속도 = 70 mph차량은 뒤집히지 않는다.	

그림 9.14 자동차 속도만을 고려한 자동차 안정성 소프트웨어에 대한 테스트 모음

그림 9.15는 한 축에는 자동차 속도에 대하여 다른 한 축은 자동차 기울임 정도를 표시하는 2차원 격자를 보여주고 있다. 격자에서의 각 점은 독립된 테스트를 말한다. 좌상 점은 151의 속도에서 기울기가 −46°인 경우를 보여주며, 상단의 다른 두 번째 점은 151의 속도에서 기울기가 −45°인 경우를 보여주는 식으로 테스트가 구성된다. 전체 테스트의 수는 7 곱하기 7인 49이다.

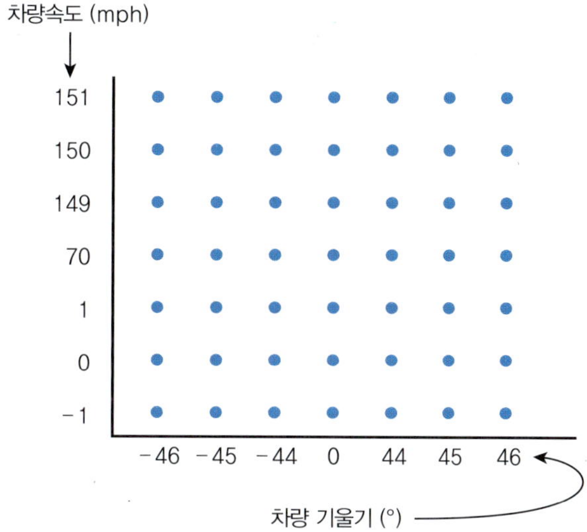

그림 9.15 속도와 기울기를 고려한 경계값 분석

경계값 분석 테스트의 또다른 사례는 소득세 계산에 관한 것이다. 그림 9.16은 2000에서 2011년 까지의 미국의 개인별 소득세 세율 계층을 나타낸 것이다. 우리는 이러한 종류의 표에서 각 세금 계층을 분리하는 많은 경계값을 볼 수 있다. 이 경우에는, 최상 계층에서는 최대 값을 가지고 있지 않으므로 평균값을 나타낼 수 없기 때문에, 해당 계층을 잘 대표할 수 있는 일반적인 값을 사용한다.

과세 소득	소득세율
$0 - $8,500	10%
$8,500 - $34,500	15%
$34,500 - $83,600	25%
$83,600 - $174,400	28%
$174,400 - $379,150	33%
$379,150 이상	35%

그림 9.16 미국 개인별 소득세 계층(2000-2011)

여태까지 보아왔던 입력 조건은 최대와 최소 허용치에 따라 표시된 경계값에 따라 결정된 수치로 표현된 입력값이었다.

테스트 케이스	입력 조건	예상되는 행동
최소값	소득 = $0	세율 = 10%
최소값 +1	소득 = $1	세율 = 10%
최소값 −1	소득 = $−1	세율 없음 (입력 오류)
저소득층	소득 = $4,000	세율 = 10%
$8,500	소득 = $8,500	세율 = 15%
$8,500 +1	소득 = $8,500	세율 = 15%
$8,500 −1	소득 = $8,499	세율 = 10%
2번째 소득계층	소득 = $22,000	세율 = 15%
$34,500	소득 = $34,500	세율 = 25%
$34,500 +1	소득 = $34,501	세율 = 25%
$34,500 −1	소득 = $34,499	세율 = 15%
3번째 소득계층	소득 = $60,000	세율 = 25%
$83,600	소득 = $83,600	세율 = 28%
$83,600 +1	소득 = $83,601	세율 = 28%
$83,600 −1	소득 = $83,599	세율 = 25%
4번째 소득계층	소득 = $130,000	세율 = 28%
$174,400	소득 = $174,400	세율 = 33%
$174,400 +1	소득 = $174,401	세율 = 33%
$174,400 −1	소득 = $174,399	세율 = 28%
5번째 소득계층	소득 = $275,000	세율 = 33%
$379,150	소득 = $379,150	세율 = 35%
$379,150 +1	소득 = $379,151	세율 = 35%
$379,150 −1	소득 = $379,149	세율 = 33%
최상위 소득계층	소득 = $1,000,000	세율 = 35%

그림 9.17 소득세 계층의 테스트 모음

어떤 종류의 입력 조건에서는 경계값이 덜 분명한 경우도 있다. 예를 들면, 입력 조건이 문장으로 되어 있는 경우를 생각해보자. 이러한 경우 우리는 극단적인 값으로 경계값을 찾아 볼 수 있다. 최소와 최대 길이의 문장이 이러한 경계값이 될 수 있다. 어떤 경우에는 기호가 포함되는 텍스트들이 극한 조건을 결정하기 위해 사용될 수 있다.

9.8 언제 사용할 것인가?

우리 대부분은 컴퓨터 프로그램이 정확하다는 것을 증명할 필요를 느끼지 않을 것이며, 이 장에서 지목하듯이 컴퓨터 기술자들 역시 마찬가지일 것이다(정확성에 대해 증명할 수 있고 생명을 좌우하는 소프트웨어에서 정확성의 증명이 사용될 수 있다고 해도 마찬가지이다).

더 중요한 점은, 소프트웨어 테스트는 정확성을 보증하지 않으며 따라서 모든 컴퓨터 프로그램은 잠재적으로 결함을 가지고 있다는 것이다. 광범위하고 효율적인 테스트 덕분에 최신 소프트웨어는 매우 안정적이지만, 여러분은 컴퓨터 프로그램이 전적으로 믿을만 하다고 안심해서는 안 될 것이다.

소프트웨어 테스트 과정은 거의 대부분의 공산품을 테스트하는 데에도 사용이 가능하다. 장난감 회사는 장난감 조립 설명서를 알고리즘으로 생각하고 명령어 적용범위나 경로 적용범위의 개념을 사용하여 테스트를 할 수 있다.

회사의 상관은 부하직원 평가에 경계값 분석 기법을 적용함으로써 이익을 얻을 수 있을 것이다. 기본적인 아이디어는 일상적인 조건을 사용하여 테스트를 하는 대신에, 극단 조건(경계값)에 집중하여 테스트를 수행할 수 있다. 모든 카메라 제조회사들은 카메라 렌즈가 중앙 지점에 초점을 맞추는 것보다 모든 가장자리에 완벽하게 초점을 맞추는 렌즈를 만드는 것이 더 어렵다는 것을 알고 있다.

여러분은 테스트에 대한 여러분의 지식을 자동차 구매에 활용할 수 있다. 여러분은 명세서가 없이는 정확하다는 것이 있을 수 없다는 것을 이미 배웠다. 그래서 여러분은 일련의 요구사항, 예를 들면 연비, 차량 색상, 0-100 시간, 가격 등의 것을 만듦으로써 자동차 구매 절차를 시작할 수 있다. 다음 절차는 테스트를 담고 있는 테스트 모음을 만드는 것이다. 하나의 테스트는 미국 환경 보호국 웹사이트를 방문하여 연비를 확인하는 것이고, 다른 테스트는 켈리 블루 북[5] 정보를 보고 중고 판매가격을 확인하는 것이고,

5 미국에서 판매되는 신차/중고차 자동차 정보를 다루는 회사로, 켈리 블루 북 웹사이트를 통해 자동차 정보를 검색할 수 있다.

또 다른 테스트는 시험 주행을 통한 차량을 평가하는 것이다. 핵심은 우리는 컴퓨터 과학의 테스트 개념을 거의 대부분의 결정에 적용할 수 있다는 것이다. 결정하는 것이 중요할수록 테스트 전략은 더 광범위하게 짜여져야 한다.

참고문헌

1. Beizer, B. Software Testing Techniques. Boston: International Thomson Computer Press, 1990.

주요용어

검증(verification)
경계값 분석(boundary value analysis)
경로 테스트(path testing)
계층화(layering)
고객(customer)
구조 테스트(structure testing)
균등 분할(equivalence partitioning)
기능 테스트(functional testing)
명령어 적용범위(statement coverage)
물리적 컴퓨터 침해(physical computer damage)
버그(bug)
베타 테스트(beta testing)
보안 결함(security breach)
부정확한 결과 해석(improper output interpretation)
부정확한 자료 입력(incorrect data entry)
V&V(verification and validation)
블랙박스 테스트(black box testing)
비기능적 요구사항(nonfunctional requirements)
사용성 테스트(usability testing)
소프트웨어 결함(software flaw)
소프트웨어 고장(software fault)
소프트웨어 명세서(specification for software)
소프트웨어 테스트(software testing)
소프트웨어 품질보증(software assurance)
시스템 이해부족(system misunderstanding)
인수 테스트(acceptance testing)
정확성 증명(proof of correctness)
테스트 모음(test suite)
테스트 케이스(test case)
하드웨어 고장(hardware failure)
화이트박스 테스트(white box testing)
확인(validation)
회귀 테스트(regression testing)

연습문제

1. 다음의 내용이 검증 과정에 사용되는 절차인지 확인 과정에 사용되는 절차인지를 구분하라.

a. 여러분은 회계법인에서 일하고 있으며 모 은행의 예금계좌 모두에 대하여 감사를 진행하고 있다.

b. 여러분은 건축회사에서 일하고 있으며 고객의 의견을 얻는데 사용되는 초기 설계를 만드는 작업을 하고 있다.

c. 여러분은 정부에서 일하고 있으며 식품의 성분이 표기된 대로 구성되었는 지를 보기 위해 식품을 테스트하는 일을 하고 있다.

d. 여러분은 TV 시트콤 드라마의 작가이며 PD에게 여러분이 만든 농담이 등장인물의 의도된 성격과 일치한다는 것을 확신시킬 필요를 느끼고 있다.

2. 여러분이 소프트웨어 프로그램의 고객이라면, 다음 중 가장 하지 않을 것 같은 테스트는 무엇인가?

a. 인수 테스트

b. 베타 테스트

c. 블랙박스 테스트

d. 화이트 박스 테스트

3. 한 제약회사는 화학물질 공급업체와 계약을 하려고 하는데, 그 내용은 공급업체가 제공하는 용기는 허용범위 이내의 적정 양의 화학물질을 담고 있게끔 한다는 것이다. 예를 들면, 1 리터의 용기는 997 cm^3와 1003 cm^3 사이의 액체를 담는 것이 허용된다. 1 리터 용기에 품질관리 테스트를 하는데 각 테스트마다 각각 다른 양의 화학물질을 포함하고 있도록 하는 테스트 모음을 설계하여라.

4. 한 자동판매기 회사는 감자칩 봉지와 유사한 비닐 봉지에 담겨진 것을 판매하는 새로운 자판기를 설계하고 있다. 자판기에서 취급하는 비닐 봉지의 이상적인 크기는 너비 11 cm 높이 18 cm이지만, 이 기계는 이상적인 크기로부터 1 cm 길거나 짧은 크기의 봉지까지 처리할 수 있도록 설계되어 있다. 경계값 분석의 개념을 사용하여 이 기계의 테스트 모음을 설계하여라.

5. 여러분은 앵그리 버드 게임과 유사한 간단한 게임을 만들려고 한다고 가정해보자. 여러분의 간단한 게임은 돼지 주변의 건물에 두 가지 종류(나무, 철)의 재료를 사용하고 있으며, 세 가지 종류(원형, 삼각형, 사각형 모양)의 새가 사용된다. 각 종류의 새들은 다른 방법으로 건물을 부순다. 원형의 새가 각 재료들을 부술 때를 제외하고 다른 방식으로 부셔진다. 새와 건물 재료의 관점에서 이 시스템의 균등 클래스(equivalence class)를 정하여라. 균등 클래스의 각 그룹은 다른 그룹과 다른 부분이 하나 이상 존재하도록 각 그룹을 정해야 한다.

6. 주식 포트폴리오를 다루는 온라인 계정에 대한 아래의 알고리즘의 테스트 모음을 설계하여라. 다이어그램의 각 활동에 숫자를 매기고 테스트 모음이 명령문 적용범위를 만족하는 것을 보여줄 수 있는 표를 만들어라.

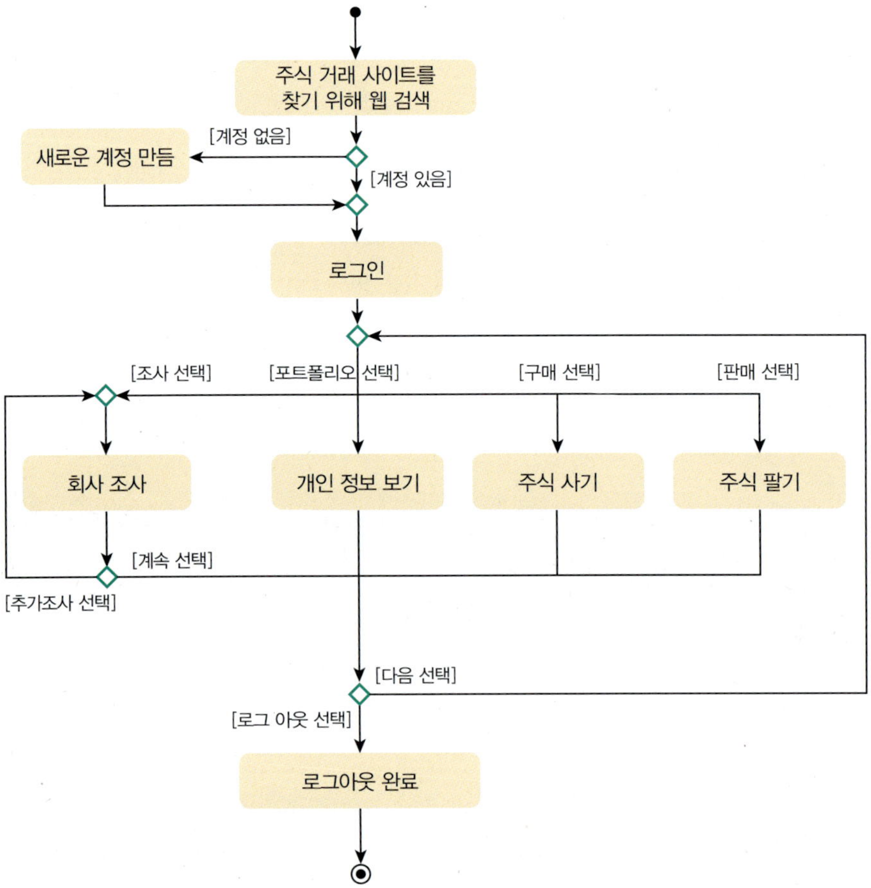

CHAPTER 10

계산의 한계

9000 시리즈는 이제껏 만들어진 컴퓨터들 중에서 가장 신뢰할 만하다. 실질적인 단어의 정의에 의하면 우리 모두는 실패가 없으며 오류를 모른다.

– HAL(영화 2001년: 스페이스 오딧세이[1]에 등장하는 컴퓨터)

학습목표

- 문제 해결의 잠재력에 있어서 컴퓨터의 고장과 한계가 존재하며 계속 그럴 것임을 이해할 수 있다.
- 계산 성능은 저장 용량과 처리 속도라는 두 가지의 문제인데 처리속도가 더 중요함을 이해할 수 있다.
- 대부분 소형화 덕택에 현재까지 무어의 법칙이 달성되었지만, 최근에는 멀티코어 프로세서들이 이에 기여를 하고 있으며, 이러한 개선이 영원히 계속될 수 없음을 이해할 수 있다.
- 문제 해결을 위한 컴퓨터의 능력을 측정하기 위해 벤치마크가 사용될 수 있지만, 벤치마크는 일반화되지 못할 수도 있는 단지 매우 구체적인 하나의 데이터 지표를 제공할 뿐임을 이해할 수 있다.
- 직선의 그래프로 나타낼 수 있는 비례 증가를 통해서 일반적인 선형 알고리즘들을 알아볼 수 있다.
- 이진검색은 데이터의 중간에서 반복된 선택을 통해서 이루어지며, 이 알고리즘은 단지 정렬된 데이터에 대해서만 동작하지만 선형검색보다 성능이 상당히 좋음을 인지할 수 있다.
- 일반적으로 다항식 성능을 가진 알고리즘들은 컴퓨터로 처리하기에 쉬운 것으로 인식되고 있음을 알 수 있다.
- 지수 알고리즘들은 적은 양의 데이터를 제외하고 일반적으로 컴퓨터로 실행하기에 비실용적인 것으로 간주되고 있음을 알 수 있다.
- 멈춤 문제와 같이 컴퓨터 프로그램에 의해 결코 해결될 수 없는 문제점들이 있음을 이해할 수 있다.
- 튜링 테스트와 이것이 컴퓨터 지능과 어떻게 관련이 지어지는지에 대해 설명할 수 있다.
- CAPTCHA가 얼마나 유용한지와 이것이 일종의 튜링 테스트의 반전을 나타내고 있음을 이해할 수 있다.

컴퓨터에 대한 가장 유명한 인용구는 언제나 틀림없이 스탠리 큐브릭(Stanley Kubrick)의 대작 영화 **2001년: 스페이스 오딧세이**(A Space Odyssey)[1]에 나오는 문구일 것이다. 이 영화에서 HAL이라는 컴퓨터는 자신을 “실패가 없고 오류를 모른다.”고 선언한다. 물론, 많은 소설, 영화, 텔레비전 쇼에서 컴퓨터를 무한한 능력을 가진 장치로 묘사하고 있다. 인간은 자신의 발명품들이 언젠가는 반드시 의도하지 않았던 방식으로 동작할 것이라는 생각에 실제로 사로잡혀 있는것 같다.

하지만 무한의 능력을 가진 컴퓨터는 단지 가능성 또는 과학 소설에 지나지 않는 것일까? 이번 장에서 우리는 최신 컴퓨터의 한계에 대해 알려진 것들을 조사한다. 우리는 물리적인 한계, 알고리즘의 한계, 논리적인 추론으로부터 개념을 탐색하고, 추상적인 시각도 또한 간략히 살펴볼 것이다.

시간경과	증가된 성능
0년	1배
1.5년	2배
3년	4배
4.5년	8배
6년	16배
7.5년	32배
9년	64배
10.5년	128배
12년	256배
13.5년	512배

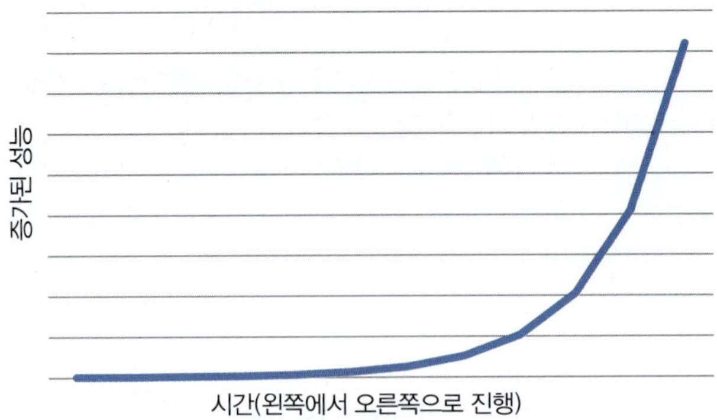

그림 10.1 무어의 법칙의 지수적 증가

첫 번째 장에서 우리는 컴퓨터가 아주 놀랄만한 것으로 여겨지는 요소들 중의 하나는 컴퓨터 관련 기술이 발전하는 속도라고 언급하였다. 컴퓨터 역사에서 현재까지 컴퓨터 하드웨어의 처리능력은 18개월마다 두 배가 된다는 **무어의 법칙**(Moore's law)을 주로 따라왔다. 이는 현재의 컴퓨터가 10년전의 컴퓨터보다 100배 이상 더 빠르고 20년 전의 컴퓨터보다 10,000배 이상 더 빠르다는 것을 의미한다.

무어의 법칙과 같은 이러한 빠른 변화는 종종 **지수적 증가**(exponential growth)라고 불린다. 그림 10.1은 이를 나타내는 표와 그래프를 포함하고 있다. 지수적 증가는 함수가 멱수로 증가할 때마다 발생한다. 무어의 법칙의 경우, 밑은 두 배를 위해 2로 간주하고 멱수는 18개월 단위의 경과시간을 나타내는 정수로 간주할 수 있다. 그림 10.1의 그래프에서 볼 수 있듯이, 지수적 증가의 주목할 만한 특징은 증가하는 양의 비율로 계속해서 늘어난다는 것이다. 그래프로 그려진 함수는 시간이 지남에 따라 점점 더 위쪽으로 구부러진다는 사실을 알 수 있다.

일부 미생물들도 일정한 기간 동안 지수적 증가를 나타낸다. 이것은 하나의 세포가 2개로 분열하고, 2개의 세포는 각각 4개로 분열하고, 4개는 8개로 분열하고, 이런식으로 계속 분열할 때 일어난다. 자연의 세계에서 지수적 증가는 항상 어떤 제약에 의해서 거의 제한된다. 배양 접시에서 세포를 배양한다면, 제약은 접시의 크기나 또는 아마도 반응을 유지하기 위해 필요한 화학제품의 제한된 양이 될 수 있다. 이는 계산 장치에 대해서 무어의 법칙이 계속될 수 있는가? 라는 의문에 다시 다다르게 된다.

10.1 컴퓨터에서 성능은 어떻게 측정되는가?

우리는 자동차의 속도는 시간당 마일(또는 킬로미터)로 측정하고, 소다의 양은 온스나 밀리미터로 측정한다. 계산 성능의 한계를 조사하기 전에, 우리는 이런 것들이 정확히 어떻게 측정되는지 먼저 이해하는 것이 중요하다.

성능의 문제는 두가지 문제로 간주될 수 있는데, (1) 처리속도를 측정하는 방법과 (2) 기억장치 크기를 측정하는 방법이다. 컴퓨터 과학자들은 이것을 **시간과 공간**(time and space)의 문제로 이해한다.

공간(저장 용량)은 측정하기에 더 쉽다. 모든 컴퓨터 제조사들은 그들이 만든 컴퓨터에 대한 메모리의 양과 디스크 용량을 명확히 제시하고 있다. 2장에서 논의했듯이, 컴퓨터 메모리는 일반적으로 기가바이트(gigabyte)로 측정되고, 디스크 크기는 기가바이트 또는 테라바이트(terabyte)로 측정된다. 예를 들어, 여러분의 컴퓨터에 얼마나 많은 사진들이 저장되어 있는지 확인하기 원한다면 이러한 단위는 도움이 될 수 있다. 사진은 디스크 드라이브에 장기간 저장되기 때문에, 사진 한 개의 일반적인 크기로 디스크 용량을 나눔으로써 디스크 하나당 저장할 수 있는 사진의 개수를 예측하는 것이 가능하다. 사진은 일반적으로 2MB(megabyte) 크기이고, 컴퓨터의 디스크 드라이브에 100GB(gigabyte)의 사용되지 않은 공간이 있다고 가정해 보자. 또한, 디스크에는 그 밖의 다른 어떤 것도 저장되지 않는다고 가정한다면, 이 경우에 대략 100GB/2MB = 51,200개 이상의 사진들이 저장될 수 있다고 예측할 수 있다(1GB는 1,024MB와 같음을 상기해보라).

메모리 공간은 처리되고 있는 데이터의 크기보다 항상 훨씬 크게 된다. 예를 들어, 직원 이력 또는 그래픽 영상은 수 킬로바이트(kilobyte)를 차지하는 반면, 컴퓨터의 메모리 용량은 수 기가바이트이다(10만 배 더 크다). 20분짜리 비디오가 보통 100MB에서 1GB의 공간으로 압축되더라도, 이 크기는 일반적인 랩탑 컴퓨터의 2GB에서 8GB의 메모리보다 확실히 더 작다.

여러분이 컴퓨터 메모리를 구매할 때, 저장되는 데이터의 크기를 기준으로 하기 보다는 데이터의 처리 속도를 향상시키기 위해서 구매한다는 것은 사실이다. 일반적으로 더 많은 메모리를 사용할 때 소프트웨어는 더 효율적이 되는 것으로 알려져 있다. 여러분의 침실에 있는 가구를 재배치하는 것을 생각해 보자. 일부 가구를 일시적으로 재배치할 빈공간이 있다면, 가구를 옮기는 것은 더 쉽고 더 빠르게 된다. 컴퓨터 데이터도 이와 동일한 방식으로 움직이는데, 일반적으로 더 많은 공간(컴퓨터 메모리)이 있으면 소프트웨어는 더 빨리 데이터를 처리할 수 있게 된다. 물론 한계 처리 감소는 있다. 하나의 침대와 작은 탁자를 재배치하기 위하여 실제로 3,000 평방피트의 창고가 필요하지는 않다.

저장 장치의 경우 메모리와 디스크는 컴퓨터의 다른 부품과 비교해서 덜 비싼 경향이 있다. 특히 무어의 법칙을 따라왔던 개당 메모리 가격은 종종 이 법칙을 앞지르기도 했다. 이런 이유로 계산 용량에 대한 가치는 최근 시간(처리 속도)의 범주로 분류되고 있다.

시간 성능을 측정하는 것은 어려운 작업이다. 여러분이 회사에서 새로운 컴퓨터를 구입해야하는 책임이 있다고 가정해보자. 유사한 비용으로 여러 개의 선택이 주어진다면, 여러분은 아마 가장 빠른 컴퓨터를 선택하고자 할 것이다. 이때 해야 할 일은 "빠른"을 측정하는 방법이다.

컴퓨터 제조사들은 클럭 속도(clock rate)를 사용해서 프로세서의 속도를 표시한다. 각 프로세서의 내부에는 초당 여러 번의 순환 사이클을 가지는 클럭(clock)이 있다. 최신의 프로세서는 1GHz에서 3GHz(gigahertz: **기가헤르츠**)의 클럭 속도를 가진다. 1GHz는 초당 십억 번의 순환 사이클과 같고, 숫자가 높을수록 더 잦은 사이클을 의미한다. 동일한 종류의 두 개의 프로세서를 비교하게 된다면, 여러분은 더 높은 클럭 속도를 가진 프로세서가 더 빠르다고 예상할 수 있다.

불행히도, 많은 다른 종류의 프로세서들이 있다. 더 높은 클럭 속도를 가진 한 종류의 프로세서가 더 느린 클럭 속도를 가진 다른 종류의 프로세서보다 더 빠를 수도 또는 그렇지 않을 수도 있다. 이러한 모순들에 대한 이유는 다음의 2가지 측면이 있다.

1. 서로 다른 유형의 프로세서들은 각 명령어 마다 클럭 사이클의 수가 달라진다.
2. 서로 다른 유형의 프로세서들은 각기 다른 종류의 명령어들을 가진다.

그래서 클럭 속도는 프로세서가 수행할 수 있는 명령어들의 수와 각 명령어의 능력 측면에서, 컴퓨터가 얼마나 많은 일을 수행할 수 있는지에 대한 불완전한 측정이 된다.

속도 측정을 향상시키려는 시도로서 종종 초당 백만 개의 명령어(MIPS: millions of instructions per second)나 또는 초당 백만 개의 실수 연산(MFLOPS: millions of floating point operations per second)에 의해서 프로세서의 속도를 어림잡아 측정하고 있다. MIPS와 MFLOPS는 명령어 유형의 차이에 대하여 다소 조정될 수 있기 때문에, 이런 종류의 측정은 단순한 클럭 속도보다 더 도움이 된다. 사실 소위 **수퍼컴퓨터**(supercomputer)라고 불리는 세상에서 가장 빠른 컴퓨터들은 속도를 비교하는데 MFLOPS를 아주 빈번하게 사용한다.

문제가 더 복잡해질 것 같은데, 컴퓨터는 하나 이상의 프로세서를 가지는 것이 일반적이다. **코어**(core)라는 용어는 종종 프로세서의 총 갯수를 구별하기 위한 수단으로서 사용된다. 여러분이 **듀오 코어**(duo-core: 2중 코어) 컴퓨터를 가지고 있다면, 컴퓨터는 실제로 두 개의 기본적인 프로세서를 가지고 있는 것이고 **쿼드 코어**(quad-core: 4중 코어)는 4개를 가지고 있는 것이다. 명백히, 동일한 종류의 컴퓨터에서 다수의 프로세서들이 더 적은 갯수의 프로세서들 보다 더 많은 계산을 할 수 있다. 게다가, 우리가 사용하는 컴퓨터는 그래픽 프로세서, 컴퓨터 메모리, 디스크 드라이브들을 포함하는데, 이것들은 모두 전체 컴퓨터 속도에 영향을 준다. 예를 들어 더 빠른 프로세서는 더 느린 메모리에 의해서 제한을 받을 수 있다.

10.2 물리적인 한계의 평가

최신 컴퓨터들은 대부분 전자부품으로 구성되어 있다. 이러한 장치들은 **소형화**(miniaturization)가 되면서 주로 무어의 법칙을 따라왔다. 전기회로는 더 작아지면서 더욱 빨라졌다.

이러한 소형화를 부추긴 것은 **반도체**(semiconductors) 기술이다. 반도체 부품들은 전자들을 저장하고 조작하게 되는데, 이러한 전자들은 하나의 부품으로부터 좁은 경로를 따라 또 다른 부품으로 흘러간다. 장치와 경로는 주로 인간의 머리카락 두께의 수천분의 몇 만큼 작은 레이저 광선에 의해 새겨진다. 점점 더 작은 장치들(및 더 좁은 레이저 광선)을 만들어내는 것은 점점 어렵게 되었다. 게다가 전자의 크기 자체가 잠재적 소형화에 대한 명백한 한계가 된다. 파이프의 지름이 공깃돌보다 크지 않다면 공깃돌을 파이프 속으로 통과시킬 수 없는 것처럼, 전자의 경로는 전자의 폭보다 더 커야만 한다. 운이 좋게도, 아직까지 전자 하나의 지름은 현재 반도체 기술의 한계보다도 몇 백만 배 더 작다. 하지만, 무어의 법칙은 여러분이 상상하는 것보다 더 빨리 이 한계에 도달할 것이다.

컴퓨터를 제조하기 위한 미래의 방법으로서 고려되는 적어도 3개의 또 다른 기술들이 있다.

1. 광학 컴퓨터
2. 생물학적 컴퓨터
3. 양자 컴퓨터

	로이드의 궁극적인 컴퓨터	현재의 랩톱 컴퓨터
프로세서(연산/초)	10^{32}	10^{9}
메모리 크기	10^{16} 비트	10^{10} 비트

그림 10.2 랩톱과 비교한 로이드의 궁극적인 컴퓨터의 한계

광학 컴퓨터의 기본적인 개념은 전기가 아닌 빛으로 비트들을 저장하는 것이다. 비트들은 광자로서 표현될 수 있다. 초기 연구에 의해서 밝혀진 하나의 장점은 전자 메모리는 본질적으로 2차원인 반면 광학 메모리는 3차원이 될 수 있다는 것이다.

일부 과학자들은 DNA가 계산 장치로 사용될 수 있다고 믿는다. 아마도 최종 생물학적 컴퓨터는 분자로 만들어질 것이지만 이런 종류의 장치는 현실적으로 임박하지는 않을

것이다.

한편 양자 컴퓨터는 몇몇의 초기 연구실에서 이미 구축되어왔다. 양자 컴퓨터는 전자의 위치를 확률적으로 설명하는 양자이론에 기반을 두고 있는데, 단순한 비트라기보다 더 복잡한 형태로 데이터를 저장할 것으로 예상된다. 결과적으로 이는 데이터가 보다 밀집해 있는 형태가 될 수 있다.

이러한 3개의 새로운 기술들은 모두 초기 단계에 있는 것으로 알려져 있다. 게다가, 모두 기본 입자의 크기에 있어서 각기 다른 방식으로 명백한 제한이 있게 된다.

2000년 세스 로이드(Seth Lloyd)라는 물리학자는 계산 장치의 제한에 대한 흥미로운 분석을 발표하였다[2]. 로이드는 그가 "궁극적인 컴퓨터"라고 부르는 것을 물리학의 법칙에 기반을 두고 설명하고 있다(그림 10.2). 그의 "컴퓨터"는 본질적으로 조밀한 물질의 고체 정육면체로 구성된다. 로이드는 그러한 컴퓨터가 동작하는 방식에는 상관없이, 조밀한 3차원 물질의 움직임에 대한 잠재력으로 10^{16}비트 범위의 데이터와 초당 10^{32}번의 연산이라는 이론적인 한계를 추정하고 있다.

로이드가 말하는 한계에 가까운 어떤 것에 대하여, 비록 컴퓨터 기술이 항상 이를 허용할 것인지 확인하는 것은 불가능할지라도, 무어의 법칙의 진보에 있어서 로이드의 한계는 최소한 이후의 100년을 고려하고 있음은 분명하다. 현실적으로 무어의 법칙의 속도로 계속되는 발전은 10년 또는 20년 안에 한계에 다다를 것이라고 전문가들은 예측한다.

10.3 벤치마크

지금까지의 내용은 주로 컴퓨터 하드웨어, 특히 메모리 크기와 프로세서의 속도에 집중해왔다. 그러나 컴퓨터의 실제 가치는 문제해결을 위한 유용성이고 이는 하드웨어와 소프트웨어 각각의 분석을 필요로 한다. 이러한 결합된 성능을 분석하기 위한 두 가지 잘 알려진 방법들이 있는데, 하나는 경험적인 것이고 다른 하나는 분석적인 것이다.

경험적으로 생각하는 것은 실험에 기반을 둔 일종의 과학적인 조사이다. 분석적으로 생각하는 것은 실제적인 실험은 없이 추론을 이끌어내는 것인데 알려진 사실로부터의 논리적인 추리를 하는 것이다. 분석적인 접근은 이 장의 이후에 남겨두고, 이 절에서 우리는 경험적인 접근을 검사한다.

어떤 특정한 컴퓨터에서 실행중인 응용프로그램의 시간을 측정한다는 것을 제외하면, 경험적인 접근은 트랙 주자의 시간을 재기 위해서 여러분이 스톱워치를 사용하는 것과 유사하다. 이와 같이 응용 프로그램의 시간을 측정하는 것을 **벤치마크**(benchmark)라고 한다.

예를 들어 여러분은 시간을 측정하는 이러한 프로그램을 실행함으로써 소득세를 계산하는 컴퓨터 프로그램을 벤치마킹할 수 있다. 벤치마크에는 다양한 이점들이 있는데, 속도 이외의 다른 특징들을 검사할 수 있다. 소득세를 계산하는 프로그램의 벤치마크를 위해서 작년 데이터를 사용한다면, 올바른 수정을 위해 프로그램을 확인할 수 있다. 때때로 다음의 것들을 결정하기 위해서 벤치마크가 사용된다.

- 반응 시간 – 응용프로그램이 사용자 입력에 얼마나 빨리 반응하는가?
- 사용자 친숙도 – 응용프로그램은 사용하기 얼마나 쉬운가?
- 견고함 – 소프트웨어가 오류에 대해 얼마나 영향을 받지 않는가?

벤치마크의 또 다른 이점은 의도한 목적과 공통점이 있는 방식으로 하드웨어와 소프트웨어 모두를 분석하는 것이다. 게다가, 벤치마크는 종종 두 개의 컴퓨터를 비교할 때 의미를 가지는데, 각각의 컴퓨터를 벤치마크하기 위하여 동일한 소프트웨어와 데이터를 사용하게 된다. 유사하게, 동일한 응용프로그램에 대한 두 개의 독립된 벤치마크를 사용하여 각기 다른 두 개의 컴퓨터 프로그램들이 비교될 수 있다.

벤치마크의 주요 단점은 이를 일반화하기에 어렵다는 것이다. 하나의 벤치마크는 단일 환경에 대해서만 측정을 하게 된다. 즉, 응용프로그램이 어느 일년의 소득세에 대해서 잘 작용한다고 해서 다른 년도, 다른 공제, 또는 다른 목록에 대해서도 잘 작용한다는 것을 의미하지는 않는다. 게다가 벤치마크의 시간측정이 사실상 결과를 바꿀 수도 있다. 벤치마크 실행과 동시에 컴퓨터에서 음악을 연주하고 있을 수도 있다. 벤치마크 동안에 여러분이 모르게 컴퓨터가 e메일를 다운로드하고 있거나 바이러스를 스캔하고 있을 수도 있다.

바람직한 과학은 변수를 주의 깊게 제어함으로써 반복할 수 있는 실험을 필요로 한다. 반복성과 벤치마크에 영향을 주는 변수를 제어하는 것은 아직 컴퓨터 벤치마크에서 거의 불가능하다. 일반적으로 최신 소프트웨어는 엄청난 수의 잠재적인 입력을 고려하고 있고, 최신 운영체제는 사용자 제어가 별로 없이 다수의 응용프로그램을 동시에 실행하고 있다. 많은 벤치마크에서 절대적인 확신을 가지고 내릴 수 있는 결론은 벤치마크가 주어진 컴퓨터 상태에서 특정한 사용자의 입력이 주어졌을 때의 동작이라는 것이다. 때때로 소득세에서 단지 하나의 추가적인 공제를 처리하는 것 조차 응용프로그램의 동작에서는 상당히 다른 방식으로 이루어지게 만들 수 있다.

벤치마크의 단점에도 불구하고, 이 기술은 여전히 유용하다. 벤치마크의 유용성을 향상시키기 위한 기술들은 의도한 상황과 가능한 한 유사한 입력을 사용하여 다수의 벤치마크를 수행하는 것을 포함하고 있다.

10.4 성능 계산하기

벤치마킹을 위한 가장 도전적인 문제들 중의 하나는 데이터의 양에 따라 달라지는 성능의 차이를 인지하는 것이다. 온라인 웹사이트에 동시에 접속한 수백 명의 고객들과 소통하는 것이든, 수천 건의 신용카드 거래를 처리하는 것이든, 또는 동영상 애니메이션에서 개의 코 위의 수백만 개의 털들 사이로 불어오는 바람의 영향을 결정하는 것이든 컴퓨터는 수많은 것들을 처리하는데 특히 능숙하다. 불행히도 하나의 벤치마크는 단일 데이터의 양을 고려할 뿐이다.

컴퓨터 과학자들이 자주 사용하는 또 다른 성능 평가 기술은 알고리즘에 포함된 작업의 수를 세는 분석적인 접근법에 의존하고 있다. 우리는 온라인을 통해 구매를 하는 고객들의 페이지 조회 수를 셀 수 있고, 신용카드 거래에서 추가와 공제의 수를 셀 수 있고, 비디오 게임의 아바타를 움직이게 하는 동안 영상이 바뀌는 회수를 셀 수 있다. 컴퓨터 과학자들은 메모리로부터 데이터가 인출되거나 저장되는 횟수나 실행 명령어들의 수를 셀 수 있다.

일상의 작업들을 수행하는데 필요한 시간을 예측하기 위하여 우리는 이러한 동일한 계산 기술을 적용할 수 있다. 예를 들어, 말끔하게 손질된 판자를 집안에다 설치하는데 걸리는 시간을 예측하기를 원하는 목수가 있다고 가정하자. 판자의 길이를 정확히 측정해서 톱질을 하는 사람과 판자를 부착하는 사람이 거의 동일한 시간에 걸쳐 일을 수행하는 것을 목격했다. 그러므로 얼마나 많은 판자들을 톱질해야 하는지 셈을 하여 작업시간의 합리적인 근사치를 정할 수 있다. 어떤 목수는 다른 사람보다 시종일관 더 빠를 수도 있기 때문에, 판자의 개수가 정확히 시간으로 표현되지는 않는다. 하지만, 우리는 임으로 정한 목수의 속도에 대하여 유용한 결론을 끌어낼 수 있고, 판자의 총 개수를 다르게 하는 것이 전체 프로젝트의 시간을 맞추는데 미치는 영향을 추론하는데 편리할 수 있다.

```
holdTicket ← first ticket from the stack
remove holdTicket from stack
while  stack not empty AND holdTicket not winner  do
   holdTicket ← next ticket
   remove holdTicket from stack
endwhile
if  holdTicket is winner  then
   The winning ticket is holdTicket
else
   The stack contains no winning ticket
endif
```

그림 10.3 당첨 티켓을 검색하기 위한 알고리즘 A

서로 다른 알고리즘들의 속도를 비교하기 위해서도 유사한 계산이 또한 사용될 수 있다. 예를 들어, 각각 다른 추첨번호를 가지는 한 더미의 복권이 주어졌다고 가정하자. 여러분은 티켓들 중의 어느 것이 당첨 번호를 포함하고 있는지 알아내기 위해서 티켓을 검사해야한다. 당첨 티켓을 검색하는 하나의 알고리즘은 그림 10.3에 설명되어 있는데, 우리는 이를 알고리즘 A라고 부를 것이다.

이 알고리즘에서 반복되는 부분은 이전에 할당되었던 holdTicket을 티켓 더미에서 제거하고 더미에 있는 다음 티켓을 holdTicket에게 할당하는 것으로 이루어진다. 그러므로 우리는 얼마나 많은 티켓들이 검사되는지 개수를 셈으로서 알고리즘의 속도를 평가할 수 있다. 고려해야 할 두 가지 가능한 경우가 있는데, (1) 더미에 당첨 티켓이 없는 경우와 (2) 더미에 당첨 티켓이 있는 경우이다. 티켓들이 모두 당첨이 안 되는 경우에, 검사해야할 티켓의 개수는 더미에 있는 티켓의 개수와 동일하다(10개의 티켓 더미에 대해서, 우리는 10개 모두를 검사해야만 하고, 20개의 티켓 더미에 대하여, 20개를 검사해야하고, 등등).

더미가 당첨 티켓을 포함하고 있을 때 알고리즘 A의 성능을 평가하는 것이 더 어려운데, 그 이유는 검사되어야만 하는 티켓의 개수는 당첨 티켓이 더미속의 어디에 위치하는지에 따라 달라지기 때문이다. 어떤 추가적인 정보가 없다면, 우리는 당첨 티켓이 어디에나 똑같이 위치할 수 있다고 결론을 내릴 것이고, 그리하여 확률에 따라 당첨티켓은 중간에 있게 될 것이다. 티켓이 정확히 중간에 있다면, 알고리즘의 속도는 더미에 있는 티켓의 개수의 절반으로 평가될 수 있다.

그림 10.4는 이러한 평가를 보다 자세히 분석하는 표를 포함하고 있다. 이 표는 0개, 10개, 20개, 30개의 티켓들이 있는 티켓 더미에 대하여 검사한 티켓의 평가를 보여준다.

표의 맨 아래쪽 행은 티켓의 변수(N)에 기반을 둔 평가를 보여주는 유용한 일반화이다. 즉, N개의 티켓 더미가 주어졌을 때 N의 값에 상관없이 검사해야할 개수는 N/2 또는 N가 될 것이다.

더미에 있는 티켓의 개수	더미에 당첨 티켓이 있는 경우	더미에 당첨 티켓이 없는 경우
0	0	0
10	5	10
20	10	20
30	15	30
N	N/2	N

그림 10.4 알고리즘 A에 대해 검사한 티켓의 평가

더미가 당첨 티켓을 포함하든지 아닌지에 관계없이, 우리는 이런 종류의 검색 알고리즘의 성능은 더미에 있는 티켓의 개수에 **정비례**(directly proportional)한다고 결론을 내리게 된다. 정비례에 따라 수행하는 알고리즘에 대한 이름이 있는데, 이것을 **선형 알고리즘**(linear algorithm)이라고 한다.

"선형"이라는 이름이 어디에서 왔는지 알기 위하여, 그림 10.5에 나타낸 알고리즘 A의 성능에 대한 그래프를 고려해보자. 이 그림에서 빨간색 선은 당첨 티켓이 없을 때 알고리즘을 그래프로 그린 것이고, 녹색의 점선은 당첨 티켓이 더미의 중간에서 발견되었을 때의 성능을 보여준다. 그래프로 표시된 성능들은 둘 다 하나의 선을 나타내고 있어서 이것들은 선형 알고리즘으로 간주된다. 이런 이유로 이런 알고리즘은 **선형 검색**(linear search)으로 알려져 있다.

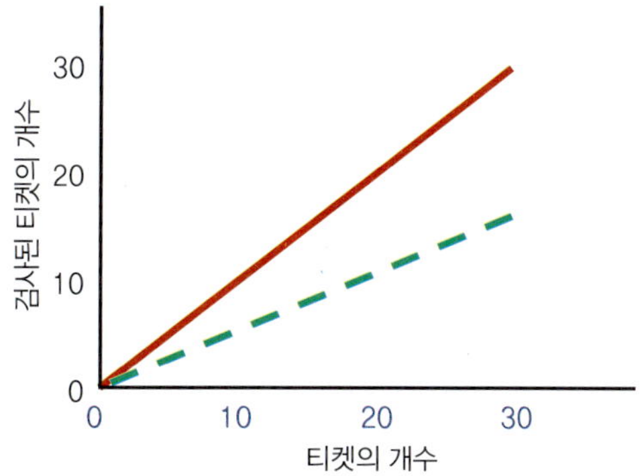

그림 10.5 알고리즘 A의 성능

```
while  the stack has more than one ticket  do
   Examine the middle ticket;
   if middle ticket number less than winning number  then
      Remove from stack everything through middle ticket.
   else
      Remove from stack everything following middle ticket.
   endif
endwhile
if  a ticket remains in the stack and is the winner  then
   The winning ticket is the one left.
else
   The stack contains no winning ticket.
endif
```

그림 10.6 당첨 복권을 찾는 이진 검색

선형 알고리즘들은 일상에서 가장 일반적일 것 같은데, 종종 한 묶음의 데이터를 처리하기 위해서 어떤 정해진 양의 시간이 필요하다면, 우리는 N개의 묶음의 데이터를 처리하기 위해서는 N배의 시간이 더 필요할 것이라고 가정하게 된다.

복권 더미가 가장 낮은 번호부터 가장 높은 번호순으로 정렬이 되어 있다는 것을 알고 있다고 가정하자. 이 경우에 우리는 이전의 4장에서 논의했었던 **이진 검색**(binary search) 알고리즘이라는 보다 효율적인 알고리즘을 적용할 수 있다.

그림 10.6은 이러한 알고리즘을 설명하고 있다. 이진 검색에서 열쇠가 되는 개념은 티켓 더미의 한쪽 끝에서부터 티켓을 검사하기 보다는 중간의 티켓을 반복적으로 검사하는 것이다. 이러한 개념이 작동하는 이유는 티켓들의 중간으로부터 대략 반절(중간의 앞쪽에 위치하는 것들)은 더 작은 번호를 가지고 있고 다른 반절(중간의 뒤에 위치하는 것들)은 더 큰 번호를 가지고 있기 때문이다. 우리는 티켓 번호를 보지 않고도 단지 중간의 티켓을 검사함으로써 티켓 더미의 반절을 고려대상에서 제외할 수 있게 된다.

그림 10.7(a)는 선형 검색을 이진 검색과 비교하는 표를 포함하고 있다. 이진 검색에서 검사된 티켓의 개수에 대한 일반적인 공식은 $\log_2 N$이 되고, 이때 N은 검색할 티켓의 개수이다. 그림 10.7(b)는 이런 유형의 평가에 대한 중요성을 설명하고 있다. 이진 검색에 대한 성능 곡선(파랑색 점선)은 티켓의 개수가 증가함에 따라 선형 검색에 대한 선으로부터 물러나서 아래쪽으로 구부러진다.

더미에 있는 티켓의 개수	선형 검색	이진 검색
	0	0
4	4	2
8	8	3
32	32	5
N	N	$\log_2 N$

(a)

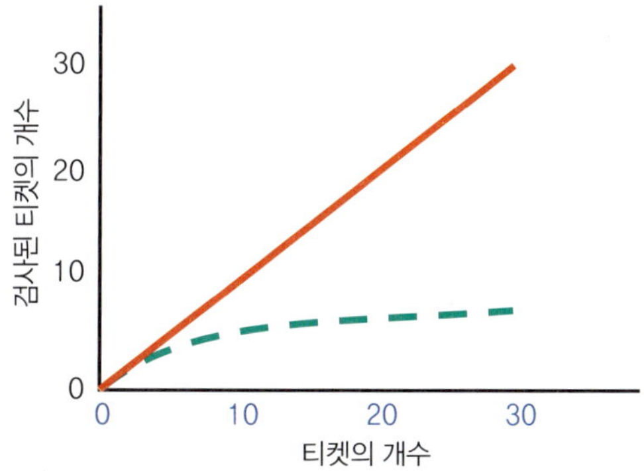

(b)

그림 10.7 (a) 알고리즘 A에 대해 검사된 티켓의 개수. (b) 선형에 비교되는 이진 검색의 성능

이런 식으로 평가를 함으로서 특히 대용량 데이터에 대한 검색을 할 때, 이진 검색을 사용하는 컴퓨터 프로그램이 선형 검색을 사용하는 프로그램보다 더 빨리 실행된다고 결론을 내릴 수 있다.

비록 이진 검색이 선형 검색보다 더 좋은 성능을 가지더라도, 선형 검색보다 더 느리게 실행하는 다른 알고리즘들이 있다. 이러한 가능성을 검사하기 위하여, 우리는 복권 번호가 가장 작은 것부터 가장 큰 것의 순서가 되도록 임의의 복권 티켓 더미를 정렬하는 또 다른 작업을 조사한다.

정렬을 위한 알고리즘은 정렬되지 않는 더미에서 가장 큰 번호의 티켓을 반복적으로 찾아서 제거하는 것인데, 이는 정렬되지 않는 더미로부터 가장 큰 번호를 가진 티켓을 새롭게 정렬된 더미로 옮김으로써 이루어진다. 제거되는 첫 번째 번호는 모든 티켓들 중에서 가장 큰 것이다. 일단 가장 큰 번호의 티켓이 제거되면 남아있는 더미에서 가장 큰 티켓은 원래 더미에서 두 번째로 가장 큰 티켓이 되어야만 한다. 그림 10.8은 이러한 알고리즘을 요약하고 있다.

```
holdTicket ← first ticket from the stack
remove nextTicket from stack
while  the stack is not empty  do
   nextTicket ← next ticket from the stack
   remove nextTicket from stack
   if  nextTicket > holdTicket  then
      holdTicket ← nextTicket
   endif
endwhile
// holdTicket has greatest number from the stack
```

그림 10.8 복권 더미에서 가장 큰 수를 찾는 알고리즘

티켓이 하나의 더미에서 또 다른 더미로 옮겨져야 하는 횟수를 세어보자. 모든 티켓은 정렬되지 않은 더미에서 정렬된 더미로 정확히 한번 이동해야하기 때문에, 이동의 횟수는 티켓의 개수와 동일해야만 한다. 가장 큰 티켓을 검색하는 과정은 그 자체가 상당한 시간이 걸리는 반복의 결과라는 것을 알아채지 못한다면, 이것이 또 다른 선형 알고리즘인 것처럼 보일지도 모른다. 그림 10.9는 가장 큰 티켓을 찾는 이러한 알고리즘을 자세히 설명하고 있다.

그림 10.9에 주어진 알고리즘의 실행 속도에 대한 보다 정확한 평가는 얼마나 많은 티켓들이 이동하는지 개수를 세는 대신에, 각 티켓이 얼마나 많이 검사되는지 횟수를 세는 데에 있다. 그림 10.8과 그림 10.9의 알고리즘들에 대한 결합된 분석을 통해서, N개의 티켓이 주어졌을 때, 가장 큰 티켓을 검색하기 위해서는 N번의 티켓을 검사해야 한다는 것을 알 수 있다. 두 번째로 가장 큰 티켓을 검색하는 것은 이미 하나의 티켓이 제거된 더미에서 일어나게 되고, 따라서 두 번째로 가장 큰 티켓은 N-1번의 조사로 찾을 수 있게 된다. 유사하게 세 번째 가장 큰 티켓은 N-2번의 조사로 찾을 수 있고 네 번째는 N-3번이 된다. 그러므로 우리는 검사되는 티켓의 총 개수는 $N + (N - 1) + (N - 2) + (N - 3) + \cdots + 1$가 된다고 평가할 수 있다. 그림 10.10을 보아라.

```
Begin with a stack that is sorted & empty.
while  the stack contains one or more tickets  do
   Find largest numbered ticket in unsorted stack.
   Move found ticket to top of sorted stack.
endwhile
```

그림 10.9 복권 더미를 정렬하기 위한 알고리즘

검사한 티켓의 총 개수	=	가장 큰 번호를 찾기 위해 검사한 티켓의 개수	+	두 번째로 큰 번호를 찾기 위해 검사한 티켓의 개수	+	세 번째로 큰 번호를 찾기 위해 검사한 티켓의 개수	+⋯+	마지막으로 큰 번호를 찾기 위해 검사한 티켓의 개수
검사한 티켓의 총 개수	=	N	+	(N − 1)	+	(N − 2)	+⋯+	1
검사한 티켓의 총 개수	=	$N^2 - \frac{N}{2}$						

(a)

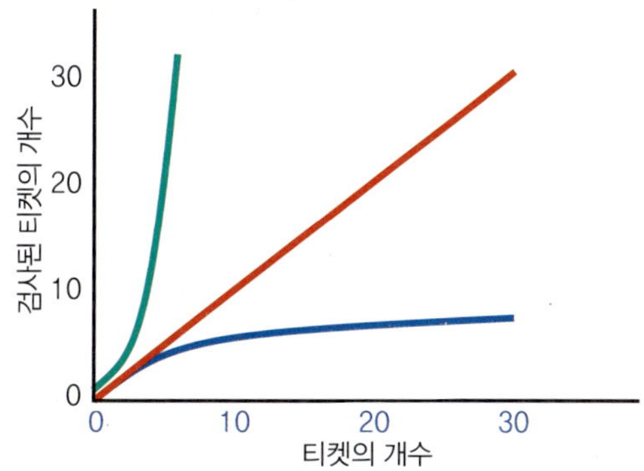

(b)

그림 10.10 (a) 검사한 티켓의 총 개수. (b) 3개의 알고리즘(정렬 알고리즘, 선형 검색 그리고 이진 검색)에 대한 성능 비교. 위쪽(녹색) 곡선은 우리의 정렬 알고리즘에 대한 것이고, 이진 검색은 아래쪽(파랑색) 곡선이고, 선형 검색은 둘 사이의 빨강색으로 나타내었다.

10.5 비실용적인 알고리즘

이전의 절에서 살펴본 정렬 알고리즘은 선형 알고리즘보다 성능이 더 나쁜 알고리즘이 존재한다는 것을 보여주었다. 그러나 이들의 성능이 얼마나 더 나쁘게 될 것인가? 또한 알고리즘이 더 나쁘다면 이들의 성능이 계산상에 어떤 종류의 한계를 가지고 있는 것일까? 이런것들이 이 절에서 조사하게 될 문제들이다.

이전의 절에서 조사했던 모든 알고리즘들은 데이터 항목의 개수(N)를 세기 위한 공식이 다항식이기 때문에 **다항식의 성능**(polynomial performance)을 가지는 것으로 설명할 수 있다. 광범위하게 말해서, 다항식 알고리즘들은 컴퓨터가 계산하기에 적절한 것으로 간주될 수 있다. 사실 대부분의 컴퓨터 프로그램들은 다항식 성능의 범주에 속하는 성능을 가지고 있다.

그림 10.11 다이얼 자물쇠

일부 알고리즘들은 다항식 알고리즘들보다 실행 시간이 훨씬 빠르게 증가한다. 한 가지 예로서 그림 10.11에 나타낸 다이얼 자물쇠의 조작을 고려해보자. 이제 자물쇠의 다이얼 조합을 잊어버렸다고 가정해보자.

잊어버린 다이얼 조합을 복구하는 하나의 알고리즘은 올바른 조합이 발견될 때까지 모든 가능한 조합을 시도하는 것이다. 우리가 이런 유형의 자물쇠에 대해 알고 있는 것은 일반적으로 하나의 조합은 시계 방향으로 첫 번째 숫자표시까지 다이얼을 돌리고, 그 다음 시계 반대방향으로 두 번째 숫자표시까지 돌리고, 뒤이어 시계 방향으로 세 번째 숫자표시까지 돌리는 것으로 구성된다는 것이다. 그러므로 진행 과정은 중복 가능성을 포함해서 3개의 정수들의 순열로 나타낼 수 있다. 그림 10.11의 특정 자물쇠를 조사해봄으로써, 우리는 40개의 가능한 정수 표시(0부터 39까지)가 있다는 것을 관찰할 수 있다. 이것은 이런 자물쇠에 대한 가능한 다이얼 조합의 총 개수는 다음과 같이 계산된다는 것을 의미한다.

$$40 \times 40 \times 40 = 40^3 = 64{,}000 \text{ 개의 조합}$$

이에 대해 고려해 봐야할 또 하나의 방법은 조합을 찾기 위한 알고리즘에서 최악의 경우에 우리는 40^3= 64,000 개의 서로 다른 검사를 수행해야 한다는 것이다. 하나의 조합을 시도하기 위하여 5초가 걸린다면, 최악의 경우에 64,000 × 5초 또는 대략 90시간이 소요될 것이다. 아마도 자물쇠 제조업자는 90시간이면 범죄자를 단념시키기에 충분히 안전하다고 결정했던 것 같다.

표시의 개수(m)	조합의 개수(m^3)	시간(조합당 5초)
40	64,000	88.89 시간
41	68,921	95.72 시간
42	74,088	102.90 시간
43	79,507	110.42 시간

그림 10.12 다이얼 표시의 개수에 따라 조합을 찾는데 필요한 조합의 개수와 시간

하지만, 보다 안전한 다이얼 조합 자물쇠를 만들기를 원한다면, 두 가지 명백한 선택이 있다.

1. 다이얼을 따라 보다 많은 숫자 표시를 포함시킨다.
2. 3개 이상의 다이얼 돌리기를 요구한다.

다이얼을 조작하는 것을 더 어렵게 만드는 것 이외에도 다이얼을 따라 보다 많은 숫자를 포함시키는 것이 다항식 알고리즘의 성능을 보여주는 것으로 판정된다. 즉, 다항식 공식에 의하면 숫자 표시의 개수가 증가함에 따라 다이얼 조합의 개수도 증가한다. m을 숫자 표시의 개수라고 할 때, 우리는 m^3 조합으로서 최악의 성능을 설명할 수 있다(그림 10.12).

보다 안전한 자물쇠를 만드는 두 번째 방법은 다이얼을 돌리는 횟수를 증가시키는 것이다. 예를 들면, 3개의 숫자 표시에 대해 3번의 다이얼 돌리기(시계방향-시계반대방향-시계방향)를 하는 대신에, 우리는 4개의 숫자 표시에 대해 4번의 다이얼 돌리기가 필요하도록 선택할 수 있다(시계방향-시계반대방향-시계방향-시계반대방향). 4번의 다이얼이 충분하지 않다면, 5번 이상을 요구한다. 이것은 다이얼의 횟수에 의해서 성능에 변화를 주게 된다. 다이얼 횟수를 문자 r로 나타내면, 최악의 경우에 40^r번의 조합을 검사해야한다. 변수(r)이 지수이기 때문에, 이런 종류의 알고리즘은 일반적으로 기하급수적이라고 한다. 성능이 지수 형태의 식으로 표현되는 알고리즘은 당연히 지수 알고리즘(exponential algorithm)이라고 한다. 그림 10.13은 이런 종류의 변화를 보여주는 표이다.

다이얼 횟수(r)	조합의 개수(40^r)	시간(조합당 5초)
3	64,000	88.89 시간
4	2,560,000	296.29 일
5	102,400,000	16.22 년

그림 10.13 다이얼 횟수에 따라 조합을 찾는데 필요한 조합의 개수와 시간

그림 10.12와 10.13의 표들은 다항식 증가와 지수적 증가 사이의 상당한 차이를 보여준다. 표시 개수(m)를 하나씩 증가시키면 조합을 찾기 위한 알고리즘(m^3)이 완료되기 위해서 몇 시간이 더 걸리게 된다는 것을 의미한다. 이와 비교해서 다이얼 횟수(r)를 하나씩 증가시키면 조합(40^r)을 찾는 데는 몇 시간에서 며칠로 또는 며칠에서 몇 년으로 증가하게 된다는 것을 의미한다. 우리는 이러한 차이를 그림 10.14에 보이는 그래프로 그릴 수 있다. 단지 표시의 개수(m)를 변경하는 것(다항식 알고리즘)은 연속된 빨간색 선으로 나타내었고 단지 다이얼 횟수(r)를 변경하는 것(지수 알고리즘)은 녹색의 점선으로 나타내었다. 차이는 너무나 극단적이어서 지수 그래프는 거의 수직이고, 반면 다항식의 알고리즘은 거의 수평이다.

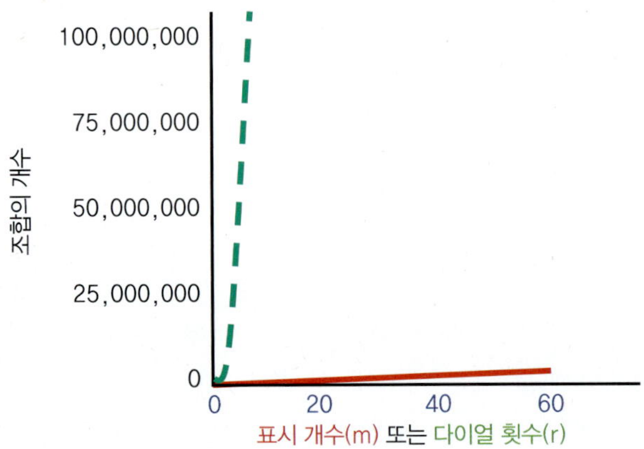

그림 10.14 자물쇠에 따른 다항식 알고리즘과 지수 알고리즘의 그래프

지수 알고리즘이 보여주는 극단적인 시간 증가는 두 개의 좀 더 단순한 알고리즘의 성능 공식을 고려함으로써 보다 간단히 설명될 수 있다. D라는 어떤 데이터의 양에 대하여, 하나의 알고리즘을 실행하려면 D^3초(다항식 증가)가 걸리고, 한편 동일한 작업을 수행하는 두 번째 알고리즘은 3^D초(지수적 증가)가 걸린다. 그림 10.15의 표는 각기 다

른 데이터의 양에 대하여 각각의 알고리즘의 실행시간을 비교한다. 당연히 각각의 알고리즘들은 더 많은 데이터를 실행하기 위하여 더 긴 시간을 필요로 하지만, 알고리즘들 사이의 차이는 극단적이다.

데이터의 양(D)	D^3	3^D
1	1초	1초
5	2.08분	4.05분
10	16.67분	16.40시간
15	56.25분	166일
20	2.22시간	110년
25	4.34시간	26,849년
30	7.50시간	6,524,296년
35	11.91시간	1,585,403,995년
40	17.78시간	385,253,170,680년*

*이 수는 현재 예측으로 우주의 나이의 거의 26배이다.

그림 10.15 D^3과 3^D 증가의 비교

그림 10.15로부터 우리는 지수 알고리즘을 실행하려면 40이상의 데이터의 양에 대하여 우주의 추정 나이보다 더 오래 걸린다는 것을 알 수 있다. 이러한 알고리즘은 어떤 대용량의 데이터에 대해서 결코 쉽게 실행이 종료되지는 않을 것이다. 컴퓨터가 무어의 법칙의 속도로 계속해서 더 빨라진다고 할지라도, 이러한 이득은 지수 알고리즘과 대용량의 데이터에 대해서 합리적인 실행시간을 제공하지는 않을 것이다.

기하급수적이어서 실행할 수 없는 이런 종류의 전형적인 알고리즘들은 데이터가 조금만 증가해도 실행시간이 배로 증가하는 전수조사 해법들이다. 가능한 모든 조합이나 또는 가능한 모든 순열을 시도하는 알고리즘들은 기하급수적이 되기 쉽다. 그와 같은 알고리즘의 예는 체스게임에서 모든 가능한 움직임들을 분석하거나 또는 모든 가능한 유전자 서열들을 분석하는 컴퓨터 프로그램이다.

우리가 비밀번호를 안전하게 사용할 수 있는 것은 지수 알고리즘들의 실행 불가능성 덕분이다. 컴퓨터과학을 전공하는 1학년 학생이면 어떠한 비밀번호도 깰 수 있는 단순

한 알고리즘을 작성할 수 있는데, 이는 모든 가능한 문자열에 대해 시도해보는 전수조사 접근법이다. 96개의 키를 가진 키보드를 고려하고 비밀번호의 길이가 P라는 것을 알고 있다고 가정한다면 잠재적인 비밀번호의 개수는 96^P이 된다. 이것은 전수조사 방식의 비밀번호 깨기 프로그램이 비밀번호 길이의 관점에서 지수적이라는 것을 의미한다. 그러므로 길이가 충분히 큰 비밀번호(약 11개 또는 12개의 기호들이면 충분하다)를 선택한다면, 전수조사 알고리즘은 본질적으로 무용지물이 된다.

지수 알고리즘들에 대해서 마지막으로 주의할 한 가지 점은 어떤 문제를 해결하기 위한 알고리즘이 단지 지수적이라는 이유로 더 좋은 알고리즘이 존재하지 않는다는 것을 의미하지는 않는다는 것이다. 예를 들어, 비밀번호가 영어단어로 되어 있다고 가정한다면, 몇 초 안에 비밀번호를 깰 수 있는 프로그램을 작성하는 것이 가능하다. 이 프로그램은 전수조사 알고리즘을 사용하는 대신 영어사전의 모든 단어를 검사할 것이다. 가능한 영어단어의 수는 대략 300,000개에서 500,000개 정도이므로 몇 초안에 검사될 수 있다. 이것이 일반적으로 사전에 나오는 비밀번호를 사용해서는 안 되는 이유이다.

10.6 불가능한 알고리즘

10.5절에서 우리는 컴퓨터 프로그램에서 사용하기에는 너무 비실용적인 알고리즘들에 대해 논의하였다. 이 절에서는 비실용적인 것으로부터 불가능한 것으로 이르게 되는 알고리즘에서의 한계에 대해 조사한다. 컴퓨터 과학자들은 **멈춤 문제**(halting problem)로 알려진 고전적인 예를 사용하여 불가능한 알고리즘들을 설명한다.

수동적인 중지가 없다고 가정할 때, 멈춤 문제를 이해하기 위해서 어떤 알고리즘들은 영원히 실행된다는 것을 관찰하는 것이 중요하다. 예를 들어 다음의 while 명령어를 고려해보자.

```
while true do
    // do something
endwhile
```

이 순환(loop)의 조건은 항상 참(true)이기 때문에, 이 순환은 계속해서 영원히 내부 문장을 반복한다. 컴퓨터 과학자들은 결코 반복을 멈추지 않는 이런 코드 부분을 언급하기 위하여 **무한 루프**(infinite loop)라는 이름을 사용한다. 이 코드가 실행되면, 순환의 내부 문장을 실행하는 것을 그만두지 않거나 또는 멈추지 않을 것이다.

멈춤 문제는 중요한 가정을 함으로써 시작한다. 임의의 주어진 컴퓨터 프로그램이 실행될 때 우리는 이 프로그램의 정지여부를 확인하기 위하여 알고리즘(컴퓨터 프로그램)을 작성하는 것이 가능하다고 가정한다. 가정한 알고리즘을 HaltChecker라고 부르기로 한다.

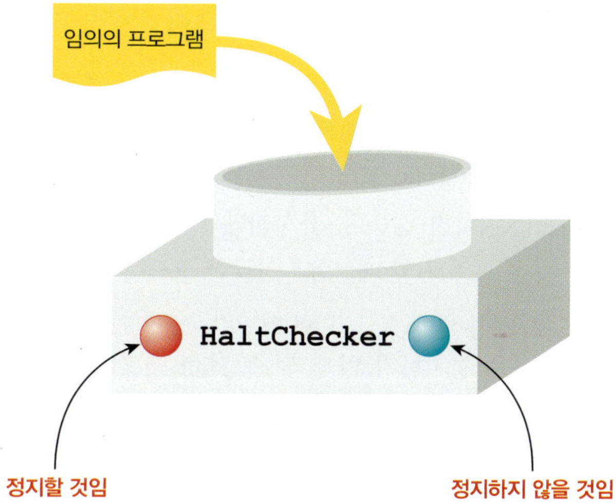

그림 10.16 HaltChecker

HaltChecker를 다른 프로그램을 입력으로 받아들이는 컴퓨터 프로그램으로 간주해보자. (이러한 다른 프로그램은 파일로부터 읽혀질 것이다). HaltChecker의 목적은 읽혀진 프로그램이 정지하는지를 결정하는 것이다.

그림 10.16은 HaltChecker를 블랙박스 기계로 설명하고 있다. 이 그림에서 "임의의 프로그램"이라고 표시가 붙은 또 다른 프로그램은 이 블랙박스의 입력이 되는데, 입력을 처리한 후에 이 박스의 알고리즘은 두 개의 불빛 중의 하나를 켜게 된다("정지할 것임" 또는 "정지하지 않을 것임").

이제 InterestingProgram으로 불리는 다음의 프로그램을 고려해보자.

```
if  HaltChecker says InterestingProgram will halt  then
    while  true  do
        // do something
    endwhile
else
    // halt
endif
```

InterestingProgram은 HaltChecker를 호출함으로서 시작한다. 이 HaltChecker 호출에 대한 입력은 InterestingProgram 그 자체가 된다. 물론 HaltChecker는 두 가지 결과중의 하나를 답한다. 즉, InterestingProgram이 정지할 것인지 또는 정지하지 않을 것인지 둘 중의 하나를 결정한다.

이제 두 가지 경우를 고려해보자. 만일 HaltChecker가 "정지할 것임"으로 답한다면, 이는 InterestingProgram 코드가 자신의 while 반복 순환을 실행하도록 만드는데, 이 반복 순환은 정지하지 않는다. 유사하게 HaltChecker가 InterestingProgram은 "정지하지 않을 것임"으로 답할 때, 앞에 언급한 코드는 else 선택문을 실행하고 정지하게 된다. 다른 말로, HaltChecker가 InterestingProgram은 정지할 것이라고 결정하면, InterestingProgram은 정지하지 않게 되고, HaltChecker가 InterestingProgram은 정지하지 않을 것이라고 결정하면, 정지하게 된다. 그러므로 명백히 HaltChecker는 InterestingProgram에 대하여 올바로 동작하지 않는다.

HaltChecker와 InterestingProgram의 이런 상황으로부터 가능한 유일한 논리적인 결론은 우리의 처음 가정이 옳지 않았다는 것이다. 애초의 가정은 임의의 주어진 프로그램이 정지할 것인지를 결정할 수 있는 알고리즘(HaltChecker)을 작성하는 것이 가능하다는 것이었음을 회상해보자. 그러므로 우리는 그와 같은 알고리즘을 작성하는 것이 가능하지 않다는 결론을 내리게 된다.

약간 더 주의 깊게 보면, 앞의 분석은 HaltChecker 알고리즘이 항상 동작하도록 작성하는 것이 가능하지 않다는 것을 증명하고 있다. 하지만, HaltChecker가 일부 또는 심지어 대부분의 경우에 동작하도록 하는 것은 여전히 가능하다. 그럼에도 불구하고, 이전의 주장은 HaltChecker와 같이 실행이 불가능한 어떤 알고리즘들이 있다는 것을 명료하게 잘 증명하고 있다. 그러므로 어떤 프로그램도 멈춤 문제를 결코 해결할 수 없을 것이다.

현대적인 컴퓨터가 출현하기 이전에 일찍이 한 수학자가 멈춤 문제를 발견했다는 것에 주목하는 것은 흥미로운 일이다. 1936년 **앨런 튜링**(Alan Turing)은 이러한 발견에 대한 논문을 썼다[3]. 튜링의 연구 결과들은 **계산 불가능**(noncomputable - 컴퓨터로 해결하기에 불가능한)이라고 알려진 문제들의 전체 집합들이다. 본질적으로 멈춤 문제는 임의의 프로그램이 가지는 많은 특이한 특징들 중의 어느 하나를 결정할 수 있는 알고리즘을 설계하는 것은 불가능하다는 결론에 도달한다. 즉, 우리는 다른 프로그램이 종료하는지 또는 어떤 특별한 결과를 계산하는지 또는 올바른 답을 얻고 있는지를 결정하는 프로그램을 결코 작성할 수 없다.

이러한 한계가 어떤 식으로든 알고리즘을 사용하여 프로그램을 분석하는 것을 불가능하게 만드는 것처럼 보인다. 하지만, 모든 가능한 프로그램에 대하여 HaltChecker가 동작해야만 한다는 것을 기억하는 것은 중요하다. 정지하는 모든 프로그램에 대하여 동작하는 HaltChecker를 작성하는 것은 가능하다. 이 경우에 필요한 전부는 HaltChecker가 그 프로그램을 실행하고 완료되기를 기다리는 것이다. 프로그램이 완료되면, HaltChecker는 그 프로그램이 정지한다는 것을 확신할 수 있다. InterestingProgram이 정지하지 않는 경우에, 여전히 HaltChecker와 같은 프로그램은 동작하지 않는다.

10.7 추상적인 한계

초기 컴퓨터에서부터 거의 대부분의 컴퓨터는 인간을 흉내 내도록 설계되어 왔다. 우리는 우리의 뇌가 기억과 추론이라는 두 개의 기본적인 기능을 수행하는 것으로 인지하고 있다. 그래서 컴퓨터 하드웨어의 중요한 요소들 중의 두 개는 기억을 위한 메모리와 추론을 위한 프로세서이다. 최근 컴퓨터 과학자들은 비디오 카메라가 사람처럼 볼 수 있도록 해주는 소프트웨어, 로봇의 팔다리가 사람처럼 걸을 수 있도록 해주는 소프트웨어, 심지어 컴퓨터가 사람처럼 말하듯이 보이도록 해주는 시스템을 설계하였다.

우리가 공상과학소설 작가를 믿는다면, 우리는 그리 멀지 않는 미래에 컴퓨터가 인간의 모든 기능을 대체할 것이라는 결론을 내릴 수도 있다. 하지만 컴퓨터 시스템과 인간 사이의 차이에 대한 진실은 무엇일까?

이 책의 기본적인 전제중의 하나는 컴퓨터 소프트웨어는 문제를 해결하기 위해서 설계된다는 것이다. 문제를 해결하려면 지능이 필요하다. 그래서 컴퓨터(소프트웨어)는 지능이 있는가? 라는 질문을 숙고하는 것이 필연적이다.

컴퓨터 지능에 대한 의문은 일찍부터 앨런 튜링에게 중요했다(10.6절에서 논의했던 멈춤 문제를 조사했던 동일한 앨런 튜링이다). 1950년 튜링은 컴퓨터 프로그램이 지능이 있는 것으로 간주할 수 있는지를 결정하는 방법에 관한 논문을 작성하였다[4][1]. 튜링이 제안했던 개념은 **튜링 테스트**(Turing test)로서 잘 알려져 있다. 튜링 테스트의 목적은 컴퓨터 시스템이 지능이 있는지를 결정하는 것이다.

튜링 테스트는 질문자, 인간, 컴퓨터와 함께 시작한다. 그림 10.17에서 컴퓨터와 인간은 A와 B로 각각 표시된다. 질문자는 A 또는 B 둘 중의 어느 것이 컴퓨터이고 어느 것이 사람인지 미리 볼 수 없고 알 수도 없다. 질문자는 질문을 하고 A와 B는 답변을 해야 한다. 수많은 질문들을 한 후에 질문자가 둘 중의 어느 것이 사람인지 확실하게 골라낼 수 없다면, 컴퓨터 시스템은 튜링 테스트를 통과했다고 한다. 비록 튜링 테스트의 나중 버전이 음성 인식과 합성을 통합하고 있지만, 초기 버전은 공정함을 유지하기 위해서, 타이프를 쳐서 질문을 하고 프린트 형태로 답변이 이루어졌다.

튜링은 그의 시대로부터 대략 50년후 또는 약 2000년쯤에 컴퓨터 시스템들이 튜링 테스트를 통과할 수 있을 것으로 예견했었다. 1991년에 뢰브너 상(Loebner Prize)으로 알려진 일년마다의 콘테스트가 계획되었는데, 그 목적은 어느 컴퓨터 시스템이 튜링 테스트를 통과할 수 있는지 확인하는 것이었다. 현재까지 어느 것도 성공하지 못했다.

그림 10.17 튜링 테스트

1 기술적으로 튜링은 컴퓨터가 생각하고 있는지에 대해 관심이 있었지만 소위 그의 흉내내기 게임(나중에 튜링 테스트로 바뀌 부름)을 잘 하는 것이 생각하고 있다는 증거와 아직 동일하지는 않다고 인정했다.

하나의 흥미로운 측정이지만 튜링 테스트가 제안되었던 시절부터 이를 통과하는 것이 지능이 있다는 것과 정확히 동일하지는 않다는 것은 명확하다. 그림 10.18은 벤 다이어그램의 형태로 추론의 일부를 설명하고 있다. 이 그림에서 인간의 모든 행동 부류는 노란색 원으로 그려진다. 또한 모든 지능적인 행동 부류는 빨간색 원으로 그려진다. 오렌지색으로 표시되는 이러한 두 개의 원들의 교집합은 인간의 지능적인 행동을 정의하고 있다. 튜링 테스트가 구별하기를 원했던 것은 기껏해야 오렌지색 영역이다.

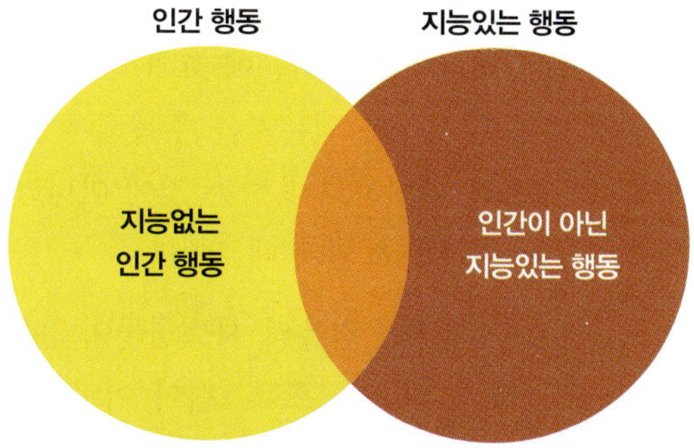

그림 10.18 인간의 행동과 지능에 대한 벤 다이어그램

확실히 인간의 능력 이외의 지능적인 행동이 틀림없이 존재해야만 한다. 그림 10.18에서 이것은 오렌지색 교집합의 바깥쪽에 있는 빨간색 원으로서 그려진다. 튜링 테스트는 컴퓨터 시스템을 인간과 비교하고 있기 때문에 그러한 인간 이외의 지능을 확인할 수는 없다.

게다가, 모든 인간 행동이 지능적인 것으로 특징지어질 수는 없다. 그림에서 인간의 지능적이지 않은 행동은 오렌지색 교집합의 바깥쪽의 노란색 원의 일부로 나타난다. 튜링 테스트 동안에 인간이 지능적이지 않게 행동하기로 결정했다면, 질문자는 컴퓨터 시스템도 또한 지능적이지 않은지 확인하려고 시도할 것이다.

튜링 테스트의 단점에도 불구하고, 이 테스트는 보다 인간다운 소프트웨어를 만드는 과정에서 계속해서 훌륭한 목표가 되고 있다.

튜링 테스트의 하나의 흥미로운 부산물은 캡차(CAPTCHA)라는 개념이다. 캡차(CAPTCHA: **C**ompletely **A**utomated **P**ublic **T**uring test to tell **C**omputers and **H**uman **A**part의 약자)는 인간이 이해하는 것은 비교적 쉽지만 컴퓨터 프로그램이 이해하기에는 비교적 어렵게 만드는 방식으로 디자인된 그래픽 이미지이다.

그림 10.19는 하나의 샘플 캡차를 포함하고 있다. 이는 많은 캡차들 중에서 대표적인

것인데, 이것은 일련의 일그러진 기호들인데 채색되어 있거나 또는 여분으로 더해진 산만한 방해 영상의 형태이다. 인간은 그림 10.19의 캡차를 **inherit**라는 단어라고 쉽게 알아볼 수 있지만, 컴퓨터 프로그램은 짧은 시간 안에 동일한 해석을 하지 못할 수 있다.

캡차의 주요 목적은 웹사이트가 인간과 소통하고 있다는 것을 확신하기 위하여 웹사이트에 이들을 포함시키는 것이었다. 여러분의 웹사이트에서 온라인 조사를 관리하고 싶지만, 이 조사가 어떤 종류의 자동화된 프로그램에 의한 반응이 아니라 실제 사람들에 의해서 이루어지고 있다고 확신하는 것이 필요하다. 그런 상황에서 캡차를 사용하는 것은 인간이 반응하고 있다고 확신하는데 효과적인 방법이 될 수 있다. 캡차가 어떻게 일종의 역방향의 튜링 테스트가 되는지를 주목해야 한다. 이 테스트는 컴퓨터와 인간을 서로 구별할 수 없음을 확인하고자 하는 것이 아니라 그 보다는 인간과 컴퓨터를 구별하기 위한 차이점을 이용하고 있기 때문이다.

불가능하지는 않지만 현대의 컴퓨터 시스템들이 흉내내기 어려운 지능 이외의 인간의 또 다른 특징들이 있다. 컴퓨터 프로그램이 어떤식으로 창조성이나 감정 같은 것들을 흉내낼 수 있을지 상상하는 것은 어려운 일이다. 한편, 보기, 듣기, 말하기, 접촉하기, 냄새맡기 같은 인간의 감각을 흉내내기 위한 발전은 확실히 진행 중이다. "인공 지능"이라는 컴퓨터 과학의 하위분야까지 있을 정도다.

그림 10.19 "inherit"라는 단어에 대한 캡차(CAPTCHA)

10.8 언제 이 내용을 사용할 것인가?

최신 미디어, 인기 소설, 영화 또는 텔레비전은 종종 컴퓨터의 능력을 넘어서는 것은 거의 없다는 인상을 남기고 있다. 비록 이 책의 대부분이 현대 컴퓨터의 엄청난 능력을 조사하는데 헌신하고 있지만, 이 장은 우리에게 이러한 능력들의 한계를 생각하게 한다.

사실 실제로 컴퓨터에서 처리하기에 충분히 빨리 실행될 수 없는 알고리즘들이 있다. 이러한 알고리즘들의 일부는, 구체적으로 지수적 증가를 하는 알고리즘들인데, 제한된 경우를 제외하고 컴퓨터에서 처리하기 위해서는 결코 실용적이지 않다.

게다가, 우리는 본질적으로 계산할 수 없는 일부 알고리즘들이 있다는 것을 보았다. 멈춤 문제를 가지는 알고리즘들의 집합은 본래부터 불가능한 것이며 컴퓨터 능력에 있어서의 어떤 제한 때문은 아니다.

마지막으로 이 장은 지능이나 감정과 같은 것들을 가질 수 있는 컴퓨터 시스템을 만드는 것에 대한 도전을 간략히 나타내고 있다. 공상과학 소설은 아주 재미있지만, 이것이 결국 허구라는 것을 기억하는 것이 때때로 현명하다.

참고문헌

1. *2001: A Space Odyssey*, Written, produced, and directed by Stanley Kubrick. 1968, Warner Bros. Pictures. Film.
2. Lloyd, Seth. "Ultimate Limits to Computation." *Nature*, August 31, 2000.
3. Turing, Alan. "On Computable Numbers, with an Application to the Entscheidungsproblem." *Proceedings of the London Mathematical Society*, Series 2, 42(1936): 230-265.
4. Turing, Alan. "Computing Machinery and Intelligence." *Mind* 49(1950): 433-460.

주요용어

광학 컴퓨터(optical computers)
기가헤르츠(gigahertz)
다항식 성능(polynomial performance)
듀오 코어(duo-core)
멈춤 문제(halting problem)
메가플롭스(MFLOPS)
무어의 법칙(Moore's law)
밉스(MIPS)
생물학적 컴퓨터(biological computers)
선형 검색(linear search)
선형 알고리즘(linear algorithm)
소형화(miniaturization)
시간과 공간(time and space)
양자 컴퓨터(quantum computers)
이진 검색(binary search)
지수 알고리즘(exponential algorithm)
지수적 증가(exponential growth)
캡차(CAPTCHA)
쿼드 코어(quad-core)
클럭 속도(clock rate)
튜링 테스트(Turing test)

연습문제

1. 여러분이 무선 전화 서비스 회사에서 일을 하고 있고, 모든 고객들에 대한 사용내역과 요금을 게시하는 컴퓨터 프로그램을 선택하는 일을 담당하고 있다고 가정하자. 세 개의 회사에서 그런 프로그램을 이미 내놓았고 각 회사는 여러분에게 해당 프로그램에 대한 벤치마크 테스트를 해달라고 제안을 하고 있다. 프로그램을 선택하는데 도움이 되는 벤치마크 테스트를 설계하는데 있어서 여러분이 할 수 있는 것들을 설명하여라.

2. 1번 문제에서 벤치마크의 가치를 떨어뜨리는 잠재적인 것들 중 일부를 설명하여라.

3. 다음 알고리즘들을 각각 선형, 다항식(선형보다 더 느린) 또는 지수로 분류하여라. N에 대하여 알고리즘의 증가를 고려하여라. 즉, N이 증가함에 따라 알고리즘이 어떻게 증가하는가?
   - **a.** 방안에 있는 N명의 사람들의 정치적 관계를 각각 알아내기 위하여 조사하는 것
   - **b.** N개의 팀의 라운드 로빈 토너먼트에 대해 각각의 점수를 기록하는 것(라운드 로빈 토너먼트에서는 각 팀이 다른 모든 팀과 경기를 치러야 한다).
   - **c.** N개의 신용 카드들의 모음으로부터 얼마나 많은 신용 카드들이 마이너스 잔액을 가지는지 세어보는 것
   - **d.** 전체 N개의 공항에 대하여 공항들의 각 쌍들 사이의 거리를 보여주는 2차원 표를 채우는 것
   - **e.** 길이 N의 문자로 이루어진 모든 가능한 자동차 번호판들을 나열하는 것

4. 10.5절에서 설명된 자물쇠와 동일하지만 둘레에 단지 20개의 서로 다른 번호를 가지는 다이얼 자물쇠에 대하여, 서로 다른 조합들의 정확한 개수는 얼마인가?

5. 카드 도박사들은 어느 카드가 돌려지는지를 기억하는 능력만으로 카드 게임의 외짝을 바꿔치기할 수 있기 때문에 종종 카지노에서 출입이 금지된다. 이런 능력은 게임 패를 돌린 다음에 카드가 폐기되는 블랙잭 같은 게임에서 도움이 되는데, 카드 도박사는 딜러(카드 돌리는 사람)의 책상에 남아있는 카드, 즉 다음 게임에서 돌리게 될 카드가 무엇인지 알게 된다.

a. 카드 돌리는 사람의 책상에 52개의 카드가 있다고 가정하자. 서로 다른 2개짜리 카드 패가 얼마나 많이 여러분에게 돌려질 것인가?

b. 카드 돌리는 사람의 손에 단지 10개의 카드가 있다고 하자. 서로 다른 가능한 2개짜리 카드 패가 얼마나 많이 여러분에게 돌려질 것인가?

c. 카드 도박사들이 사용하는 알고리즘은 단지 남아있는 카드의 개수가 꽤 작을 때 도움이 된다. 잠재적인 패의 개수에 따라서 어떤 종류의 알고리즘 증가가 나타날 것인가?

d. 카지노에서 카드 도박사 문제를 제거할 수 있는 방법을 제안하여라.

6. 튜링 테스트를 고려해보자.

a. 여러분의 친구가 튜링 테스트를 통과하는 컴퓨터 프로그램을 작성한다고 가정해보자. 이것이 의미심장할 것이라는 이유를 설명하여라.

b. 튜링 테스트를 통과하는 것이 어떤 면에서 지능과 다른가?

7. 다음 중 어느 것이 멈춤 문제의 중요성을 설명하기 위한 가장 좋은 방법인가?

a. 멈춤 문제는 컴퓨터 프로그램을 가지고 어떤 문제든지 해결하는 것이 가능하다는 것을 보여준다.

b. 멈춤 문제는 컴퓨터 프로그램이 멈추는지 여부를 결정하는 것이 컴퓨터 프로그램으로 설명될 수 있다는 것을 보여준다.

c. 멈춤 문제는 어떤 알고리즘들은 현재의 컴퓨터로 해결될 수 없지만 미래의 더 빠른 컴퓨터로 해결될 수 있다는 것을 증명하고 있다.

d. 멈춤 문제는 결과적으로 컴퓨터 프로그램에 의하여 결코 해결될 수 없는 어떤 문제들이 존재한다는 증거가 된다.

8. 우편 서비스는 일반적으로 편지와 소포의 바깥쪽에 쓰인 주소를 분석하기 위해서 컴퓨터 프로그램을 사용한다.

a. 이러한 주소 인식 프로그램이 향상됨에 따라 이 장에서 논의된 어떤 개념이 유용성이 줄어들 것인가?

b. 캡차(CAPTCHA)의 신뢰도 향상을 위해서 할 수 있는 것이 무엇이라고 생각하는가?

9. 다음 알고리즘들에 대하여 각각을 가능(이 알고리즘은 컴퓨터에서 실행될 수 있다), 계산 불가능(이 알고리즘은 컴퓨터에서 결코 작성되거나 실행될 수 없다), 또는 비실용적인(이 알고리즘은 지수 실행시간을 가지게 되고 제한된 경우를 제외하고 컴퓨터가 실행하기에 아주 오래 걸린다) 것으로 구별하여라.

   a. 테러리스트가 사용할 수도 있는 어떠한 암호 기법도 깨뜨릴 수 있는 프로그램

   b. 어떠한 프로그램도 분석을 해서 여러분에게 이것이 특정한 문제를 해결할 것인지 알려주는 프로그램

   c. 미국의 인구조사를 계산하는 프로그램

   d. 도시에 있는 모든 자동차에 대하여, 모든 가능한 방향전환의 조합을 검사함으로써 한 도시를 통과하는 교통 흐름을 분석하는 프로그램

   e. 영어 사전의 모든 단어를 출력하는 프로그램

   f. 단일 웹페이지와 비교해서 검색 엔진의 모든 가능한 표현식을 조사하는 프로그램(검색 표현식이 길이가 256개의 문자들로 제한된다고 가정할 수 있다)

CHAPTER 11

동시적 행동

**다중작업이라니? 나는 동시에 두 가지 일은 못해요.
나는 한 번에 한 가지 일조차 제대로 못하거든요.**

– 헬레나 보넘 카터(영국 영화 배우)

학습목표

- 문제 해결을 위한 수퍼컴퓨터와 분산컴퓨팅의 역할과 병렬성과 동시성 사이의 차이를 설명할 수 있다.
- 동시적인 실행을 금지하는 기본적인 제약들을 인지한다.
- 동시적인 행동을 설명하는 시간 맞춤 도표들을 해석할 수 있다.
- 특정한 데이터 집합을 위해 주어진 정렬 연결망의 동작을 추적할 수 있다.
- 성능 개선을 위한 동시성의 잠재력을 설명할 수 있다.
- 공유자원이 어떻게 동시성을 제약하는지 설명할 수 있다.
- 톡토우(TOCTOU–경쟁조건)를 인지하고 이 상황이 어떻게 오류를 야기하는지 설명할 수 있다.
- 데드락(deadlock)과 라이브락(livelock) 상황을 인지한다.

실생활에서의 사건들은 종종 고상하고 질서정연하게 한 번에 하나씩 순차적으로 일어나지 않는다. 어떤 때는 바람이 불고 동시에 비가 온다. 걸으면서 동시에 말을 해야 할 때도 있다. 항공기는 종종 동체를 기울이면서 한꺼번에 가속한다. 컴퓨터 프로그램들이 동시에 여러 개의 작업을 수행할 것으로 기대하는 것은 또한 놀랄 일이 아니다. 소프트웨어가 동시에 여러 개의 작업들을 수행할 수 있을 때, 우리는 이것을 **동시적 실행**(concurrent execution) 또는 간단히 **동시성**(concurrency)이라고 부른다.

인간은 일방통행의 추론에 보다 숙련되어 있기 때문에, 동시성에 대한 논의는 이 시점까지 지연되어왔다. 결과적으로 비동시적인 방식으로 생각하는 것과 비동시적인 소프트웨어를 작성하는 것이 동시적인 것들보다 쉬운 경향이 있다. 이 장에서는 동시성에 대한 장점과 단점을 따라가면서 이러한 도전 과제들의 일부를 조사한다.

11.1 병렬성 또는 동시성?

컴퓨터 하드웨어가 점점 더 빠르게 발전해감에 따라 성능에 대한 상당한 장벽이 나타났다. 전기는 대략 빛의 속도로 전자들을 이동시킴으로서 흘러간다. 이전의 장에서 설명했듯이, 소형화로 인해 전기가 흐르는 경로의 너비를 분자적으로 측정할 수 있는 회로가 등장했다. 회로의 크기를 줄이는 것(그리고 이것의 성능과 저장용량을 늘리는 것)은 점점 더 많은 비용이 들어가고 있다. 이런 소형화는 미래의 언젠가는 더 이상 비용에 있어서 효율적이지 않게 될 것이다.

컴퓨터 프로세서 제조업체들 사이에서 인기가 있는 소형화에 대한 대안은 동일한 집적회로에 여러 개의 프로세서들을 포함시키는 것이다. 이러한 프로세서들은 종종 코어(cores)로 언급되고 있기 때문에 **멀티코어 프로세서**(multi-core processors)라고 불린다. 기본적인 원리는 각 프로세서(또는 코어)는 자신의 명령어를 실행할 수 있고 동시에 다른 프로세서들은 다른 명령어들을 수행한다는 것이다. 여러 개의 장치들에 의한 이러한 동시적인 실행은 각 장치들이 병렬로 실행되기 때문에 **병렬 실행**(parallel execution)으로 알려져 있다.

병렬 실행 중에서 최고는 **수퍼컴퓨터**(supercomputer)로 알려진 그 시점에서 가장 빠른 컴퓨터들이다. 이러한 기계들의 속도는 초당 100만의 4제곱 개의 명령어들이 실행되는 **페타플롭**(petaflops)으로 측정된다. 이러한 수퍼컴퓨터들은 종종 개인용 컴퓨터보다 약 100,000배 정도 더 빠르다. 개별적인 프로세서들의 속도에 의해서 그런 성능이 달성되기 보다는 수백만 개의 프로세서들이 동시에 실행됨으로써 완성된다.

인터넷에서는 **분산컴퓨팅**(distributed computing)으로 알려진 다른 종류의 병렬 실행이 매일 이루어지고 있다. 분산 컴퓨팅은 공통된 문제를 해결하기 위해 대규모의 독립적인 컴퓨터들이 집단적으로 작업을 할 때마다 이루어진다. 인터넷에 연결된 모든 컴퓨터들이 또 다른 컴퓨터와의 통신 작업에 참여하고 있기 때문에 인터넷 자체가 분산컴퓨팅의 하나의 사례가 된다. 최근에는 **그리드 컴퓨팅**(grid computing)으로 알려진 분산컴퓨팅이 일기예보와 금융 모델링 같은 문제를 해결하기 위해 사용되고 있다. 게다가 대용량의 공유 데이터를 포함하는 유형의 분산컴퓨팅을 언급하기 위해 **클라우드 컴퓨팅**(cloud computing)이라는 용어가 또한 생겨났다.

폴딩엣홈(Folding@home)은 이러한 분산 어플리케이션의 사례이다. 이 프로젝트는 스탠포드대학교[1]에서 2000년에 시작되었는데, 수십만 대의 인터넷 컴퓨터들이 자발적으로 참여하였다. 이 프로그램은 여러분의 컴퓨터에서 사용되지 않는 처리용량을 활용할 수 있도록 설계되었다. 집단적인 문제해결은 단백질 접힘(화학의 연구 분야)에 대한 연구를 포함하고 있는데, 분자 변형이 알츠하이머, 파킨슨병, 헌팅턴병, 그리고 여러 가지 형태의 암과 같은 다른 질병에 어떤 영향을 미치는지에 대한 연구를 포함하고 있다.

그리드 컴퓨팅의 또 다른 사례는 기후예측닷넷(climateprediction.net) 또는 CPDN이다. 100개의 국가에 걸쳐있는 수만 개의 컴퓨터들이 옥스포드 대학교의 이러한 연구에 자발적으로 시간제로 참여하였다. CPDN의 목적은 글로벌 기후변화에 대한 모델을 만드는 것이다. CPDN의 초기 결과는 피아니(piani)와 그의 동료들에 의해 발표되었다[2].

멀티코어 하드웨어, 수퍼컴퓨터, 분산 컴퓨팅에 대해서 논의를 할 때 일반적으로 **병렬 컴퓨팅**(parallel computing)이라는 용어를 사용하는 것이 더 적당하다. 그러나 이 책에서 병렬 컴퓨팅과 동시성과의 구분은 주로 우리의 의도에 따른 기술적인 용어이다. **동시성**(concurrency)이 일반적으로 소프트웨어 시스템과 관련이 있는 반면 **병렬성**(parallelism)은 하드웨어 형태의 동시적인 실행을 설명하는데 더 적합하기 때문에, 이후의 논의에서 우리는 모든 형태의 동시적인 또는 잠재적으로 동시적인 실행에 대하여 동시성이라는 용어를 사용한다. 게다가 동시적 실행은 병렬성에 대한 규칙을 적용하고 있기 때문에 더 이상의 구분은 하지 않는다.

그림 11.1 4개의 팀의 단일 예선을 위한 토너먼트 묶음

11.2 스케쥴링

동시성의 개념을 이해하기 위해서, 단일 예선 축구 토너먼트를 고려해보자(단일 예선

토너먼트에서 각 팀은 경기에서 첫 번째로 패할 때까지 다른 팀들과 계속 경기를 하게 된다. 마지막에 이긴 팀이 토너먼트에서 승자가 된다). 토너먼트에서 자이브, 탱고, 룸바, 폴카라는 이름의 4개의 축구팀이 있다고 가정해 보자. 그림 11.1은 이러한 토너먼트를 그림으로 나타내기 위해 종종 사용되는 묶음 도식이다. 이 묶음은 자이브와 탱고 사이의 경기, 룸바와 폴카 사이의 경기, 그리고 처음 2개의 경기에서 승자들 사이의 경기로 이루어진 3개의 경기가 필요하다는 것을 보여준다.

그림 11.1의 묶음 도식은 시간과 장소가 아니라 어느 경기가 이루어지는지를 묘사하고 있다. 토너먼트의 경기를 진행하기 위해 단지 하나의 축구 경기장이 있다고 가정하자. 이 경우 한 번에 단지 하나의 경기를 할 수 있다. 이는 각 경기는 모든 다른 경기와 다른 시간에 진행되도록 계획되어야만 한다는 것을 의미한다. 각 경기가 3시간이 걸린다고 가정하면, 이 토너먼트는 그림 11.2의 시간 도식으로 설명될 수 있다.

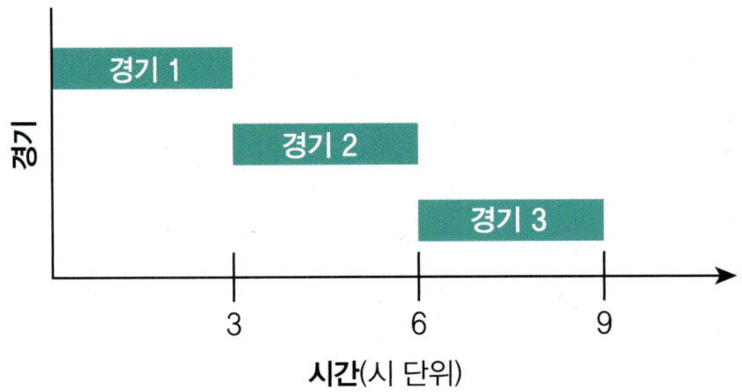

그림 11.2 한 개의 경기장에서 진행된 4개의 팀에 대한 토너먼트의 시간 도식

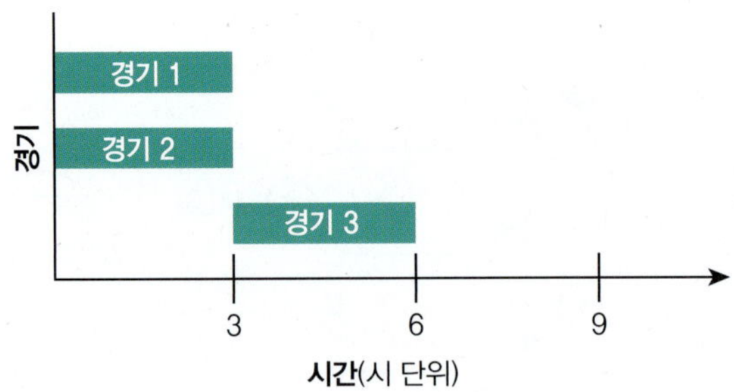

그림 11.3 두 개의 경기장에서 진행된 4개의 팀에 대한 토너먼트의 시간 도식

시간 도식에서 각 축구 경기를 나타내기 위해서 직사각형을 사용한다. 사각형의 왼쪽 모서리는 경기가 시작된 시간이고 오른쪽 모서리는 경기가 끝나는 시간을 가리킨다.

3개의 경기가 연속적으로 진행된다면 전체 토너먼트는 그림에서 보이듯이 9시간이 걸려야 끝낼 수 있다.

이 토너먼트는 컴퓨터 프로세서들에서 실행되는 작업들과 유사한 것으로 간주될 수 있다. 각 토너먼트 경기의 진행은 단일 소프트웨어 작업과 유사하고 축구 경기장은 작업이 실행되는 프로세서와 닮았다. 하나의 경기장에서 전체 토너먼트를 진행하는 것은 모든 작업을 하나의 프로세서에서 실행하는 것과 같다. 이 경우에 3개의 작업을 실행하기 위해서 최소 9시간이 필요하다.

스케쥴링(scheduling)은 어떤 시점에 어느 프로세서에서 작업들을 실행할 것인지를 결정하는 것으로 구성된다. 다중 프로세서에서 스케쥴링은 더욱 복잡해진다. 축구 토너먼트가 2개의 경기장(2개의 프로세서와 유사함)에서 진행된다고 가정해보자. 이 경우에 경기1과 경기2를 각각 다른 경기장에서 동시에 진행하는 것이 가능해 진다. 그림 11.3은 2개의 경기장에서 진행되는 토너먼트에 대한 시간 도식을 보여준다.

다중작업의 명백한 장점은 시간을 절약할 수 있다는 것이다. 2개의 경기장을 사용하는 축구 토너먼트의 진행은 1개의 경기장을 사용하는 토너먼트 진행 시간의 3분의 2가 된다. 그러나 더 많은 프로세서가 항상 성능을 향상시키는 것은 아니다. 3번째 경기장이 있다고 4개의 팀의 토너먼트가 나아지지는 않는데, 이는 경기1과 경기2의 승자가 결정될 때까지 경기3은 진행될 수 없기 때문이다. 작업이 계획될 때 프로세스들 사이의 이러한 종속관계를 고려해야 한다.

그림 11.4 8개의 팀의 단일 예선에 대한 토너먼트 묶음

4개의 팀 대신에 토너먼트에 8개의 팀이 있다고 가정해 보자. 그림 11.4는 단일 예선 토너먼트에서 8개의 팀에 대한 토너먼트 묶음을 보여준다.

토너먼트를 위해 4개 또는 더 많은 축구 경기장을 사용할 수 있다면, 경기1부터 경기4까지는 모두 즉시 시작할 수 있다. 그외의 다른 경기들은 모두 첫 번째 4개의 경기들의 결과에 의존하기 때문에 다른 경기들 중에서 어떤 것도 토너먼트의 시작 시점에 진행될 수는 없다. 게다가 경기5와 경기6은 동시에 진행될 수 있지만, 경기7은 이들이 끝나고 나서야 진행하게 된다. 그림 11.5는 4개의 경기장에서 8개의 팀에 대한 토너먼트를 수행하는 가장 효율적인 방법을 보여주는 시간 도식이다. 4개 이상의 경기장이 있다고 전체 토너먼트 시간이 줄어들지는 않는다는 것에 주목할 필요가 있다.

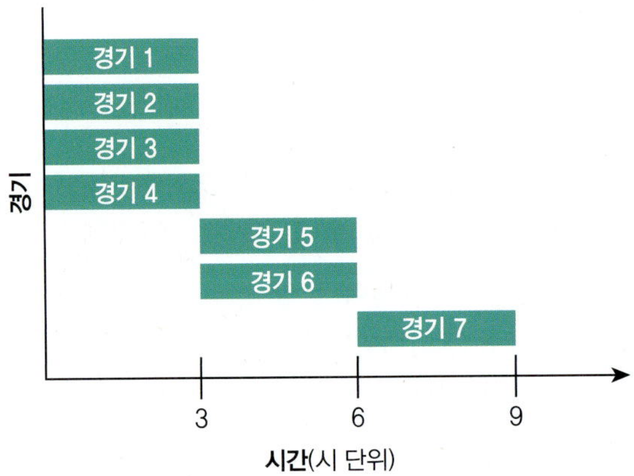

그림 11.5 4개의 경기장에서 진행된 8개의 팀에 대한 토너먼트의 시간 도식

8개의 팀에 대한 토너먼트는 동시성이 지니고 있는 성능 개선의 본질을 설명해준다. 7개 경기의 토너먼트는 9시간 만에 끝나는 반면 모든 게임이 동일한 경기장에서 진행된다면 동일한 토너먼트는 21시간(경기당 3시간이고 7개의 경기)이 걸린다. 이것은 7개의 작업을 4개의 프로세서에서 실행하는 동시적 계산과 같다. 다중작업을 사용하면 토너먼트는 2⅓배 빨리 끝나게 된다.

11.3 정렬 연결망

동시성의 유용함을 좀 더 알아보기 위해서, 이 절에서는 일반적으로 컴퓨터에서 실행되는 데이터 정렬을 동시적인 해법과 비동시적인 해법을 사용하여 살펴본다. **정렬 알고리즘**(sorting algorithm)은 오름차순(가장 작은 것부터 가장 큰 것까지)이나 내림차순(가장 큰 것부터 가장 작은 것까지)으로 배열되도록 데이터의 집합을 다시 정렬한다.

정렬은 분명히 컴퓨터의 출현으로 시작되지는 않았다. 석기시대 동굴 주거인들도 돌들을 가장 작은 것부터 가장 큰 것까지 배열했을지도 모르겠다(그림 11.6). 선생님들은 가장 높은 점수부터 가장 낮은 점수까지 과제물을 배열할 때마다 내림차순으로 정렬을 할 것이다. 우편배달부는 거리 주소를 오름차순이나 또는 내림차순으로 일치시키기 위해서 거리별로 우편물을 정렬한다. 알파벳순으로 만드는 것도 또한 정렬이지만 숫자 순서가 아닌 문자 순서로 정렬하는 것이다.

몇 개의 전화번호를 오름차순으로 정렬하라고 한다면 꽤 빨리 할 수 있다. 하지만 수백 개 또는 수천 개의 번호를 정렬하는 것은 시간 소모적이고 지루한 일이다. 시간 소모적인 지루함 때문에 컴퓨터는 정렬을 위한 훌륭한 후보가 되고 있다. 컴퓨터는 ID번호를 사용해서 학생들을 정렬한다. 컴퓨터는 사회보장번호로 여러분의 소득세를 정렬한다. 컴퓨터는 계정번호, 사용자 ID, e메일 주소 등등을 확인하면서 운전면허 번호들을 정렬한다.

그림 11.6 돌덩이를 정렬하는 동굴 주거인

때때로 여러분은 다른 방법들을 선택해서 동일한 데이터를 정렬할 수 있다. 예를 들어, 온라인 경매에서 여러분은 가장 싼 것부터 가장 비싼 것까지 또는 그 반대로 상품들을 정렬할 수 있다. 여러분의 집에서부터의 거리 순으로, 경매 마감날짜 순으로 또는 심지어 상품이 처음 올라온 날짜순으로 정렬을 할 수도 있다.

정렬을 하기 위해서 여러분이 사용했던 알고리즘에 대해서 생각해 본적이 있나요? 컴퓨터 과학자는 그렇게 합니다. 사실 정렬을 위한 많은 알고리즘들이 있는데 가장 적합한 정렬 알고리즘은 소량의 데이터에 대해서 잘 동작한다. 여러분은 10장에서 논의했던 단일 프로세서에서 사용하기에 적합한 정렬 알고리즘의 예를 하나 떠올려 볼 수 있다. 그러나 대량의 데이터를 정렬하는데는 시간이 걸린다. 그래서 정렬은 동시성을 사용해 볼 수 있는 좋은 후보가 된다.

여러분은 종이 파일들로 가득찬 방을 정렬해야 하는데 여러분의 상사가 이 일이 한 사람이 수행하기에 너무 많다는 것을 깨달았다고 가정해보자. 그래서 도움을 줄 사람들로 이루어진 팀이 여러분에게 배정되었다. 다른 동시적인 절차처럼, 첫 번째 단계는 사람들이 생산적이 되도록 여분의 사람(프로세서)들을 활용하는 방법을 결정하는 것이다.

동시적으로 정렬하는 한 가지 방법은 **정렬 연결망**(sorting network)을 사용하는 것이다. 여러분은 정렬 연결망을 동일한 단순 프로세서들의 집합으로 간주할 수 있다. 단일 프로세서는 (1) 연결망에서 두 개의 값을 받아들이고, (2) 두 개의 값을 비교하고, (3) 두 개의 비교된 값을 연결망에서 적절히 전송함으로써 이들의 순서를 정한다. 그림 11.7a는 이러한 단일 프로세서를 도식하고 있다.

그림 11.7a의 중앙에 4개의 면이 있는 그림이 프로세서를 나타낸다. 화살표는 가리키는 방향으로 한 번에 하나씩 데이터를 보내거나 받는 데이터 전송 라인이라고 생각해보자. 왼쪽의 두 개의 화살표는 연결망의 다른 부분으로부터 입력되는 라인이다. 오른쪽의 출력 화살표는 데이터를 어딘가로 전송하기 위해 프로세서가 사용한다. 프로세서가 하는 일은 입력 라인으로부터 한 쌍의 값을 받아들이고 동일한 값들을 전송하는 것인데, 둘 중에 더 작은 값은 위쪽의(<) 라인으로 보내고 더 큰 값은 아래쪽의(>) 라인으로 보내게 된다(두개의 값이 같다면 동일한 값이 위쪽과 아래쪽의 출력 라인으로 동시에 보낸다).

프로세서가 위쪽 입력 라인으로 정수 5와 아래쪽 입력 라인으로 정수 3을 받아들인다고 가정하자. 이 경우에 프로세서는 3이 5보다 작다고 결정하게 되고 따라서 3은 위쪽 라인으로 5는 아래쪽 라인으로 전송되어 출력된다. 위쪽 입력 라인으로 3과 아래쪽 입력 라인으로 5를 받아들이더라도 출력 라인에서는 동일한 결과가 발생한다.

그림 11.7a에 나타낸 것과 같은 단일 프로세서는 2개의 데이터를 정렬할 수 있다. 더 많은 프로세서들이 있으면 보다 많은 데이터를 정렬할 수 있지만, 데이터들이 적절히 배열되고 연결되어야만 한다. 그림 11.7b는 4개의 값을 정렬하기 위해 설계된 5개의 프로세서를 가지는 정렬 연결망을 나타낸다. 이 도식의 왼쪽에 있는 달걀모양의 타원은 데이터의 원천을 묘사하고 있는데, 각각의 물음표는 정렬을 위해 하나의 값으로 바뀌게 된다. 그림의 오른쪽에 있는 다이아몬드는 최종 데이터를 담는 부분을 나타낸다. 프로

세서들을 제대로 잘 연결했다면 적당한 시간이 지난 후에 데이터는 다이아몬드의 위쪽에서 아래쪽으로 오름차순으로 정렬이 될 것이다.

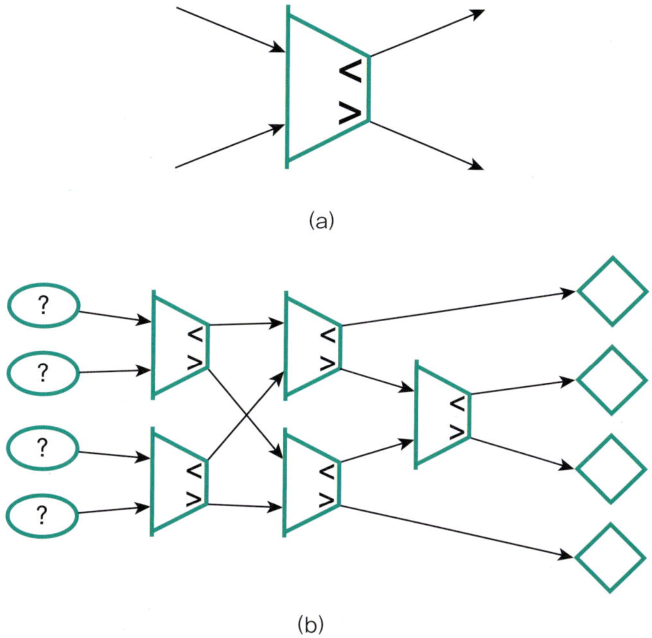

그림 11.7 (a) 단일 정렬 연결망 프로세서. (b) 5개의 프로세서로 이루어진 정렬 연결망

그림 11.8은 표본 입력으로 4개의 입력을 가진 동일한 정렬 연결망을 나타낸다. 이 경우에 정렬될 4개의 값은 정수 4, 3, 2, 1이다. 이 데이터에 대한 연결망의 작동은 연결망 화살표의 표지로 나타낸다.

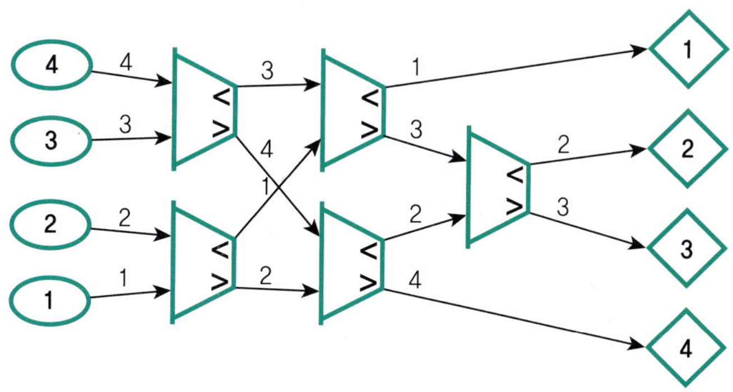

그림 11.8 4개의 값을 정렬하는 연결망의 예

각각의 화살표는 해당 라인을 통해 전송되는 값을 나타내기 위해 표지가 달려있다. 예를 들어 왼쪽 위의 프로세서는 입력 라인에 4와 3을 받아들이고 위쪽으로 3을 아래쪽으로 4를 내보낸다. 오른쪽 위의 프로세서는 2와 1을 받아들이고 위쪽 라인으로 1을 아래쪽 라인으로 2를 내보낸다. 오른쪽의 다이아몬드가 받아들이는 값은 정렬이 된다.

11.4 동시성 효과 측정하기

대부분의 다른 계산처럼 정렬 연결망의 속도는 보통은 프로세서의 속도에 의해 좌우된다. 정렬 연결망에서의 유일한 잠재적인 지연은 데이터가 라인을 따라 이동하는데 필요한 시간이지만, 이것은 빛의 속도에 의해 정해지고 처리시간과 비교하여 무시할 정도가 되어야 한다. 그러므로 정렬 연결망의 속도를 분석하기 위해서 우리는 프로세서가 2개의 입력 값을 비교하고 이것들을 출력 라인으로 적절히 내보내는데 하나의 단위 시간이 필요하다고 가정한다.

그림 11.8에 나타낸 5개의 프로세서들은 각각 하나의 비교연산을 수행하기 때문에 하나의 단위 시간을 소모해야 한다. 그러나 프로세서들의 일부는 동시에 동작할 수 있다. 그림 11.9의 Time 0 부분에서 보듯이 모든 입력 데이터가 동시에 사용가능하다고 가정하자.

맨 왼쪽의 2개의 프로세서들은 동시에 작업을 수행할 수 있다. 그 결과는 Time 1의 그림에서 묘사되고 있다. 맨 왼쪽의 프로세서들이 재배열된 결과를 전송하고 작업을 완료한 후에, 중앙의 2개의 프로세서들이 데이터를 비교할 수 있다. 이것은 Time 2에서 일어난다. Time 2에 뒤이어 데이터가 사용할 수 있는 상태가 되어야만 맨 오른쪽 프로세서가 Time 3에서 작업을 완료하게 된다.

그림 11.9는 정렬을 완료하기 위해서 3개의 시간 단위가 필요하다는 것을 보여준다. 이러한 3개의 동일한 시간 단위는 정렬해야할 데이터와 관계없이 필요할 것이다. 정렬 연결망에서 동시성을 제한하는 요소는 다른 프로세서로부터 데이터가 들어올 때 프로세서에 도착하는 데이터가 된다.

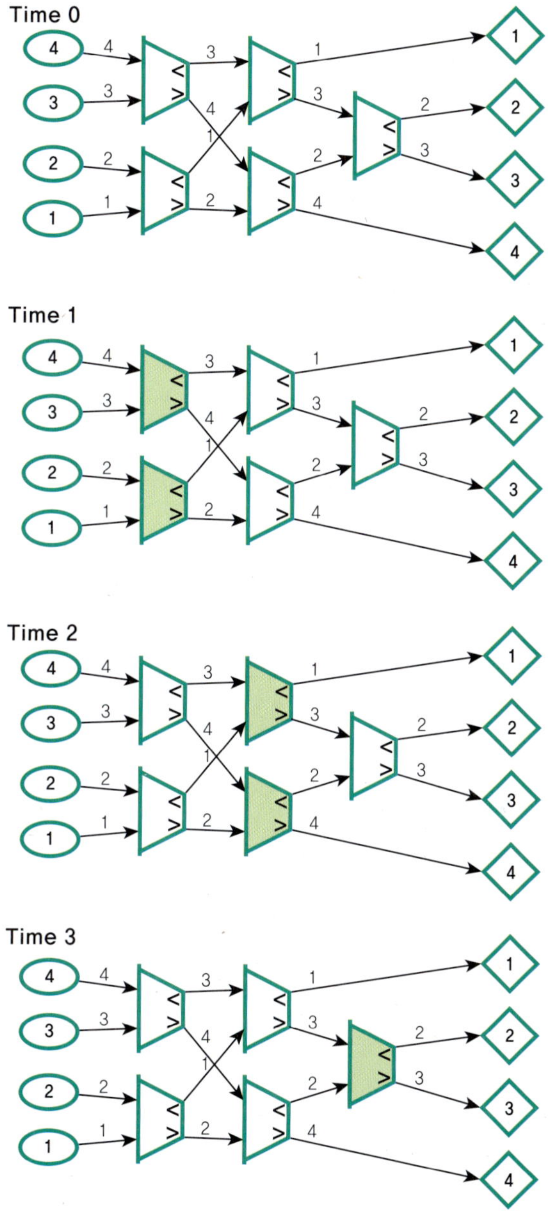

그림 11.9 4개의 값을 정렬하는 연결망에서의 정렬의 시간 맞춤

그림 11.10은 8개의 값을 정렬하기 위한 정렬 연결망을 보여준다. 이 연결망은 4개의 값을 정렬하는 연결망과 유사한 패턴을 사용한다. 이 경우에 연결망은 프로세서들의 행렬로 시작하는데, 이때 행과 열의 수는 데이터 크기의 절반이 된다. 정방행렬의 오른쪽

에는 왼쪽에서 오른쪽으로 가면서 열의 높이가 하나씩 감소하는 프로세서들의 삼각형이 있게 된다.

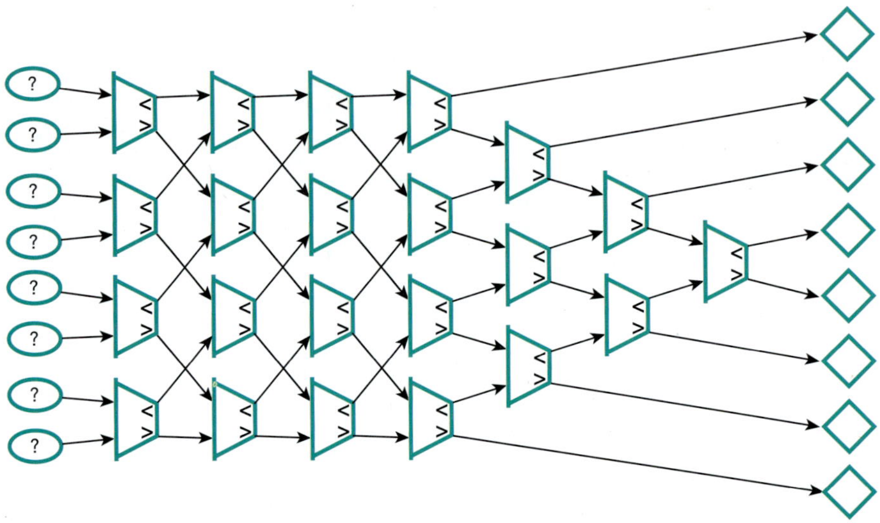

그림 11.10 8개의 값을 정렬하는 연결망

이런 식으로 그려진 정렬 연결망에서 정렬을 위해 필요한 시간은 열의 수와 같게 된다. 4개의 값을 정렬하기 위해서 3개의 시간 단위가 필요했고, 8개의 값을 정렬하기 위해서는 7개의 시간 단위가 필요하다. 정렬될 값의 수보다 하나가 작게 되는 시간 단위의 패턴은 보다 큰 연결망에 대해서도 계속된다.

동시적인 정렬 연결망의 성능은 어떻게 비동시적인 정렬과 비교되는가? 8개의 값을 비동시적으로 정렬하는 것은 알고리즘에 따라서 약 15에서 30개의 시간 단위가 걸린다. 우리의 동시적인 알고리즘은 7개의 시간 단위가 걸리는데 이는 2배 이상 빠르다. 성능 차이는 더 큰 용량의 데이터에 대해서 한층 악화된다. 128개의 항목에 대한 정렬은 동시적인 정렬 연결망을 사용해서 127개의 시간 단위 내에서 달성될 수 있다. 128개의 항목에 대한 비동시적인 정렬은 700에서 8000개의 시간 단위가 소요된다. 1000개의 데이터 항목에 대하여, 비동시적인 정렬은 동시적인 정렬 연결망보다 9에서 500배 시간이 더 걸린다.

11.5 동시성에서의 해결 과제

100개의 프로세서들은 단일 프로세서보다 100배 더 빨리 작업을 완료할 수 있어야만 할 것 같다. 그러나 이런 경우는 좀처럼 일어나지 않는다. 이것은 인간의 활동에서 쉽게 나타난다. 사람을 프로세서로 간주한다면 인간의 활동에서의 유추는 100명의 사람들이 동일한 작업에 대해서 공동으로 일을 하는 것이 될 것이다. 우리는 100명의 사람들이 한사람보다 100배 빨리 작업을 완료할 것이라고 좀처럼 기대하지 않을 것이다. 사람들이 늘어나면 의사소통과 협력을 해야할 필요도 늘어나는데, 이는 시간이 걸리는 일이다. 또한, 한 사람의 일이 다른 사람의 일과 중복되거나 방해하지 않도록 주의를 기울여야만 한다. 모든 사람들이 생산성있게 바쁘게 일하도록 작업을 할당하는 방법을 결정해야하는 문제가 있다.

단일 예선 축구 토너먼트와 정렬 연결망의 예들은 일반적으로 동시성 프로세서들의 개수가 속도의 증가보다 얼마나 큰지를 보여준다. 더군다나 동시성에 대한 이러한 두 개의 예들은 동시성의 성능을 제한하는 특정한 제약점들을 나타내고 있다. 프로세서들이 실행을 할 때 동시적인 축구 경기와 정렬 연결망의 양쪽 모두에서 제한이 되는 공유 자원들이 있다. 정렬 프로세서들은 각각의 입력 데이터 값이 사용가능하게 될 때까지 실행을 시작할 수 없었다. 하지만 이러한 값들은 다른 프로세서들(적어도 이전에 이 값들을 비교했던 프로세서들)과 공유되는 일종의 공유 자원이다.

축구 토너먼트의 예에서 프로세서의 역할을 하는 것은 축구 경기장이고 프로세서의 실행은 경기를 진행하는 것이라는 것을 회상해보자. 새로운 경기를 시작할 때의 제약은 해당 팀들의 준비여부이고, 이것은 종종 이 팀들이 이전 경기에 승리했다는 것을 의미한다. 그러므로 이 경우의 공유자원은 축구팀이다. 하나의 팀은 다음 경기가 시작되기 전에 동일한 경기장이나 또는 다른 경기장에서 이전의 경기를 끝마쳐야만 한다.

동시성 제약을 지키지 못하면 다중작업이 실패하게 된다. 정렬 연결망에서의 프로세서가 입력 값이 사용가능해지기 전에 비교하게 되면 무슨 일이 발생할까? 동일한 팀이 어떻게 동시에 두 개의 축구경기를 진행할 수 있을까?

공유자원 문제는 더 있는데, 이를 이해하기 위해서 단체 문서 편집 시스템이라는 세 번째 예를 보자. 그림 11.11은 클라우드 컴퓨팅 환경에서 꽤 일반적인 시스템을 나타낸다. 시스템에 있는 4명의 사람들(칼리스타, 에릭, 산드라, 팀)은 모두 협업 환경에서 동일한 문서를 공유할 수 있다. 한 사람이 문서를 생성하고 이를 공유문서 영역(클라우드로 나타낸)에 배치하게 된다. 4명중 어느 누구도 공유문서의 어디든지 읽고 편집할 수 있다.

아마도 이러한 공유 문서 시스템은 각 사용자마다 독립적인 컴퓨터를 사용하고 문서를 관리하기 위해서는 공유 서버를 사용하게 된다. 이런 식으로 각각의 사용자(더 자세히, 각 사용자의 컴퓨터)를 다른 3명과 동시적으로 동작하는 독립적인 프로세서로 간주하는 것이 쉽다.

모든 공유 자원들이 동시성 제약이 발생하는 것은 아니다. 산드라와 팀이 동시에 동일한 공유 문서를 읽기를 원한다고 가정해보자. 이런 종류의 동시적인 읽기는 어떠한 문제도 만들지 않는다. 사실 4명의 사용자 모두가 어려움 없이 동시에 동일한 문서를 읽을 수 있다.

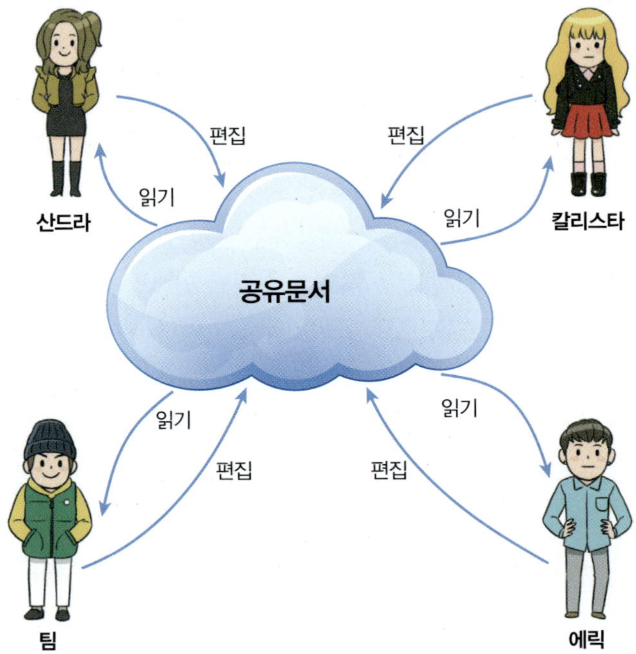

그림 11.11 4명의 사람들이 공유하는 문서 시스템

이런 종류의 공유 읽기 접근은 동시에 동일한 웹 페이지를 보는 다중 인터넷 사용자들과 다르지 않으며, 이는 동시적인 읽기 접근이 어떠한 문제도 야기하지 않는다는 것을 보여준다.

하지만, 한 명의 사용자가 문서를 읽고 있을 때 누군가 문서를 변경하고 있다면 잠재적인 문제들이 발생할 수 있다. 에릭이 문서를 읽고 있을 때, 칼리스타가 동일한 문서를 편집하고 있다면, 에릭이 읽고 있는 버전은 어느 것일까? 칼리스타가 편집하기 전의 문서일까? 아니면 칼리스타가 편집한 최근 버전일까?

공유 문서에 대한 여러 개의 동시적인 편집(갱신)이 있다면 이 문제는 악화되기 쉽다. 산드라와 칼리스타가 양쪽 다 동일한 문서를 편집하고 있다고 가정하자. 둘 다 동시에 문서를 검사하고 둘 다 동시에 제목이 마음에 들지 않는다고 결정을 하게 된다. 산드라와 칼리스타는 동시에 문서 제목을 편집한다면 제목에 무슨 일이 일어날까? 새로운 제목은 산드라의 제목일까? 칼리스타의 제목일까? 아니면 이 두 개가 섞인 걸까? 게다가 산드라가 칼리스타의 제목을 더 좋아했을지 또는 칼리스타가 산드라의 제목을 더 좋아했을지 모르지만, 그들은 모두 단지 편집전의 원래의 제목만 보게 된다.

이것이 대수롭지 않은 문제처럼 보이면 안 되기 때문에, 공유문서를 콘서트에서의 여유좌석들의 리스트로 간주하고 두 명의 사용자들이 각각 동일한 좌석을 예약하려고 시도한다고 생각해보자. 소프트웨어에서 그와 같은 동시적인 접근을 강요하는 것에 주의를 기울이지 않는다면, 각각의 개인들이 동일한 좌석을 예약하는 것이 가능하다. 이것이 바보 같은 예는 아니며, 컴퓨터 프로그램들이 동시성을 적절히 다루지 못할 경우 이런 일이 실제로 발생한다.

이러한 예들에서 TOCTOU(*time-of-check time-of-use*: 확인시간 사용시간) 조건이라는 일반적인 문제가 있다. 톡토우(TOCTOU) 조건은 공유자원에 대한 동시적인 갱신 접근이 이루어질 때 발생한다. TOC(time-of-check)은 프로세서가 자원의 상태를 확인하는 시간을 나타내고, TOU(time-of-use)는 프로세서가 자원의 상태를 갱신하는 시간을 가리킨다. 문서의 제목을 읽는 것은 TOC 행동이고 제목을 편집하는 것은 TOU 행동이다. 다른 사용자가 또한 동일한 문서를 확인하고 갱신할 것이기 때문에, 이 행동들은 함께 TOCTOU 조건을 형성한다. TOCTOU는 콘서트 좌석 예약에서도 발생하는데, 각각의 사용자들이 동시에 좌석을 확인(TOC)하고 좌석을 예약(TOU)하기 때문이다.

회피해야할 TOCTOU 상황은 첫 번째 프로세스가 공유자원에 대한 확인을 수행하고 자신의 갱신을 완료하기 전에, 두 번째 프로세스가 동일한 자원에 대하여 확인과 갱신을 둘 다 수행할 때 발생한다. 예를 들어, 팀이 문서가 있는지 확인한 다음에 그 문서를 편집하려고 시도하기 전에, 에릭이 동일한 문서의 존재를 알아내고 그 문서를 지운다. 팀이 존재하지 않는 파일을 편집하려고 시도할 때 무슨 일이 일어날까? 때때로 TOCTOU 조건은 **경쟁조건**(race condition)이라고 하는데, 이는 하나의 프로세스가 어떤 자원에 대하여 확인 및 갱신 둘다를 수행할 때, 동일한 자원에 대하여 수행되는 또 다른 프로세스의 확인 및 갱신과 경쟁할 때 가장 문제가 되는 상황이 발생하기 때문이다.

경쟁조건은 실생활에서도 일어난다. 여러분이 자동차로 교차로에 진입할 때 느린 반응을 했다고 가정하자. 여러분은 왼쪽에서 오른쪽으로 향하는 반대편 교통량을 확인하고 아무도 없다는 걸 알았다. 하지만 여러분이 교차로에 진입하기 전에 오른쪽으로부터 또 다른 차량이 질주해서 들어오게 되는데, 여러분은 오른쪽으로 향하는 교통량이 없다는 것을 확인하고 교차로에 진입을 한다. 오른쪽으로 향하는 교통량을 일단 확인했기 때문에, 여러분은 교차로에 진입을 하고 양쪽 차량은 충돌하게 된다(그림 11.12).

TOCTOU 조건은 주어진 자원에 대한 확인과 갱신이 또 다른 경쟁하는 프로세서에 의해 분리될 때 문제가 된다. 이 문제는 확인과 갱신을 분리하지 못하도록 금지시킴으로서 제거할 수 있다. 대신에 확인과 갱신을 단일의 개별 연산으로 만드는 것이 더 낫다. 일단 하나의 프로세서가 확인을 개시하면, 그 자원을 잠근다고 하고, 그 자원은 갱신이 완료될 때까지 잠금이 풀리지 않게 된다. 잠긴 자원은 다른 프로세서들에 의해서 어떤 식으로든 접근될 수 없고, 다른 프로세서들은 잠금이 풀릴 때까지 기다려야만 한다. 잠금에 대한 소유권은 잠금을 수행한 프로세스에게 주어지기 때문에 그 프로세스만 이러한 잠금을 풀 수 있다. 극장의 여유 좌석을 확인할 때 그 좌석은 확인을 하는 사람에 의해서 잠기게 된다. 확인을 한 개인이 이 좌석을 예약할 기회를 가질 때까지 이 좌석은 다른 사람이 예약할 수 없게 된다.

그림 11.12 경쟁조건을 경험하는 두 대의 자동차

자동차 운전자는 종종 자신도 모르게 이런 종류의 잠김 해법을 사용한다. 예를 들어, 사거리 교차로에 접근할 때의 불문율은 먼저 온 차량이 먼저 지나가는 것이다. 멈춤에 들어선 첫 번째 차량이 사실상 교차로에 대해 잠금을 하게 된다. 잠금은 또한 웹브라우저 프로그램들을 개선하기 위해 사용된다. 웹브라우저가 실행을 멈추고 잠금을 해제할 때까지 프로그램을 갱신하려는 시도는 일어나지 않도록, 실행중인 웹브라우저는 자신의 프로그램에 대해 잠금을 한다. 이러한 잠금이 없다면, 웹브라우저의 실행과 갱신 관리는 저장된 웹브라우저 프로그램에 대한 경쟁조건을 만들어내게 된다.

일련의 잠금 과정은 TOCTOU 조건 문제를 제거해주지만, 동시성에 대한 제약으로 어려움을 겪게 된다. 다섯 명의 사람들이 동시에 하나의 온라인 경매 물건에 입찰을 한다면, 그들 중의 한명이 이 물건에 대해 잠금을 걸게 될 것이고 다른 사람들은 첫 번째 사람이 입찰을 끝내고 잠금을 해제할 때까지 입찰을 진행할 수 없게 된다. 이러한 잠금은 일부 동시성을 효율적으로 금지하게 된다.

일련의 잠금 과정에 의해 겪게 되는 보다 심각한 어려움은 **데드락**(deadlock)으로 알려져 있다. 프로세서들이 자원에 대해 계속해서 진행할 수 없는 방법으로 잠금을 할 때 데드락이 발생하게 된다. 예를 들어, 켈리와 데릭은 각각 카산드라 및 마이크와 독립적인 3자간 전화회의를 정하려고 한다(그림 11.13 참고). 단계2에서 켈리는 마이크에 연결하고, 그 사이에 데릭은 카산드라에 연결한다. 단계3에서 켈리와 데릭이 나머지 사람에게 전화를 걸려고 시도할 때, 그들은 실패하게 된다. 이는 나머지 사람들은 이미 다른 전화회의에 들어갔기 때문에, 그들의 전화는 이미 실제로 잠겨있게 되고 다른 전화를 받을 수 없기 때문이다.

프로세서들이 다른 프로세서들에 의해 잠겨있는 자원에 대한 접근을 가지지 못하면 실행을 계속할 수 없는 방법으로 자원에 대해 잠금을 했을 때 데드락이 발생하게 된다. 이 경우에 카산드라의 전화는 데릭에 의해 잠긴 자원이 되고 마이크의 전화는 켈리에 의해 잠긴 자원이 된다. 이러한 전화들 각각은 실제로 잠기게 되어서 켈리 또는 데릭이 그들의 전화를 끊기로 결정할 때까지 3자간 전화회의는 어느 쪽도 이루어질 수 없다(예, 그들의 잠금을 해제한다).

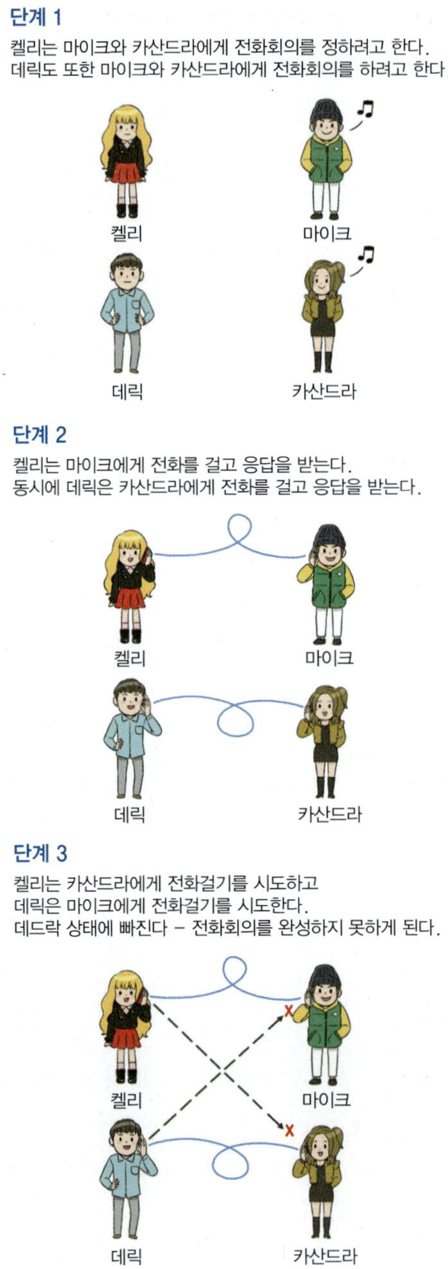

그림 11.13 동시적인 전화회의를 시도할 때 생기는 데드락(교착상태)

그리드락(grid lock)이라는 용어는 교통량에 데드락이 발생할 때 일반적으로 사용된다.

그림 11.14는 그리드락의 예를 설명한다. 여섯 대의 차량을 프로세서로 간주하고 거리 구역을 자원으로 간주해 보자. 한 대의 차량이 거리의 한 구역을 차지하면 그 차량이 그 거리구역에 대한 잠금을 가지게 된다. 그림에서 각각의 차량은 다른 차량이 앞으로 나아가기 위해 필요한 도로의 일부를 차지하고 있다. 어느 차량도 앞으로 움직일 수 없는 여섯 대의 차량은 데드락이 된다.

진짜 데드락은 하나 이상의 자원을 해제하지 않고는 프로세서들이 실행하는 것이 불가능할 때 발생한다. 그 영향은 그림 11.14의 차량과 같이 어떤 프로세서들도 진행할 수 없게 된다는 것이다. 종종 동시성이 진짜 데드락을 만들어 내지는 않지만, 일부 프로세서들에겐 여전히 데드락이 발생할 것 같다. 예를 들어, 비록 더 공격적인 운전자에게는 충분한 공간이 된다고 할지라도, 혼잡한 고속도로의 진입차선에 들어가려는 소심한 운전자에게는 더 나아가는 것이 불가능하다고 생각할 수 있다.

그림 11.14 그리드락 상태에 있는 6대의 자동차

비록 데드락이 아닐지라도 소심한 운전자는 데드락과 동일한 영향을 받게 된다. 프로세서들은 데드락 상태에 있지 않기 때문에, 이런 상황은 **라이브락**(live lock)이라고 하는데, 하지만 하나의(또는 아마도 더 많은) 프로세서가 영원히 효과적으로 차단된다.

라이브락은 컴퓨터 시스템에서 프로세서들이 자원을 공평하게 부여받지 못할 때 발생한다. 시스템의 자원이 꽤 많이 사용될 때, 어떤 특정한 프로세서나 특정한 작업은 때때로 낮은 우선순위가 배정되어서 결코 더 이상 진행되지 못하게 된다.

11.6 언제 이 내용을 사용할 것인가?

구글에서 “분산 컴퓨팅”과 “멀티프로세서 컴퓨터”라는 문구를 검색해보면 과거 10년간의 가장 중요한 발전들 중의 두 가지를 발견하게 된다. 어디에서나 인터넷과 휴대폰 네트워크를 사용할 수 있게 되면서, 상호 연결된 컴퓨터들을 활용하여 일반적인 문제를 해결하기 위한 셀 수 없이 많은 가능한 방법들이 나타나게 되었다. 시카고 근처로 운전할 때 스마트폰의 GPS 앱을 사용하는 것을 생각해보자. 시카고의 특정한 거리의 교통량이 어떻게 흘러가고 있는지를 예측하기 위한 구체적인 목적으로 설계된 앱에서는 동시성의 장점을 활용하여 동일한 거리 부근에 있는 여러분과 다른 사용자들로부터 정보를 수집할 수도 있다. 이러한 정보는 어느 거리가 목적지까지 가장 빠른 경로를 제공하는지에 대한 조언이 되는데, 여러분의 GPS상에 표시되도록 전달된다.

이런 식으로 GPS를 사용하는 것과 같은 종류의 동시적인 사고는 여러 명의 사람들이 연관되어 동시적인 결정을 하는 게임에서도 또한 더 많은 성공을 할 수 있게 된다. 이와 같은 다중 사용자 게임은 모든 경쟁자들이 동시에 변화하고 적응하는 환경에서 각각의 회사가 성공하기 위해 노력하는 비즈니스 세계와 그렇게 다르지 않다.

최근에 연구자들은 복잡한 문제를 해결하기 위한 수단으로서 **크라우드 소싱**(crowd sourcing)로 알려진 개념을 사용하여 연구를 수행하기 시작했다. 크라우드 소싱 해법에서 사람들은 동시성 프로세서의 역할을 하게 된다. 그룹(크라우드)에 있는 모든 사람들은 동일한 문제가 주어지고 문제를 해결하는 과정에서 집단적으로 공유하게 된다. 아마도 누군가 다른 사람의 접근법에서 잘못을 알아내거나 또는 어쩌면 어떤 사람이 그 문제의 일부를 해결하기 위한 보다 효율적인 방법을 제안할 수도 있다. 요점은 결코 동시성 프로그램을 작성하거나 또는 수퍼컴퓨터를 운영해보지 않았다고 할지라도, 동시성의 잠재력과 한계점을 이해하는 것이 새로운 발견을 위한 풍부한 기초를 제공해준다는 것이다. 크라우드 소싱은 동시성의 개념이 비기술적인 방식으로 사용되는 하나의 수단이다.

참고문헌

1. *Science Daily*, 2002. http://www.sciencedaily.com/releases/2002/10/021022070813.htm. October 22(Accessed Dec. 5, 2013).
2. Piani, C., Frame, D. J., Stainforth, D. A., and Allen, M. R. “Constraints on Climate Change from a Multi-Thousand Member Ensemble of Simulations.” *Geophysical Research Letters* 32(23)(2005). L23825

주요용어

경쟁조건(race condition)
그리드 컴퓨팅(grid computing)
기후예측닷넷(climateprediction.net: CPDN)
다중코어 프로세서(multicore processor)
데드락(deadlock)
동시성(concurrency)
라이브락(live lock)
병렬 실행(parallel execution)
분산컴퓨팅(distributed computing)
수퍼컴퓨터(supercomputer)
스케쥴링(scheduling)
자원에 대한 잠금(lock of a resource)
정렬 알고리즘(sorting algorithm)
정렬 연결망(sorting network)
코어(core)
클라우드 컴퓨팅(cloud computing)
톡토우 조건(TOCTOU condition)
페타플롭(petaflop)
폴딩엣홈(folding@home)

연습문제

1. 그림 11.4는 8개의 팀의 단일 예선 토너먼트를 위한 대전 편성표를 보여준다. 8개가 아닌 24개의 팀이 경기를 한다면 이 편성표가 어떻게 바뀌어야 할지 생각해보아라.

a. 토너먼트에 대한 다이어그램을 그려라.

b. 동시성을 극대화하기 위해서 얼마나 많은 경기장이 필요한가?(모든 경기는 동일한 종료 시간이 필요하다고 가정하고, 이전 라운드의 승자가 결정될 때까지 한 라운드를 위한 경기는 시작할 수 없음을 기억하라.)

c. 24개 팀의 토너먼트에 대한 그림 11.3과 유사한 시간 맞춤 도표를 그려라.

d. 단일 축구 경기장에서 이 토너먼트의 경기가 진행된다면 성능 이득은 얼마인가(몇 배 더 빠른가)?

2. 단일 예선 토너먼트 예는 데이터 값들의 모음에서 최대값을 찾는 탐색 알고리즘과 아주 많이 비슷하다(토너먼트의 각 경기를 비교의 최대값인 승자와의 비교로 생각해 보아라).

a. 비교당 하나의 시간 단위를 사용하고 다른 모든 것들은 무시할 수 있는, 최대값을 계산하는 알고리즘의 성능을 평가한다면, 비동시적인 알고리즘은 100개의 수들 중에서 최대값을 찾기 위해서 99개의 비교를 필요로 한다. 동시적인 알고리즘은 동일한 100개의 수에 대하여 얼마나 오래 걸릴까?(단일 예선 토너먼트와 유사한 모델을 사용하여 동시적으로 비교가 이루어져야 한다는 것에 주목하라.)

b. 파트(a)에서 설명한 성능을 가정하고 최대값을 찾는데 걸리는 시간 정도로 최소 값을 찾을 수 있도록 프로세서를 사용하는 방법을 설명하여라.

3. 세 가족(Riley, Hunt, Singh)은 각각 새로운 집을 구매하기를 원한다. 각 가족은 이미 집을 소유하고 있기 때문에, 그들은 새로운 집에 대한 구매를 완료하기 전에 그들의 집을 팔기를 원한다. 부동산 중개업자들은 우발사고조항이 있는 조건부 제공의 형태로 이런 종류의 활동을 지원한다. 이런 제공은 한 가족이 소유하고 있는 집이 먼저 팔린다면 새로운 집을 구매하는데 동의한다는 법적 계약이다. 세 가족이 우발사고조항 조건부 제공을 사용함으로서 어떻게 데드락을 끝낼 수 있는지 설명하여라. 일단 데드락이 발생했다면 어떻게 데드락이 해결될 수 있는가? 최초에 어떤 정책이 금지되었었던 것인가?

4. 위에서 아래로 다음과 같은 값의 순서(8, 3, 1, 7, 2, 5, 4, 6)를 가정하고 그림 11.10의 정렬 연결망의 동작을 추적해 보아라. 각 화살표의 방향으로 흘러가는 값을 가지고 꼭 주석을 달아라.

5. 그림 11.10의 정렬 연결망이 단지 6개의 값에 대해서만 동작하도록 다시 그려라.

6. 다음은 이 장에서 나타낸 것과 다른 연결 구조를 가진 6개의 값을 위해 제안된 정렬 연결망이다. 이 연결망이 제대로 정렬하는가?

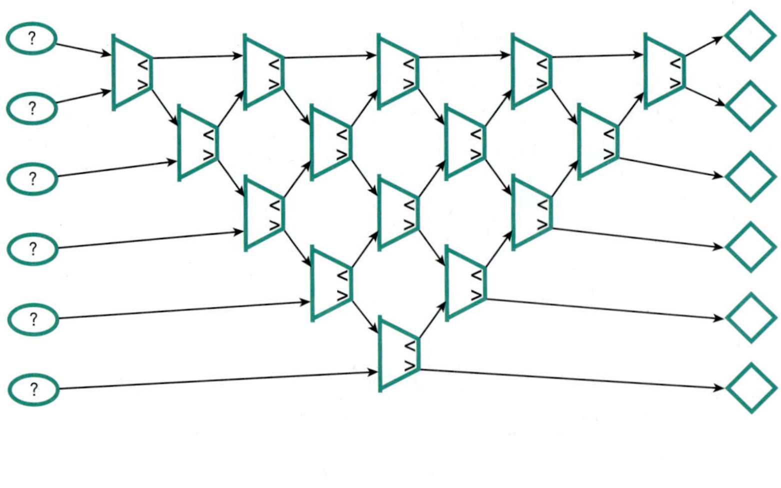

CHAPTER 12

정보 보호

너무 확신하는 보안 때문에 파멸하지 말고 너무 불안해하는 걱정들을 더 경멸하여라.

– 에드먼드 버크(영국 정치인)

학습목표

- 기본적인 보안 관련 어휘에 친숙해진다.
- 보안이 기밀성, 무결성, 가용성의 3개의 구성요소를 가지고 있음을 이해한다.
- 바이러스, 악성코드, 스푸핑, 릴레이 공격, 네트워크 스니핑, 스패밍, 어깨너머로 훔쳐보기, 휴지통 뒤지기, 신원 도용, 서비스 거부, 사회공학, 피싱을 포함하여 사이버 범죄의 일반적인 형태를 이해한다.
- 일반적으로 사용되는 인증 기술들과 이들이 어떻게 동작하는지를 이해한다.
- 두 단계 인증과 이것이 어떻게 더 나은 보안을 제공하는지를 이해한다.
- 읽기, 쓰기, 실행, 그리고 소유 인가 사이의 차이를 이해한다.
- 보안 목적을 위해 사용되는 ID의 유일성에 대한 필요를 이해한다.
- 피해의 잠재적인 비용과 침해의 가능성의 두 부분의 등급으로서 위험을 설명할 수 있다.
- 단방향과 양방향 암호, 방화벽, 안티바이러스 소프트웨어, 소프트웨어 갱신, 파일 백업, 그리고 로그 파일을 포함하여 일반적인 완화 전략을 사용하는 목적과 시점을 이해한다.
- 가장 약한 연결부 보호하기, 공격 외관 줄이기, 철저하게 방어하기, 구획으로 나누기, 그리고 쉽게 신뢰하지 않기를 포함하여 몇 가지 기본적인 보안 원리를 인지하고 적용할 수 있다.
- 개방성이 어떻게 보안에 기여하는지 이해한다.

이 책의 첫째 장부터 컴퓨터 과학자들이 어떻게 생각하는지에 대해서 얘기해왔다. 불행하게도 소수의 컴퓨터 과학자들은 사회에 해를 끼치는 곳에 그들의 능력을 사용하고 있다. 문제는 컴퓨팅 기술이 어려움을 해결하는데 사용될 수 있듯이 또한 훔치거나 파괴하는데 사용될 수도 있다는 것이다. 이것은 컴퓨터와 관련된 보안의 중요성을 높여왔던 기술의 남용에 대한 가능성이다.

보안은 현실에서 선과 악 사이의 현대적인 싸움이다. 인터넷을 통해서 타인을 공격하는 사람들이 계산적인 사고를 사용하게 되는 것이다. 계산적인 사고는 또한 이러한 위협에 대응하는 보안 시스템을 구축하기 위해서 사용되며, 기술의 시대에 우리 모두는 우리 자신을 보호하기 위해서 계산적으로 사고할 필요가 있다.

12.1 보안이란 무엇인가?

우리 조상들의 농업 공동체에서, 보안은 파괴나 절도로부터 농작물을 보호하는 것이었다. 산업혁명이후 제조업자는 기계뿐 아니라 발명품에 대한 설계도와 고안을 보호하는 것을 고민하였다. 많은 사람들이 현재의 세상을 정보시대로 호칭하고 있듯이, 고안과 설계 이외에도 메시지, 블로그, 트윗을 저장하기 위한 방법들이 개발되었다. 그리하여 **정보 보호**(information security)가 가장 중요한 주제가 된 것은 놀랄 일이 아니다. 하지만 정보 보호 또는 컴퓨터 보안에 대해 얘기할 때, 우리는 정확히 무엇을 의미하고 있는 것인가?

마지막 질문에 답하기 전에, 약간의 기본적인 용어를 살펴볼 필요가 있다. 이러한 어휘는 **자산**(asset)이라는 개념으로 시작하는데, 이것은 보호를 필요로 하는 대상이다. 우리의 자산에 잠재적으로 해를 끼칠 수 있는 사람을 **공격자**(attacker)라고 한다. 자산이 쉽게 공격받는 방식을 **취약점**(vulnerabilities)이라고 하고, 취약점을 상쇄하거나 감소시키려는 어떤 시도를 **완화**(mitigation)라고 한다. 보안 시스템(security systems)은 취약점을 완화시키기 위해 명백히 설계된 절차, 정책, 장치, 그리고 일련의 과정들이다. 공격자의 목적은 자산을 바람직하지 않은 방법으로 다룸으로써 취약점을 나쁘게 **이용**(exploit)하는 것이다. 취약점에 대한 어떤 가능한 이용도 자산에 대한 **위협**(threat)이 되며, 성공적인 취약점 이용(실질적인 손해를 끼치는 것)을 **침해**(breach)라고 한다.

이러한 개념을 설명하기 위해서, 미국 서부가 개척된 직후 카우보이 시절을 생각해보자. 카우보이의 주요 자산은 그가 보호하는 소였다. 카우보이는 공격자들을 "소도둑"이라고 부른다. 소들은 도난, 상해, 살해에 취약한데, 동물을 상해하는 것은 소도둑에게 실질적인 가치가 없기 때문에 아마도 가장 큰 위협은 도난이었다. 카우보이들에게는 울타리를 만들고 동물에게 소유자를 증명하는 기호로 낙인을 찍는 것을 포함하여 도난의 위협을 완화하기 위한 다양한 방법이 있었다. 카우보이들은 말을 타고 소치는 사람 주변을 순찰을 했기 때문에 자신들도 또한 보안 시스템의 일부였다. 불행히도 소도둑은 여전히 보안 시스템에서의 취약점을 나쁘게 이용하는 방법을 찾아내었고 관리되지 못하는 소를 훔쳐 달아났다.

카우보이의 예는 모범이 되는 표현형식으로 유용할 것 같지만, 이 책에서는 이를 컴퓨터에 저장된 정보에 적용할 것이기 때문에 우리는 보안에 더 많은 흥미가 있다. 이러한 문맥에서 취약점들은 훨씬 더 다양하고 복잡하다. 그러나 카우보이에 관련된 일부 동일한 위협들은 여전히 들어맞는다.

공격자가 단순히 컴퓨터를 훔쳐갈 수 있기 때문에 **물리적 보안**(physical security)은 하드웨어 장치를 보호하는 것을 가리킨다. 정보는 특정한 장치에 저장되어 있기 때문에, 물리적 보안의 가장 큰 자산은 아마도 하드 디스크, 플래쉬 메모리, CD, DVD가 된다. 물리적 보안의 취약점을 이용하는 것은 일반적으로 공격자의 편에서는 기술적인 복잡도가 별로 없다. 예를 들어, 비밀번호는 다음의 모든 방법들을 통해서 도난당하게 된다. (1) 희생자의 사무실에 있는 문서로부터 비밀번호를 읽어내는 것, (2) 희생자가 로그인하는 것을 지켜보는 것, (3) 희생자의 휴지통내에서 비밀번호를 알아내는 것, 그리고 (4) 로그인 한 채로 자리를 떠난 컴퓨터상에서 희생자가 생성했던 파일로부터 비밀번호를 수집하는 것이다.

2010년 전자범죄 감시 조사에는 미국의 531명의 보안 전문가들의 응답이 수집되었다[1]. 이 조사에서 밝혀진 것들 중 일부는 다음의 것들이 포함된다.

1. 응답자의 60 퍼센트는 작년에 적어도 한 번의 사이버 보안 사건을 경험하였다. 이러한 사건의 평균 회수는 응답자당 5번이었다.
2. 사이버 범죄로 인한 전체 금전상의 손실은 2억 달러 이상이었다.

좋은 문제해결은 어떤 어려움이든지 근본 원인을 찾는 것이며, 정보 위험성은 3개의 원인중 하나로 거슬러 올라가 조사될 수 있다.

1. 하드웨어 결함
2. 소프트웨어 결함
3. 사람의 결함

예전의 카우보이들은 말의 안장이 고장 나거나 총을 쏘는데 문제가 생기거나 또는 말이 사람을 완강하게 거부할 때마다 하드웨어 결함을 다루어야만 했다. 카우보이들은 또한 누군가 소의 위치를 잊거나 방향감각을 잃어버릴 때마다 사람의 결함을 잘 다루었다. 하지만 카우보이들은 소프트웨어가 끌어들인 취약점에 대해서 걱정할 필요는 없었다. 컴퓨터 소프트웨어의 최신 기술은 몇 천라인의 코드마다 결함이 예정되어 있다. 이러한 결함들 대부분은 결과적으로 중대한 보안 취약점은 아니지만 일부는 취약하다. 사용자는 응용 소프트웨어와 운영체제 소프트웨어 양쪽 다에서 적은 수의 위협들이 발생하고 있다는 것을 예상할 수 있다.

컴퓨터가 새로운 내용을 받아들일 때마다 그 내용이 하나 또는 다른 종류의 취약점을 허용하고 있을 가능성은 항상 있다. 보안 전문가들은 이러한 일련의 외부 전달 과정을 **매개체**(vector)라고 부른다.

역사적으로 영화에서는 카우보이를 두 개의 집단으로 나뉘고 있다. 착한 카우보이들은 일반적으로 말끔히 면도를 하였고 잘 생겼으며, 반면 나쁜 카우보이들은 종종 다소 덥수룩한 수염에 불건전해 보였다. 이런 서부 영화의 또 다른 흥미있는 특징은 나쁜 카우보이들이 거의 항상 검정 모자 차림이었고 반면 선한 카우보이들은 흰색 모자를 자랑한다는 것이었다.

현재 우리는 보안 관점에서 좋은 행위를 가리키기 위해서 **흰색 모자**(white hat)라는 말을 쓰고, 바람직하지 않은(공격자 같은) 행위에 대해서 **검정 모자**(black hat)라는 말을 쓴다.

많은 기술들처럼, 매개체는 검정 모자 또는 흰색 모자 용도로 사용될 수 있다. DVD는 새로운 소프트웨어를 설치하거나 비디오를 재생하기 위해서 사용될 수 있다. 이는 흰색 모자로 사용하는 것이다. 그러나 DVD는 또한 해적판 음악을 전달하거나 컴퓨터 바이러스를 전달하는 것 같은 검정 모자로도 사용하기에 효과적인 매개체이다.

실제로 정보 보호는 네트워크가 출현하기 전까지 중대한 관심사로 보이지 않았다. 인터넷에서 정보 취약점이 불거진 많은 이유들이 있다. 공격자를 위한 편리한 매개체를 제공하는 것 이외에도 인터넷은 컴퓨터를 다른 컴퓨터와 서버로 연결을 시키는데, 이들 각각은 자신만의 소프트웨어 결함과 불충분한 물리적 보안을 가지고 있다. 게다가 인터넷이 의존하는 통신 프로토콜은 일반적으로 특별히 안전하게 설계되지는 않았다. 네트워크에 본질적인 또 다른 취약점은 네트워크가 나쁘게 이용될 수 있는 방식으로 설정될 수 있다는 것이다. 이런 모든 것들은 세상의 다른 쪽에 있는 공격자가 여러분의 정보를 성공적으로 훔쳐가거나 손상시킬 수 있다는 것을 의미하는데, 이는 인터넷이 설계된 방식 때문이거나 제 3국에 있는 어떤 인터넷 서버의 결함 때문이거나 어떤 네트워크 관리자가 실수로 보안 제한을 올바로 설정하는 것을 잊었기 때문이거나 또는 단지 사무실 문을 잠그는 것을 잊었기 때문이다. 중요한 것은 기술을 검정 모자로 사용하는 선택은 방대하고 인터넷은 하나의 원인이 되는 요소라는 것이다.

12.2 기초 토대

계산적 사고에서는 어떠한 새로운 문제도 주의 깊게 분석되어져야 한다. 그러므로 우리는 보안을 구성하고 있는 것들에 대한 논쟁을 숙고함으로써 시작하려고 한다. 우리가 안전하다고 말한다면, 이것은 실제로 무엇을 의미하는 걸까?

이러한 의문을 연구해온 보안 전문가들은 보안의 3가지 특징을 구분하고 있다. 우리는 이것을 정보 보안의 기둥으로 생각할 수 있다. 정보가 안전해지기 위해서는

1. 기밀성이 있어야만 한다.
2. 무결성을 가져야만 한다.
3. 사용가능해야만 한다.

즉, 완벽한 정보시스템은 이러한 기밀성, 무결성, 이용가능성의 3가지 면을 제공해야만 한다(그림 12.1).

기밀성이 있으려면 정보에 대한 접근이 적절히 제한되어야만 한다. 권한이 있는 사람, 프로세스, 또는 장치만이 매우 안전한 시스템을 통해서 접근이 허용된다.

정보가 무결성을 가진다고 말하는 것은 그 정보가 믿을 수 있고 신뢰할만한 가치가 있다는 것을 의미한다. 우리는 정보가 어떤 식으로든 훼손되지 않았을 때 무결성을 가진다고 말한다. 따라서 무결성은 컴퓨터 네트워크로 인해 다소 더 복잡해진다. 인터넷에 의해 연결된 세상에서는 정보가 자유롭게 옮겨 다니고 있고 정보에 대한 책임감이 중요해졌다. 우리는 정보를 2개의 부분으로 간주할 수 있는데, 이는 저장된 데이터와 그 데이터에 대해 책임을 가지는 관계자이다("책임이 있는 관계자"라는 문구에 의해서 우리는 사람, 프로세스, 또는 장치를 가리킬 수 있다). e메일 메시지를 보내기 위해서, e메일 내용과 e메일을 보낸 개인 둘 다를 아는 것이 중요하다. 유사하게, 인터넷을 통해 데이터 패킷을 보내기 위해서, 그 패킷에 포함된 데이터와 또한 그 패킷을 보낸 컴퓨터의 출처를 아는 것은 중요하다.

두 개의 부분으로 되어있는 이러한 정보의 특징은 결과적으로 두 가지 유형의 무결성을 나타내는데, **데이터 무결성**(data integrity)과 **소유자 무결성**(owner integrity)이다. 이들 각각은 완전한 무결성을 확증하는 것이 필요하다.

그림 12.1 정보의 3가지 기초적인 외관

데이터 보존을 위한 무결성은 정보의 내용(데이터)이 올바른 값으로부터 변경되지 않았다는 것을 의미한다. 우리는 사람, 프로세스 또는 장치를 나타내기 위하여 **소유자**(owner)라는 단어를 사용한다. 이런 소유권이 올바로 확인되었을 때 정보는 소유자 무결성을 가진다고 한다.

소유권에 관한 주제는 종종 그렇게 단순하지가 않다. 때때로 정보는 익명성을 가진다. 즉, 어느 누구도 소유권을 주장하지 않는다. 정반대는 여러 사람이 소유권을 주장할 경우이다. 아이들은 각자가 나머지 모두에 잘못이 있다고 주장할 때 소유권의 중복을 사용한다.

신원증명이 없이는 소유자가 존재할 수 없고, 소유자가 없으면, 소유권 무결성은 의미가 없다. 그러므로 보안 시스템은 신원증명에 의존하게 된다. 자산을 소유하고 있는 모든 사용자, 모든 프로세스, 모든 장치는 보안 시스템 내에서 유일한 신원증명이 필요하다. e메일 주소, 사용자 계정 ID, 인터넷에 연결된 컴퓨터들을 구별하기 위해서 사용하는 IP주소는 모두 식별자들이다. 여러분이 e메일 주소가 없다면 e메일을 받을 수 없다. 사용자 ID가 없다면 네트워크 서버에 로그인할 수 없다.

보안(security)이라는 단어를 들으면 첫 번째로 기밀성과 무결성이 떠오르지만, 실제로 정보를 보호하기 위해서 이런 두 개의 속성들은 충분하지 않다. 여러분의 신용카드 번호, 날짜, 보안코드를 다른 사람들이 알지 못하도록 카드가 보호되어 있다면, 기밀성이 있다고 결론을 내릴 수도 있다. 만일 신용 카드가 손상되지 않았고 원래의 번호가 여전히 완전하고 어느 누구도 자신의 카드라고 주장하지 않는다면, 그 카드는 무결성을 가진다. 하지만 이 카드를 찾을 수 없고 또한 그 번호를 기억하지 못한다면, 카드의 보안에 대해 걱정하는 것이 당연하다. 신용카드에 대해서 문제가 되는 보안의 이러한 측면을 **가용성**(availability)이라고 한다. 정보가 사용가능하지 않다면, 실제로 안전할 수 없다.

보안에서 기밀성, 무결성, 가용성의 역할에 대한 또 다른 예는 휴대전화의 사용을 생각할 수 있는데, 공급자가 안전한 시스템을 제공하는 것이 무엇을 의미하는지에 대한 것이다. 분명히 우리는 대화를 듣도록 의도한 사람들만이 들을 수 있도록 우리의 휴대전화 대화의 기밀이 유지될 것으로 기대한다. 또한 우리의 휴대전화가 정확한 음성전송의 형태를 가지고 무결성을 제공할 것으로 기대한다. 우리는 데이터 무결성을 위해서 음성의 정확성에 의존한다. 또한 우리가 목소리로 통화의 상대방을 식별할 때 소유자 무결성을 위해서도 어느 정도까지는 음성에 의존한다. 물론 소유자 무결성은 또한 수신되는 호출의 송신자 ID 정보를 확인함으로써 이루어질 수도 있다. 가용성을 지원하는 것은 전화 공급자의 기지국이 적절히 동작하는지, 전송 채널이 충분한 용량을 가지는지, 전파의 유효 도달 범위가 충분한지에 의존하게 된다.

정보 보안의 3가지 기초 토대는 또한 일반적인 보안에도 적용된다. 범죄자의 행동은 이와 유사하게 분류될 수 있다. 예를 들어, 다른 사람인척 하는 것과 위조는 소유자 무결성에 대한 범죄이고, 훼손행위와 살인은 데이터 무결성에 대한 범죄이고, 절도는 가용성 및 기밀성에 대한 범죄이다.

12.3 사이버범죄의 일반적인 형태

정보보호는 검정모자 공격자들과 그 외의 사람들 사이의 경쟁으로 간주될 수 있다. 불행히도 공격자들은 많은 이점들을 가지고 있다.

1. 검정모자들은 비열한 경기를 할 수 있지만, 흰색모자들은 규칙에 따라 경기를 해야 한다.
2. 검정모자들은 어느 취약점을 이용할지 선택하지만, 흰색모자들은 모든 취약점들을 보호해야 한다.

3. 검정모자들은 공격할 시간을 선택하지만, 흰색모자들은 잠을 자지 않고 지켜야 한다.

4. 검정모자들은 새로운 공격을 만들어낼 수 있지만, 흰색모자들은 이전의 방법들만 알고 있다.

설상가상으로 많은 컴퓨터 과학자들이 공격자처럼 사고할 수도 있다는 것은 의외로 어렵다. 이것은 주로 훌륭한 소프트웨어 기술자는 소프트웨어가 작동하도록 만드는 데만 집중하기 때문이다. 소프트웨어의 취약점을 이용하는 것은 반대되는 관점이다. 이러한 흰색모자-검정모자의 구별에 반응해서 많은 소프트웨어 개발 회사들은 자신들이 개발한 프로그램의 보안을 검토하기 위하여, 외부 회사에 돈을 주고 의뢰를 하든지 또는 별도의 팀을 꾸리고 있다. 이러한 보안 전문가들은 **보안 보장**(security assurance)이라는 것을 책임지고 있는데, 즉, 보안 시스템들이 충분히 튼튼하다는 것을 보장하는 것이다.

여러분이 보안 전문가이든지 또는 일상적인 컴퓨터 사용자이든지 간에 보안 보장에서의 첫 번째 단계는 검정 모자를 이해하는 것이다. 즉, 우리 모두가 공격자처럼 사고할 수 있다는 것은 유익하다. 새로운 공격 방법을 고안해 낼 수 있는 능숙한 일부 공격자들이 있는 반면, 대다수의 공격자들은 훨씬 덜 세련되어 있다. 인터넷에는 공격을 준비하기 위해 사용하기 쉽고 무료인 셀 수 없을 만큼 많은 도구들이 있기 때문이다. 공개된 공격용 소프트웨어를 사용하는, 최소한의 컴퓨터 지식을 가진, **아마추어 해커**(script kiddies)들에게 특별한 목적은 없는 것 같다. 이러한 아마추어 해커들은 종종 악의적이고 때때로 단순히 호기심 차원이지만, 이들은 항상 위협이 된다. 폭넓은 지식을 가진 컴퓨터 사용자는 아마추어 해커의 공격을 막을 수 있다. 경계를 북돋아줄 첫 번째 단계는 일반적으로 사용되는 공격의 종류를 이해하는 것이다. 이 절에서 우리는 이러한 공격들을 조사하고 12.4절에서 완화책을 찾아볼 것이다.

애석하게도 인터넷 보안 공격의 횟수는 거의 인터넷 자체만큼 급속히 증가했다. **사이버 범죄**(cybercrime)라고 불리는 새로운 형태의 범죄는 이러한 공격들을 설명하고 있으며, 국제 법률제도는 이러한 공격자들을 따라 잡으려고 여전히 노력하고 있다. 범죄자들 중에는 기술적으로 재능이 있는 공격자들과 아마추어 해커들이 있다. 그들이 사용하는 도구들의 대부분은 악성코드로 알려진 컴퓨터 프로그램들이다. 악성코드는 사실상 흰색모자의 의도까지 포함해서 여러 가지 목적을 위하여 설계될 수 있다.

공격자들이 여러분의 컴퓨터에서 그들의 악성코드를 실행하도록 할 때 수많은 취약점을 이용하게 된다. 일반적으로 컴퓨터에서 어떤 특별한 프로그램이나 데이터의 수신을 예상하고 있지만 실제의 수신이 공격자의 의해 훼손되었을 때 그런 취약점 이용이 발생하게 된다. 설치 소프트웨어 파일을 내려 받거나 또는 첨부된 e메일을 수신할 때 악성코드가 포함될 수가 있기 때문에 사용자들은 공격받기 쉽게 된다.

대부분의 널리 알려진 유형의 악성코드는 분명히 **컴퓨터 바이러스**(computer virus)이다. 생물학적 바이러스가 동물들을 감염시키는 것처럼 컴퓨터 바이러스는 여러분의 컴퓨터를 감염시킨다. 바이러스 감염으로부터 초래된 피해는 단순한 경고 메시지에서부터 전체 디스크를 삭제하는 것까지 다양하다.

인터넷을 통해 유포된 첫 번째 바이러스들 중의 하나는 **모리스 웜**(Morris Worm)이다. 1988년 로버트 모리스(Robert Morris)라는 코넬대 학생은 인터넷의 크기를 측정하려고 바이러스를 만들었다. 어림잡아서 그 시점에서 인터넷에 연결된 컴퓨터들의 10%가 감염되었고 결과적으로 천만 달러 이상의 비용이 발생했다고 한다. 모리스는 컴퓨터 사기 및 남용 행위로 유죄선고를 받은 첫 번째 사람이 되었다.

생물학적 바이러스와 컴퓨터 바이러스 양쪽 모두에 공통적인 또 다른 특징은 퍼져나갈 수 있다는 것이다. 컴퓨터 바이러스는 하나의 컴퓨터를 감염시킨 다음에 자기 자신을 다른 컴퓨터들로 퍼뜨리도록 설계되어 있다.

앞서 언급하였듯이, 일반적으로 악성코드는 데이터 무결성 침해를 초래한다. 그러나 다른 일반적인 공격들은 또한 소유자 무결성의 침해로부터 발생할 수 있다. 그런 공격들은 **스푸핑**(spoofing)이라고 한다. 위조된 응답 주소를 가진 e메일 메시지나 또는 잘못된 발원지 주소를 가진 네트워크 패킷이 스푸핑의 예들이다. 또한 공격자들은 자신의 컴퓨터가 아닌 다른 컴퓨터에서 전송이 시작된 것처럼 보이도록 하는 **릴레이 공격**(relay attack)을 개시할 때 스푸핑을 사용한다.

네트워크 스니핑(network sniffing)은 기밀성을 침해하는 일반적인 인터넷 공격이다. **네트워크 스니퍼**(network sniffer)라는 컴퓨터 프로그램은 네트워크상의 정보를 가로채고 이를 공격자가 볼 수 있도록 설계되어 있다. 인터넷 메시지들은 유선과 무선을 통해 전송되고 종종 **평문**(plaintext) 형태로 전송되기 때문에 네트워크 스니핑은 부분적으로 가능하다. 이는 2장에서 논의된 것처럼 단순한 데이터 부호화를 사용한다는 것을 의미한다. 공격자를 포함해서 메시지를 가로챌 수 있는 어느 누구라도 쉽게 평문 데이터를 복호화 할 수 있다.

두 가지 덜 세련된 형태의 기밀성 침해는 **어깨너머로 훔쳐보기**(shoulder surfing)와 **휴지**

통 뒤지기(dumpster diving)라는 것이 있다. 이러한 공격들은 그 명칭이 적절히 설명을 하고 있다. 어깨너머로 훔쳐보기는 누군가가 기밀 정보를 주시하고 있을 때 발생한다. 예를 들어 공격자가 누군가가 비밀번호를 입력할 때 지켜보거나 심지어 비디오로 촬영할 수 있다. 휴지통 뒤지기는 폐기될 예정이었던 기밀 자료를 훔치는 행위이다.

> 대부분의 기업 첩보활동은 보고되지 않지만, 2000년부터 휴지통 뒤지기에 대해 잘 공표된 사례가 있는데, 오라클이 의뢰한 비밀 연구 법인이 마이크로소프트의 잡동사니를 구매하려고 시도했다는 것이다.

인터넷은 또한 가용성 공격을 흔하게 만들었다. 이런 공격들 중에서 많은 것들이 **서비스 거부 공격**(DoS: denial-of-service attack)이라고 불리는데, 이는 그 목적이 누군가나 또는 어떤 장치가 인터넷으로부터 정보를 받거나 보내지 못하게 억제하는 것이기 때문이다. 이런 공격들은 종종 여러분의 친구들 다수가 동시에 커다란 첨부물들을 가진 e메일을 희생자에게 보내도록 하는 방식의 낮은 기술들인데, 결국 희생자 개인의 메일함이 가득차서 더 이상의 e메일을 수신하지 못하게 만든다. 보다 세련된 DoS 공격은 인터넷 서버들이나 또는 라우터들을 방해할 목적으로 정보의 흐름을 차단하기 위해서 개시된다.

비록 의도한 바가 아닐지라도 스팸조차도 약한 형태의 DoS로 간주할 수 있다. **스팸**(spam)이라는 용어는 요청하지 않은 e메일을 가리키는데 인터넷상의 쓰레기 메일로 간주된다. 스팸을 받을 때마다 이로 인해 최소한 서비스가 느려지고 여러분의 시간이 낭비되는데, 심지어 대량의 스팸은 서비스를 거부하게 만드는 것으로 간주된다.

지금까지 기밀성에 대한 우리의 논의는 **프라이버시**(privacy)라는 관련 있는 개념을 피해왔다. 보안 용어에서 프라이버시는 하나의 자산으로 간주된다. 각 개인은 프라이버시에 대한 권리를 갖는다. 여러분은 자신의 휴대폰 번호와 e메일 주소를 단지 선택된 사람 및 인터넷 사이트와 공유할 것이다. 프라이버시에 대한 한 가지 작은 침해는 **쿠키**(cookies)의 형태인데 인터넷 웹서버를 사용할 때 종종 발생한다. 쿠키는 하나의 파일인데, 여러분이 저장한 것이 아니라 인터넷상에서 여러분이 방문했던 어떤 웹 서버에 의해서 여러분의 컴퓨터에 저장되는 것이다. 예를 들어, 여러분이 온라인으로 구매를 한다면, 관련된 온라인 소매 회사가 사용하는 서버는 아마도 쿠키를 사용해서 여러분의 개인정보를 저장할 것이다. 이러한 쿠키는 웹에서 훑어보는 것과 관련되어 있는데, 여러분이 웹사이트에 로그인하기 위해서 사용하는 사용자 이름과 비밀번호에 대해서 기밀이 아니라면 어떤 것도 저장할 수 있다. 쿠키는 웹사이트에서 여러분을 식별한다. 웹사이트는 쿠키를 사용함으로써 여러분이 누구인지 알게 되고, 여러분의 개인적인 관심사가 정보로 표시되도록 맞추게 될 것이다. 대부분의 브라우저에서 쿠키가 여러분의 사생활을 침해하지 못하도록 금지할 수 있지만, 그렇게 하면 웹사이트의 기능 중에서 일부를 제한하게 된다.

단지 무엇이 비밀이어야 하는가? 이것은 중요한 윤리적인 질문이다. 전화번호와 개인정보는 법집행을 위하여 테러리스트들을 추적하는데 있어서 분명히 유용한 도구가 될 수 있다. 동시에 1940년대에 나찌(Nazis)가 유태인을 박해하기 위해 이런 정보를 사용했다는 것을 기억하는 것은 중요하다.

프라이버시가 자산이라면, 자산의 궁극적인 형태는 신원이 되며, 연관된 범죄는 **신원 도용**(identity theft)으로 알려져 있다. 공격자는 누군가 다른 사람인척 함으로써 신원 도용을 저지른다. 이런 형태의 범죄는 컴퓨터를 필요로 하지 않지만 컴퓨터와 인터넷은 이런 범죄가 널리 퍼지는데 상당히 기여하고 있다. 사이버 범죄자들은 인터넷을 뒤져서 사회보장번호(social security number), 은행 계좌, 운전면허증과 같은 것들을 찾아낼 수 있다. 사이버 범죄자들은 이런 정보들로 무장을 하고, 이름과 유출 정보를 이용해서 새로운 신용카드 계좌나 당좌예금 계좌를 만들어서 신원 도용을 저지른다. 이를 통해 공격자들은 돈을 사용하고 희생자는 청구서를 받게 된다. 신원도용은 기밀성과 소유자 무결성의 침해 둘 다를 포함한다.

12.4 어떻게 보호할 것인가? 단계1: 인증(authentication)

어떤 보안 시스템에서도 핵심 서비스는 **인증**(authenticate)하는 것이다. 우리는 현관문에서 노크를 하는 사람의 이름을 묻거나 현관문의 구멍을 통해서 들여다보고 살펴봄으로써 인증을 한다. 보안 시스템이 인증을 할 때도 신원을 검사한다. 성공적인 인증은 신원 도용과 위조 공격을 완화시켜준다.

컴퓨터 시스템에서 인증을 위해 사용될 수 있는 4개의 요소(범주)가 있다. 각 요소는 공통된 특징을 가진 서로 다른 기법들의 그룹을 나타낸다. 4개의 요소들은 아래에 기반을 두고 있다.

1. 주체가 알고 있는 것
2. 주체가 소유하고 있는 것
3. 주체에 내재하고 있는 것
4. 주체가 위치하는 곳

이러한 요소들에서 **주체**(subject)라는 단어는 신원이 인증되고 있는 사람, 프로세스 또는 장치를 가리킨다.

그림 12.2 인증 토큰

컴퓨터 사용자를 인증하기 위한 가장 일반적인 일련의 과정은 사용자 이름과 **패스워드**(password)의 조합이다. 사용자는 자신의 패스워드를 알고 있어야 하고 이를 다른 사람으로부터 비밀로 유지해야하는 책임이 있기 때문에, 패스워드는 첫 번째 요소인 **주체가 알고 있는 것**(something the subject knows)에 해당한다. 그러므로 보안 시스템에서는 알려진 사용자 이름과 올바른 패스워드가 주어진다면 신원을 확신할 수 있다. ATM에 사용된 PIN은 주체가 알고 있는 것이라는 요소의 두 번째 예이다.

물리적인 보안은 **주체가 소유하고 있는 것**(something the subject possesses)이라는 요소에 더 많이 의존하는 경향이 있다. 우리는 문을 열기 위해서 필요한 열쇠를 소유하고 있다. 주변의 식료품 가게에서 돈을 지불하기 위해 신용카드를 판독기에 통과시킨다. 더 나아가 회사에서는 인증장치로서 **인증 토큰**(authentication tokens)이나 **스마트카드**(smart cards)를 사용하고 있다(그림 12.2 참조). 이러한 장치들은 컴퓨터에 부착된 판독기에 삽입되거나 사용자가 컴퓨터에 입력해 넣어야 하는 코드를 표시하기 위해 사용된다. 어느 경우에서나 사용자는 인증을 위하여 토큰이나 카드를 물리적으로 소유하고 있어야 한다.

세 번째 요소는 **주체에 내재하고 있는 것**(something the subject is)인데, **생체인식**(biometrics)이라고 알려진 인증 기술들의 그룹을 가리킨다. 생체인식 인증은 인간의 실제 특징을 사용한다. 과학수사 과학자들은 범죄자들의 신원을 증명하기 위해서 수년 동안 지문을 사용해왔다. 현재 일부 컴퓨터 키보드들은 사용자의 지문을 스캔하는 작은 패드를 통합하고 있는데, 인증하는데 이것을 사용한다. 드물게 사용되지만 또 다른 잠재적인 주체에-내재하고-있는-것의 일련의 과정에는 얼굴 스캔, 홍채 스캔, 망막 스캔, 음성인식이 있다. 현행 시스템의 부정확성 때문에 생체인식 인증은 현재 충분히 신뢰할 수 없는 것으로 간주되고 있다. 예를 들어, 일련의 생체인식 과정 중에서 가장 인정받는 지문조차, 2002년에 일본의 수학 연구자들에 의해, 단지 고무질의 캡슐 사탕을 사용하여 신뢰할만하게 위조되었다. 지금 당장은 신뢰할 수 없음에도 불구하고, 그 편리함 때문에 생체인식에 대한 연구는 상당히 충실히 이루어지고 있다.

보안 전문가는 종종 인증에 대한 논의를 첫 번째 3개의 요소로 제한하고 있지만, 실무적으로 네 번째 요소인 **주체가 위치하는 곳**(somewhere the subject is located)도 또한 사용된다. 예를 들어, 신용카드 승인 과정은 종종 신용카드가 사용되는 위치에 의존한다. 신용카드 회사는 최근에 카드가 사용된 장소뿐만 아니라 카드 소지자의 습관에 대한 정보를 유지한다. 우발적인 인증 실패를 막기 위하여, 많은 사람들은 해외여행에 앞서 자신의 신용카드 회사에 이를 통지를 한다. 유사하게, 여러분이 모르는 송신자로부터 받은 e메일을 인증하는 과정에서 최초 발신 국가를 확인함으로써 위치 정보를 사용하는데, 이 정보는 종종 e메일 주소의 뒷부분에 포함된다.

주체의 위치는 인증으로 사용하기에 단독으로는 좀처럼 충분하지 않기 때문에, 더 강력한 인증을 제공하기 위하여 처음 3개의 인증 형태가 주로 고려되고 있다. 훨씬 더 나은 인증을 성취하기 위하여, 대부분의 보안 전문가들은 두 가지 요소의 인증(two-factor authentication)을 사용할 것을 추천하고 있다. 두 가지 요소의 인증은 두 개의 서로 다른 요소들을 적용하는 일련의 과정을 필요로 한다(보통 네 번째 요소인 위치는 선택에서 제외한다). 예를 들어, ATM은 신용카드(소유하고 있는 것)와 PIN(알고 있는 것) 둘 다를 요구한다. 사용자 대부분은 카드를 소유하고 있고 개인 코드를 알고 있기 때문에, 인증 토큰도 또한 두 가지 요소의 인증을 사용한다. 두 가지 요소의 인증은 현재 안전한 인증을 위한 황금 표준으로 간주되고 있다.

인터넷을 통해서 인증하는 것은 실생활에서 사람을 인증하는 것과 다르다. 여러분이 웹페이지를 수신했을 때, 그 페이지를 보낸 서버를 인증하기 위하여 생체인증을 사용할 수는 없다. 유사하게, 소유하는 것과 알고 있는 것 사이의 구분은 e메일의 맥락에서 의미가 없다. 그러므로 인터넷상의 전자 데이터를 인증하기 위하여 다른 수단이 사용된다.

모든 컴퓨터들은 제조되어질때 유일한 숫자가 할당된다. 네트워크상으로 데이터를 전송할 때 이와 같은 소위 **MAC 주소**(MAC address)들을 사용하여 컴퓨터를 구별하게 된다. 또한 인터넷은 각 컴퓨터를 유일하게 언급하기 위하여 IP주소라고 불리는 또 다른 식별자를 사용한다. IP주소는 인터넷 관리자나 또는 이러한 주소를 배포하는 장치에 의해 컴퓨터에 할당된다. 불행하게도, MAC 주소와 IP주소를 위조하는 것은 비교적 쉽기 때문에, 수신 메시지에서 이러한 주소를 신뢰하는 인증 방법은 취약하다.

전자 데이터의 인증을 위한 신뢰할 수 있는 방법은 **디지털 서명**(digital signature)이라고 알려진 기법을 사용하는 것이다. 디지털 서명은 임의의 전자 데이터에 추가된 비트들의 묶음이다. 이러한 비트들의 묶음은 인증을 위하여 명확한 암호화 기법을 사용한다. 디지털 서명은 12.7.1절에서 더 충분히 설명된다.

12.5 어떻게 보호할 것인가? 단계2: 인가(authorization)

보안에 있어서 중요한 두 가지 개체가 있는데, **자산**(assets)과 **주체**(subjects)이다. 자산에 접근하는 사람, 프로세스, 장치를 언급할 때 주체라고 한다. 앞서 설명했듯이, 각 주체는 신원으로 구별되고 인증의 목적은 신원이 정확한지를 확인하는 것이다.

신원과 관련된 여러 개의 식별자(ID)들이 있다. 사람들은 이름이나 사회보장번호와 같은 일부 ID 번호로 식별된다. 파일들은 파일 이름이나 보편적인 자원 주소(URL)로 식별된다. 인터넷상의 컴퓨터들은 ID로서 MAC이나 IP주소를 사용하고, 인터넷 사용자들은 종종 e메일 주소로 식별된다(그림 12.3).

그림 12.3 신원, 인증, 인가

식별자의 중요한 특징은 하나밖에 없다는 유일성이다. 불행히도 이름은 종종 유일하지 않다. 여러분이 작은 친구들 집단이 있거나 작은 회사를 운영하고 있다면, 아마도 친구들이나 직원들 모두가 서로 다른 이름을 가지고 있을 것이다. 그런 상황에서, 이름을 ID로 사용하는 것은 효과가 있을 것이다. 그러나 두 명의 서로 다른 사람이 동일한 이름을 가진다면, ID로 이름을 사용하는 것은 혼란스럽게 된다. 유일성을 보장하기 위하여, 정부에서는 사람들에게 사회보장번호나 운전면허번호와 같은 번호를 부여한다. 회사에서는 또한 일반적으로 직원들에게 유일한 ID을 부여한다.

일단 여러분의 신원이 인증되었다면, **인가**(authorization)에 대해서 걱정해야할 차례이다. 중요한 보안 시스템에서는 서로 다른 주체들에게 서로 다른 자격을 허가(인가)해준다. 예를 들어, 중국의 당대표는 다소 다른 권한들을 가지지만, 미국의 대통령은 확실한 특권을 가진다. 심지어 동일한 조직에서도 최고재무책임자(CFO)는 최고정보책임자(CIO)와 달리 보통 다른 접근 권한들이 부여된다.

이것을 전자 정보에 대해서 적용해보면, 최소한 4가지 다른 등급의 인가가 있다.

1. 읽기
2. 쓰기
3. 소유하기
4. 실행하기

어떤 문서를 읽을 수 있도록 인가를 받은 주체는 그 문서를 검사할 수 있도록 허용되는 반면, 쓰기 허가를 받은 주체는 그 문서를 변경하거나 갱신할 수 있다. 소유권은 보통 어떤 자산을 소유하는 단지 한명의 주체가 있다는 의미에서 다소 유일하다. 소유자는 보통 자산을 파괴하거나, 이름을 바꾸거나, 또는 접근 권한을 허가하는 것과 같은 일들이 허용된다.

컴퓨터 시스템에 대해서 인가의 실행 등급은 유일하다. 실제로 많은 자산들이 실행 가능한 소프트웨어이기 때문에, 우리는 프로그램을 실행할 수 있는 권한과 다른 3개의 잠재적인 인가 등급을 분리할 수 있다.

서로 다른 주체는 서로 다른 인가들을 부여받을 수 있다. 예를 들어, 자신의 은행 잔고를 확인하기 위한 읽기 권한이 여러분에게 허용되지만, 잔고를 변경할 수 있는 권한은 은행으로 제한된다. 사용자는 자신의 비밀번호를 변경하기 위한 쓰기 권한을 가질 수 있고, 다른 사용자는 가질 수 없다. 여러분은 자신이 생성한 파일들을 소유하게 되고, 또한 해당 파일들에 대한 읽기와 쓰기 권한을 가지게 된다. 여러분이 어떤 사이트에 메시지를 게시(쓰기 인가)할 수 있지만, 소셜 미디어 사이트의 모든 페이지에 게시할 수 있는 건 아니며, 사이트의 다른 페이지들에 대해서는 살펴(읽기 인가)볼 수만 있다.

종종 인가는 개별적인 주체들보다는 단체로 인가된다. 예를 들어, 휴대폰 가족요금제의 모든 구성원은 계정의 현재 상태를 온라인으로 볼 수 있다. 유사하게 모든 컴퓨터 관리자들은 새로운 사용자를 생성하는 것과 같은 특별한 권한을 가진다. 사용자를 생성하는 것은 본질적으로 사용자 데이터베이스에 대한 쓰기 인가이다. 인가를 변경할 수 있도록 하는 인가도 또한 인가이지만, 이것은 종종 관리자의 특별한 권한이다.

지금까지 인가에 대해 논의해왔으며, 이제 우리는 **침해**(breach)라는 단어에 대해 더 나은 정의를 제공할 수 있다. 보안 침해는 공격자가 어떤 자산에 대해 인가받지 않는 권한을 얻게 되는 사건이다.

12.6 모든 위험의 문제

보안에서는 해결책(solution)이라는 단어보다 전략(strategy)라는 단어를 사용하는 것이 더 좋다. 실제로 절대적인 보안을 보장할 수 있는 것은 거의 없다. 여러분의 금융기록에 대한 데이터 무결성을 완전히 신뢰하는가? 여러분은 정말 온라인 소매상인이 여러분의 신용카드 번호의 기밀성을 보장한다고 생각하는가? 정부의 컴퓨터들이 사이버 공격으로부터 면역성이 있다고 믿고 있는가?

우리는 자신의 집의 보안에 대해 말하지만, 사실 집은 매일 파괴되고 있다. 유사하게 디지털 정보의 세계에서 비밀 데이터가 유출되지 않았다는 것을 또는 우리가 수신한 데이터가 훼손되지 않았다는 것을 확신하는 것은 불가능하다.

위험(risk)은 침해 가능성과 그 결과의 피해 정도라는 두 가지의 조합이다. 보안은 확률의 문제로 생각하는 것이 가장 좋다. 우리는 위험을 최소화하기 위해서 또는 적어도 받아들일 수 있는 수준으로 위험을 줄이기 위해서 현명한 보안 사례를 적용하게 된다.

예를 들어, 여러분은 비밀번호에 여러 개의 기호를 사용해야 한다는 얘기를 들어왔다. 키보드에는 대략 96개의 문자가 있고, 문자 한 개 길이의 비밀번호를 선택한다면, 비밀번호를 알아내기 위해 컴퓨터 알고리즘은 단지 96개의 잠재적인 비밀번호를 확인할 필요가 있다. 비밀번호가 문자 2개의 길이라면, 잠재적인 비밀번호의 개수는 $96 \times 96 = 9,216$개까지 커지지만, 현대적인 컴퓨터에서 수천 개의 비밀번호 조합들은 여전히 어린애의 장난에 불과하다. 비밀번호가 문자 12개의 길이라면, 가능성의 개수는 10^{23}까지 급격히 상승하게 되고, 우리가 상상할 수 있는 것보다 더 강력한 컴퓨터로 일생동안 계산하는 것과 맞먹게 된다. 앞에서 논의되었듯이, 그 이유는 너무나 많은 선택의 여지가 있을 때, 임의로 선택한 문자들을 사용하는 비밀번호 확인 알고리즘이 비밀번호를 알아낼 확률은 극도로 낮아지게 때문이다.

대부분의 경우 위험을 결정하는 것은 알고리즘의 선택이다. 여러분이 사전이나 또는 그 외의 파일에서 발견될 수 있는 비밀번호를 선택한다면, 위험을 증가시키게 된다. 임의의 문자들로 이루어진 비밀번호를 깨려면, 알고리즘에서 문자들의 모든 가능한 조합을 확인해야 한다. 그러나 어떤 사전에서 발견될 수 있는 비밀번호를 깨려면 컴퓨터 프로그램은 단지 사전에 있는 모든 단어를 확인하기만 하면 된다. 컴퓨터 프로그램으로 몇십만 개의 단어들을 확인하는 것은 몇 초안에 이루어질 수 있다.

정보를 가지고 판단하는 사용자는 인기있는 미디어가 반드시 기술 및 해당 위험에 관련된 지식을 제공하는 믿을 수 있는 공급원은 아니라는 것을 깨닫는다. 텔레비전이나 영화에서 보여주고 있음에도 불구하고, 암호화된 데이터를 올바로 복호화 할 수 있는 가능성은 아주 낮다(다음 절은 암호화에 대해서 더 자세한 내용을 제시한다). 길이가 긴 임의의 비밀번호를 사용하여 올바르게 암호화가 되어진 데이터를 깨기 위해서는, 아주 오래 알고리즘 계산을 해야만 가능하다. 그러나 자신만의 방식으로 암호키를 생성하거나 신뢰할 수 없는 암호 소프트웨어를 사용하거나 또는 개인키를 공유하려는 시도를 한다면 위험은 증가하게 된다.

12.7 몇 가지 좋은 방법들

악의가 없는 컴퓨터 과학자들이 정보보호 문제를 완화시키기 위하여 설계해왔던 많은 전략들이 있다. 12.3절에서 우리는 모든 보안 시스템의 가상의 일부분인 인증을 위한 일련의 과정을 살펴보았다. 이 절에서는 정보보호 문제를 완화시키기 위하여 일반적으로 사용되는 6개의 구체적인 방법들을 살펴본다. 각각의 소부분은 취약점을 가지고 시작하며, 이어서 연관된 완화 전략을 살펴봄으로써 계산적 사고가 어떻게 적용되었는지를 설명한다.

12.7.1 암호화

첫 번째 취약점은 평문 자체이다. 문제는 대부분의 데이터 부호화 형식은 매우 표준화가 잘되어 있고 널리 알려져 있는 일반적인 것이기 때문에, 어느 누구라도 컴퓨터 데이터의 특정 부분에 어떤 문자나 또는 숫자가 저장되어 있는지를 알아낼 수 있다는 것이다. 2장의 주제가 컴퓨터 데이터를 위해 정보를 부호화하는 방법이었다는 것을 상기해보자.

불행히도, 이러한 부호화 표준은 공격자가 가로챈 데이터에서 텍스트를 찾아내는 것을 비교적 쉽게 만들어 놓았다. 공격자가 여러분의 파일, e메일, 또는 다른 데이터에 대한 접근을 얻을 수 있다면, 의도하였던 어떠한 기밀성도 침해됨으로써 이러한 데이터에 포함된 정보는 쉽게 알려지게 된다. 게다가 공격자들은 여러분이 비트열을 해석하는 방식으로 비트열을 형식화하는 방법을 알고 있기 때문에 데이터를 생성하거나 훼손할 수도 있다.

부호화 표준의 취약성을 극복하기 위한 일반적인 완화 기법은 **암호화**(encryption)를 사용하여 정보를 흐리게 하는 것이다. 암화화의 원리는 권한이 없는 사람들에게 본질적으로 데이터를 이해하기 어렵게 만드는 방식으로 뒤섞어 놓는(비트 패턴을 재배열하는) 것이다. 일반적인 기술은 권한이 있는 사람들에게는 접근을 허용하는 방식으로 암호화를 한다.

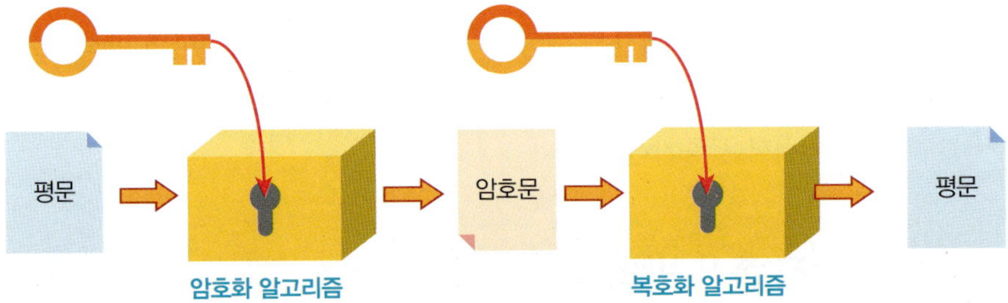

그림 12.4 양방향 암호화

암호화를 위해서는 암호 소프트웨어를 사용해야 하는데, 현재 모든 컴퓨터에 일부분으로 포함되어 있다. 메시지를 암호화한다는 것은 데이터의 평문 버전을 뒤섞어 놓은(암호화된) 형태로 변환하는 것으로 설명할 수 있다. 그림 12.4의 왼쪽 부분은 양방향 암호화가 동작하는 방법을 보여준다. 이 그림에서 원래의 데이터는 평문이라고 표시되어 있고 **암호문**(ciphertext)이라는 이름은 데이터를 암호화한 형태를 말한다.

비밀유지를 위하여 **양방향 암호화**(two-way encryption)를 사용하면 특히 효과적이다. 그림 12.4는 양방향 암호화에서 각각 암호화와 **복호화**(decrypting)를 위한 방법을 지원하고 있음을 보여준다. 복호화 알고리즘이 암호문을 원래의 평문으로 변환하고 있다는 의미에서 복호화는 암호화의 반대이다. e메일(평문)을 비밀리에 전송하기 위해서 암호화를 사용한다면, e메일을 암호화된 형태(암호문)로 보내기 전에 암호화 알고리즘을 적용해서 변환하는 것이 필요하다. 수신자가 그 내용을 읽으려면 e메일을 원래의 형태(평문)로 변환하기 위해서 복호화 알고리즘을 적용해야만 한다. 그러나 이것이 어떻게 가능한가? 이런 동작을 하도록 만드는 "마술"이 단지 암호화와 복호화를 위한 알고리즘이 아니라는 것이 판명되었다.

암호화와 복호화 알고리즘은 공격자를 포함한 모든 사람에게 알려지게 된다. 이러한 것을 가능하게 하는 중요한 관점은 **키**(key)이다. 암호화 알고리즘은 암호화 키가 있어야 메시지를 암호화할 수 있고, 암호화된 메시지는 해당 복호화 키가 있어야만 복호화될 수 있다. 다른 말로하면, 키들은 쌍으로 있어야 하는데, 하나의 키는 다른 키의 작업을 원래대로 돌리게 된다(특정 암호화 알고리즘에 따라서 각각의 키들이 동일하기도 하고 또 어떤 때는 키들이 서로 다르게 되기도 한다).

우리가 집과 자동차의 문을 열기 위하여 유사한 방법을 사용하기 때문에 **키**(key)라는 명칭은 적합하다. 자물쇠에 꽂을 올바른 키를 가지고 있는 한 접근 권한을 얻게 된다. 집을 위한 키와 암호화 키 사이의 주요한 차이는 암호화 키는 문을 열 때 사용하는 물리적인 키가 아니라 암호화 및 복호화를 위한 비트열이라는 것이다.

패스워드를 위한 여분의 보안 측성을 제공하기 위해서, 패스워드 파일은 보통 **단방향 암호화**(one-way encryption)라는 다소 다른 방식으로 암호화된다. 단방향 암호화는 암호화하는 것은 가능한 반면, 암호문을 복호화할 방법은 존재하지 않도록 설계된 특별한 (단방향) 알고리즘을 사용한다. 우리는 단방향으로 암호화된 것은 어떤 누구도 복호화할 수 없어야만 한다고 결론내릴 수 있다.

단방향 암호화가 쓸모없는 것으로 보일지도 모르겠다. 아무도 복호화할 수 없도록 데이터를 저장하는 것이 얼마나 좋은 것일까? 하지만 단방향 암호는 패스워드를 저장하기 위한 안전한 일련의 과정이 된다. 그림 12.5는 이를 보여주고 있다. 그림 12.5는 두 부분으로 이루어진 그림이다. 위쪽의 도식은 사용자의 패스워드가 처음으로 암호화되는 방식을 보여준다(사용자가 패스워드를 바꿀 때에도 동일한 절차가 사용된다).

패스워드(이 경우 샐리의 패스워드)는 패스워드 파일의 사용자 이름과 함께 암호화되고 저장된다는 것에 주목하자. 그림 12.5의 아래쪽은 패스워드 인증 알고리즘을 설명하고 있다. 샐리가 인증이 필요할 때마다, 그녀는 자신의 패스워드를 다시 입력한다. 시스템은 패스워드 파일에 저장되어진 패스워드를 복호화할 수는 없지만, 샐리가 입력한 패스워드를 암호화하고 암호화된 패스워드를 이미 저장되어진 패스워드와 비교한다. 두 개의 암호화된 패스워드가 일치한다면, 입력한 패스워드는 올바른 것이 된다.

단방향 암호를 사용하여 데이터를 저장하는 것은 아주 안전하기 때문에 심지어 패스워드 소유자도 패스워드를 복호화할 수 없다. 이것은 여러분이 패스워드를 잊어버렸을 때 시스템 관리자가 여러분에게 패스워드를 알려줄 수 없는 이유를 설명해준다. 대신에 관리자는 패스워드를 새로운 값으로 초기화할 수 있다.

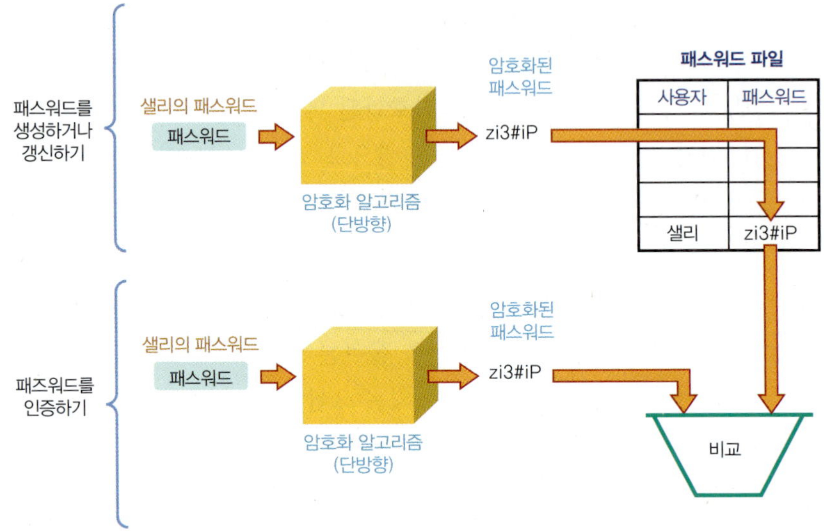

그림 12.5 패스워드를 저장하고 인증하기 위해 단방향 암호화 사용하기

양방향 및 단방향 암호화 둘 다 주로 비밀유지를 위해 설계되었다. 하지만, 해커가 암호화된 데이터를 훼손하거나 또는 소유자/송신자를 위조하는 것도 또한 가능하다. 보안을 위하여 컴퓨터 과학자들은 또한 이러한 두 가지 특징들을 유지하는 암호기법을 사용할 수 있는 명확한 방법을 고안하였다. 이 기술은 **공개키 암호**(public key encryption)로 알려진 발명이다. 공개키 암호는 양방향 암호인데, 각각의 키들이 서로 다른 하나의 쌍으로 이루어진다. 일반적으로, 암호화를 위해 어느 키가 사용되는지는 문제가 되지 않고 한 쌍의 상대키가 복호화에 사용된다. 공개키 암호를 구현하기 위하여, 모든 주체는 키들의 쌍을 가지고 있어야 하는데, 하나는 **공개키**(public key)라고 하고 다른 하나는 **개인키**(private key)라고 한다. 공개키는 감추지 않고 요청하는 어느 누구에게도 자유롭게 주어진다. 그러나 개인키는 소유자를 제외하고 아무에게도 배포되지 않는다.

제인이 요세에게 비밀 메시지를 보내길 원한다면, 제인은 먼저 메시지를 암호화하기 위해서 요세의 공개키를 얻어야 한다. 요세는 그의 개인키에 접근할 수 있는 유일한 사람이기 때문에, 요세만이 그의 공개키로 암호화된 메시지를 복호화할 수 있다. 그림 12.6의 위쪽에서 이 상황을 설명하고 있다. 제인은 데이터 무결성을 보전하기 위하여 그림 12.6의 아래쪽에 보이는 대로 다소 다른 접근 방법을 사용할 수 있다. 이 경우에 제인은 그녀의 개인키를 사용하여 메시지를 암호화하고, 반면, 요세는 제인의 공개키를 사용하여 복호화한다. 제인만이 그녀의 개인키에 대한 접근을 가지는 유일한 사람이기 때문에, 어떤 누구도 제인의 공개키로 제대로 복호화가 되도록 메시지를 암호화할 수는 없다.

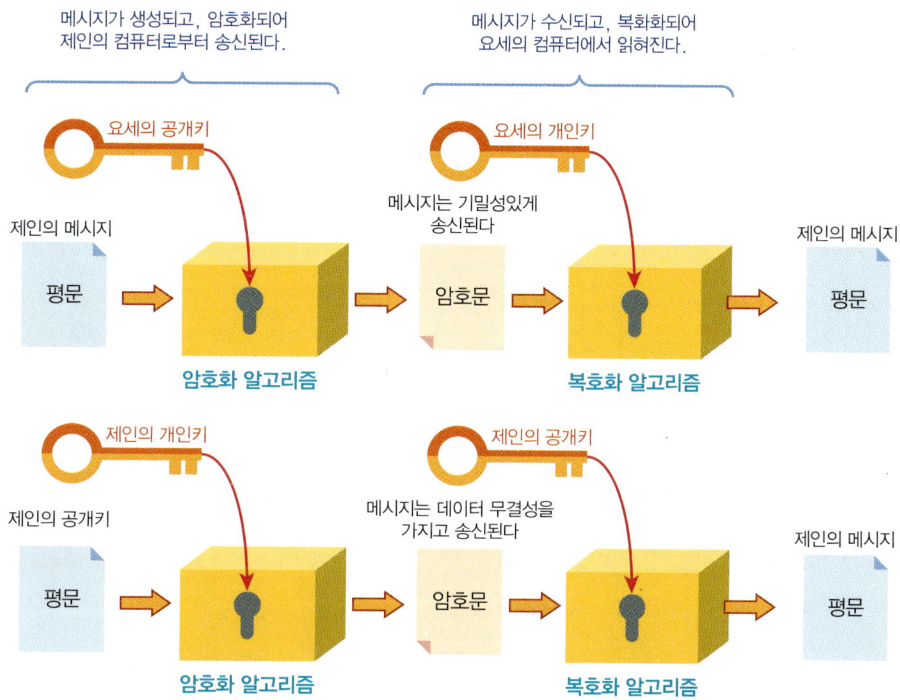

그림 12.6 공개키 암호를 사용하는 두 가지 방법

불행히도, 여러분의 개인키를 사용하여 암호화한 결과로 만들어진 데이터의 무결성은 그 자체로는 특별히 유용하지는 않다. 요세가 메시지를 받고 이를 복호화 한다면 무슨 일이 생길지 생각해보자. 요세는 그가 받은 메시지가 어떤 공격자도 아닌 바로 제인이 보낸 메시지라는 걸 어떻게 알 수 있는가? 제인의 공개키는 어떤 메시지도 복호화할 것이고, 부적절하게 암호화된 메시지는 틀림없이 의미 없는 텍스트를 복호화 할 것이다. 그러나 요세가 이미 원래 메시지의 텍스트를 알지 못한다면, 그는 이 메시지가 변경되지 않았다는 걸 확신할 수 없다. 즉, 요세는 이 메시지를 믿기 전에, 먼저 누가 그 메시지를 보냈는지 인증할 필요가 있다.

다행히도, 공개키 암호를 한 단계 더 적용하면, 기밀성, 데이터 무결성, 소유자 무결성을 확신하는 디지털 서명을 생성하는 것이 가능하다(그림 12.7 참조). 여기에서의 방법은 제인이 **디지털 서명**(digital signature)이라는 두 번째 부분을 추가하는 것인데, 그림에서 "서명"이라고 표시된다. 디지털 서명은 제인의 개인 서명으로 암호화되어진 평문의 생략된 축약이다. 완전한 암호문은 의도된 수신자(요세)의 공개키로 암호화된 디지털 서명과 암호화된 평문으로 이루어진다.

그림 12.7은 또한 보안이 어떻게 유지되는지를 설명한다. 메시지를 수신했을 때 첫 번째 단계는 요세의 개인키를 사용하여 암호문을 복호화하는 것이다. 앞에서 설명했듯이, 단지 요세만이 그의 개인키를 사용하여 복호화할 수 있기 때문에 이것은 기밀성을 보장해준다.

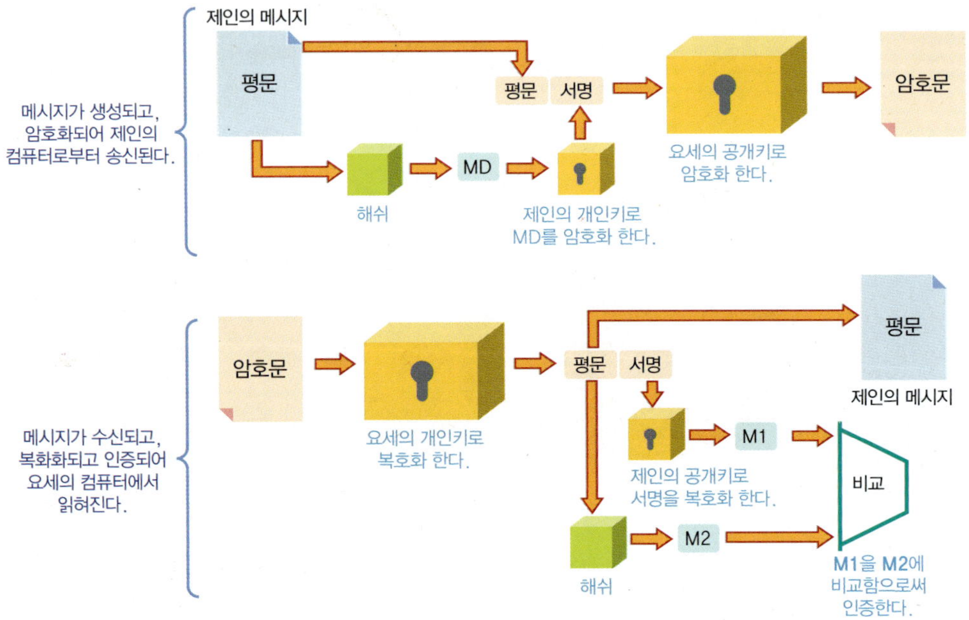

그림 12.7 디지털 서명을 포함하는 공개키 암호 사용하기

이 복호화는 디지털 서명이 있는 평문을 되돌려준다. 무결성을 보장하기 위하여, 디지털 서명의 정확함을 증명하는 것이 필요하다. 그러한 정확함은 제인과 동일한 알고리즘을 사용하여 평문으로부터 메시지 축약을 계산함으로써 검증되는데, 그림 12.7에서 이러한 계산된 축약을 M2라고 한다. 게다가, 메시지의 디지털 서명(sig) 부분은 제인의 공개키를 사용하여 복호화 되는데, 결과적으로 M1이 된다. 단지 제인만이 그녀의 개인키를 알고 있기 때문에, M1이 M2와 동일하다면, 우리는 메시지를 보낸 사람이 제인이라는 것을 인증할 수 있다. 더군다나, 메시지의 내용을 훼손하려는 어떠한 시도도 M1과 M2가 달라지도록 만들 것이다. 그러므로 M1과 M2가 같아지면, 메시지는 틀림없이

데이터 무결성과 소유자(제인) 무결성을 가진다.

디지털 서명은 인터넷 트래픽을 보호하기 위해 널리 사용된다. 개인키가 사적으로 신뢰할만하게 유지되고 공개키가 사용 가능하다면, 디지털 서명은 강력한 형태의 인증이 된다. 대부분의 온라인 구매 거래를 위해 e메일이 암호화된 형태로 보내질 때 보안을 보장하기 위해 디지털 서명이 사용된다.

암호는 그 복잡도가 대부분의 사용자들의 이해도를 완전히 넘어서는 복잡한 수학적인 알고리즘에 기반을 두고 있기 때문에, 여러분은 암호화, 공개키 또는 디지털 서명을 사용하기 위해 무엇을 해야 하는지 알고 놀랐을지도 모르겠다. 대부분의 컴퓨터 시스템이 여러분을 위한 일을 대신하기 때문에 결국 여러분이 해야 할 것은 거의 없다. 일반적으로 암호키는 자동으로 생성되기 때문에 여러분은 아마도 결코 이런 키를 생성하지 않을 것이다. 여러분은 자신 소유의 디지털 서명을 결코 본적이 없었을 것이다. 왜냐하면 이것들은 필요시 생성되고 또한 이런 지식이 없는 것이 여러분에게는 더 안전할 것이기 때문이다.

잦은 사용자 암호 개입의 한 단계는 **인증서**(certificate)와 관계가 있다. 인증서는 공개키를 획득하는 방법의 문제에 대해서 일반적으로 사용되는 해결책을 제공한다. 앞에서의 공개키 암호에 대한 우리의 논의는 공개키를 쉽게 공유할 어떤 방법이 있다는 가정이 있었다. 그러나 암호키를 공개적으로 이용가능하게 만드는 것은 들리는 것만큼 단순하지 않다. 공개키를 e메일로 받는다면, 여러분은 해당 e메일이 위조되지 않았다는 것을 확신할 수 없다. 여러분이 웹사이트로부터 공개키를 다운로드 받는다면, 그 웹사이트가 신뢰할 수 있는지 또는 전송 중에 그 키의 무결성이 훼손되지 않았는지에 대한 보장이 없다.

인증서는 단지 여러분의 컴퓨터 내부에 존재하는 파일인데, 공개키와 특정인의 신원을 연관시켜주고 있다. 여러분의 컴퓨터가 누군가의 공개키를 사용해서 복호화가 필요한 데이터나 또는 누군가의 디지털 서명을 받게 된다면, 컴퓨터는 올바른 인증서를 찾아내서 공개키를 뽑아내고 여러분을 대신하여 복호화를 수행한다. 여러분의 컴퓨터 시스템이 처음으로 설치되었을 때, 몇몇의 신뢰할 수 있는 인증서가 초기 설치에서 미리 적재되는데, 이들 중에서 많은 것이 **인증기관**(certificate authorities: CAs)들을 위한 것이다.

CA는 신뢰할만한 인증서의 근본을 서비스하는 회사이다. 여러분의 컴퓨터가 인증서를 가지고 있지 않은 어떤 사람이나 또는 인터넷 장비와 통신할 필요가 있을 때, 컴퓨터는 일반적으로 알려진 CA들을 확인할 것이다. CA는 CA가 소유하는 키로 암호화되고 전자 서명된 인증서를 배포한다. 여러분의 컴퓨터는 CA를 인증하는 인증서를 포함하고 있어야만 하고, 이 인증서를 사용해서 CA가 제공하는 어떠한 인증서도 인증할 수 있게 된다.

여러분의 인증서가 특정한 CA에 의해 검증되어지도록 여러분이 준비할 수 있는 방법은 많다. 일반적으로 CA는 누군가가 자신이라고 말하는 그 사람인지를 인증하기 위한 다양한 방식을 가진다. 이것은 다양한 개인 증명을 나타내는 서로 다른 수준들을 포함하고 있고 보안의 서로 다른 단계와 연관되어 각기 다른 비용이 발생한다.

때때로 컴퓨터는 필요한 공개키를 찾을 수 없게 된다. 저장된 인증서가 없을 때와 신뢰할만한 모든 CA들이 필요한 인증서를 제공하지 못할때 이런 일이 발생한다. 이런 경우에 암호화의 일부분은 완료되지 못하게 된다. 사용자는 종종 오류 메시지를 읽거나 또는 아마도 다음에 무엇을 해야할지 선택을 함으로써 이런 경우에 대처해야만 한다.

12.7.2 방화벽(스팸 필터를 포함하고 있는)

비록 인터넷이 셀 수 없을 만큼 많은 유용한 정보의 원천을 제공하고 있을지라도, 인터넷은 또한 효율적인 공격 매개체로서도 서비스를 하고 있다. 여러분이 컴퓨터를 인터넷에 연결시키자마자, 보안 침해의 기회는 극적으로 증가하게 된다. 암호화는 네트워크를 통해 컴퓨터로 들어오거나 나가는 데이터를 위한 방어선을 제공지만, 다른 접근법은 **방화벽**(firewall)을 사용하는 것이다.

방화벽은 일부 네트워크 트래픽은 통과하도록 허용하는 반면, 다른 트래픽은 차단되도록 하는 필터처럼 동작한다. 개념은 트래픽이 실제로 컴퓨터에 도달하기 전에, 특히 컴퓨터 내부로 들어오도록 예정된 그런 네트워크 메시지 트래픽을 차단하는 것이다. 방화벽은 공격자가 보낸 메시지를 차단할 수 있기를 기대한다. 동시에 방화벽은 바람직한 메시지는 필터를 통해 지나가도록 허용해야만 한다.

방화벽은 두 가지 형태로 존재한다.

1. 하드웨어 장치
2. 컴퓨터 시스템내의 소프트웨어 방화벽

일부 방화벽은 보통 유선으로 연결되며 물리적으로 독립된 단위이며 컴퓨터와 인터넷 사이에 위치하고 있다. 컴퓨터의 유일한 인터넷 연결은 방화벽 장치를 경유하도록 되어 있어서 컴퓨터와 인터넷 사이의 모든 인터넷 메시지들은 방화벽을 통과해서 지나가야만 하고 결국 방화벽에 의해 걸러져야만 한다.

대부분의 가정의 컴퓨터 사용자들은 독립된 방화벽 장치를 위한 귀찮은 일을 원하지 않는다. 그래서 현재의 컴퓨터 시스템들은 종종 소프트웨어 방화벽이라고 부르는 자신들만의 방화벽을 통합하고 있다. 소프트웨어 방화벽은 컴퓨터의 네트워크의 연결 지점에서 메시지들을 검사한다. 인터넷으로부터 오는 메시지는 여전히 컴퓨터 내부의 네트워크 카드에 도착하게 되지만, 그 메시지가 실제로 어떤 손상을 입히기 전에 소프트웨어 방화벽에 의해서 즉시 걸러지게 된다.

방화벽의 단점중의 하나는 이것이 올바로 설정되었을 때만 동작한다는 것이다. 자신의 컴퓨터에 대한 관리자라면 최소한 방화벽이 켜져 있는지는 확인해야만 한다. 또한 무엇이 걸러지는지를 명시하는 선택을 해야 하지만, 대부분의 사용자는 필터링의 자세한 것들에 개입하지 않는 것을 더 선호한다.

방화벽 하드웨어 장치는 소프트웨어 방화벽 보다 더 복잡한 경향이 있는데, 이는 가정의 컴퓨터에서 대부분이 방화벽 장치를 사용하지 않고 있는 또 하나의 이유이다. 그러므로 대부분의 회사들은 사내의 모든 컴퓨터를 포함하여 회사 전체 네트워크를 보호하기 위한 방화벽 장치를 설치한다. 그런 하드웨어 방화벽은 네트워크 통신의 복잡성을 이해하고 있는 네트워크 관리자들에 의해서 설정된다.

방화벽은 접근 제어 목록(access control list: ACL)을 가지고 설정된다. ACL은 단지 방화벽을 통과해서 지나가도록 허용된(인가를 허가받은) 메시지들과 차단되어야만(인가가 거부되는) 하는 메시지들의 유형들에 대한 목록이다. ACL을 구축하는데 있어서 어려움은 어느 메시지가 어느 것인지를 명시하는 방법이다. 이를 수행하는 하나의 방법은 메시지를 보내고 받는 컴퓨터들의 IP주소를 사용하는 것이다. 또 다른 방법은 컴퓨터 내부에서 메시지를 보내거나 받는 응용프로그램에 기반을 두고 걸러내는 것이다.

IP주소에 기반을 둔 필터링은 아주 일반적이고 종종 블랙 리스트(black list)의 내용을 참조해서 달성된다. 블랙 리스트는 과거에 공격에 관여했던 것으로 알려진 IP주소들의 목록이다. 이 목록은 신뢰할만한 출처를 통해서 방화벽에 배포되거나 또는 컴퓨터 내에 저장되는데, 신뢰할 만한 출처를 통해 주기적으로 갱신되어질 필요가 있다.

원하지 않는 e메일, 즉, 스팸은 스팸 필터를 사용하여 유사한 방법으로 차단될 수 있다. 스팸 필터는 보통 e메일을 보내거나 받기 위해서 사용하는 프로그램인 e메일 클라이언트 응용프로그램에 통합되어 있다. 스팸 필터는 종종 여러분이 서둘러 삭제한 e메일을 기록함으로써 또는 여러분이 어떤 메시지를 스팸이라고 표시함으로써 실제로 필터를 설정하게 된다.

방화벽과 스팸필터 양쪽에 모두에 공통적인 한 가지 문제는 **거짓 양성**(false positive)으로 알려져 있다. 거짓 양성은 필터 또는 다른 보안 시스템이 오류를 가지고 공격을 탐지할 때마다 발생하게 된다. 필터의 경우에 거짓 양성은 메시지가 허용되어져야 하는데 거부될 것이라는 것을 의미한다. 어떤 의미에서 거짓 양성은 과보호 보안 시스템을 나타내고 있다.

12.7.3 안티바이러스 소프트웨어

여러분은 필시 **컴퓨터 바이러스**(computer virus)라는 용어를 들어봤을 것이다. 이 표현은 컴퓨터에 침투할 수 있는 여러 가지 악성코드들의 전체 모음을 지칭하기 위해 사용된다. 바이러스는 보통 네트워크를 통해서 들어오지만, 플래쉬 메모리, CD, DVD, 외부 디스크도 또한 바이러스 매개체로 동작하게 된다. 바이러스는 컴퓨터가 실행하게 되는 악의적인 소프트웨어로 구성될 수도 있고 또는 컴퓨터에 존재하는 소프트웨어가 의도하지 않은 방식으로 동작하도록 만드는 다른 데이터일 수도 있다. 최종 결과는 단지 컴퓨터 화면에 표시되는 유머 메시지일 수 있고 또는 전체 디스크의 내용을 삭제하는 일을 할 수도 있다.

바이러스라는 이름이 사용되는 이유는 동물의 왕국에서의 바이러스처럼, 컴퓨터 바이러스가 하나의 컴퓨터에서 다른 컴퓨터로 퍼져나갈 수 있기 때문이다. 물론, 이러한 전파는 어떤 종류의 매개체를 필요로 한다. 물 한잔을 공유하는 것이 인간에게 바이러스를 퍼뜨리는 것처럼, CD를 공유하는 것이 컴퓨터 바이러스를 전파시킬 수 있다.

또한, 다소 인간의 바이러스처럼, 컴퓨터 바이러스는 접촉한 모든 컴퓨터를 반드시 감염시키지는 않는다. 종종, 컴퓨터 바이러스는 단지 특정한 형태의 컴퓨터 시스템이나 특정한 응용프로그램에만 영향을 준다. 그래서 다른 시스템이나 다른 프로그램을 사용하는 컴퓨터들은 그런 특정한 공격에 의해서 영향을 받지 않게 된다.

바이러스에 대한 가장 효과적인 완화는 **안티바이러스 소프트웨어**(antivirus software)일 것이다. 여러분의 컴퓨터상에서 실행되는 안티바이러스 프로그램은 일정한 파일들을 확인하거나 잠재적인 바이러스에 대한 데이터를 수신하게 된다. 이러한 확인은 e메일 첨부 수신의 경우에 자동으로 발생할 수 있고 또는 사용자가 바이러스를 확인하기 위해 파일들이 스캔되도록 요청할 때 수동으로 일어날 수 있다.

안티바이러스 소프트웨어는 방화벽과 유사한 것처럼 들릴 수 있는데, 양쪽 모두 공격을 찾아내기 위한 목록을 사용한다는 의미에서 그렇다. 하지만 안티바이러스 소프트웨어가 사용하는 목록은 방화벽에서 사용하는 목록보다 훨씬 복잡하다. 안티바이러스 목록은 특정한 비트열을 저장하는데, 이는 바이러스마다 유일한 **비트 서명**(bit signature)이라고 불리는 것이다. 이것은 거의 디지털 바이러스에 대한 유전적인 부호화와도 같다. 안티바이러스 소프트웨어에 의해서 알려진 바이러스와 일치하는 비트 서명이 탐지되면, 해당 비트 서명을 포함하는 파일은 그 바이러스에 감염된 것으로 간주된다. 그와 같은 감염된 파일은 자동으로 삭제되거나 또는 종종 사용자가 또 다른 반응을 결정하도록 요청받게 된다.

이 소프트웨어는 바이러스보다 더 많은 것들을 탐지할 수 있기 때문에, **안티바이러스**(antivirus)라는 이름은 사실 이러한 완화 기술을 공평하게 설명하지 못하고 있다. 기술적으로 바이러스는 자기 자신을 퍼뜨릴 수 있다. 그러나 바이러스와 유사한 방법으로 컴퓨터에 들어오는 다른 형태의 악의적인 소프트웨어가 있다. 이런 종류의 모든 악의적인 소프트웨어는 안티바이러스 프로그램을 사용하여 완화시킬 수 있다.

안티바이러스 소프트웨어는 거짓양성을 만들어낼 수 있지만, 보다 일반적인 문제는 단지 알려진 악의적인 비트 서명만이 탐지될 수 있다는 것이다. 바이러스는 밀리초(milliseconds) 단위로 전파될 수 있지만, 새로 출현한 바이러스에 대한 비트 서명을 발견하는 것은 몇 시간 또는 며칠이 소요될 수 있고, 이를 안티바이러스 소프트웨어에 배포하는 것은 훨씬 더 걸릴 수 있다. 그래서 안티 바이러스 소프트웨어는 알려진 바이러스에 대해서는 효과적으로 완화시킬 수 있는 반면, 새로운 바이러스는 종종 탐지하지 못하게 된다.

12.7.4 소프트웨어 업데이트(갱신)

지금까지 여러분은 방화벽과 안티바이러스 소프트웨어와 같은 기술들이 악과 선을 구별하기 위해서 사용되었던 목록과 표 정도만큼 좋다는 의미를 이해해야만 한다. ACL, 블랙 리스트, 그리고 알려진 악의적인 바이러스 서명을 최신 것으로 유지하지 못하면 취약해진다는 것이다.

정기적인 컴퓨터 갱신에 대한 필요성은 또한 **소프트웨어 결함**(software faults)이라는 또 다른 취약점에 의해 촉진되었다. 단순한 진리는 충분한 크기의 모든 컴퓨터 프로그램들은 실질적으로 결함을 포함하고 있다는 것이다. 이러한 결함중의 일부는 때때로 소프트웨어가 올바로 수행되지 못하고 실패하도록 만든다. 그러한 많은 결함들은 보안에 대한 밀접한 관계를 가진다. 2003년 8월에 며칠 동안 미국 북동부와 캐나다에 영향을 미친 전압저하 등화관제 문제는 전기 회사가 이를 완전히 수정하기 위해서 몇 주가 걸렸던 소프트웨어 결함의 때문이었다. 항공기 유도 시스템이나 민감한 의료장비에서의 소프트웨어 결함으로부터 초래될 수 있는 잠재적인 피해를 상상해보자.

컴퓨터 소프트웨어의 많은 중요한 업적에도 불구하고, 소프트웨어 결함은 여전히 불가피한 것으로 증명되었다. 이러한 결함을 제거할 수 없다면 이를 위한 계획을 세워야만 하는데, 이렇게 하는 한 가지 방법은 **소프트웨어 갱신**(software update)이다.

상업적인 컴퓨터 소프트웨어를 만드는 책임감 있는 회사들은 문제를 발견하기 위해서 자신들의 프로그램들을 검사한다. 문제가 심각하다면(그리고 보안과 관련된 결함이 확실히 심각한 것으로 판명된다면), 그 회사는 소프트웨어 결함을 수정해야 하고 발견된 문제가 없는 새로운 버전의 프로그램을 발표해야할 의무를 가진다. 이러한 새로운 소프트웨어 프로그램들은 **소프트웨어 패치**(software patch)로서 알려진 소프트웨어 갱신 방법으로 인터넷을 통해 여러분의 컴퓨터에 전달된다. 일부 컴퓨터 시스템들은 자동으로 그러한 갱신을 확인하고 또 다른 컴퓨터들은 수동으로 갱신 확인을 요청해야하는 것이 필요하다. 갱신은 시기적절하게 설치되어야 하고, "위급한(critical)"이라고 표시되어 있을 때는 즉시 수행되어야만 한다.

12.7.5 백업

여러분의 모든 선한 의도와 강력한 보안을 위한 주의 깊은 집착에도 불구하고, 생각할 수 없는 일들이 발생하게 되는데, 이는 컴퓨터가 공격을 받는 것이다. 악의적인 소프트웨어가 여러분의 컴퓨터를 감염시켜서 파일의 무결성이 신뢰할 수 없게 되는 것이다. 현재의 상태로 컴퓨터를 사용한다면 기밀성이 보장된다고 생각했던 모든 것들이 노출될 것이다. 어느 상황에서도, 여러분의 컴퓨터에는 침해가 발생하게 된다.

심각한 침해의 경우에서 조차 도움을 될 수 있는 한 가지 완화시키는 기술이 있다. 그 밖의 모든 것이 실패한다면, 컴퓨터 사용자는 **발견 및 복구**(detect and recover) 접근법의 힘을 빌리게 된다. 첫째, 사용자는 침해가 발생했다는 것을 발견해야만 하고 그 다음 그 대책으로 중요한 데이터를 복구해야만 한다.

복구 정책은 사용자가 충분히 자주 **백업**(backup)을 수행하는가에 달려있다. 보통 외부에 연결된 하드 디스크나 서버와 같은 컴퓨터 외부의 어떤 미디어에 파일을 복사할 때

백업이 이루어진다. 현대 컴퓨터 시스템은 백업을 지원하는 프로그램을 포함하지만, 백업의 생성은 거의 항상 사용자에 의해 활성화되어야 한다.

백업은 또한 하드웨어 고장을 보완하기 위해서 사용된다. 예를 들어, 컴퓨터의 프로세서나 하드 디스크가 작동을 멈추었을때 최근에 백업을 만들어 놓았다면 여전히 컴퓨터 파일들을 복구할 수 있다. 이와 같은 백업 절차는 보안 공격으로부터 복구할 때에도 유사하게 효과적이다.

12.7.6 로그 파일

컴퓨터 시스템과 관련된 또 다른 위험은 컴퓨터보다는 아직도 합법적인 시스템에 더 많이 관련되어 있다. 법의 문제에서 컴퓨터 데이터가 중요한 역할을 하는 것은 항상 가능한 일이다. 여러분이 어떤 컴퓨터에 저장된 특정한 데이터의 소유권과 관련하여 법적 소송에 연루될 수 있을 것이다. 어떤 범죄를 저지르기 위해서 컴퓨터가 사용될 수도 있을 것이다. 컴퓨터들을 모아서 테러리스트를 추적해 보려고 시도할 수도 있을 것이다. 이러한 모든 사례는 **로그 파일**(log files)로 알려진 일종의 과학수사 데이터 수집기술에 의존적일 수도 있는 취약점들을 포함한다.

이름이 암시하듯이, 로그 파일(또는 기록)은 컴퓨터를 사용하는 동안 다양한 사건들을 기록한다. 기록될 수 있는 사건들로는 사용자가 로그인하고, 파일이 생성되고 읽혀지고, e메일 메시지가 송신되거나 수신되는 그런 것들을 포함한다. 컴퓨터 시스템들은 종종 수행하는 많은 사건들을 기록할 수 있다. 어떤 분량의 로그 기록은 미리 정해놓은 값에 따라 일어나지만, 사용자는 로그 파일에 포함되어야 할 것들을 섬세하게 조정하기 위하여 시스템 설정을 바꿀 수 있다. 미리 정해놓은 설정은 대부분의 개인 컴퓨터 사용자를 위해서는 충분하겠지만, 이러한 정보를 사용할 수 있다는 것을 여러분이 인지하고 있어야 한다.

12.8 좋은 전략

이전의 절에서, 우리는 6가지 수준의 취약점과 6개의 일반적인 완화 전략을 살펴보았다. 이 절에서 우리는 고급 보안 원리와 가장 좋은 관례를 조사한다. 이런 모든 것들은 몇 년 동안에 걸쳐 구축된 많은 컴퓨터 과학자들의 집단 지성인, 많은 사람들의 계산적 사고를 나타낸다.

12.8.1 가장 취약한 연결부 보호하기

앞의 논의에서 우리는 보안은 항상 위험이 있는 문제라는 사실을 확인했다. 어떤 위협에 대한 가능성은 또 다른 위협보다 더 크기 때문에, 침해가 일어날 확률이 가장 큰 위협을 완화시키는 것이 의미가 있다. 우리는 이것을 가장 취약한 연결부 보호라고 부른다.

방화벽과 안티바이러스 소프트웨어가 효과적인 이유 중의 하나는 아마추어 해커가 전문적인 공격자들 보다 수적으로 굉장히 우세하기 때문이다. 아마추어 해커는 거의 항상 잘 알려진 공격과 공격 매개체를 사용하는데, 잘 알려진 공격은 방화벽과 안티바이러스 소프트웨어로 가장 잘 완화시킬 수 있는 것들이다.

우리가 좋아하든 그렇지 않든 많은 보안시스템에서 가장 취약한 연결부는 사용자들이다. 사람들은 **사회공학**(social engineering)으로 알려진 공격 부류에 취약한데, 이 공격은 우리가 보안을 깨뜨리는 방식으로 행동하도록 설계되었다. 예를 들어, 공격자가 회사의 고위직 멤버인 척하고 사용자의 비밀번호를 물어보거나, 또는 공격자가 IT부서 직원이라고 말하고 유지보수 수행을 위해서 사용자의 계정에 로그인하도록 요청할 것이다. 사람들은 그들의 상급자들의 마음에 들고 싶어 하거나 도움이 되고자하기 때문에 이런 종류의 사회공학적인 공격이 가장 성공적인 것으로 밝혀졌다.

회사에서는 사회공학적인 공격을 완화시키기 위해서 두 가지 주요 도구를 사용한다.

1. 보안 정책
2. 보안 교육

현명한 회사는 보안에 관련된 정책과 절차를 수립하고 있다. 이러한 것들은 사용자가 컴퓨터에서 자리를 비울 때 로그 오프를 해야 하는 정책과 비밀 내용을 분류하고 다루는 절차 같은 것을 나타낸다. 또한 정책은 누가 무엇에 대한 인가권한을 가지고 있는가를 나타내고, 잘 모르는 사람들과 함께 일을 할 때의 절차를 설명하고 있다. 그러므로 요즘 회사에서는 사원들에 대한 정규 교육 프로그램 부분에 정보보안 훈련을 포함하고 있다.

12.8.2 공격 외관 축소하기

가장 취약한 연결부를 보호하는 것은 좋은 전략이 될 수 있지만, 다른 위협에 대해서는 어떠할까요? 컴퓨터 전문가들은 **공격 외관**(attack surface)을 잠재적인 공격 매개체를 포함하고 있는 취약점의 범위로 표현하는데, 이를 축소하는 것이 항상 좋은 전략이 된다.

예를 들어, 컴퓨터에서 여러분이 비밀문서를 보거나 비밀번호를 입력하고 있을 때, 누군가 또는 무엇인가가 여러분의 컴퓨터를 보고 있는지 조심할 필요가 있다. 요즘에는 여러분이 입력하는 것을 대부분 휴대폰을 사용하여 영상으로 촬영하거나 또는 화면을 사진으로 찍을 수 있다. 이런 경우에 여러분은 단지 사무실의 문을 닫거나 또는 누군가가 다른 곳으로 이동할 때까지 기다림으로써 여러분의 공격 외관을 축소시킬 수 있다.

여러분의 공격 외관을 축소시킬 수 있는 또 다른 단순한 방법은 인터넷을 사용하고 있지 않을 때 여러분의 컴퓨터를 네트워크로부터 분리시키는 것이다. 마찬가지로 컴퓨터를 사용하지 않을 때는 전원을 끄는 것이다.

또한 불필요한 데이터는 안전하게 처리되어야 한다. 이것은 명백히 좋지 않은 전략처럼 보이지만, 많은 사람들이 아직도 비밀번호를 어딘가에 적어두고 있다. 게다가 기밀이 요구되는 모든 파일들을 주의해야 하는데, 더 이상 필요가 없는 파일들은 삭제되어야한다.

심지어 사용하던 컴퓨터를 처리하는 것이 여러분의 공격외관을 증가시킬 수 있다. 하드디스크 같은 자기장치에 저장된 데이터는 쉽게 삭제되지 않는다. 단순히 파일을 삭제했다고 그 파일내의 데이터가 정말 복구불능이라는 것을 의미하지는 않는다. 종종 삭제명령은 파일을 단순히 삭제됨이라고 표시하기만 하고 실제로 디스크로부터 어떤 데이터도 삭제하지 않고, 심지어 삭제된 데이터도 잔여 자기 정보를 남겨둘 수 있다. 사실 정말 안전한 설치에서는, 데이터가 안전하게 제거되었다고 간주하려면 전체 디스크 표면을 0으로 겹쳐 쓰고 다시 1로 또 다시 0으로 그리고 다시 1로 여러 번 겹쳐 써야만 한다고 경고하고 있다.

마지막으로, 앞서 언급했던 암호화, 방화벽, 안티바이러스 소프트웨어 같은 완화 정책들은 모두 공격외관을 축소시키는데 어느 정도까지 기여하고 있다. 반복하자면, 이런 모든 것들은 여러분이 얼마나 많은 위험을 기꺼이 받아들이는가에 달려있다. 예를 들어, 파일 암호화는 시간이 걸리는 일이기 때문에 그 파일내의 데이터가 아주 기밀성이 있지 않다면 대부분의 사람들은 그렇게 하지 않는다.

12.8.3 철저하게 방어하기

여러분은 지금 어떤 완화 기술도 절대 안전한 것이 아니라는 걸 확신할 것이다. 심지어 암호화조차도 안전하지 않은 알고리즘을 사용하거나 또는 강력한 알고리즘을 안전하지 않은 방식으로 사용하거나 또는 단순히 운좋은 추측에 걸리기 쉽게 된다. 이러한 이유로 사용자들에게 겹겹이 보안을 수행하도록 강력히 장려하고 있다.

중세시대의 다중 계층의 방어 개념(철저하게 방어하기)이 정말이지 잘 이해된다. 왕이 사는 성곽은 종종 해자로 둘러싸여 있지만, 공격자들이 이런 해자를 그럭저럭 통과하게 되면, 그들은 성곽의 벽에 직면하게 된다. 일단 성벽의 안쪽에 들어오면 왕의 호위병들이 다음 방어선을 책임지고 있다.

우리 모두는 컴퓨터를 일종의 개인 성곽으로 간주할 수 있다. 첫 번째 방어선이 방화벽이라면, 안티바이러스 소프트웨어가 두 번째 방어선이 될 수 있다. 데이터 전송을 암호화하고 파일을 암호화하는 것이 그렇듯이, 표준 컴퓨터 시스템의 사용자 인증과 인가는 또 다른 방어 계층을 제공한다. 사회공학적인 공격에 대한 보호책은 아직 보안시스템에 대해 더 많은 깊이를 더해준다.

보안 계층의 어느 부분도 모두 침투 가능하다고 할지라도, 우리는 적어도 서로 다른 대응책들을 모두 우회하는 것은 쉽지 않다는 사실 때문에 위안을 받을 수 있다.

12.8.4 구획으로 나누기

심층방어는 우리가 모든 자산을 무리지어 다룬다는 것을 암시하고 있는 것 같다. 그러나 종종 자산을 별도의 구획으로 세분화하고 독립적으로 보호하는 것이 더 현명하다. 커다란 배의 선체는 확실히 구획으로 나누어져 있기 때문에, 단일 격실에 물이 넘치더라도 필연적으로 다른 격실도 침해되었다는 것을 의미하지 않는다.

데이터 보안도 마찬가지로 구획으로 나눔으로써 혜택을 얻을 수 있다. 여러 회사들은 자신들의 온라인 서버가 제대로 공격받았지만, 이러한 서버에서는 기밀이 요구되는 신용카드 정보를 고객정보와 분리해서 저장하고 있다고 보도한다. 이들 회사에서 다중 파일 시스템 또는 서버를 사용할 때, 한 그룹의 신용을 손상시키는 것이 필연적으로 모든 고객의 신용을 위태롭게 하지 않도록 고객의 신용카드 정보를 분할하는 것이 현명하다.

데이터 인가의 개념은 구획으로 나누기의 핵심이다. 우리는 동일한 접근 권한을 모두 공유하는 개인들의 집단(일종의 구획이 되는)을 위하여 접근 그룹들을 정의할 수 있다. 기밀성 정책은 이러한 접근 권한을 일련의 관례로 만들고 있다.

정보의 기밀성에 대해 우려하는 많은 회사에서 사용되는 가장 좋은 예는 분명히 **알 필요가 있는 정책**(need-to-know policy)일 것이다. 이름이 암시하듯이 개인들은 그들이 알 필요가 있는 만큼만 알고 있어야한다. 회사에서 말라리아를 치료하는 새로운 약을 개발했지만 경쟁자가 알지 못하게 하고 싶다고 가정해보자. 회사에서 강력한 알 필요가 있는 정책을 준수하고 있다면, 새로운 약에 대해서 알고 있어야 하는 사람들만 그 약에 대해서 무엇이든 알고 있게 된다. 이것은 공격외관을 최소화함으로써 앞에서의 방침을 따르면서도 또한 구획나누기를 만들어낸다.

보다 복잡한 기밀성 정책은 정부와 군대에서 사용된다. 이러한 정책들은 자산 분류 수준(비밀이 아닌, 비밀의, 일급비밀과 같은)과 주체가 어느 자산에 대해 접근권한이 있는지를 결정하기 위해서 사용하는 주체 허가 수준을 정의하고 있다.

가용성을 유지하는 것은 또 다른 종류의 구획나누기가 된다. 데이터를 더 작은 무리들로 나누는 것보다 데이터 전체를 중복하는 것이 때때로 가장 좋게 된다. 이러한 전략을 **미러링**(mirroring)이라고 한다.

아주 민감한 데이터를 가진 회사에서는 종종 하나 이상의 컴퓨터에 모든 저장된 데이터를 복제하는 사본 저장소를 사용한다. 예를 들면, 의료 진료실은 시카고의 본원에 있는 서버상의 파일들에 모든 환자의 기록을 저장하고 있으면서, 동시에 로스엔젤레스(LA)의 사본 서버에 동일한 파일들을 저장하고 있다. 이러한 사본 저장소는 공격외관을 증가시킬 수 있지만, 종종 둘 중의 어느 저장소가 훼손될 경우 잠재적인 가용성의 이득을 위해서 수용할만한 모험이 된다.

12.8.5 쉽게 신뢰하지 않기

모든 보안은 궁극적으로 신뢰에 바탕을 둔다. 우리는 우리의 비밀번호가 위험에 노출되지 않았다고 믿는다. 우리는 우리가 사용하는 소프트웨어가 데이터 무결성을 유지하고 있다고 믿는다. 우리는 인증기관이 신뢰할 만하다고 믿는다.

누구를 믿을 것인지 또는 무엇을 믿을 것인지에 대해 다소 회의적이 되는 것이 여전히 현명하다. 우리들 중 대부분은 모르는 사람이 보낸 e메일을 신뢰하면 안 된다는 것을 잘 안다. 게다가 여러분은 그냥 아무 웹서버로부터 소프트웨어를 내려 받아서는 안 된다. 인터넷에서 물건을 사기 전에 온라인 소매상의 순위를 충실히 매기는 웹사이트들 중의 하나를 참고하는 것은 좋은 생각이다.

사회공학적인 공격은 단지 잘못 믿어버린 것으로 인해 성공하게 된다. 낯선 사람이 여러분과 친구가 되려고 너무 열심히 노력하거나 또는 여러분이 빨리 행동으로 옮기도록 압력을 가하려고 시도할 때, 여러분은 항상 의심해야한다. 심지어 정해진 제복이 여러분의 신뢰를 얻으려는 그릇된 시도의 징후일 수도 있다.

피싱(phishing)으로 언급되는 아주 일반적인 한 가지 형태의 공격이 있다. 피싱 공격의 개념은 웹사이트를 위조함으로써 기밀 정보를 얻는 것이다. 때때로 이 공격은 e메일이나 문자 메시지를 통해서 보내진 링크에서 시작한다. 링크를 따라가면 여러분은 일반적으로 사용되는 웹사이트처럼 보이는 가짜 웹사이트로 가게 된다. 여러분의 계정을 사용하여 이러한 피싱 웹사이트에 로그인하도록 설득하는데 그 목적이 있는데, 어느 시점에 사용자 이름과 비밀번호가 유출되고, 공격자는 이를 이용해서 실제 웹사이트에 로그인할 수 있게 된다.

신뢰기반 공격을 완화시키는 한 가지 대응책은 **콜백**(callback)이다. 콜백이라는 이름은 전화에서 온 것이다. 여러분이 은행 또는 다른 중요한 곳이라고 말하는 누군가로부터 전화호출을 받을 때, 여러분은 보안을 향상시키기 위해서 다시 되걸기를 할 수 있다. 되걸기를 할 때 여러분은 전화를 했던 사람에게는 어떤 중요한 얘기도 하지 않고, 대신 신뢰할 수 있는 번호로 은행에 다시 전화를 하면 된다. 잠재적인 공격자가 아닌 여러분이 연락을 개시하는 지배력을 가지기 때문에 콜백이 작동하는 것이다.

콜백은 인터넷 피싱에서도 똑같이 유용하다. e메일 메시지에 끼워진 링크를 따라가는 대신에, 여러분이 예정된 웹사이트에 대한 URL을 웹브라우저에 입력할 수 있는데, 이런 식으로 신뢰할 수 있는 주소로 다시 접속하게 된다. e메일에 대한 새로운 e메일 메시지를 만들고, 신뢰할 수 있는 e메일 주소를 입력함으로써 응답 버튼과 콜백을 피하는 것이 더 안전하다.

12.8.6 오픈 소프트웨어 사용하기

컴퓨팅을 위한 비교적 최근의 의미 있는 발전은 **공개 소프트웨어**(open software)로 알려진 움직임이다. 이 문맥에서 **오픈**(open)이라는 단어는 공개적으로 이용가능하다는 것을 의미한다. 이러한 개방성이 취하고 있는 3가지 형태가 있는데, (1) 무료 소프트웨어, (2) 오픈 소스, (3) 오픈 설계이다. 무료 소프트웨어는 본질적으로 다소 안전하지 않지만, 공개 소프트웨어의 다른 두 가지 형태는 결과적으로 보안상의 이익이 된다.

프로그램이 "**오픈소스**(open source)"로 불린다면, 이것은 원래의 코드가 공개적으로 이용가능하다는 것을 의미한다. 일반적으로 이것은 소프트웨어가 또한 무료라는 것을 의미한다. 프리 소프트웨어 파운데이션(Free Software Foundation - www.fsf.org)은 오픈 소스의 개념을 적극적으로 장려하고 있다.

보안의 관점에서 오픈 소스의 장점은 훨씬 많은 사람들이 소프트웨어를 가장 잘 검사한다는 것이다. 대부분의 컴퓨터 과학자들은 검정 모자가 아닌 흰색 모자로서의 자격을 갖추고 있기 때문에, 보다 많은 사람들이 코드를 보게 하는 것이 유익하다. GNU 운영체제와 Linux를 포함한 다른 Unix 변종들은 오픈 소스인데, 이러한 시스템들이 회사가 소유하는 윈도우즈(Windows)보다 더 안전하다고 널리 생각되는 이유들 중의 하나이다.

종종 오픈 코드를 제공하는 것이 필연적이지 않지만 소프트웨어의 설계에 대해서는 투명하다는 것이다. 암호 알고리즘을 발명한 컴퓨터 과학자들과 그리고 수학자인 암호학자들(cryptographers)은 일반적으로 그들이 개발한 알고리즘을 공유함으로써 일종의 오픈 설계를 실행해왔다. 어느 암호학자든지 암호 알고리즘은 이것이 유용하다고 간주되기에 앞서 시간의 시험을 견뎌야만 한다고 여러분에게 얘기할 것이다. 이것이 의미하는 것은 일단 새로운 알고리즘이 발표되면, 다른 암호학자들이 암호키를 깨뜨리기 위한 시도를 함으로써, 이 알고리즘을 믿을 수 없는 것으로 만들려고 한다는 것이다. 암호 단체가 충분한 시간을 들여서 수행하게 되는 알고리즘을 깨뜨리려는 시도들이 모두 실패한 후에만, 이 알고리즘은 안전한 형태의 암호로 간주된다.

12.9 언제 이 내용을 사용할 것인가?

기술이 여러분의 보안 문제를 해결할 수 있다고 생각한다면, 여러분은 문제를 이해하지 못한 것이고 기술을 이해하지 못한 것이다.

– 브루스 슈나이어(Bruce Schneier)

우리는 요즘 피싱 공격, 스푸핑(spoofing), 스패밍(spamming), 심지어 신원 도용까지 수많은 형태의 보안 공격에 노출되어 있다. 우리의 유일한 희망은 검정 모자들이 행하는 가장 최신의 공격들과 유사한 비율로 흰색 모자들이 완화 전략을 만들어내는 것이다. 하지만 우리가 공격과 방어의 기본을 알고 이해하지 못한다면 이러한 완화방법들 모두는 소용이 없게 된다.

참고문헌

1. “2010 Cybersecurity Watch Survey: Cybercrime Increasing Faster than Some Company Defenses,” www.cert.org/archive/pdf/ecrimesummary10.pdf. Conducted and compiled annually by CSO Magazine in cooperation with the United States Secret Service and US CERT, 2010.

주요용어

2단계 인증(two-factor authentication)
IP 주소(IP number)
MAC 주소(MAC address)
가용성(availability)
개인키(private key)
거짓 양성(false positive)
검정 모자(black hats)
공개 소프트웨어(open software)
공개키 암호(public key encryption)
공개키(public key)
공격 외관(attack surface)
공격자(attacker)
그룹 인가(group authorization)
기밀성(confidentiality)
네트워크 스니퍼(network sniffer)
단방향 암호(one-way encryption)
데이터 무결성(data integrity)
디지털 서명(digital signature)
로그 파일(log file)
릴레이 공격(relay attack)
매개체(vector – security)
무결성(integrity)
물리적 보안(physical security)
바이러스(virus)
방화벽(firewall)
백업(backup)
보안 보장(security assurance)
복호(decrypt)
블랙 리스트(black list)
비밀번호(password)
사본 데이터(mirrored data)
사생활(privacy)
사이버범죄(cybercrime)
사회공학(social engineering)
생체 인증(biometric authentication)
서비스 거부 공격(denial of service(DoS) attack)
소유 인가(own authorization)
소유자 무결성(owner integrity)
소프트웨어 갱신(software update)
소프트웨어 고장(software fault)
소프트웨어 패치(software patch)
스마트카드(smartcard)
스팸 필터(spam filter)
스푸핑(spoofing)
신원 도용(identity theft)
신원(identity)
실행 인가(execute authorization)
쓰기 인가(write authorization)
아마추어 해커(script kiddies)
안티바이러스 소프트웨어(antivirus software)
알 필요가 있는 정책(need-to-know policy)
암호문(ciphertext)
양방향 암호(two-way encryption)
어깨너머로 훔쳐보기(shoulder surfing)
완화(mitigation)
위험(risk)
위협(threat)
인가(authorization)
인증 기관(certificate authority – CA)
인증 토큰(authentication token)
인증(authentication)
인증서(certificate for authentication)

읽기 인가(read authorization)
자산(asset)
접근 제어 목록(access control list - ACL)
정보 보안(information security)
취약점 이용(exploit)
취약점(vulnerability)
침해(breach)
콜백(callback)
쿠키(cookie)
평문(plaintext)
피싱(phishing)
휴지통 뒤지기(dumpster diving)
흰색 모자(white hats)

연습문제

1. 다음은 이 장에서 논의된 특정한 완화 전략들의 목록이다. (a)부터(d)까지 설명된 위협들에 대하여 보안을 상당히 향상시킬 수 있는 완화 전략들을 모두 나열하시오. (안티바이러스 소프트웨어, 콜백, 디지털 서명, 파일 백업, 방화벽, 로그 파일, 단방향 암호, 양방향 암호, 스팸 필터)

a. 여러분이 테러리스트를 숨겨주는 것으로 알려진 나라에서 일하는 취재기자이고 본사와 기밀성과 무결성을 유지하는 e메일을 교환할 필요가 있다.

b. 여러분은 정부에서 일하고 있고, 사용하는 컴퓨터에는 극비 정보를 저장하고 있다. 이 컴퓨터는 e메일을 보낼 때 사용되지는 않지만, 인터넷에 연결되어 있다. 여러분은 비밀 정보의 기밀성을 유지하고 있다고 간주되고 있을 뿐만 아니라 또한 공격을 시도하는 어떤 누구도 체포되어 기소되어야만 한다고 간주된다.

c. 여러분은 ATM 회사에서 개인 식별 번호(PIN)를 저장하기 위한 컴퓨터 프로그램을 작성하고 있다.

d. 여러분은 금융회사에서 일하고 있고, 종종 상사가 e메일로 대량의 고가 주식을 매매하라는 지시를 내린다. 여러분이 지시를 잘못 처리한다면 일자리를 잃을 수도 있다.

2. 여러분이 유명한 대가들의 많은 그림들을 안전하게 보호할 책임이 있다고 가정하자. 박물관에 대여해주지 않을 때에는 이 그림들은 저장소에 보관된다. 이 그림들을 더 안전하게 유지하기 위해서 다음의 보안 원칙들 각각에 대해서 활용할 수 있는 특정한 방법을 설명하여라.

a. 구획으로 나누기

b. 철저하게 방어하기
c. 공격외관 줄이기
d. 가장 취약한 연결부 보호하기
e. 쉽게 신뢰하지 않기

3. 다음에서 2단계 인증으로 고려될 수 있는 것들을 모두 열거하시오.

a. 컴퓨터에 로그인하기 위해서 지문과 비밀번호를 사용하기
b. 사무실의 문을 열기 위해서 키와 ID카드(카드판독기로 읽어서)가 있어야 함
c. 비밀 지레와 마법사의 소굴을 열기 위한 마법의 단어를 어디서 찾아야할지 알고 있어야 함
d. 승객들이 공항 보안 검색대를 통과하도록 허가하기 전에 얼굴 스캔과 홍채 스캔을 수행하기

4. 명시된 작업을 달성하기 위해서 요구되는 다음의 모든 인가 유형들을 가지고 (a)부터 (e)까지의 각각에 대하여 분류하여라. (read, own, execute, write).
a. 파일을 하나 만들고 내용을 비우려고 한다.
b. 고용인들의 디렉토리를 가지고 있는데 디렉토리의 나머지를 변경하지 않고 단지 끝에다 새로운 고용인을 추가하길 원한다.
c. 명령어 파일을 이해하는 것이 필요하지만 또한 파일에 있는 철자 오류를 편집할 필요가 있다.
d. e메일 클라이언트 프로그램 파일을 실행할 필요가 있다.
e. 파일을 삭제하길 원한다.

5. 여러분이 회사의 새로운 보안 계획을 설계하였다. 이 계획을 비밀로 하기 보다는 모든 회사 구성원들과 공유하기로 결정했다. 물론, 회사의 자산들이 내부 공격자들에게 노출될 것이지만, 여러분은 12.8절의 보안 원칙들 중의 하나를 사용하여 이를 정당화할 수 있다. 여러분은 어느 원칙을 사용할 것이고 무엇을 정당화할 것인가?

6. 개인용 컴퓨터 사용자 중에서 신원 도용에 대해 우려하고 있는 어느 누구에게라도 좋은 조언이 될 특정한 제안들의 목록을 만드시오.

7. 4명이 안전하게 통신할 수 있으려면, 즉, 각자 다른 사람들과 안전하게 통신할 수 있으려면 총 얼마나 많은 키들이 필요한가?

8. 휴대폰으로 전화를 받을 때, 여러분은 오로지 전화 상대방의 목소리만 듣는다. 이 때 여러분은 인증이나 인가를 시도하고 있는가?

COMPUTATIONAL THINKING
for The Modern Problem Solver

찾아보기

ㄱ

ㅂ

ㅅ

ㅇ

ㅈ

ㅊ

ㅋ

ㅌ

ㅍ

ㅎ

M

번호

컴퓨팅 사고 소프트웨어를 통한 문제해결

COMPUTATIONAL THINKING for The Modern Problem Solver

인 쇄	2018년 1월 8일 초판 3쇄
발 행	2018년 1월 15일 초판 3쇄
저 자	David D. Riley, Kenny A. Hunt
역 자	문봉교, 김웅섭
발 행 인	채희만
출판기획	안성일
마 케 팅	한석범, 최상도
관 리	이승희
북디자인	가인커뮤니케이션(031-943-0525)
발 행 처	INFINITYBOOKS
주 소	경기도 고양시 일산동구 하늘마을로 158 대방트리플라온 C동 209호
대표전화	02)302-8441
팩 스	02)6085-0777

도서 문의 및 A/S 지원

Homepage	www.infinitybooks.co.kr
E-mail	helloworld@infinitybooks.co.kr
I S B N	979-11-85578-27-9
등록번호	제25100-2013-152호
판매정가	**23,000원**